Grundzüge der Wirtschaftsinformatik

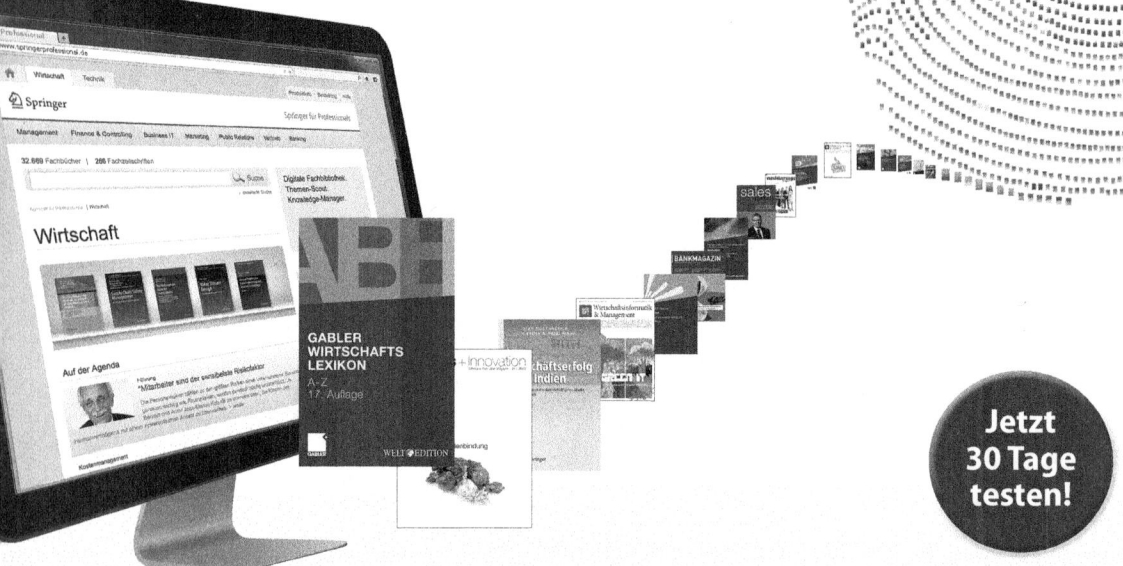

Rainer Thome • Axel Winkelmann

Grundzüge der Wirtschaftsinformatik

Organisation und
Informationsverarbeitung

 Springer Gabler

Rainer Thome
Business Integration
Julius-Maximilians-Universität
Würzburg, Deutschland

Axel Winkelmann
Lehrstuhl für BWL und Wirtschaftsinformatik
Julius-Maximilians-Universität
Würzburg, Deutschland

Ergänzendes Material zu diesem Buch finden Sie auf
http://www.springer-gabler.de/978-3-662-46731-2

ISBN 978-3-662-46731-2   ISBN 978-3-662-46732-9 (eBook)
DOI 10.1007/978-3-662-46732-9

Die Deutsche Nationalbibliothek verzeichnet diese Publikation in der Deutschen Nationalbibliografie; detaillierte bibliografische Daten sind im Internet über http://dnb.d-nb.de abrufbar.

Springer Gabler

Gedruckt auf säurefreiem und chlorfrei gebleichtem Papier

Springer Berlin Heidelberg ist Teil der Fachverlagsgruppe Springer Science+Business Media
(www.springer.com)

Vorwort

Was ist das wirkliche „Schmiermittel" der Wirtschaft?

Allgegenwärtigkeit von IT:

Heute ist es kaum noch möglich, ohne Berührung zur Informationstechnologie in der Wirtschaft oder der Verwaltung zu arbeiten. Wir nutzen die Informationsverarbeitung in vielerlei Gestalt z. B. als Software zur Verwaltung von Unternehmensdaten, als kleine Programme oder auch Apps auf dem Handy oder im Internet mit einer www-Adresse. Viele Geschäftsmodelle und auch Bequemlichkeiten unseres Alltags, wie beispielsweise das Online-Shopping, wären ohne Informationstechnik nicht möglich. Zudem sind organisatorische Verbesserungen in den Unternehmen und Verwaltungen in besonderem Maße mit dem Einsatz von Informationstechnologien verbunden. Aus diesem Grund ist es wichtig, sich nicht nur vordergründig mit einzelnen Technologien als Anwender zu beschäftigen (etwa durch den simplen Einkauf eines neuen Buches im Internet), sondern gezielt auch deren Möglichkeiten zu erfassen, zu hinterfragen und nutzbringend in Unternehmen einzusetzen. Anders als bei vielen Einführungsbüchern, in denen maßgeblich einzelne Schlagwörter oder Technologien diskutiert werden, steht in diesem Buch der Nutzen und die Einordnung in eine ganzheitliche Perspektive im Vordergrund. Selbstverständlich finden sich darüber hinaus auch Erläuterungen und Vertiefungen zu wichtigen Kernthemen der Informationsverarbeitung, Methoden und Informationstechnologien für das wirtschaftliche Handeln in Unternehmen und Verwaltungen.

Um was es geht:

Die Menschen haben in ihrer Geschichte schon sehr früh begonnen, sich mit den Phänomenen des Wirtschaftens auseinanderzusetzen. Sowohl in den ältesten überhaupt erhaltenen schriftlichen Zeugnissen früher Kulturen bezüglich der Regeln des Zusammenlebens, wie die Stele des Hammurabi (etwa 1700 v. Chr.), als auch in den ersten Dokumenten des Tagesgeschehens in Form von Tontäfelchen der Tempelverwaltung von Ur (2500 bis 800 v. Chr.) spielten Wirtschaftsfragen und -daten eine wesentliche Rolle. Entweder wurden Regeln vorgegeben, nach denen der Handel, das Handwerk und das Bewirtschaften abzulaufen hatten, oder es wurden zumindest Aufzeichnungen über diese Geschäftstätigkeiten zur besseren Transparenz und Beweisführung des Geschehenen angelegt.

Im Grunde hat sich daran wenig geändert. Viele Gesetze und Verordnungen, die von der EU, dem Bund, den Ländern und Gemeinden erlassen werden, setzen Rahmenbedingungen für wirtschaftliche Aktivitäten. Sie beschreiben meist nicht, **wie im Einzelnen vorzugehen ist.** Als ordnungsgebende Institutionen sind sie oft nur an der Ergebniswirkung ihrer Regeln interessiert und weniger an deren wirkungsvoller und möglichst effizienter Umsetzung.

Damit ist das große und für das Wohlergehen der Menschen so wichtige Spannungsfeld beim Wirtschaften offen gelegt. Es braucht Regeln, die peinlich genau eingehalten werden müssen und gleichzeitig ausgelotet werden sollten. Es braucht Aufzeichnungen, die dem Nachweis und der eigenen Erkenntnis dienen. Es braucht aber vor allem Interaktionen zwischen den Beteiligten, sowohl vor Ort als auch über räumlich weite Handelsbeziehungen hinweg. Das heißt, Informationen müssen geliefert, transportiert, empfangen, verarbeitet und aufbewahrt werden. Dies kann über Tontafeln, reitende Boten, Brieftauben, Leuchtfeuer oder das Internet geschehen. Je schneller und reibungsloser es funktioniert, um so besser, denn diese Informationsverarbeitung ist nicht selbst das Ziel des Handelns, sie ist nur Mittel zum Zweck. Allerdings ein entscheidendes, das unser aller Wohlergehen beeinflusst.

Selbst bei der im Sinne der provokanten Überschrift ablaufenden Übergabe von Geld in mehr oder weniger heiklen Situationen spielen die damit verbundenen Informationen die entscheidende Rolle: Hat der Gesprächspartner das schon einmal oder gar mehrfach getan? Was wird dabei üblicherweise bezahlt? Wie groß ist die Gefahr, entdeckt zu werden? Aber auch bei der ganz korrekten Abwicklung von Geschäften sind Informationen über die Nachfragesituation, die Wiederbeschaffungsmöglichkeiten, die Konkurrenzangebote und auch die nicht rationalen sondern eher nur gefühlsmäßigen Einschätzungen durch den Käufer von entscheidender Bedeutung. Früher wurden vielfach Geschäfte auf der Basis eines ganz einfachen zeitlichen Informationsvorteils zwischen Marktplätzen getätigt. Dies geschah zunächst durch Boten, später durch Weitergabe von Lichtsignalen; heute müssen sich die Beteiligten mehr einfallen lassen und nutzen die Ergebnisse komplizierter Abschätzungen von Marktentwicklungen. Am Prinzip hat sich nichts geändert.

Diskrepanz zwischen Zielvorgabe und Ausführung:

Faust beginnt die Übersetzung der Bibel mit dem Satz: „Im Anfang war das Wort!" um gleich darauf zu zweifeln und sich für den Anfang mit der Tat zu entscheiden. So schön die Hinwendung zur Aktion auch ist, jede Tat braucht einen Entschluss, eine Entscheidung und die sollte auf Informationen (Worten) basieren. Also steht am Anfang jedes rationalen wirtschaftlichen Handels die Information; sie ermöglicht für die nachfolgenden Schritte erst die rationale Entscheidung und den wirtschaftlichen Erfolg.

So wie Handwerker und Ingenieure über Jahrhunderte immer bessere Techniken entwickelt haben, um Geräte herzustellen, haben Kaufleute auch laufend neue Vorgehensweisen erdacht, um die Anforderungen des wirtschaftlichen Handelns möglichst effizient zu erfüllen. Sie lassen sich als **Management-Methoden (M-M)** bezeichnen; sie sind Ablaufbeschreibungen, Handlungsanweisungen, Regeln, Berechnungsverfahren, Darstellungsvereinbarungen und auch Techniken im Umgang mit den Informationen, die das Wirtschaften bestimmen, und den Menschen sowie Institutionen, die es betreiben. Viele dieser auf das Management, in Form der Umsetzung wirtschaftlicher Aufgaben, gerichteten Methoden sind großartige Grundlagen für die Bewältigung der gigantischen Herausforderung, möglichst vielen Menschen Arbeit, Lohn und damit ein würdiges Leben zu verschaffen, andere haben sich auf Dauer als wenig tragfähig erwiesen, obwohl auch für sie mit Feuereifer und dem Leben gekämpft wurde.

Die große Affinität zwischen den M-M als Handlungsvorgaben und den heutigen Möglichkeiten und Notwendigkeiten der Verarbeitung von Informationen wird in diesem Buch ganz bewusst gepflegt, um gleichzeitig in die Denkweise des Wirtschaftshandelns und den richtigen Umgang mit dessen Daten in Form der **Informationsverarbeitungs-Methoden (I-M)** einzuführen.

In den letzten Jahren wurden mehrere Bücher veröffentlicht, die mit einer Beschreibung der wesentlichen Vorgehensweisen des wirtschaftlichen Handelns versuchen, einen Gesamtüberblick der ökonomischen Denkweise und Entwicklung zu geben [HIND2001, SCHA2004]. Dieser Ansatz ist nicht schlecht, weil die Ökonomie genau wie andere Disziplinen von bestimmten Beiträgen und Autoren mehr beeinflusst wurde, als von anderen – vielleicht genauso klugen. Entscheidend ist auch immer der Moment, in dem eine Idee oder neue Denkweise bekannt wird, wie sie veröffentlicht wird und welche Persönlichkeit dahinter steht. Diese Gründe werden von den auf die Vordenker orientierten Beschreibungen der Ökonomiegeschichte als Auswahlprinzip und Reihenfolgevorgabe genutzt [z. B. PIPE1996]. Aus der großen Zahl von Grundideen und Methoden des Managens, die sich auf weit über hundert summieren, wurden für dieses Buch achtzehn ausgewählt, deren Wirkung und Beeinflussung durch die Informationsverarbeitung wiederholt in Erklärungskästchen erläutert werden.

Dort wird versucht, durch Verknüpfung einiger der grundlegenden Denkansätze mit den Möglichkeiten und Techniken der Informationsverarbeitung aufzuzeigen, dass die letzteren meist die entscheidenden Mittel zum Zweck sind. Sie sind die Instrumente, die uns häufig genug erst in die Lage versetzen, die gewünschten Management-Methoden zu praktizieren. Die folgende Liste liefert nur einen Überblick. Die über alle folgenden Kapitel verteilten (**M-M**) Anmerkungskästchen erläutern dort jeweils kurz den **Zusammenhang**. Klares Ziel ist dabei, ein Verständnis zu induzieren zwischen den häufig algorithmisch und auch technisch bestimmten Informationsverarbeitungs-Methoden (**I-M**) einerseits und den strategischen Ansätzen der Wirtschaftswissenschaft andererseits. Das Verständnis und auch die wechselweise Wertschätzung sind essentielle Voraussetzungen für den Erfolg von Unternehmen in industrialisierten Volkswirtschaften. Leider gefallen sich viel zu viele Vorstände, Abteilungsleiter und sonstige Führungspersonen auch heute noch in der Rolle eines Managers, der ohne die Hilfe von Computern auskommt. Diese Einschätzung erscheint fatal, wenn man die Potenziale der integrierten Informationsverarbeitung erkannt hat. Dies gilt für Konzerne aber auch für den Mittelstand.

Folgende M-M werden im Weiteren direkt angesprochen:

Bedürfnishierarchie, Businessplan, Critical Path Method, Customer Relationship Management, Deckungsbeitragsrechnung, eCommerce, Enterprise Resource Planning, Erfahrungskurve, Geschäftsprozessverbesserung, Governance, Hierarchieabbau, Innovation, Lean Production, Leistungsbezogene Bezahlung, Leitungsspanne, Lernende Organisation, Management by Objectives, Nischenmarkt, Operations Research, Pareto-Prinzip, Peter-Prinzip, Portfolio-Matrix, Produktlebenszyklus, Qualitätszirkel, Reengineering, Scientific Management, Sieben-S-Modell, Softwareorientierung, Spieltheorie, Synergie, Total Quality Management, Unbundling, Unternehmensethik, Verbundvorteile, Vertikale Integration, Virtuelle Organisation, Wertschöpfungskette.

Besondere Bedeutung folgender M-M:

Arbeitsteilung, Benchmarking, Change Management, Dezentralisierung, Empowerment, Exponentielles Wachstum der Transistorzahl, Globalisierung, Just in Time, Kernkompetenz, Komparative Kosten, Lernende Organisation, Mass Customization, Massenfertigung, Motivation, Outsourcing, Prozessverbesserung, Technischer Fortschritt, Transaktionskosten, Wettbewerbsvorteile, Wirtschaftswachstum und Wissensmanagement werden jeweils an den passenden Stellen kurz erklärt und in Verbindung gebracht mit den Informationsverarbeitungs-Methoden (I-M) Adaption, Business Intelligence, Consultative Informationsverarbeitung und Standardsoftwarebibliothek, die in den vergangenen Jahren die konzeptionelle Ausrichtung der integrierten Informationsverarbeitung in der Wirtschaft maßgeblich beeinflusst haben.

Das eigentliche Ziel der wirtschaftlichen Informationsverarbeitung war und ist immer die inner- und zwischenbetriebliche Integration. Nur sie ermöglicht die inhaltliche Verknüpfung der verschiedenen betrieblichen Funktionen zu einem leistungsfähigen Organismus. Sie setzt voraus, dass alle Informationen bereits bei ihrer Entstehung erfasst und an nur einer Stelle gespeichert werden, so dass sie für alle inner- und zwischenbetrieblichen Aufgaben zur Verfügung stehen [vgl. Abschn. 0.0 Informationsverarbeitung als integrative Aufgabe]. Leider wird bei der Beschäftigung mit speziellen Teilaufgaben (Datenbanken, Softwareauswahl, Individualanwendungen, Kommunikationslösungen, XML usw.) die Bedeutung der Integration manchmal aus den Augen verloren; aber die Wirtschaftsinformatik unterscheidet sich von ihren Nachbardisziplinen Volks- und Betriebswirtschaft auf der einen Seite und Informatik und Elektrotechnik auf der anderen Seite durch ihre Ergebnis- bzw. Ablauforientierung. Aus allen verfügbaren Techniken, Methoden und Konzepten sollen die brauchbarsten Lösungen herausgesucht werden, um damit den für wirtschaftliche Prozesse notwendigen Informationsaustausch möglichst zwischen allen Beteiligten zu unterstützen und im besten Fall sogar zu automatisieren. Die Voraussetzungen für ein solches Vorgehen sind das Verständnis der technischen Funktionsweisen einerseits und der Erfordernisse für den zusammenhängenden Ablauf der Aufgaben andererseits. Das heißt, Wirtschaftsinformatiker sollten nicht nur Algorithmen programmieren, Datenbestände normalisieren, Buchungssätze aufstellen und Warenbewegungen analysieren können, sondern sollten ein funktionales Verständnis für diese und weitere (insbesondere logistische und psychologische) Zusammenhänge mitbringen, um damit über die notwendige Änderung etablierter Abläufe nachzudenken und sie in effizientere Prozesse umzuwandeln. Das erfordert auch ein Stück Phantasie, die auf der Grundlage solider Kenntnisse in der Lage ist, Neues zu schaffen, indem Wiederholvorgänge automatisiert werden und die Bereitstellung von Informationen auf vielfältige Weise durch technische Systeme Unterstützung erfährt.

Die damit verbundene Komplexität macht die individuelle Programmierung von Software für betriebswirtschaftliche Abläufe heute in einigen Bereichen schon unsinnig. Die Entwicklung von **Standardanwendungssoftware** für Unternehmen ist jedoch so aufwendig, dass ihr vielfacher Einsatz notwendig ist, um ein adäquates Marktpotenzial zu schaffen. Es gibt nur wenige Softwarehäuser (wie Oracle und SAP), die ihre Produkte entsprechend internationalisiert und so flexibel gestaltet haben, dass sie an die speziellen Erfordernisse vieler Kunden adaptiert werden können und sich damit der besonderen Komplexität weltweit unterschiedlicher betriebswirtschaftlicher Abläufe stellen.

Während sich technische Disziplinen bei spektakulär erscheinenden Ergebnissen der positiven Aufmerksamkeit des Publikums und der Politik sicher sein können, vollziehen sich die gewaltigen Entwicklungssprünge der betriebswirtschaftlichen Informationsverarbeitung viel stiller. Weil die enorme Komplexität der Ablaufprozesse in und zwischen Unternehmen kaum übersichtlich darzustellen ist und die positive Wirkung ihres reibungslosen Funktionierens eben genau keinen äußerlichen Effekt erzeugt, finden ihre Fortschritte auch nur wenig besondere Aufmerksamkeit.

Alle sind betroffen:

Das Desinteresse an der betrieblichen Organisation ist ein gravierendes Defizit, denn alle Betriebe (klein und groß) benötigen eine gute Informationsverarbeitung, um überleben zu können. Auch die Einrichtungen der öffentlichen Hand müssten eigentlich auf Mitarbeiter zurückgreifen können, die in Strukturen der integrierenden Informationsverarbeitung denken. Die Personalknappheit in diesem Bereich, die unseren volkswirtschaftlichen Erfolg zu hemmen beginnt, unterstreicht den Bedarf an mehr Hochschulabsolventen, die sich in betrieblichen Prozessketten und den Möglichkeiten ihrer integrativen Verwaltung auskennen. Gleichzeitig macht der Widerstand vieler im betrieblichen Umfeld beteiligter Personen auch deutlich, dass nur ein verbreitetes Verständnis für die Integration der Informationsabläufe auch deren durchgängige Einführung und Anwendung ermöglicht. Daraus folgt auch, dass bereits in der Schulausbildung ein Einblick in die verzweigten Informationsflüsse einer entwickelten Gesellschaft angeboten werden sollte.

Chancen für unseren Standort:

Hier liegen Probleme und Lösungen nahe beieinander. Die Integration über die betriebswirtschaftlichen, technischen und sozialen Abläufe in einer Gesellschaft macht die gesamthafte Beschreibung und Bearbeitung der informationellen Abhängigkeiten einerseits sehr kompliziert und andererseits extrem leistungsfähig. Kein Warten mehr auf irgendwelche Teile, keine umständlichen Beantragungs- und Genehmigungsprozesse für kommerzielle und private Abläufe, keine Einlagerung nicht wirklich benötigter Teile und kein Transport zum falschen Zeitpunkt. Keine „sinnlosen", repetitiven Tätigkeiten, die teure menschliche Arbeitszeit verschlingen. Auch wenn diese Vision einer zukünftigen Informationsgesellschaft nur schwer zu erreichen sein wird, so helfen doch alle Schritte auf dem Weg dorthin, um den weiter entwickelten Gesellschaften im globalen Wettbewerb Lohn- und Prozesskostenvorteile einzuräumen; nicht weil damit weniger Löhne gezahlt werden, sondern weil die Arbeitseffektivität steigt. Gerade die ressourcenarme Bundesrepublik Deutschland könnte auf diesem Weg ihre hohe Lebens- und Sozialqualität auch in Zukunft erhalten trotz deutlich höherer Lohnkosten im Vergleich zu anderen Ländern. Realistisch werden diese Vorteile der Integration aber nur dann, wenn entsprechend ausgebildete Mitarbeiter zur Verfügung stehen. Damit sind natürlich nicht nur die Integrationsspezialisten in Form der Wirtschaftsinformatiker gemeint, sondern alle Beteiligten, die dann in ihren Berufen das Verständnis für die Notwendigkeit der Weitergabe von Daten aus dem eigenen Verantwortungsbereich mitbringen und die aktiv an der Ausgestaltung des Informationsnetzwerkes mitarbeiten, das kostenträchtige, etablierte Arbeitsschritte vermeiden hilft.

Damit sind die Wunschvorstellungen an diese Einführung in die Grundzüge der Wirtschaftsinformatik offen gelegt. Es geht nicht nur um die Vorbereitung von Studierenden, die später das Fach als Schwerpunkt im Fortgeschrittenen-Studium wählen und sich mit den Aufgabenstellungen daher noch intensiv befassen werden, sondern es geht auch um die generelle Entwicklung eines Verständnisses für diese Zusammenhänge bei allen anderen Personen, die sich nicht weiter mit der Integration der Informationsverarbeitung beschäftigen, die aber für das konsensuale Funktionieren der Informationsgesellschaft als Sachbearbeiter, Kostenrechner, Anlageberater, Fertigungsauftragsplaner oder Geschäftsführer usw. genauso wichtig sind.

Die Auswahl des zu vermittelnden Stoffes und die didaktische Vorgehensweise sind so angelegt, dass mehr als das bloße Kennen- oder gar nur Auswendiglernen von Fakten und Abläufen erreicht werden kann. Die Leser sollten sich nachhaltig der Voraussetzungen für das Funktionieren einer Informationsgesellschaft bewusst werden. Dazu werden die Prozessketten vorgestellt und analysiert, in denen sie sich aufgrund ihrer eigenen Aktivitäten als Konsumenten, Vereinsmitglieder, Studierende oder Mitarbeiter schon auskennen, aber wahrscheinlich deren Bedeutung für die zugehörigen Informationsabläufe noch nicht erkennen.

Gerade heute ist der Einstieg in den Themenbereich über die sogenannte integrierte Informationsverarbeitung gut geeignet, Interesse und Verständnis gleichzeitig zu wecken. Jeder kauft z. B. im Supermarkt laufend Dinge ein, die mit einem Barcode an der Kasse identifiziert werden. Was löst die Kassiererin mit der Lesepistole tatsächlich aus? Wie wird es erreicht, dass die Waren fast immer in gerade ausreichenden Mengen in den Regalen zur Verfügung stehen? Welche Rolle spielt dabei die integrierte Informationsverarbeitung in Gestalt des Warenwirtschaftssystems? Ist auch in Zukunft so umständlich jeder einzelne Artikel aus dem Einkaufswagen nehmen, zum Scannen auf das Transportband und dann wieder zurück in den Wagen zu legen? Wird es überhaupt noch Kassiererinnen geben? Können die Transponder-Chips dafür sorgen, dass die Menschen an den Kassen nicht mehr warten müssen? Was machen dann alle die Menschen, die heute noch kassieren? An diesen Fragen lassen sich viele Auswirkungen und Funktionen der integrierten Informationsverarbeitung erläutern bzw. auch selbst erarbeiten. Natürlich lassen sich auch Detailentwicklungen der Datenspeicherung, Datennormalisierung und Datenverarbeitung in ihren Auswirkungen erläutern. Die softwaretechnischen Feinheiten haben spürbare Folgen, weil die Kassen für jeden einzelnen Artikel in die Price-Look-Up-Datei greifen müssen, um den Preis festzustellen und die Stückzahl abzuspeichern, auf die andere Programme zugreifen, um zum richtigen Zeitpunkt die richtige Menge zu bestellen, was beim Lieferanten bis hin zur Routenplanung viele Aktivitäten auslöst.

Die bewußte Analyse der Abläufe im eigenen privaten und beruflichen Umfeld kann eine unmittelbare Erfahrung im Hinblick auf Potenziale zur Verbesserung dieser Prozesse bieten. Diese hier durchaus ernsthaft gemeinte Vorgehensweise, die sehr wohl auch neue Ideen und Vorschläge auslösen kann, wird den Lesern wahrscheinlich auch die psychologischen Widerstände mancher Beteiligter oder Betroffener vorführen. Dies gilt in ähnlicher Weise, ob im familiären Umfeld probiert wird, die gewohnten Abläufe zu hinterfragen und neue Lösungen vorzuschlagen oder ob dies in Vereinen und Firmen versucht wird. Durch den gegenseitigen Austausch von Erfahrungen können auch Gespräche mit anderen Beteiligten erheblich zum besseren Verständnis des weiten Wirkungsgebietes dieses Themas beitragen.

Integrierte Informationsverarbeitung ist eine **kontinuierliche Aufgabe**, für die, aufgrund sich ändernder Rahmenbedingungen und sprunghaft fortschreitender Technologien, immer wieder neu die bestehenden Abläufe und Gewohnheiten überdacht werden müssen und nach besseren Lösungen gesucht werden sollte. Sie bietet gleichzeitig ein Tätigkeitsgebiet, in dem Sie auch als Mitarbeiter einer großen Organisation gestaltend wirken können und nicht nur als deren Chef. Sie motiviert auch ihre Anhänger, weil mit ihr die betrieblichen Aufgaben „wie geschmiert" laufen und keine Reibungsverluste und unnötigen Wartezeiten mehr entstehen.

Wir wünschen Ihnen viel Freude und zahlreiche neue Erkenntnisse beim Durchlesen dieses Buches.

Last but not least wäre ein solches Buchprojekt nicht ohne helfende Hände möglich. Für ihren Einsatz bei der technischen Umsetzung des Buches möchten wir uns bei allen Beteiligten bedanken; Herrn Michael Bursik vom Spinger Gabler Verlag und seinen Kolleginnen und Kollegen danken wir für die kooperative Zusammenarbeit.

Würzburg im Frühjahr 2015

Rainer Thome und Axel Winkelmann

Inhalt

Betriebswirtschaftliche Aspekte der innerbetrieblichen integrierten Informationsverarbeitung

Betriebswirtschaftliche Aspekte der überbetrieblichen integrierten Informationsverarbeitung

Technische Aspekte der integrierten Informationsverarbeitung

**Sicherheits- und Rechtsaspekte der integrierten
Informationsverarbeitung**

Lesewege durch dieses Buch

Dieses Buch lässt sich, wie hierzulande üblich, von vorne nach hinten lesen. Dabei fällt auf, dass jedes Kapitel drei verschiedene Betrachtungsweisen der jeweiligen Aufgabenstellung unterscheidet.

Was sie lesen und verstehen müssen

Zunächst wird kurz in die gesamtwirtschaftliche Situation und die möglichen Konsequenzen der Informationsverarbeitung eingeführt. Jeder Leser sollte diese nachvollziehen können und so auch ohne tiefere Kenntnisse der Informationstechnik verstehen, welche Bedeutung deren künftige Durchdringung aller Lebensbereiche für die Gesellschaft und das eigene Leben haben wird. Zum schnellen Erkennen sind diese Abschnitte (wie auch diese Zeilen) grau hinterlegt.

Was Sie lesen und sich merken sollten

Es folgt die situative Beschreibung jeweils eines Bereichs der Informationsverarbeitung, wobei vorsätzlich zwischen Anwendungs- und Funktionsbeschreibung gewechselt wird, um nicht in zu langen Darstellungen der einen oder anderen Sicht auf dasselbe Phänomen stecken zu bleiben. Der Leser wird damit motiviert, unabhängig davon, ob er sich mehr als Enthusiast der Ökonomie oder der Funktionsweise sieht. Diese Passagen machen den größten Teil des Buches aus; sie sind (wie dieser Absatz) in klassischer Schreibweise angelegt.

Was Ihnen beim Lesen die Zusammenhänge aufzeigt

Ergänzt werden diese Beschreibungen durch Kästchen, in denen jeweils eine wirtschaftswissenschaftliche Erkenntnis oder Management-Methode dargestellt wird, die im direkten Zusammenhang mit den Möglichkeiten der Informationsverarbeitung steht. Dies verdeutlicht auch die Abhängigkeit der volks- und betriebswirtschaftlichen Ideen von der Leistungsfähigkeit der Informationsverarbeitung.

Was Sie lesen können, wenn Sie wissbegierig sind

Schließlich ist, je nach Bedarf, auch eine technische Beschreibung der für die Informationsverarbeitung nützlichen Bausteine von IT-Systemen eingeschoben. Sie sind jeweils durch ihre zweispaltige Anordnung und etwas kleinere Schrift zu erkennen und sind für die daran besonders interessierten Leser gedacht. Zur Erkenntnis der bedeutsamen Wirkung integrierter Informationsverarbeitungslösungen ist das Lesen dieser Passagen nicht notwendig, zum Verständnis ihrer Funktionsweise aber schon.

Warum beginnt dieses Buch mit Kapitel 0, was gerade in der wissenschaftlichen Welt unüblich ist? Diese Frage ist ganz einfach damit zu beantworten, dass hier genauso gezählt und sortiert werden soll, wie in einem Computer. Die Null ist die Ziffer, mit der unser Zahlensystem beginnt und auch das des Computers. Wenn er Informationen abzulegen hat, beginnt er immer mit der Adresse 0 und so beginnt dieses Buch eben auch mit dem Kapitel 0.

Grundlegende Aspekte der integrierten Informationsverarbeitung

0 Rationalisierung durch integrierte Informationsverarbeitung

Warum sollen Computer immer Arbeitsplätze wegrationalisieren?

► **Information hilft, unnötige Arbeit einzusparen** Wir leben heute besser als unsere Vorfahren, zumindest in den industrialisierten Ländern. Wir haben mehr zu essen, wir brauchen weniger zu arbeiten, wir können uns trotzdem mehr leisten. Diese Entwicklung war nur dadurch möglich, dass die sogenannte Arbeitsproduktivität deutlich erhöht wurde. Mit jeder Stunde Arbeit, die wir heute leisten, erhöht sich das Arbeitsergebnis in Form von Produkten oder sonstigen Leistungen mehr als früher. Dies ist im Wesentlichen auf die Industrialisierung zurückzuführen. Die organisierte und in ihrem Ablauf zwischen mehreren Mitarbeitern abgestimmte Herstellung von Gütern geht viel leichter von der Hand und konnte im Lauf der Zeit sogar zu einem großen Teil von Maschinen übernommen werden. Genauso wirkungsvoll für die Verbesserung der Arbeitsproduktivität ist die zeitliche und mengenmäßige Abstimmung zwischen den Beteiligten. Wenn ein Mitarbeiter auf Material warten muss oder umgekehrt zu viel produziert, so dass die Lager übervoll werden, ist die gesamte Produktivität schlecht. Die richtige Menge des richtigen Produktes zur richtigen Zeit am richtigen Platz wird aber nur durch gegenseitige Abstimmung erreicht. Die ist, insbesondere wenn mehrere Betriebe beteiligt sind, nicht einfach durchzusetzen. Jeden Tag gibt es neue Bestellungen und Änderungen aber auch Störungen durch Maschinenausfall, Krankheit oder Ausschuss.

► **Beispiel Ford** Henry Ford hat durch die konsequente Anwendung aller zu seiner Zeit bekannten Möglichkeiten der Abstimmung der Arbeit in seinen Fabriken und denen der Zulieferanten die tatsächlich aufzuwendende Arbeitszeit für die Montage eines Automobils von vielen Stunden auf nur 93 Minuten gesenkt. Im Lauf dieser Entwicklung konnte damit auch der Preis für das Fahrzeug auf die Hälfte reduziert werden. Dies steigerte wiederum die Nachfrage und ermöglichte den Verkauf von noch schneller und kostengünstiger produzierten Ford Model T Autos. Im Jahr 1927 kam diese Entwicklung jedoch zu einem jähen Ende. Die Kunden wollten nicht mehr das ewige Einerlei des nach rein praktischen Gesichtspunkten gebauten Fahrzeugs; andere Hersteller kamen ins Geschäft und der Nachfragerückgang brachte Ford erhebliche Schwierigkeiten.

▶ **Integrierte Informationsverarbeitung als Lösungsansatz** Heute wären die grundsätzlich schwarz lackierten Einheitsfahrzeuge schlecht verkäuflich und sie wären in einem Hochlohnland auch kaum konkurrenzfähig zu produzieren. Wir müssen komplizierte Produkte herstellen, die sogar nach den Wünschen der einzelnen Kunden ausgestaltet sind. Dafür sind diese bereit, etwas mehr zu bezahlen als für die Massenware. Aber eben nur etwas mehr; die Sonderwünsche der Kunden müssen daher sehr effektiv Eingang in den Produktionsablauf finden und den Zulieferanten der Ausstattungskomponenten übermittelt werden. Dies ist nur durch integrierte Informationsverarbeitung von der Kundenbestellung über die Montage, die Lieferanten, die Mitarbeiter, das Rechnungswesen bis hin zum Finanzamt möglich.

Aber auch für Güter des täglichen Bedarfs, die als Standardprodukte in den Geschäften und Supermärkten angeboten werden, gilt, dass möglichst günstig die passende Menge, zum richtigen Zeitpunkt angeliefert werden muss und auch bei der Abrechnung mit dem Kunden kein unnötiger Arbeitsaufwand entstehen darf, wenn die Waren preisgünstig angeboten werden sollen.

Während wir den Ersatz der menschlichen Muskelkraft durch Vorrichtungen und Maschinen im Grunde gerne akzeptieren, ist dies beim Einsatz von Computern an Stelle unseres Denkvermögens ganz anders. Wir sehen die Maschine als Konkurrenz zu unseren besten Fähigkeiten. Richtig ist jedoch, dass viele Arbeitsabläufe eher schematische Wiederholungen beinhalten als neue Denkarbeit. Ihr Verlust ist folglich nicht ganz so gravierend, insbesondere nicht, wenn die gewonnene Zeit für geistig anspruchsvollere Tätigkeiten, im Sinne einer vernünftigen Reaktion auf neue Anforderungen und Aufgaben, eingesetzt werden kann. Solche muss unsere Gesellschaft aber auch weiter entwickeln und wertschätzen, damit allen Interessierten ein entsprechendes Arbeitsfeld angeboten werden kann.

BEGRIFFE, die in diesem Kapitel erläutert werden: Wirtschaftsinformatik, Rationalisierung, Arbeitsteilung, Komparative Kosten, Globalisierung, Digitalisierung, Technischer Fortschritt, Wirtschaftswachstum.

Arbeitsteilung (Adam Smith 1776, Frederik Winslow Taylor 1911)

Das Phänomen, dass die Arbeitsproduktivität jedes einzelnen Arbeiters steigt, wenn er repetitiv nur einzelne Arbeitsschritte ausführt, wurde erstmals von Adam Smith am Beispiel der Stecknadelproduktion beschrieben (An Enquiry into the Nature and Causes of the Wealth of Nations). Smith berechnet dort überschlägig, dass ein Arbeiter, der alle 18 für die Herstellung notwendigen Arbeitsschritte hintereinander ausführt, kaum 20 Stecknadeln pro Tag produzieren kann, während eine Gruppe von 10 Arbeitern, die sich nach Vereinbarung auf ganz bestimmte Teilschritte konzentrieren, 48 000 Nadeln fertigen kann, was für jeden eine Stückzahl von knapp 5 000 Nadeln pro Tag bedeutet.

Konsequent wurde die Idee von Frederik Winslow Taylor 1911 in seinem Buch (The Principles of Scientific Management) weitergeführt. Er entwickelte dazu das one-best-way-Prinzip, das jedem Arbeiter exakt vorschrieb, wie er vorzugehen hatte. Dazu gab es ein Prämienlohnsystem, das die Leistung durch Motivation steigerte. Henry Ford konnte bei seiner Einführung der Fließbandproduktion ab 1909 auf diese Ideen zurückgreifen. Darüber wurde 1936 von Charly Chaplin eine hervorragende Persiflage unter dem Filmtitel „Modern Times" gedreht.

Heute wird die übermäßige Arbeitsteilung aufgrund vieler Nachteile wieder gezielt zurückentwickelt. Während aber bei Ford nur kurze Einlernzeiten nötig waren, um den teilweise des Lesens nicht mächtigen Arbeitern die Tätigkeit zu beschreiben, ist dies heute ein Problem. Viel geringere Stückzahlen bis hin zur Herstellung nach Kundenwunsch verlangen jeweils einzelne Vorgaben für jeden Arbeitsschritt. Diese müssen möglichst aufwandsarm erzeugt, geschrieben und den Mitarbeitern zur Verfügung gestellt werden. Nur die maschinelle Informationsverarbeitung kann dies leisten, alles andere wäre viel zu teuer.

Ein anderer moderner Anwendungsbereich der Zusammenfassung von Arbeitsschritten liegt in der sogenannte Fallorientierung, (vgl. Abschnitt 10.2) bei der die verschiedenen Aufgaben eines Büros über einen computerunterstützten Ablauf von allen Mitarbeitern unabhängig geleistet werden können. [SMIT1779], [TAYL1911]

0.0 Informationsverarbeitung als integrative Aufgabe

▶ **Evolutionäre Entwicklung der Informationsverarbeitung** Während sich technische Disziplinen um singuläre Produktverbesserungen bemühen und sich bei spektakulär erscheinenden Ergebnissen der positiven Aufmerksamkeit sicher sein können, vollzieht sich die Entwicklung der betriebswirtschaftlichen Informationsverarbeitung viel stiller. Die enorme Komplexität der Ablaufprozesse in und zwischen Unternehmen ist nicht übersichtlich darzustellen und findet daher kaum Beachtung. Das ist ein schwerer Fehler; denn alle 3 Millionen Betriebe (klein und groß) in Deutschland benötigen eine gute Informationsverarbeitung, um überleben zu können.

▶ **Trennung von Daten und Tätigkeiten** Eine der zentralen Herausforderungen größerer Unternehmen besteht darin, dass Daten und physische Tätigkeit nicht zwingend an der gleichen Stelle anfallen und voneinander separiert sind. Bei einem Ein-Person-Unternehmen können vielleicht noch alle Vorgänge und Daten im Kopf des Betreibers abgespeichert werden; bei einem plötzlichen Ausscheiden dieser Person stünden die Nachfolger wegen des nicht dokumentierten Wissens aber vor großen Problemen. Bereits bei wenigen Mitarbeitern stößt das Organisieren allein auf Basis des eigenen Tätigkeitswissens aber durch die Arbeitsteilung schnell an seine Grenzen.

▶ **Integration durch Informationssysteme** Über ein integriertes Informationssystem kann die Verknüpfung von Daten und Prozessen sichergestellt werden. Integration zielt hier auf die Gesamtbetrachtung der miteinander zu erledigenden einzelnen Aufgaben. Die Wirtschaftsinformatik stellt dabei die Zusammenführung der separierten Daten und der verteilten Ausführung von Funktionen in den Vordergrund der Integrationsbemühungen. So benötigen die Einkäufer im Einzelhandel anders als die verkaufenden Filialmitarbeiter zwar keinen physischen Zugriff auf die Artikel, dennoch müssen sie zur Nachbestellung am sinnvollsten in Echtzeit über den Verkaufsverlauf und die noch vorhandene Artikelzahl informiert werden.

Ziel der internen Datenintegration ist folglich, Daten aus verschiedenen betriebswirtschaftlichen Aufgabenbereichen eines Unternehmens so zusammenzuführen (sprich: integrieren) und bereitzustellen, dass sie in den anderen Aufgabenbereichen auch problemlos genutzt werden können. Die externe Datenintegration strebt in ähnlicher Weise nach der in den Kunden- und Lieferantenbeziehungen entstehenden und benötigten Angaben für alle Aufgaben. Ähnlich wird im Rahmen der Prozessintegration versucht, (Teil)abläufe so zu

integrieren, dass diese trotz räumlicher und zeitlicher Trennung als Gesamt-
prozess ablaufen können. Beispielsweise kann die Bestellung eines Kunden im
Online-Shop unmittelbar zu einer Kommissionierung im Lager führen.

▶ **Integrationsumfang** Integration ist in einem betriebswirtschaftlichen
Informationssystem erreicht, wenn alle Daten nur einmal erfasst, redundanzfrei gespeichert und von allen das betriebliche Aufgabenspektrum umfassenden Programmen ausgewertet werden sowie den Berechtigten für ihre Aufgaben zur Verfügung stehen.

Nur wenige Unternehmen sind in der Lage, die technische und organisatorische Weiterentwicklung ihres Informationssystems selbst voran-
zutreiben. Die enorme Personalknappheit im Bereich der betrieblichen
Anwendung von Informationsverarbeitungslösungen unterstreicht den
Bedarf an Spezialisten, die sich in den betrieblichen Prozessen, ihrer organisatorischen Verknüpfung und informationellen Bearbeitung auskennen.

▶ **Resultierende Aufgabe für die Wirtschaftsinformatik** Hier liegen Probleme und Lösung beieinander. Die Integration macht die gesamthafte Beschreibung und Bearbeitung der Aufgabe sehr kompliziert und diese Komplexität gibt ihre möglichen Kostenvorteile nur in hoch entwickelten Betrieben
und Volkswirtschaften weiter. Die Wirtschaftsinformatik ist die Disziplin, in
der an Lösungen für die komplexen Organisationsprobleme geforscht wird und
die genau die dringend benötigten Querdenker für digitale Abläufe erzeugt.
Sie sollte zur Verfolgung des zentralen Integrationsgedankens und der damit
erzielbaren substantiellen wirtschaftlichen Vorteile bei allen inner- und zwischenbetrieblichen Planungen eingebunden werden.

▶ **Die Integrationsidee für wirtschaftliche Anwendungen umfasst die
folgenden fünf Aspekte:**
1. Alle wichtigen Informationen müssen bereits bei ihrer Entstehung in digitaler Form erfasst werden.
2. Die Identifikation aller verwendeten Objekte und Attribute muss eindeutig
   und beständig sein.
3. Die Speicherung aller erfassten Informationen muss redundanzfrei, strukturiert und dauerhaft erfolgen.
4. Dem integrierten System stehen alle notwendigen Informationen zur Verfügung.
5. Die Interpretation der Informationen muss für alle Aufgaben einheitlich
   erfolgen.

Als Resultat kann man dann synergetische Effekte erwarten, die sich durch die informationelle Verknüpfung der verschiedenen Bereiche eines Unternehmens oder auch über mehrere Betriebe hinweg erreichen lassen.

Verständnisfragen zu 0.0:

*   Was ist beispielsweise ein synergetischer Effekt der integrierten Informationsverarbeitung?
*   Was liefern Informationen für die Wirtschaft, nur die Rahmenbedingungen oder auch den Inhalt für Geschäfte?

0.1 Arbeitslos – Arbeits-Los

Sprachlich nur eine Nuance, im Leben ein schicksalhafter Unterschied. Ob Sklaven, Leibeigene oder Arbeitshäftlinge – immer zu viel Arbeit für den Lohn, ein schweres Los; ob falsch ausgebildet, zu schwach, zu alt – keine Arbeit für Lohn, arbeitslos.

Was unsere Sprache fast gleich formuliert, ist zwar für die Betroffenen ein gewaltiger Unterschied, sachlich gesehen jedoch ganz anders zu beurteilen. Arbeit gibt es immer. Niemand kann behaupten, alles sei getan. Aber nicht für jede Arbeit gibt es an jedem Ort einen Lohn, für den jemand bereit ist, die Arbeit auch auszuführen. Nur die wertgeschätzten Arbeitsergebnisse finden einen Käufer. Dies sollte in der politischen Diskussion deutlicher herausgestellt werden, denn nur bei richtiger Problemdarstellung kann auch eine wirkungsvolle Problemlösung gefunden werden. Ein Weg aus dem Dilemma unserer Gesellschaft kann nur über Tätigkeiten gefunden werden, deren Ergebnisse so wertgeschätzt werden, dass sich Abnehmer finden, die bereit sind, dafür zu bezahlen.

▶ **Arbeitsproduktivität** Verhältnis von eingesetzter Arbeit zu erreichtem Ergebnis. Volkswirtschaftlich ist sie ein Maßstab für die Wettbewerbsfähigkeit eines Landes, betriebswirtschaftlich für die Konkurrenzfähigkeit eines Unternehmens. „Es gibt zu wenig Arbeit" oder „die Arbeit muss neu verteilt werden", sind Aussagen, die den wahren Sachverhalt verschleiern. Jeder überbeschäftigte Wirtschaftsinformatiker – und die meisten dieser Zunft sind zu viel beschäftigt – könnte damit fälschlicherweise ein schlechtes Gewissen eingeredet bekommen. Einerseits könnte er glauben, er nähme einem anderen Menschen die Arbeit weg in dem Sinn, dass der andere an seiner Stelle tätig sein könnte. Das ist nur bedingt richtig und ändert gar nichts an der Beschäftigungslage,

denn es gibt offenbar zu wenige gleich Qualifizierte. Andererseits könnte er be-
fürchten, er nähme einem anderen die Arbeit weg durch sein aktives Eintreten
für die Rationalisierung. Das ist auch nicht ganz richtig, denn wenn es möglich ist, eine Arbeit effizienter zu gestalten, dann ist bald niemand mehr bereit,
für ihre bisherige, umständliche Ausführungsform zu bezahlen. Dieser Effekt
wird weltwirtschaftlich noch durch das enorme Einkommensgefälle zu Billig-
lohnländern verstärkt. Ganz anders als häufig unreflektiert vermutet wird, hilft
die Wirtschaftsinformatik vielen Tätigkeiten zu einer effizienteren Ausführung
und damit zu einem besseren Preis-/Leistungsverhältnis.

▶ **Positiver Beitrag der Rationalisierung** Damit ist jede Form von
schlechtem Gewissen wegen der Rationalisierung von Prozessen durch die Informationsverarbeitung völlig abwegig. Unser Lebensstandard ist proportional
abhängig von unserer Arbeitseffektivität und die genau wird durch integrierte
Informationsverarbeitung erhöht. Unsere Gesellschaft kann nicht die Beschäftigung mit Tätigkeiten garantieren, die wegrationalisiert (automatisiert) werden können. Wir müssen uns anstrengen, neue Aufgaben zu definieren und
Wert zu schätzen, deren Inhalt nicht repetitiv ist und die mehr den menschlichen Fähigkeiten als den maschinellen entsprechen. Dazu gehört, dass der
Informationsaustausch auch zwischen den Menschen funktioniert, dessen
Grundlage die Sprache ist. Allein dafür könnten schon unmittelbar Lehrkräfte
beschäftigt werden, die den nicht oder nicht gut genug deutsch sprechenden
Mitbürgern helfen, sich für künftige Tätigkeiten die absolut notwendige Kom-
munikationsgrundlage zu schaffen. Die Kosten dafür wären leicht zu tragen im
Vergleich zu den sonst später fälligen Sozialmaßnahmen.

Die ersten Computer waren nur zur Verarbeitung von Nummern vorgesehen und geeignet. Sie bekamen aber den Namen „Computer" (engl. Rechner),
weil die Frauen, die sie bedienten und programmierten vorher schon wegen
ihrer Rechenarbeit als „Computer Girls" bezeichnet worden waren. Ihre aus-
schließliche Aufgabe war es, ballistische Tabellen für die Artillerie zu errechnen. Durch die Übertragung dieser Arbeit auf die Maschine wurde auch der
Name weitergegeben. Die heute verbreiteten Anwendungen von Personalcomputern (Textverarbeitung, Spiele, Verwaltung von Digitalfotos) passen somit nur noch wenig zur Bezeichnung Computer.

▶ **Einfluss von Computern auf menschliche Arbeit** Viel wichtiger als
die Frage, ob die Informationsverarbeitungsmaschinen den Namen Computer noch zu Recht führen, ist ihr Einfluss auf die menschliche Arbeit. In diesem Punkt unterscheiden sich die Meinungen diametral. Die wesentlichen

Antipoden werden in der Literatur und in Diskussionsrunden erbittert verteidigt.

Typisch für die Leistungsbeurteilung von Computern sind folgende Aussagen:

Contra:

▼ Computer sind dumm und können nur schematisch die ihnen vorgegebenen Operationen ausführen. Dies tun sie zwar schneller als der Mensch, da sie aber ihre Arbeit nicht mit Bewusstsein erledigen und nicht denken können, wird es auch künftig nicht möglich sein, sie für Entscheidungsfragen, Probleme mit Ermessensspielraum oder Aufgaben, die Phantasie erfordern, einzusetzen.

Pro:

▲ Computer arbeiten zwar auf eine andere Weise als natürliche Gehirne, kommen denen aber in der Aufgabenbewältigung in vielen Bereichen sehr nahe oder übertreffen sie sogar insbesondere im Tempo und wegen ihrer spezifischen Eigenschaften, nichts zu vergessen und keine Fehler zu machen.

Typisch für die Bewertung der Anwendung von Computern ist:

Contra:

▼ Der Einsatz von Computern ist eher negativ, weil der Umgang mit ihnen für viele Menschen zu kompliziert ist, sie an einigen Stellen zur Vernichtung von Arbeitsplätzen beigetragen haben und die Abhängigkeit von ihrem Funktionieren lebensbedrohlich sein kann.

Pro:

▲ Der Einsatz von Computern ist für die Menschen, insbesondere in den entwickelten Volkswirtschaften, äußerst vorteilhaft, weil sie die dort vorherrschenden hohen Löhne ausgleichen, indem sie durch Automatisierung zu einer Reduktion der Arbeitskosten beitragen und damit die Wettbewerbsfähigkeit verbessern. Sie arbeiten auch viel zuverlässiger und machen keine Fehler.

Alle vorgetragenen Ansichten lassen sich bis zu einem gewissen Grad begründen und durch Argumente unterstützen. Da sich die Auswirkungen auf die Zukunft beziehen, ist die Entwicklung natürlich ungewiss. Aus der Beobachtung der vergangenen Jahre lässt sich jedoch mit hoher Sicherheit prognostizieren, dass die Leistungsfähigkeit der Maschinen bei fallenden Preisen weiter zunimmt und dass es weitgehend keine Rolle spielt, wie sie technisch arbeiten, denn ihre Schnelligkeit erlaubt es, sie für viele Aufgaben einzusetzen, die vorher von Personen ausgeführt wurden.

Verständnisfrage zu 0.1:

* Wird die Arbeitsproduktivität durch integrierte Informationsverarbeitung beeinflusst?

0.2 Probleme unnötiger Beschäftigung

▶ **Bürokratie und Bürokratismus**   Für die Funktion der Verwaltung sind Regeln erforderlich und gut (Bürokratie). Wenn diese jedoch zu vielschichtig werden und ihre Anwendung eher erschwerend und nicht förderlich für eine schnelle Erledigung wirkt (Bürokratismus), dann sollten Regeln wieder zurückgenommen werden. Dies wäre in Deutschland dringend nötig. Was aber sind die wirklichen Gründe für den seit Jahren stetig zunehmenden Rückgang der Beschäftigung? Die Antwort ist verzwickt, sie lautet: Arbeitsverunreinigung. Sie ist das Resultat des übermäßigen Verlangens öffentlicher Verwaltungsapparate, alle Abläufe, nicht nur ihre eigenen, durch Vorschriften zu reglementieren und mit zusätzlichen Ergänzungsarbeiten auszuweiten. Damit wird der eigentliche Arbeitsinhalt durch störende Zusatzaufgaben verunreinigt. Diesen „Schmutz" will eigentlich niemand haben und er findet deshalb keine freiwillig zahlenden Abnehmer. Die volkswirtschaftlichen Kosten für Arbeit steigen aber laufend weiter an.

▶ **Informationelle Einheitlichkeit**   Zum verständlichen Austausch von Informationen sind einheitliche Darstellungsformen (Datenstrukturen) erforderlich. Diese überraschende Sicht auf die Situation wird erst bei der Vorstellung der ungeheuren Fülle von bürokratisch erzwungenen Arbeitsschritten deutlich, von denen niemand einen direkten Nutzen hat und für die auch niemand freiwillig bereit ist zu bezahlen. Diese Bürokratiearbeit wirft aber in der Ausführungseffektivität alle anderen Arbeiten soweit zurück, dass deutsche Arbeitnehmer trotz der Ausbildungsqualität, Logistik und maschinellen Informationsverarbeitung häufig nicht mehr mit anderen Volkswirtschaften konkurrieren können.
Natürlich könnten die Steuern gesenkt werden, um die eigene Leistung wieder attraktiver zu machen. Aber der entscheidende Erfolg ist in der Entrümpelung der Arbeitsabläufe von unsinnigen bürokratischen Lasten zu

finden. Wer sich den Umstand bei der Ermittlung der Sozialabgaben und der Steuern vorstellt, wer sich den Ballast der Sicherheits-, Strahlenschutz-, Gleichstellungs- und Umweltbeauftragten bewusst macht oder wer sich an die Umständlichkeit öffentlicher Betriebe oder gar Verwaltungen erinnert, deren Tätigkeiten vielfach gar nicht nötig aber vorschriftsmäßig sind, der weiß, woran unsere regelungsbesessene Gesellschaft erkrankt ist. Notwendige Anpassungen an geänderte Rahmenbedingungen, wie beispielsweise die verbindliche Klärung des maschinellen Austauschs von Geschäftsdaten oder der multimedialen Speicherung von Texten und Bildern erfolgen dagegen nicht oder extrem schleppend. Menschliche Arbeit sollte sich auf die Aufgaben konzentrieren, die nicht schneller, sicherer und billiger von Automaten erledigt werden können.

Eine solche Entwicklung kann nur von denjenigen angestoßen werden, die ökonomisch und informationsorientiert denken und die Möglichkeiten zur Gestaltung von neuen Prozessen und der Behebung von Prozessschwachstellen begriffen haben. Viele Prozessschwachstellen sind bereits bei flüchtigem Hinsehen offensichtlich, wenngleich sich deren Konsequenzen nicht immer direkt offenbaren und sie sich auch nicht immer unmittelbar beheben lassen. Beispielsweise hat die öffentliche Verwaltung in ihrem Bestreben, sich kundenorientierter zu präsentieren, stark in Internetauftritte (sogenannte „Virtuelle Rathäuser") investiert. Die grundlegende Idee war es, dass Bürger und Unternehmer zahlreiche Interaktionen nicht mehr nur in der Amtsstube, sondern auch über die Webseite der Kommune vornehmen können. Der Effizienzgewinn, der an dieser Stelle tatsächlich zu erreichen ist, wird aber durch zahlreiche Medienbrüche im Back Office wieder eingeschränkt. Plakativ ausgedrückt wird die elektronisch erhaltene Anfrage ausgedruckt, in Papierform innerhalb der Behörde weitergeleitet und anschließend erneut in ein Softwaresystem eingegeben. Das widerspricht der Integrationsidee. Zu dem Doppelaufwand der Erfassung sowohl beim Bürger als auch in der Verwaltung kommen auch Qualitätsprobleme durch Fehler beim erneuten Eintippen der Daten oder redundante Datenhaltung in Form von elektronischer Anfrage, ausgedruckter Anfrage und in das Softwaresystem eingegebener Anfrage. Viele Prozessschwachstellen werden aber erst bei näherer Beschäftigung mit der Thematik offensichtlich, so dass die Verbesserung von Prozessabläufen eine kontinuierliche Aufgabe ist. Hierzu zählen beispielsweise die Eliminierung unnötiger Arbeitsschritte, die Parallelisierung von bestimmten Arbeitsschritten oder die Standardisierung bestimmter Arbeitsschritte, um die Prozessabläufe zu vereinfachen.

Integration ist ein zentrales Ziel der Wirtschaftsinformatik. Hier liegt ein wesentlicher Schwerpunkt in der Ausbildung zu einer umfassenden Sicht auf die Informationsverarbeitung in Wirtschaft und Verwaltung.

Verständnisfrage zu 0.2:

*   Auch extensive bürokratische Abläufe erzeugen Beschäftigung, warum sind sie trotzdem kategorisch abzulehnen?

0.3 Globalisierung und neue ökonomische Strukturen

0.3.0 Internationaler Warenaustausch

▶ **Wohlstand durch Arbeitsteilung und Warentausch**   Für den wirtschaftlichen Wohlstand, die Beschäftigung der Menschen und das Überleben ist der Austausch von Waren Voraussetzung. Jedes natürliche (Fluss, Gebirge) und künstliche (Importverbot) Hindernis verschlechtert damit die Lebenssituation. Dies gilt für die kleinräumige Belieferung mit Agrarprodukten genauso wie für die weltweite Vermarktung von Rohöl.

Abbildung 0-1: Jäger und Sammler sowie Tauschgüter der Jungsteinzeit (Beeren, Kaurischneckenkette, Faustkeil)

▶ **Anfänge der Arbeitsteilung – komparative Kosten**   Ein Homo Sapiens (vgl. Abb. 0-1) der Jungsteinzeit konnte seine Lebenssituation nur dann verbessern, wenn er sich auf die Herstellung bestimmter Produkte spezialisierte, wie beispielsweise Pfeile und Bögen. Er war durch die Konzentration auf diese Arbeiten wesentlich produktiver als ein Mensch in der gleichen Situation, der nur ab und zu einen Pfeil und noch viel seltener einen Bogen anfertigte. Überleben konnte er aber, wegen der produktiven Konzentration auf bestimmte Güter, nur durch den Tausch seiner Erzeugnisse gegen Lebensmittel und anderen Tagesbedarf.

Verständnisfrage zu 0.3.0:

• Warum ist die Sprachfähigkeit eine wichtige Voraussetzung für die Entwicklung von Wohlstand?

0.3.1 Technischer Fortschritt

▶ **Digitalisierung von Signalen und Informationen (0/1)** Ein weiterer Motor für die Steigerung der Produktivität ist der technische Fortschritt. Er tritt auf in Form der Verbesserung und Vereinfachung von Produktkonstruktionen, der Nutzung neuer Materialien sowie der Anwendung verbesserter Fertigungs- und Transporteinrichtungen. Der technische Ausbau internationaler Transportverbindungen durch Dampfschiffe und Eisenbahnen hat die Möglichkeiten zur Arbeitsteilung deutlich verbessert. Ein spezieller Produktionsbereich hat in den vergangenen 50 Jahren aber ganz besondere Produktivitätsfortschritte erreicht. Es handelt sich um die Anwendung der digitalen Signalverarbeitung zur Darstellung, Speicherung und Steuerung von Informationen. Die damit verbundenen Produkte, wie Radio- und Fernsehgeräte, Musikabspieler und Videorecorder sowie insbesondere Computer haben einen Milliardenmarkt hervorgebracht. Darüber hinaus hat auch die computerunterstützte Informationsverarbeitung eine digitale Prozessrevolution ausgelöst, weil sie Lösungen erlaubt, die selbst komplizierte, miteinander verwobene Produktionsprozesse noch richtig steuern können.

Dabei wurden nicht nur die Computer deutlich kleiner und leistungsfähiger, sondern auch viele andere Erzeugnisse, die jetzt digital angesteuert werden. Die Rechenleistung und die Speicherkapazität eines heutigen Laptops sind um ein Vielfaches höher, als die einer elektronischen Datenverarbeitungsanlage aus den 60er Jahren. Auf der Consumer Electronics Show 2015 wurde in Las Vegas unter der Bezeichnung Tegra X1 sogar ein Chip in Größe eines Fingernagels vorgestellt, der die Leistungsfähigkeit des weltweit schnellsten Supercomputers aus dem Jahr 2000 übertrifft, der 150 Quadratmeter Fläche belegt und eine

Globalisierung und Komparative Kosten (David Ricardo 1817)

Angeregt durch die Lektüre des Buches „Reichtum der Nationen" von A. Smith [SMIT1776] entwickelte Ricardo neue Ansichten zur politischen Ökonomie. Hier ist besonders seine Theorie der Komparativen Kostenvorteile bedeutsam, die besagt, dass sich jedes Land in der Produktion auf die Güter ausrichten soll, die es relativ zu den übrigen Waren kostengünstiger herstellen kann. Durch den Handel mit anderen Ländern können dann Vorteile erzielt werden, weil die selbst ungünstiger zu produzierenden Waren dann zumindest mit dem höchsten erreichbaren Tauschwert eingekauft werden können. Diese vielleicht nicht sofort einleuchtende These hat er anschaulich mit einem Beispiel belegt, in dem England und Portugal Handel mit Tuch und Wein betreiben.

Das wärmere Klima Portugals ermöglicht höhere Erträge beim Weinanbau als das kühle und regenreiche England. Umgekehrt kann bei der dort herrschenden hohen Luftfeuchtigkeit von der Schafzucht bis zum Weben von Stoffen die Herstellung von Tüchern deutlich kostengünstiger erfolgen als in Portugal. Wenn sich jedes Land auf seinen komparativen Kostenvorteil konzentriert und die Erzeugnisse gegeneinander getauscht werden, haben beide Seiten einen Vorteil.

Insgesamt ist die Theorie der Komparativen Kosten eine Begründung für die Globalisierung, mit der jedes Land seine Situation verbessern kann. [RICA1817]

Million Watt Strom verbraucht hat. Diese rasend schnelle Entwicklung bietet laufend neue Potenziale und fordert damit die Phantasie zur Anwendung in der Wirtschaftsinformatik heraus.

▶ **Ersatz von Mechanik durch Digitalelektronik** Die Effekte bei anderen Produkten, wie Uhren, Tachometer, Waschmaschinen, Video-Kameras und Radioapparaten sind nicht so auffällig aber fast genauso wirksam. Komplizierte feinmechanische Apparaturen wurden durch sehr preiswert herzustellende elektronische Bauelemente ersetzt. Bei deutlicher Verbesserung der Funktionsvielfalt bleiben die Fertigungskosten gleich oder sinken sogar.

Dies wird dramatisch deutlich beim Vergleich von Fernschreib- und Faxgeräten. Während für den Fernschreiberbau viele Arbeitsstunden für die Herstellung der Relais, Hebel und Typen notwendig waren, sind die meisten mechanischen Elemente beim Faxgerät durch einen elektronischen Multifunktionsbaustein ersetzt worden. Der Druck erfolgt über eine Baugruppe, die in

> **Technischer Fortschritt und Wirtschaftswachstum (Robert Solow 1956)**
>
> Aufbauend auf der Erkenntnis, dass Arbeit und Kapital sich teilweise ersetzen können, leitete Solow in seinem Modell die Erklärung ab, dass wirtschaftliches Wachstum auf dem technischen Fortschritt basiert. Damit sind interessanterweise aber nicht nur im eigentlichen Sinne technologische Entwicklungen angesprochen, sondern auch organisatorische. Wenn es also gelingt, künftig Produkte in zumindest gleicher Qualität mit weniger Einsatz von Mitteln herzustellen, dann folgt daraus ein Vorteil für alle Beteiligten im Sinne von höherem Einkommen. Da die Informationsverarbeitung selbst technisch noch äußerst dynamisch weiterentwickelt wird und sie gleichzeitig die organisatorischen Abläufe in Unternehmen und der öffentlichen Verwaltung effizienter gestalten lässt, kann sie als idealer Wachstumsmotor dienen. [SOLO1956]

gleicher Form auch in anderen Geräten vorkommt und daher in großen Stückzahlen produziert werden kann.

Globalisierung ist hier ein entscheidender Faktor, weil die Fabriken für Speicherchips und Prozessoren Stückzahlen in Millionenhöhe erreichen müssen, um rentabel zu arbeiten, was natürlich einen weiträumigen Absatzmarkt voraussetzt.

▶ **Exponentielle Leistungssteigerung**   Faszinierend ist die exponentielle Steigerung der Leistungsfähigkeit von Computerbauelementen in kurzen Zyklen über die vergangenen Jahrzehnte, was sonst für technische Entwicklungen ungewöhnlich ist. Um sich die Konsequenzen zu verdeutlichen, lässt sich die übliche Entwicklung von Technologien mit der Hebelkraft vergleichen, während die Leistungssteigerung von digitalen Speichern und Prozessoren im Tempo der erschreckenden Ausbreitungsgeschwindigkeit von Seuchen (Ebola-Virus) oder Bakterien entspricht. Hinzu kommt, dass die Digitalelektronik zusätzliche Funktionen bietet (vgl. Abb. 0-2). Während ein mechanisches Uhrwerk bei ca. vierfachen Herstellungskosten nur die ungefähre Uhrzeit zeigt und viermal in der Stunde schlägt, kann das elektronische Werk die Zeit exakt anzeigen, verschiedene wählbare Töne anschlagen und dies auch zum Beispiel nachts ausblenden.

 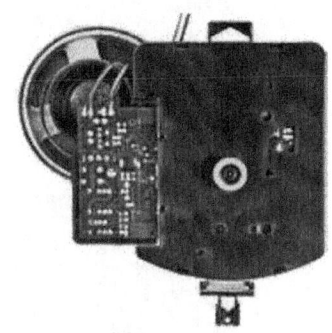

Abbildung 0-2: Mechanisches und funkgesteuertes Uhrwerk

▶ **Dezentralisierung und Personalisierung**   Da die Menschen an lineare Abläufe gewöhnt sind, erkennen und begreifen sie sehr schnell die Wirkung der Hebelarmverlängerung. Das anfangs, bei niedrigen Fallzahlen, unbedeutend erscheinende Entwicklungstempo einer Krankheit (Vogelgrippe) wiegt aber nur in trügerischer Sicherheit und bevor die Menschen – bei zu langem Warten – noch etwas gegen exponentielle Entwicklungen unternehmen können, sind schon Millionen davon betroffen.

Nachdem Computer zunächst über vierzig Jahre lang nur mit großem apparativen und finanziellen Aufwand zu der Leistungsfähigkeit gebracht werden konnten, die für sinnvolle wirtschaftliche Anwendungen notwendig ist, bieten sie diese Leistung jetzt schon in kleinen Geräten, zu so niedrigen Preisen, dass es ohne weiteres möglich ist, sie nur sporadisch zu benutzen. Die Kirchturmuhr, der ganze Stolz einer Gemeinde, die mit großem Aufwand gekauft wurde, musste nach oben, weithin sichtbar, montiert werden, um sie für möglichst viele Bewohner nutzbar zu machen. Eine billige Armbanduhr kann man heute getrost lange Zeit unbeachtet lassen, ohne sich über die Vergeudung an technischem Potenzial aufhalten zu müssen. Der im Vergleich zu Großrechnern preiswerte Personalcomputer hat den gleichen Effekt ausgelöst. Er ist nicht persönlich, weil er so klein ist, sondern weil er von einer Person nur dann benutzt wird, wenn diese ihn braucht (vgl. Abb. 0-3).

Die Leistung von Rechnern wird in absehbarer Zeit so dramatisch zunehmen, dass geradezu zwangsläufig neue, komplexe und damit wirkungsvolle Anwendungsbereiche erschlossen werden müssen. Alle Aufgaben, die bis jetzt unlösbar erscheinen, wie Sprach-, Schrift- und Mustererkennung, werden bald erfolgreich gelöst, so wie die bis vor kurzem noch nicht mögliche Videosequenzbearbeitung heute schon von jedem besseren PC beherrscht wird.

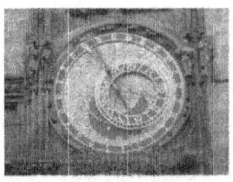 Weithin sichtbare Turmuhr
für alle!

 Rechenzentrum für viele!

 Personalcomputer
für einen!

Abbildung 0-3: Dezentralisierung der Informationsverarbeitung

▶ **Vernetzung** Computernetze funktionieren besser als der Gedankenaustausch zwischen Menschen. Dazu kommt aber noch die Leistungssteigerung durch die Vernetzung der Rechner. Während für die Menschen Teamfähigkeit keine Selbstverständlichkeit ist und immer nur über die Kommunikation mit der tempomäßig recht beschränkten Sprache realisiert werden kann, arbeiten Rechner mit hohen Übertragungsraten, über beliebige Entfernungen und in großer Zahl zusammen. Die Wirkungsmöglichkeiten solcher Netze sind noch kaum bewusst und noch viel weniger in ihren Konsequenzen erkannt.

Eine Form der Vernetzung bildet das nachfolgend beschriebene SETI (Search for Extraterrestrial Intelligence) Projekt. Um die Rechnerleistung für die Auswertung von Daten aus Radioteleskopen möglichst kostengünstig aufzubauen, wurde ein Verband gegründet, dessen Mitglieder die Leistung ihrer Computer über einen Bildschirmschoner im Internet zur Verfügung stellen (http://seti@home.ssl.berkeley.edu/).

Damit werden verteilt existierende Kapazitäten einer Nutzung zugeführt. Die Auswirkungen der Entwicklung sind kaum adäquat vorherzusehen, weil die sprunghaft steigende Leistung bei gleichen Preisen gerade künftig ganz besonders starke Wirkungen beim Computereinsatz für wirtschaftliche Aufgabenstellungen auslösen wird. Wie bei solchen exponentiellen Wachstumskurven üblich, ist die Wirkung anfangs wenig spektakulär. Mit der heute schon erreichten Leistung bedeutet jedoch eine weitere Verdoppelung in nur knapp zwei Jahren einen gigantischen Sprung bezüglich der Anwendungspotenziale. Der Wettbewerb zwischen Menschen und Computern um Tätigkeiten mit intellektuell anspruchsvollen Funktionen wird dadurch weiter verschärft und der Einsatzbereich von Computern für wirtschaftliche Anwendungen erheblich erweitert. Es ist absehbar, dass etwa im Jahr 2025 sowohl die Verarbeitungsleistung des menschlichen Gehirns durch die Zahl der Rechenoperationen von Mikroprozessoren übertroffen werden wird (vgl. Abb. 0-4), als auch unsere Gedächtnisleistung durch die Kapazität von Speicherchips.

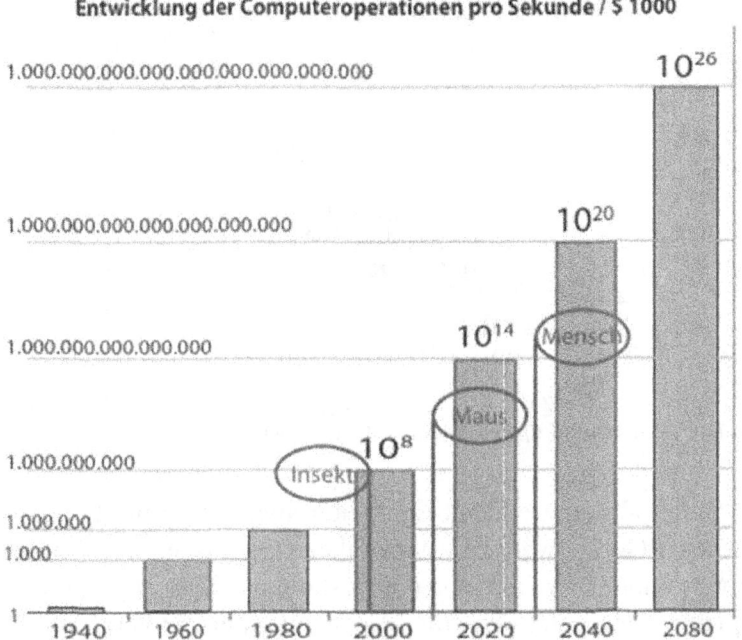

Abbildung 0-4: Leistungssteigerung von Mikroprozessoren nach dem Gesetz von Moore in Bezug auf das Jahr, in dem die Leistung der genannten Lebewesen übertroffen wurde bzw. wird.

▶ **Vorteile der maschinellen Informationsverarbeitung** Aus Sicht der Wirtschaftsinformatik ist grundsätzlich festzuhalten, dass maschinelle Informationsverarbeitungssysteme bei vielen Aufgaben wesentlich schneller sind als das menschliche Gehirn (vgl. Abb. 0-5). Insbesondere repetitive Berechnungen, Vergleiche, Veränderungen von Informationen und deren Ablage in Verbindung mit einer jederzeitigen exakten Reproduktion können solche Geräte längst besser als der Mensch mit seinen sonstigen Hilfsmitteln wie Papier, Bleistift, Ordnern und Karteikarten. Das Verarbeitungstempo der Rechner

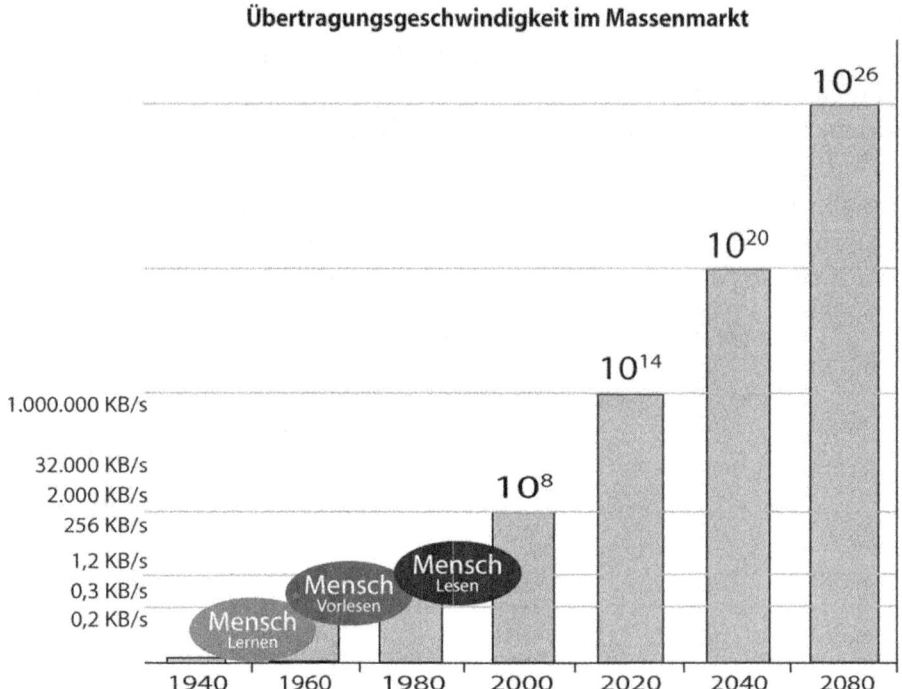

Abbildung 0-5: Steigerung der Übertragungsgeschwindigkeit digitaler Netze im Vergleich zur gleichbleibenden Geschwindigkeit beim Menschen.

wird auch in der absehbaren Zukunft weiter ansteigen, und die Kosten für die entsprechenden Geräte werden weiter fallen. Damit entwickeln sich Computer in immer neuen Aufgabegebieten zu den kostengünstigeren Alternativen. Bis heute hat der Mensch noch einen Vorsprung bei der Verarbeitung von Bildern und deren Wiedererkennung, insbesondere auch bei Assoziationen, die aus verschiedenen Tatbeständen neue Zusammenhänge flechten. Darauf sollte er sich folglich verstärkt einstellen und die Routineaufgaben den Computern überlassen. Ganz sicher sollte die Entwicklung aber nicht dahin gehen, dass die Informationsverarbeitungseinrichtungen zwar die wesentlichen Arbeitsschritte ausführen, die Menschen aber in die Abläufe als „Datenerfasser" oder „Weiterleiter" eingebunden sind, weil versäumt wurde, die verschiedenen Bereiche, in denen die Informationen verarbeitet werden, zu vernetzen und zu integrieren.

▶ **Missverstandene maschinelle Informationsverarbeitung** Leider läuft die Entwicklung heute oftmals in folgende Richtungen. Einerseits erscheint die Integration zu kompliziert und man schreckt davor zurück. Anderer-

Exponentielles Wachstum der Transistoranzahl (Gordon Moore 1965)

Gordon Moore hat als Chef von Intel des bekannten Herstellers von integrierten Schaltkreisen (Chips) die These aufgestellt, dass die Anzahl von Transistoren in diesen Bauelementen über lange Zeit jeweils im Zyklus von 18 Monaten verdoppelt werden könnte. Aus heutiger Sicht hat sich dies über 50 Jahre bestätigt, wobei gleichzeitig auch die Arbeitsgeschwindigkeit dramatisch erhöht werden konnte, während die Preise pro Bauelement fast gleich blieben. Die Prognose ging als Mooresches Gesetz in die Computergeschichte ein und wird auch noch für einige Jahre weiter gelten. [MOOR1965]

seits wird erkannt, dass die Informationsverarbeitung in einem integrierten System anderen Rahmenbedingungen unterliegt und folglich einige organisatorische Konsequenzen gezogen werden müssten. Davor schreckt man aber zurück, weil die Mitarbeiter zu neuen Abläufen oft nur mit viel Überredungskunst zu bewegen sind. Die Konsequenzen sind fatal, weil die dringend benötigten Rationalisierungsvorteile sonst nicht erreicht werden.

Die Informationsverarbeitung (IV) wird in vielen großen Unternehmen vom Vorstandsbereich für das Rechnungswesen betreut. Aus dessen Sicht ist die damit verbundene Informationstechnik (IT) aber nur ein Kostenfaktor und nicht ein Organisator und Rationalisator. Auch wird von den Führungskräften häufig überhaupt nicht verstanden, wie Informationsverarbeitung funktioniert bzw. ablaufen sollte.

Verständnisfrage zu 0.3.1:

- Was macht den Computer zu einem bisher noch nicht dagewesenen Innovations- und Rationalisierungsmotor?

0.4 Ökonomie und Ökologie

Die rechtzeitige Bereitstellung einer Information kann große Wirkung auf die Einsparung von Kosten haben. Während früher immer abzuwägen war, ob es sich wirklich lohnt, einen Boten als Nachrichtenüberbringer zu schicken, wird dies mit der Übertragung digital codierter Nachrichten zum simplen, preiswerten Vorgang, da die Übertragung schon heute fast nichts mehr kostet und darüber hinaus künftig noch schneller und preiswerter wird.

Die bessere Informationslage führt zu einem gezielt auf jede einzelne Situation abgestimmten Verhalten und zur Vermeidung von Ressourcenverschwendung. Damit trägt die Informationsverarbeitung auch zur besseren Verwendung der beschränkten Ressourcen bei. Dies gilt weltweit.

Wenn vor dem eigenen Fahrzeug ein massiver Stau das Durchkommen unmöglich macht, lohnt es sich nicht mehr, schnell zu fahren. Wenn ein Reisender auf dem Weg zum Bahnhof oder Flugplatz erkennt, dass er wohl zu spät kommen wird, dann aber erfährt, dass der Zug oder der Flieger Verspätung hat, ist es für ihn trotzdem sinnvoll, sich zu beeilen, weil die eigene verspätete Ankunft wahrscheinlich doch noch rechtzeitig sein wird.

▶ **Märkte werden größer, ihre Zahl kleiner**   Auch wenn es eine Gruppe unentwegter Kämpfer gegen die Globalisierung gibt, so ist aus ökonomischer Sicht eine solche Haltung nicht verständlich. Die Arbeitsteilung hat den Menschen einen großen Produktivitätsfortschritt und damit eine erhebliche Verbesserung der Lebensbedingungen beschert. Dies war allerdings nur mit der Ausweitung des Handels möglich, der für den Ausgleich der verschiedenen, speziell gefertigten Güter sorgt. Dies gilt jedoch nicht nur kleinräumig auf Personen bezogen, sondern für ganze Regionen, ja Weltteile. Natürlich sollte in solchen arbeitsteiligen Situationen auch keine der beteiligten Gruppen zu Gunsten der anderen auf Grund der Machtverhältnisse übervorteilt werden. Der Welthandel stiftet aber auf Grund der komparativen Kostenvorteile [RICA1817] auch den ärmeren Volkswirtschaften mit niedrigen Löhnen einen Nutzen.

Die Informationstechnologie erlaubt den Informationsaustausch über große Entfernungen zu niedrigen Kosten. Sie ermöglicht damit die Ausweitung des internationalen Handels, ohne gleichzeitig das Risiko für Fehleinkäufe unnötig zu vergrößern. Auch die Spekulation auf Basis individueller Kenntnisse, die sogenannte Ausnutzung von Informationsasymmetrien, wird von der Informationsverarbeitung unterlaufen, weil sie vielen Personen zur Verfügung steht.

▶ **Ökologische Fortschritte mit integrierter Informationsverarbeitung**
Für die ökologische Betrachtung einer Situation oder Lösung ist der Wirkungsgrad von großer Bedeutung. Je höher dieser ist, um so geringer ist der Verbrauch an Produktionsfaktoren bei gleichem Resultat. Die dazu nötige Abstimmung der arbeitsteiligen Prozesse zwischen Unternehmen zur Herstellung von Gütern wird durch die integrierte Informationsverarbeitung erst wirklich ermöglicht. Damit leistet sie einen Beitrag zur Verbesserung der wirtschaftlichen Lage auch der Arbeitskräfte in nicht industrialisierten Ländern.

Ansätze zur Stabilisierung der Entwicklung auf unserem Planeten fordern für das weitere Wachstum der Volkswirtschaften eine drastische Verminderung der dafür aufgewandten Ressourcen. Damit fordern sie implizit auch den Einsatz integrierter Informationslösungen für alle am Wirtschaftsprozess Beteiligten (In- und Ausland, private Wirtschaft und öffentliche Verwaltung), denn anders sind diese Ziele überhaupt nicht zu erreichen. Die in den entsprechenden Studien reklamierten Rebound Effekte, wie die Papierverbrauchssteigerung trotz papierloser Aufgabenabwicklung und die Erhöhung der Reisetätigkeit trotz Verbesserung der Kommunikationsmöglichkeiten stellen die Integration der Informationsverarbeitung nicht in Frage, sondern fordern im Grunde nur deren konsequente Umsetzung.

Verständnisfrage zu 0.4:

• Warum ist die Informationsverarbeitung eine wesentliche Voraussetzung für den wirtschaftlichen Aufschwung ärmerer Länder?

0.5 Zusammenspiel von Informations- und Wirtschaftsmanagement in der Wirtschaftsinformatik

▶ **Historie des Computers**   Die Erfindung des Computers als primär technischer Gegenstand ließ zunächst dessen Bedeutung für die Wirtschaft nicht erkennen. 1837 veröffentliche Charles Babbage erste Beschreibungen der „analytical engine", einer mechanischen Rechenmaschine. Ziel dieses Rechenwerks war es, ein an allgemeine mathematische Anwendungen anpassbares (programmierbares) System zu schaffen. Doch erst mit der Elektrifizierung und der Erfindung der Transistoren gelang in den 60er-Jahren des 20. Jahrhunderts der breite Durchbruch der Computertechnologie. Kurz davor, noch in den Pionierzeiten des Computerzeitalters, soll der damalige IBM-Chef Thomas J. Watson geäußert haben, er sehe den Weltbedarf für Computer bei vielleicht fünf Stück. Er war ironischerweise der Leiter jenes Konzerns, der in den achtziger Jahren Personalcomputer populär gemacht und damit zu einer maßgeblichen Verbreitung und Durchdringung der Computertechnik beigetragen hat. Die Aussage ist jedoch vor dem Hintergrund riesiger Rechenungetüme, die mit ihren Röhren ganze Stockwerke ausfüllten und extreme Hitze entwickelten, in den 40er- und frühen 50er-Jahren verständlich.

▶ **Industrie-Computeranwendung seit den 1950er Jahren**   Ab etwa 1955 wurden erste größere Anwendungen für Industrie- und Verwaltungsorganisationen entwickelt, um vor allem repetitive Aufgaben durch die elektronische Datenverarbeitung (EDV) zu verringern. Damit wurde die EDV auch in die Betriebswirtschaftslehre übernommen. Mit den sich ergebenden Möglichkeiten zur Automatisierung und Effizienzsteigerung erhielt die EDV in Form der sogenannten „Betriebswirtschaftlichen Datenverarbeitung" insbesondere durch die wissenschaftlichen Arbeiten von Grochla und Mertens Bedeutung für die Betriebswirtschaftslehre [GROC1974], [MERT2013].

▶ **Etablierung der Wirtschaftsinformatik als Wissenschaft**   In Folge zunächst als „Betriebsinformatik" tituliert, etablierte sich die Wirtschaftsinformatik spätestens Anfang der 80er-Jahre als eigenständige wissenschaftliche Disziplin, die sich seitdem mit der Erklärung und Gestaltung sowie dem Management betriebswirtschaftlicher Informationssysteme auseinandersetzt. Aufgrund der steigenden Bedeutung von Informationssystemen in der freien Wirtschaft wurde Wirtschaftsinformatik an vielen Universitäten gegen Ende der 80er-Jahre zunehmend als Pflicht- oder Wahlfach angeboten. Zudem entwickelte sich ein eigenständiges Curriculum für den Studiengang Wirtschaftsinformatik.

▶ **Berufliche Chancen der Wirtschaftsinformatiker**   Das bereits vom Computerpionier Konrad Zuse 1965 postulierte Zusammenspiel von Industrie- und Technologiewissen macht den Wirtschaftsinformatiker zu einem gesuchten Spezialisten in der freien Wirtschaft, denn es besteht in den Unternehmen eine zunehmende gegenseitige Abhängigkeit zwischen Aufbau- und Ablauforganisation auf der einen Seite sowie technologischen Erfordernissen in Form von Software und Hardware auf der anderen Seite. Veränderung eines Aspekts bedingen dabei auch immer Veränderungen auf der anderen Seite. Dabei werden heute insbesondere das Verständnis über den Nutzen, die Verwendung und die Gestaltung integrierter Informationsverarbeitung und die damit einhergehenden Organisations- und Prozessentwicklungen am Arbeitsmarkt nachgefragt.

▶ **Interdisziplinarität der Aufgabenstellung**   Die Wirtschaftsinformatik kann damit verstanden werden als interdisziplinäre Real-, Formal- und Ingenieurswissenschaft, deren Aufgabe es ist, mit eigenständigen Methoden betriebswirtschaftliche Informationssysteme zu gestalten und zu betreiben und ihren Einsatz in Wirtschaftsorganisationen zu erklären und auszubauen. Damit ist die Wirtschaftsinformatik als eigenständige Disziplin mit wirtschaftsinformatik-immanenten Methoden und Instrumenten interdisziplinär zwischen Betriebswirtschaftslehre und Informatik positioniert. Zu ihren Forschungs- methoden zählt beispielsweise die Referenzmodellierung (idealtypische Re- alwelt-Abbildungen als Gestaltungsvorlage), die Entwicklung prototypischer IT-Artefakte, die induktive Gewinnung neuer Theorien durch qualitativ- oder quantitativ-empirische Untersuchungen aber auch die Realisierung von Werk- zeugen zur Implementierung und laufenden Anpassung von integrierten In- formationssystemen (Industrie 4.0 und Service-Orientierung).

Was Sie in diesem Kapitel gelernt haben:

Wirtschaftliches Handeln ist immer mit dem Ziel verbunden, das gewünschte Ergebnis mit möglichst wenig Aufwand zu erreichen. Daran wird laufend wei- ter gearbeitet. So stehen auch bewährte Vorgehensweisen immer wieder auf dem Prüfstand der Suche nach Verbesserungen. Die maschinelle Informations- verarbeitung bietet dazu vielfältige Möglichkeiten, die wir einsetzen müssen, um die Produktionskosten in unserer arbeitsteiligen Wirtschaft weiter zu sen- ken. Wir nutzen schon lange die Vorteile der Produktionsautomatisierung und praktizieren Outsourcing in Länder mit niedrigeren Löhnen zu unserem und deren Nutzen (Globalisierung). Die Koordination dieser verteilten Produktion darf aber nicht zu viel Verwaltungsaufwand verursachen. Aufgabenbereiche, bei denen uns die maschinelle Informationsverarbeitung überlegen ist, sollten ihr übertragen werden. Der technische Fortschritt wird die organisatorische Weiterentwicklung unterstützen. So verrückt es auf den ersten Blick auch er- scheinen mag, wir müssen Informationstechnologie einsetzen, um durch die Wegrationalisierung der damit automatisierbaren Aufgaben andere Tätigkei- ten zu verbessern und vielleicht sogar neue zu etablieren. Jeder einzelne von uns muss, um sich selbst unentbehrlich zu machen, dafür sorgen, dass er viel- seitig einsetzbar ist.

Literatur

GROC1974   Grochla, E.: Integrierte Gesamtmodelle der Datenverarbeitung: Entwick-lung und Anwendung des Kölner Integrationsmodells (KIM). München 1974.

HIND2001   Hindle, T.: Die 100 wichtigsten Management-Konzepte. München 2001.

MERT2013   Integrierte Informationsverarbeitung. Operative Systeme in der Indus-trie / Planungs- und Kontrollsysteme in der Industrie. Heidelberg 2013.

PIPE1996   Piper, N. (Hrsg.): Die großen Ökonomen. Leben und Werk der wirt-schaftswissenschaftlichen Vordenker. Stuttgart 1996.

SCHA2004   Schawel, C.; Billing, F.: Top 100 Management Tools. Wiesbaden 2004.

SMIT1776   Smith, A.; An Inquiry into the Nature and Causes of the Wealth of Na-tions. 1776

TAYL1911   Taylor, F., W.: The Principles of Scientific Management. 1911

RICA1817   Ricardo, D.: On the princeples of political economy and taxation. 1817.

SOLO1956   Solow, R., M.: Contribution to the Theory of Economic Growth. In: Qua-terly Journal of Economics, Vol. 70, pp. 65-94.

MOOR1965   Moore, G., E.: Cramming more components onto integrated cricuits. 1965.

1 Informationsbeschaffung in der Wissensgesellschaft

Woraus lassen sich Informationen schöpfen?

▶ **Entwicklungsgeschichte der Information** Die Entwicklung des Menschen bezüglich seines Umgangs mit Informationen ist vielfältig und äußerst spannend, weil diese Fähigkeit und die dazu entwickelten Hilfsmittel erheblich zur besonderen Stellung des Menschen in der Natur beitragen. Im zeitlichen Ablauf sind prinzipiell drei Phasen zu erkennen.

▶ **Akustische Interaktion** Im vorgeschichtlichen Zeitraum (Steinzeit, von ca. 2,5 Mio. bis 4 000 Jahren vor heute), der nach Jahren fast die gesamte Menschheitsgeschichte ausmacht, konnte sich unsere Spezies nur durch das gesprochene Wort verständigen. Zwar waren Ergänzungen und Verdeutlichungen durch das Zeigen auf Phänomene der Natur oder auch im späteren Verlauf in Form von Skizzen bis hin zu Wandmalereien (Höhlenbilder von Altamira und Lascaux) möglich, wirkliche Aussagen konnten aber nur in Verbindung mit der (flüchtigen) Sprache getroffen werden. Deswegen trägt diese Periode den fast unsinnigen Namen „Vor"-Geschichte, die es ja eigentlich nicht geben kann, aber wir wissen eben so gut wie nichts davon.

▶ **Schriftliche Interaktion** Zur wirklichen Erkenntnis gehört die Fixierung des Ergebnisses. Das Medium muss aber nicht Papier sein. Diese Periode beginnt mit den ersten Schriftzeugnissen vor wenigen tausend Jahren. Für die meisten Menschen hatte dies jedoch überhaupt keine Bedeutung, weil sie weder schreiben noch lesen konnten und wohl nie in ihrem Leben einen schriftlichen Text gesehen haben. Wir können jedoch durch die bis heute erhaltenen Aufzeichnungen in Stein-, Leder-, Papyrus- oder Pergamentform schon ein differenziertes Bild jener Zeit entwickeln. Entscheidend war die mit dem Schreiben erlangte Möglichkeit, eine Aussage, eine Erkenntnis, einen Glaubenssatz in einer ganz bestimmten Form – ohne Verfälschung durch einen Erzähler – über Raum und Zeit weiterzugeben. Erst jetzt war eine wirkliche gedankliche Auseinandersetzung mit einer tradierten Behauptung oder Erkenntnis möglich, weil die freie Rede dem Zuhörer keine Chance zur genauen Reflektion des Inhalts zulässt, zumal gar nicht sicher ist, ob die ursprüngliche Aussage genau die vorgetragene Form hatte. Noch heute prägt dieser Unterschied viele Verhaltensweisen, die uns so selbstverständlich sind, dass wir kaum mehr darüber nachdenken. So bedürfen Verträge in aller Regel der Schriftform. Ein schriftlicher Beweis hat eine ganz andere Qualität als ein mündlicher Bericht und unsere Existenz gegenüber Institutionen müssen wir durch einen Personalausweis in Schriftform belegen. Absurd und oft genug tragisch wird die Situation, wenn einer Person durch Vorzeigen eines derartigen Belegs ein Lebensrecht in einer bestimmten Region zugebilligt wird, oder eben nicht. Der wirkliche Durchbruch zur Phase der schriftlichen Interaktion lag im Übergang zum Buchdruck, der erst eine Vervielfältigung von Texten erlaubt und damit einer größeren Zahl von Menschen das Lesen der Aussagen, Behauptungen und Erkenntnisse ermöglicht hat. Dies setzt natürlich ein Lernen des Lesens voraus und ist für uns selbstverständlich. Leider aber nicht überall, denn die UNESCO und OECD haben in ihren letzten Studien darauf hingewiesen, dass weltweit rund eine Milliarde, in den Industrieländern 200 Millionen und in Deutschland vier Millionen Menschen nicht wirklich Lesen und Schreiben können [UNES2012]. Für die hier angestellten Überlegungen zur Auswirkung der Computertechnik und den richtigen Umgang mit ihren Möglichkeiten ist noch bemerkenswert, dass erst 200 Jahre nach dem technischen Durchbruch des Buchdrucks angefangen wurde, eine allgemeine Schulpflicht einzuführen (Friedrich Wilhelm von Preussen, am 28. September 1717). Diese wurde erheblich bekämpft, von Eltern, Gutsherren, der Kirche und allen, die sich in der jeweiligen Situation ein auskömmliches Plätzchen eingerichtet hatten. Kein noch so fadenscheiniges Argument wurde bei diesem Disput ausgelassen. Die Verbreitung von Erkenntnissen hat sich mit der Möglichkeit zu publizieren erheblich entwickelt – daher sollten die neuen Potenziale hoffnungsfroh stimmen.

▶ **Digitale Interaktion** Viel schneller als die Verbreitung der ersten Druckerzeugnisse haben Computer die Welt erobert. Ihre Wirkung ist auch insbesondere in Verbindung mit dem Zugang in öffentliche Informationsnetze (Internet) deutlich stärker. Wir nutzen ihr Potenzial in den Industriegesellschaften schon in ausgeprägter Form, um unseren hohen Lebensstandard (auskömmliches Plätzchen) zu erhalten und auszubauen, lehnen aber häufig ihre weitere Verbreitung und Entwicklung ab. Insbesondere setzten wir uns zu wenig mit den Fragen auseinander, wie soll sich die Menschheit darauf einstellen, dass es plötzlich eine geistige Konkurrenz gibt, die unbestritten viele Aufgaben besser bewältigt, als unser Gehirn.

BEGRIFFE, die in diesem Kapitel erläutert werden: Internet, Wissensmanagement, eLearning, Wissensvermittlung, Selbstlernsystem, Vortragsgestaltung

1.0 Aktueller und künftiger Zugang zu Informationen

Elektronisch bereitgestellte Informationen werden als etwas weniger seriös angesehen, als schwarz auf weiß Gedrucktes. Dies liegt ganz einfach in unserer Erziehung, die in Form von Vorschriften und Gesetzen aber auch in der Literatur („Denn was man schwarz auf weiß besitzt ..." Faust Vers. 1966 f.) beständig auf die besondere Werthaltigkeit des Geschriebenen hinweist. Bei bewusster Überlegung wird schnell klar, dass auch viel Unsinn gedruckt wurde und auch heute in Form von Büchern, Zeitungen und Zeitschriften unter die Leute gebracht wird. Die technische Form bietet keine Garantie für den Inhalt. Es ist die anerzogene und erspürte Würdigung vor der fixierten Darstellung eines Zusammenhangs, wie sie durch Bücher intensiv vermittelt wird, die uns eine hohe Meinung vor dem Gedruckten einflößt. Verstärkt durch die Abscheu vor den Versuchen, Wissen, Aufklärung und neue Ideen durch die Verbrennung von Büchern zu beschränken, wird uns der Bibliophile, der belesene Literaturliebhaber, sympathisch, während uns der Betrachter von aufgabenorientierten Informationen aus einem Fernschreiber, von einer Anzeigetafel, aus einem Computer nur als schnöder Aufgabenerlediger oder Geschäftemacher erscheint.

▶ **Survival of the fittest for change** Die Erkenntnis von Charles Darwin war es, dass diejenigen überleben, die sich schnell anpassen. Dieser Eindruck ist jedoch möglicherweise grundverkehrt. Die digitale Speicherung von Literatur in einem Computer verändert nicht ihren Inhalt. Durch die Möglichkeit den Text in verschiedenen Schriftarten und -größen darzustellen, wird er sogar für Fehlsichtige leichter erkennbar und die Aufwertung des inhaltlichen Zusammenhanges durch ergänzende Kommentare, Kritiken oder eigene Anmerkungen ist faszinierend. Auch die Verfügbarkeit wird deutlich erhöht. Schon die Herstellkosten sind, ohne Betrachtung des Autorenhonorars, deutlich niedriger. Die Bereitstellung, in Form der Verbreitung und auch der persönlichen Aufbewahrung kostet fast gar nichts mehr. Der Betrag für ein einziges leeres

Bücherregal zum Selbstaufbauen – aber noch ohne jeden Inhalt – liegt heute schon deutlich über dem Preis für einen Plattenspeicher mit einem Terabyte Kapazität. In den „virtuellen Schrank" auf der Platte können wir mehr Literatur einstellen, als wir je in der Lage sein werden zu lesen. Darüber hinaus können wir den Inhalt aber nach den verschiedensten Gesichtspunkten gliedern, mit eigenen Notizen versehen und in hervorragender Weise durchsuchen. Die intellektuellen Chancen werden damit neu vergeben, wir müssen uns darauf einstellen.

Hoch interessant ist in diesem Zusammenhang die Erkenntnis, dass Lesen eine Kunstfertigkeit ist, die uns im Gegensatz zu vielen anderen Fähigkeiten unseres Gehirns nicht von der Natur geliefert wird. Jahre harten Übens vergehen, bevor wir schnell und flüssig aus den Symbolen, die einen Text bilden, einen Zusammenhang und Gedankenfolgen herauslesen können.

Verständnisfrage zu 1.0:

• Sollten die Kinder künftig andere Dinge lernen als bisher?

1.1 Internet, die unerschöpfliche Quelle

Wissensverarbeitung dank der Vorteile des Internets. Einen substanziellen Fortschritt bezüglich der Verarbeitung von Wissen hat das Internet gebracht. Was von den meisten Menschen noch vor wenigen Jahren als utopische Geschichte abgetan wurde, ist heute tagtägliche Realität. Wer sich nicht darauf einstellt, wird zum Analphabit (dies ist schon richtig geschrieben, denn es soll nicht denjenigen kennzeichnen, der nicht Lesen kann, sondern diejenigen, die den Umgang mit digitalen Informationen scheuen). Wer das Internet nutzt hat deutliche Vorteile gegenüber den Verweigerern. Wer künftig nicht in der Lage sein wird, es geschickt und gezielt zu verwenden, hat berufliche und gesellschaftliche Nachteile.

Der Durchbruch des Internets ist neben den technischen Entwicklungen vor allem der Vereinheitlichung der Informationsdarstellung zu verdanken, die für alle Texte, Bilder und Töne gilt, die im Netz angeboten werden. Für die Hersteller von Computern beziehungsweise Betriebssystemen entstand dadurch der heilsame Zwang, jeweils ein Programm zu entwickeln und mitzuliefern, das es ermöglicht, die Daten aus dem Internet auf dem jeweiligen Computer anzuzeigen. Einmal eingegebene und gespeicherte Texte bleiben für alle Interessenten zugänglich und abrufbar. Damit aber nicht genug; für das Internet wurden Suchsysteme entwickelt, die es jedem Nutzer leicht machen, auch ganz spezielle Inhalte zu suchen, zu finden und anzuzeigen. Damit wird nicht nur der Literaturliebhaber unterstützt, der gerade nach der Quelle eines bestimmten Zitates fahndet, sondern allen wird geholfen, die eine Antwort auf eine bestimmte Problemstellung suchen. Dies gilt für Wissenschaftler, Konsumenten, Schüler und Studierende, Einkäufer und Politiker in ähnlicher Weise.

▶ **Rasantes Wachstum der Anzahl von Internetnutzern** Das Internet wächst ständig weiter, sowohl bezüglich der die Informationen bereitstellenden Server, der Zahl der Anschlüsse und der Zahl der Nutzer, als auch der Dauer der Interaktionen. Informationen zur Internet-Nutzung (www.internetworldstats. com) zeigen, dass fast 90 % der Bevölkerung Deutschlands über einen Internet-Zugang verfügen. Weltweit sind von den 7,2 Mrd. Menschen schon 3 Mrd. Internetnutzer. Den größten Anteil haben die asiatischen Länder mit 46 % gefolgt von Europa mit 19 % und Nord-Amerika mit 10 % . Wesentlich für den erfolgreichen Umgang mit dem Internet sind einige Basiskenntnisse in der Funktionsweise der Suchmaschinen, die es glücklicherweise für das gezielte Recherchieren in der Fülle von Einträgen der verschiedenen Datenbanken im Internet gibt.

Beispielhaft wird hier die Suche über „Google" angeführt. Andere Lösungen sind ähnlich. Es kommt daher weniger darauf an, welches Programm verwendet wird, sondern vielmehr darauf, wie es angewendet wird. Man kann hoffen, dass das Internet auch dazu beiträgt, Kriege durch bessere Informationen zu verhindern.

Bei der Eingabe eines einzelnen Begriffs ist die Trefferzahl häufig sehr groß. Das Durchlesen der Trefferlisten würde inakzeptabel viel Zeit vergeuden, daher werden häufig nur die ersten Einträge angeschaut. Dies ist zwar nicht ganz schlecht, weil die Suchmaschinen die Treffer nicht zufällig und auch nicht alphabetisch auflisten, sondern mit einer ausgeklügelten Systematik nach „Bedeutung" sortieren. Nur, was für ihn wirklich wichtig ist, muss der Anwender selbst entscheiden. Es ist daher sehr ratsam, genau zu überlegen, ob man die Suche nicht durch ergänzende Begriffe oder auch durch die Anwendung logischer Operatoren (vgl. Abschnitt 9.3) zu viel besseren Ergebnissen führen kann.

Die wesentlichen Möglichkeiten zur Spezifikation einer Suche sind:

- Einzelbegriff, der im Dokument vorkommen soll,
- Begriffskombination, die in beliebiger Reihenfolge im Dokument vorkommen soll,
- Begriffsfolge, die genau in der vorgegeben Reihenfolge auftreten soll sowie
- ein oder mehrere Begriffe in Verbindung mit einem Begriff, der nicht vorkommen soll.

Wie genau die genannten Auswahlmöglichkeiten für die benutzte Suchmaschine spezifiziert werden, ist dort jeweils individuell dokumentiert, aber das Verständnis und das Einüben dieser Möglichkeiten sind sehr hilfreich.

Verständnisfrage zu 1.1:

• Welche Form der Suchspezifikation bei zwei Begriffen ist wesentlich?

1.2 Literatur, die Basis des Wissens

Dieser Abschnitt soll nochmals verdeutlichen, dass auch im Zeitalter der digitalen Informationsverarbeitung Literatur eine sehr große Rolle spielt. Der Begriff ist aber aus dem Lateinischen (litera = Buchstabe) abgeleitet und besagt daher nur, dass damit Aufgeschriebenes und nicht Gesprochenes bezeichnet wird. Dies ist ein ganz entscheidender Unterschied, denn bei einem Text kann man niemand ein X für ein U vormachen und ein Pedant fordert immer etwas Geschriebenes, weil die Vereinbarung auch im Nachhinein klar zu belegen ist, denn es liegt etwas schwarz auf weiß fixiert vor. Seit Aristoteles werden wissenschaftliche Auseinandersetzungen auf der Basis eines schriftlich fixierten Gedankens ausgetragen, der dann weiter ausgelegt oder interpretiert werden kann.

Aus heutiger Sicht muss es sich bei Literatur nicht mehr um Gedrucktes, mit der Hand beziehungsweise Maschine Geschriebenes, Kopiertes oder Fotografiertes handeln. Es muss nur für den Leser eindeutig und nachvollziehbar fixiert sein. Dies erscheint zwar bei der jederzeitigen Überschreibbarkeit digitaler Texte dort nicht gegeben, aber es wurden mittlerweile verschiedene Lösungen entwickelt und angeboten, wie ein Autor seinen Text den Lesern elektronisch zur Verfügung stellen kann, ohne dass diese oder er selbst ihn ändern können, ohne dies zu dokumentieren und offenzulegen. Mit den Verfahren der elektronischen Signatur und Authentizität (Griechisch = Glaubwürdigkeit) können heute sogar Texte, die beliebig vielen Nutzern zur sofortigen Einsicht im Internet zur Verfügung stehen, gleichzeitig so gesichert werden, dass jeder Leser für sich überprüfen kann, ob seine Version auch wirklich das Original des ursprünglichen Autors ist.

▶ **Aversionen gegen elektronische Medien** Damit sind aber auch alle Bedenken gegen die Verwendung von elektronischen Dokumenten gegenstandslos geworden. Sicher wird es in absehbarer Zeit auch möglich sein, dass jeder sämtliche Literatur (Bücher, Zeitschriften, Lernmaterialien etc.) die er jemals

Wissensmanagement (Peter Drucker 1998)

Diese Konzeption für ein modernes Management artikuliert ganz offen ihren Bedarf an modernen Informationsverarbeitungslösungen, ja im Grunde besteht sie nur aus solchen. Aus der Erkenntnis, dass ein Unternehmen mehr ist, als nur Boden, Kapital und Arbeit, weil die in den Köpfen der Mitarbeiter abgelegten Kenntnisse und auch die in den Daten der absolvierten Aufträge und Projekte versteckten Erfahrungen für den künftigen Erfolg von erheblicher Bedeutung sind, folgt konsequent der Bedarf an einer auswertbaren Sammlung aller Informationen des Unternehmensgeschehens. Dies war 1998 leichter zu formulieren als umzusetzen. Weder die Mitarbeiter waren begeistert, alle ihre Kenntnisse einem System preiszugeben, das sie damit entbehrlich machen kann, noch waren Speichersysteme auf dem Markt für entsprechend große Datensammlungen im wahlfreien Zugriff.

Der technische Teil ist zumindest heute gelöst – auch hier sieht man die enormen Entwicklungssprünge. Die Hardware erlaubt es jetzt, günstig riesige Datensammlungen anzulegen, die Verwaltungssoftware ist mittlerweile darauf eingerichtet, in den Datenbeständen zusammenpassende Effekte aufzufinden oder im Gegenteil störende Strukturen aufzudecken. Die Informations-Methoden haben teilweise hochtrabende Bezeichnungen wie Knowledge Management, Business Intelligence, Wissensaquisition, Data Warehouse. Aber ohne sie sind Marketingstrategien kaum mehr aufzustellen und Entscheidungen im Planungsbereich wären deutlich unsicherer. [DRUC1998]

gelesen hat, in einem kleinen digitalen Speicher mit sich führen kann, mit allen Anmerkungen, Unterstreichungen oder sonstigen Bemerkungen. Dies wird zu einer viel besseren Nutzung des einmal Gelernten führen, weil man jederzeit auch mit Hilfe verschiedener Suchmechanismen (Zeit, Umgebung, Zusammenhänge) alles das wieder findet, mit dem man sich einmal beschäftigt hat. Die Lernmittelfreiheit wird dann spätestens ad absurdum geführt, denn es ist eines der großen Missverständnisse der Politik zu glauben, dass es genügt, einem Schüler seine Bücher für ein Schuljahr zur Verfügung zu stellen, dann aber wieder wegnehmen zu können. Erinnerungen an die Zusammenhänge hat ihm der Lehrer zwar beigebracht, die eindeutige Basis schwarz auf weiß fehlt ihm aber. Er erinnert sich im Einzelfall sogar noch daran, an welcher Stelle etwas auf der Seite geschrieben stand, aber ohne die gelesene Vorlage hilft das nicht weiter. Die digitale Speicherung ermöglicht künftig jedem, sich ein eigenes Kompendium des Gelesenen anzulegen.

▶ **Online-Datenbanken in der Wissenschaft** Gerade in der Wissenschaft ist das Teilen von Informationen unabdingbar, um nicht permanent Dinge ein zweites Mal erfinden zu müssen. Isaac Newton soll dazu gesagt haben: „If I have seen further it is by standing on the shoulders of giants." Gemeint ist damit die Möglichkeit, Forschung auf den Werken und der Forschung anderer „Giganten" aufbauen zu können. Literaturdatenbanken bieten im Internet die Möglichkeit, intensiv den Wissensstand der Forschung zu beleuchten. Erste Online-Datenbanken lassen sich bereits in den 60er- und 70er-Jahren nachweisen, doch mit der aufkommenden Popularität des Internets ist ihre Zahl sehr stark gewachsen, und es existieren heute für beinahe jeden Lebens- und Wissensbereich zahlreiche Datenbanken im Internet. Eine Übersicht der Online-Literaturdatenbanken für Wirschaftsinformatik bzw. Information Systems findet sich bei [KNAC2007]. Zu den größten und bedeutendsten Namen zählen u. a. EBSCO, Elsevier, Springerlink, ACM oder die AIS eLibrary. Google Books oder Google Scholar gewähren im Internet zudem häufig Einsichten in verschiedene Forschungsarbeiten, ohne jedoch immer einen Vollzugriff zu erlauben. Meist bieten die Hochschulbibliotheken den Studierenden eine Übersicht, welche Datenbanken ihnen am jeweiligen Standort kostenlos oder kostenpflichtig zur Verfügung stehen.

Verständnisfrage zu 1.2:

- Wo kommt in Goethes Faust die Bedeutung von Schriftstücken zum Ausdruck?

1.3 eLearning, die Herausforderung der Zukunft

▶ **Große Chancen für die Benutzer** Möglichkeiten zum Einsatz von Computern für die Unterstützung von Ausbildungsabläufen gibt es viele. Problematisch bleiben die Bereitschaft und Erwartungshaltung der Lernenden gegenüber maschinellen Systemen. Auch der Aufwand für die Entwicklung und Darstellung (visuelle Navigation) von Lerninhalten in einer für ein Lernsystem geeigneten Form ist erheblich. Zur Strukturierung lässt sich das Lernen mit elektronischen Hilfsmitteln in vier charakteristische Situationen einteilen:

- Dokumentation des Frontalunterrichts (sehr verbreitet),
- Selbstlernsystem (von den Lernenden nicht allgemein akzeptiert),
- Virtuelle Realität (sehr aufwendig in der Entwicklung) und
- Interaktion mit anderen Lernern über das Netz (zeitaufwendig, aber sehr effektiv).

Die vier charakteristischen Lernsituationen können und sollten auch in Kombination angewendet werden. Dazu werden hier einige Erfahrungen aufgezeigt, die sowohl dem einzelnen Lerner, als auch der Lernumgebung (Institution und Mitlerner) Anregungen liefern können.

▶ **Dokumentation des Frontalunterrichts** Der Vorteil des Computereinsatzes mit Unterlagen der Veranstaltungen auf elektronischen Medien liegt in der beliebigen Transportmöglichkeit und Verfügbarkeit aller Unterlagen zum Wiederholen und im erheblich erleichterten Wiederfinden von Zusammenhängen, an die man sich nur vage erinnert. Die Darstellung von Bildern zur Unterstützung eines gesprochenen Vortrags hat sich sowohl im schulischen, universitären und beruflichen als auch im kulturellen, wissenschaftlichen und geschäftlichen Umfeld vielfach durchgesetzt. Leider werden dabei viele Fehler begangen, die den effektiven Einsatz in Frage stellen. Dazu gehören:

- Schriftgröße zu gering; der Text muss von allen Teilnehmern gelesen werden können.
- Zu viel Text; der Vortrag sollte nur durch die Präsentation weniger Begriffe unterstützt werden. Sehr störend ist das Vorlesen des gezeigten Textes bzw. der Begriffe.
- Sukzessiver Textaufbau; dieses Stilmittel sollte nur sehr selten verwendet werden, weil gerade die sofortige Sicht auf das ganze Bild zum sukzessiv gesprochenen Vortrag eine gewisse zeitliche Unabhängigkeit des Zuhörers vom Referenten ermöglicht.
- Verschiedene Schriftarten und viele Schriftgrößen; auch hier sollte den klassischen Textgestaltungserfahrungen, die wenige Variationen empfehlen, gefolgt werden.
- Zu viele Folien; wenn zu schnell über die Abbildungen geklickt wird, oder gar einige, für die Zuhörer sichtbar, übersprungen werden, dann wirkt der Vortrag schlecht vorbereitet.

▶ **Selbstlernsysteme zur eigenständigen Erarbeitung des Stoffs** Die individuelle Lernsituation, mit persönlichem Tempo, beliebiger Wiederholung, anschaulichen Abbildungen und beispielhaften Animationen oder Filmen erlaubt eine effektivere Nutzung der für das Lernen aufgewandten Zeit, unter der Prämisse, sich selbst zum Weiterarbeiten zu zwingen. Die Geschwindigkeit und Detaillierung eines Vortrags, einer Vorlesung oder des Unterrichts sind in der Regel für einen Teil der anwesenden Zuhörer nicht passend. Es wird zu schnell oder zu langsam, zu kompliziert oder zu einfach vorgetragen. Auch die Aufmerksamkeit jedes einzelnen Zuhörers ändert sich rasch. Vieles spricht daher dafür, dass die Lernenden sich das Material selbständig anschauen sollten und dabei ihr Tempo und die Stoffauswahl selbst bestimmen können. Allerdings müssen sich die Lernenden dann auch selbst dazu zwingen, den Stoff durchzuarbeiten, eine Last die vielen schwer fällt und die sie daher lieber dem Dozenten überlassen. Die schulische Ausbildung mit ihrer klaren Anleitung durch die Lehrer gewöhnt die Kinder schon in jungen Jahren an die passive Form des Lernens („hier wird etwas beigebracht"), so dass später häufig die eigene Initiative fehlt.

Der Aufwand zur Gestaltung von Selbstlernsystemen ist hoch. Für jedes Detail muss vorher bedacht werden, ob und wie es in den Lernstoff aufgenommen werden soll; eine kurze Erklärung des Dozenten durch mündliche Erläuterung ist hier ausgeschlossen.

▶ **Wie Wissen vermittelt werden sollte** Selbstlernsysteme müssen besonders ansprechend gestaltet werden durch Grafiken, Animationen, Bilder sowie evtl. Videos und sie müssen auch Interaktionsmöglichkeiten bieten. Dazu gehören einerseits Fragen zur Beantwortung, mit denen sich jeder Lernende selbst testen kann und die im Fehlerfall Hinweise auf die nachzulernenden Passagen liefern. Andererseits muss es möglich sein, dass jeder Lerner seine eigenen Anmerkungen in verschiedenen Farben anbringt. Er muss Erinnerungsmarken setzen können und der ganze Inhalt sollte über ein Verzeichnis mit Stichworten zugänglich sein.

▶ **Fehler bei Selbstlernsystemen** Besondere Verfahren, bei denen der Cursor als Lesezeiger verwendet wird, können darüber hinaus jeweils passende Bildvarianten auslösen und/oder Fragen nach einzelnen Begriffen aufscheinen lassen.

Folgende Fehler werden bei Selbstlernsystemen immer wieder beobachtet:

- Zu unattraktiv; im Vergleich zu anderen, über Bildschirm betrachtete Unterhaltungen, wirkt ein Selbstlernsystem oft langweilig.
- Zu kleiner Ausschnitt eines Wissensgebietes in einer Selbstlernlösung auf einem Datenträger; damit werden die guten Chancen vertan in Bezug auf Nachsehen in Ergänzungsinformationen, die man noch nicht kennt.
- Monolithische Struktur der einzelnen Seiten; nur bei einer dynamischen Kombination der einzelnen Bildkomponenten können diese einzeln geändert und gleichzeitig komplett in der überarbeiteten Form auf alle Seiten ihrer Anwendung übertragen werden. Nur so ist der Inhalt mit akzeptablem Aufwand zu aktualisieren.

▶ **Lernen durch Nachahmung** . Die klassische Lernform für den Menschen ist die Nachahmung (gilt für alle Primaten), abgeleitet aus dem Zuschauen bei realen Aktivitäten Anderer. Sukzessive wird dann, in der Regel unter Anleitung, versucht, die Tätigkeit zuerst in Teilen und schließlich ganz selbst auszuführen. Aus den Fehlversuchen wird direkt gelernt und die Motorik und Reaktion werden angepasst. Diese Lernsituation wird häufig nicht als wirkliche Belastung empfunden, weil sie den Menschen so vertraut ist. Für schwierige Situationen kann die „Virtuelle Realität" eingesetzt werden, zur gezielten Simulation der Wirklichkeit für ein Learning by Doing.

Um so zu lernen, muss eigentlich die reale Umgebung zur Verfügung stehen. Für die meisten normalen Lebenssituationen (Gerätebenutzung, Weg finden usw.) ist dies auch gegeben. Besondere Aufgaben (Pilot, Astronaut, Kraftwerksteuerer etc.) können jedoch nicht in allen Facetten ausprobiert werden, weil dies zu teuer oder gefährlich wäre.

Dies gilt auch für das betriebliche Umfeld. Die Reaktion eines Lagerverwaltungs- und Produktionssteuerungssystems bei Lagerüber- oder -unterdeckung sollte in der Realität nicht getestet werden. Eine virtuelle Lernumgebung kann die Situation allerdings wirklichkeitsgetreu simulieren. Damit kann der Lernende ein Problem beliebig häufig durchprobieren. Um rasch zu lernen und die richtigen Reaktionen zu erkennen, sollte er jedoch von einem Betreuer geführt werden. Diese Form des Lernens kann als ideal angesehen werden, weil sie einerseits der für uns typischen Vorgehensweise beim Lernen entspricht und andererseits besonders riskante und teure Situationen vermeidet. Außerdem kann viel schneller als in der Realität geübt werden, weil die noch nicht beherrschten Umstände jederzeit und wiederholt vorgegeben und trainiert werden können.

Folgende Fehler sind typisch für die Gestaltung von simulativen Lernsystemen:

*   Die Realität wird nicht in allen wichtigen Facetten abgebildet.
*   Es fehlen typische Problemsituationen, die schnell ein Üben der besonders schwierigen Umstände erlauben.
*   Den Lernenden wird nicht genügend Trainingspersonal bereitgestellt.

▶ **Interaktion mit anderen Lernenden oder dem Lehrer** Ohne zeitliche und räumliche Einschränkungen können Fragen gestellt und beantwortet werden, was zu einer besonders bewussten Lernsituation führt. Wird ein gerade verstandener Zusammenhang selbst jemandem erklärt oder dazu auch nur nochmals eine Frage gestellt, verfestigt sich das Wissen wesentlich besser, als wenn man nur versucht, sich etwas zu merken, oder auswendig zu lernen. Die

Frage- und Antwortsituation kann für jeden Lerner durch ein eMail-basiertes Dialogsystem zwischen der Lerngruppe und den Dozenten zeitlich und räumlich ausgedehnt werden.

▶ **Lernen, ohne Anstrengung** Der wesentliche Fehler bezüglich der Interaktion im eLearning liegt darin, dass sie nicht oder zu wenig praktiziert wird. Für die Akzeptanz von Computern als Lernhilfen ist die Interaktion zwischen dem Lernenden und dem System aber entscheidend. Die langjährige Gewöhnung der Menschen an das Papier lässt sie den Rechner nur dann akzeptieren, wenn er einen spürbaren Zusatznutzen bietet, um die Vorteile der gewohnten, gedruckten Form (z. B. in der Straßenbahn) auszugleichen.

▶ **Abkürzungen und Begriffe für das eLearning:**

Blended Learning:	Selbstlernen mit Unterrichtsphasen
CUU:	Computerunterstützter Unterricht
CBT:	Computer Based Training
CAL:	Computer Aided Learning
Edutainment:	Erklärung in unterhaltsamen Szenen
Hypermedia:	Text, Ton und Bild als Kombination
Hypertext:	Text mit Möglichkeit zum Anklicken
Multimediales Lernen:	Nutzung elektronischer Lernmedien

Sie sind aber kaum einheitlich zu verwenden, weil jeder etwas Anderes darunter versteht und damit eine Einigung über die richtige Vorgehensweise und ein Austausch von Erkenntnissen schwierig ist.

Von der Ablehnung, die ein Schüler nach Platon (Politeia) gegenüber seinem Lehrer empfinden muss, weil dieser ihm enorme Leistungen abverlangt, über die Hoffnungen Wilhelm Busch's (Max und Moritz) „Aber auch der Weisheit Lehren muss man mit Vergnügen hören" bis zur heutigen Orientierung auf ein lebenslanges Lernen gibt es zwar unterschiedliche Schwerpunktsetzungen aber auch wesentliche gemeinsame Einsichten. Dazu gehört die Erfahrung, dass die Vermittlung von Kenntnissen hohe geistige Aufmerksamkeit für einen Verstehensprozess erfordert oder eine wiederholte Repetition zur Einprägung von Fakten – in jedem Falle also Anstrengung und Mühe bedeutet.

Wilhelm Buschs Hoffnung war eine frühe Form von Edutainment. Die heutige Situation, in der auf Grund wechselnder Umgebungsanforderungen die Kenntnisstände der Mitarbeiter in einem Unternehmen laufend ergänzt werden müssen (Fort- und Weiterbildung), verlangt sowohl aus betrieblichem Kostenbewusstsein als auch aus volkswirtschaftlichem Ressourcenverständnis, neue Formen für möglichst wirkungsvolle Wissensvermittlung. Die unbeschränkte Geduld von maschinellen Systemen und das häufige Fehlen geeigneter Lehrkräfte waren und sind die banalsten Gründe, die den Einsatz von Computern zur Wissensvermittlung fördern. Während Filme nur die Präsentation von Wissen unterstützen, bieten Hypertext- bzw. Hypermedia-Systeme die Chance, auch die Nachschlagefunktion von Büchern wirkungsvoll zu ersetzen.

Verständnisfrage zu 1.3:

* Wie sollte man eine Präsentation für einen Vortrag von etwa 15 Minuten anlegen?

Was Sie in diesem Kapitel gelernt haben:

Die Menschen differenzieren ihre Überlieferungen genau nach deren Form. Sind es Geschichten, die von Mund zu Mund erzählt wurden und erst lange nach ihrer Entstehung aufgeschrieben wurden, oder sind es alte schriftliche Vorlagen, bei denen man in der Interpretation um jedes Wort oder auch Buchstaben ringt. Nicht zuletzt wegen ihrer Authentizität sind die Stele des Hammurabi, ägyptische Hieroglyphen und die Bibel für uns von ungleich höherer Bedeutung als Märchen, die lange weitererzählt aber erst in neuerer Zeit aufgeschrieben wurden. Dies wird auch weiter so bleiben, unabhängig von der Technik der schriftlichen Fixierung. Damit wird auch deutlich, dass es für jeden Einzelnen besonders wichtig wird, wie er mit seiner elektronischen Literatur und seinen Aufzeichnungen umgeht, ob er die Herausforderung sieht, das eigene Gedächtnis mit präzisen Unterlagen zu unterstützen, oder in der herkömmlichen Aufschreibung verharrt, mit der Unmöglichkeit, den Inhalt nach verschiedenen Gesichtspunkten zu sortieren, sofort etwas aufzufinden und es ohne Mühe weiter zu verarbeiten. Es ist schnell einzusehen, dass die Qualität des Einsatzes maschineller Hilfsmittel der Informationsverarbeitung nicht nur den Beruf, sondern für alle Lebensbereiche entscheidend sein wird. Jeder muss sich eine Systematik für die Ablage der wichtigen, bzw. auch der nur ein einziges Mal wieder zu findenden Unterlagen aufbauen. Ein solches persönliches Content Management System wird lebensbegleitend, durch die Kombination von Text, Ton, Bild und Video, völlig neue Chancen bieten, die Potenziale unseres Gehirns zu nutzen!

Literatur

UNES2012 Unesco-Weltbildungsbericht 2013/2014, Bundesministerium für wirtschaftliche Zusammenarbeit und Entwicklung, 2014.

DRUC1998 Drucker, P., F.: Knowledge Management: The Definitive Resource for Professionals, 1998.

KNAC2007 Knackstedt, R.; Winkelmann, A. & Braun, R.: Knowledge Transfer in Information Systems Research. State of the Art and Perspectives for Internet Literature Services, 2007.

2 Grundlagen der integrierten Informationsverarbeitung

Wieso wird das Elektronengehirn Computer genannt?

▶ **Automaten mit Programmvorgabe** Vorläufer der heutigen Computer gab es in Form von Musikautomaten, Rechenmaschinen und Webstühlen in einer Vielzahl von Ausprägungen. Sie wurden eben Musik-, Rechen- oder Webautomaten genannt, weil sie genau das und nur das tun konnten, obwohl sie schon ganz ähnliche Eigenschaften hatten, wie moderne Computer. So konnte durch das Wechseln eines Speichers ganz schnell auf andere Musik oder ein neues Webmuster (vgl. Abb. 8-4) umgestellt werden, ohne am Gerät selbst etwas zu verändern. Das war die Idee der Programmierung – Trennung von Apparat und Aufgabe.

▶ **Weibliche Computer** Am Ende des zweiten Weltkriegs wurden vom amerikanischen Militär viele Personen, insbesondere junge Frauen, verpflichtet, sogenannte „artillery firing tables" auszurechnen. Die Ergebnisse dienten den Schützen zur Einstellung der Kanonen auf bestimmte Entfernungen in Abhängigkeit verschiedener Bedingungen, wie Gewicht, Wind etc. Die Tätigkeit dieser Frauen färbte auf ihre Berufsbezeichnung ab. „A Computer was a person who calculated tables with desk calculators" (http://ftp.arl.mil/). Die Tischrechner waren zu jener Zeit schwere Apparate mit vielen Zahnrädern, die eingestellt werden und dann mit einer Kurbel gedreht werden mussten, um das gewünschte Ergebnis zu erhalten. Sechs dieser „Computer Girls" wurden abgestellt, um den damals gerade entwickelten ersten elektronischen Rechner ENIAC (Electronic Numerical Integrator And Calculator) zu programmieren. Dies geschah nicht im heutigen Sinn durch Befehle, sondern durch Stecken vieler Kabelverbindungen zwischen den Komponenten der Maschine. Es war vergleichbar mit der Herstellung von Verbindungen in einer manuellen Telefonzentrale. Schnell sprang die Bezeichnung der jungen Frauen auf den Apparat über; umgekehrt gab die Technik ihrem Bedienungspersonal die Möglichkeit, in neue Berufsgruppen aufzusteigen, die den jungen Frauen vorher nicht offenstanden. Die

Informationstechnologie hat damit bereits in ihren Anfängen zur Chancengleichheit der Menschen beigetragen.

▶ **EDV-Anlagen**   In Deutschland wurden die entsprechenden Geräte als elektronische Datenverarbeitungsanlagen (EDVA oder EDV) bezeichnet. „Elektronisch", weil sie auf der Basis schwacher Ströme funktionieren, „Daten", weil zu Anfang nur einzelne Fakten, im Sinne von Zahlenwerten gespeichert und berechnet werden konnten, „Verarbeitung", weil aus den Eingangswerten über die anzuwendenden Algorithmen ganz neue Ergebnisse erzeugt werden konnten und schließlich „Anlage", weil sie erheblich Platz beansprucht haben. Auch ihr Preis und das notwendige Personal entsprachen eher großen maschinellen Anlagen als kleinen Einzelgeräten.

Das Erstaunen und in gewisser Weise sicher auch die Furcht vor den phänomenalen Leistungen dieser Apparate führte in der Umgangssprache bald zur Bezeichnung Elektronengehirn. Die Dominanz amerikanischer Hersteller führte jedoch zu einer Überlagerung mit englischen Ausdrucksformen wie Computer, die am Anfang mit einer gewissen Scheu, dann aber rasch mit dem Touch des eingeweihten Experten verwendet wurden.

▶ **Personalcomputer**   Bis zum Auftreten der ersten auf den Bedarf einzelner Personen orientierten Computer (PC) anfangs der 80er Jahre waren elektronische Rechner vorzugsweise für die Verarbeitung mathematischer Probleme in Forschungseinrichtungen und grossen Unternehmen installiert. Dort war der Begriff „Daten" angebracht, weil sich die Rechenoperationen auf einzelne, fest strukturierte Elemente (formatierte Daten) bezogen. Die PC-Einführung brachte das wohl gefügte Haus der Spezialisten zum Einsturz. Plötzlich war es vielen Leuten möglich, Daten und Texte, ja bald auch schon Zeichnungen sowie Töne und heute sogar Fotos und Filme (unformatierte Informationen) in diesen Geräten zu speichern, zu verändern, zu kopieren und/oder zu analysieren. Alle Formen von Angaben, solche aus fest gefügten Datenfeldern, wie auch aus beliebig langen Texten oder Tonfolgen wurden Gegenstand der maschinellen Verarbeitung. Der Vorgang bekam konsequent den Namen Informationsverarbeitung (IV). Stärker durchgesetzt hat sich jedoch die Abkürzung IT für Informationstechnik, obwohl diese Langform nur selten benutzt wird.

BEGRIFFE, die in diesem Kapitel erläutert werden: Nachricht, Daten, Information, Code und die verschiedenen Phasen ihrer Verarbeitung, Weitergabe und Aufbewahrung.

2.0 Von der Daten- zur Informationsverarbeitung

▶ **Produktionsfaktor Information** Information kann neben den klassischen Produktionsfaktoren Boden, Kapital und Arbeit heute als weitere wesentliche Voraussetzung für wirtschaftliches Handeln angesehen werden. Sie ist für die theoretische Informatik zentraler Betrachtungsgegenstand. Für die wirtschaftliche Informationsverarbeitung ist sie der wesentliche Faktor, der die Nutzung der anderen Produktionsfaktoren erst wirklich effizient macht. Insbesondere die arbeitsteilige Produktion und die globale Bereitstellung von Waren brauchen die laufende Abstimmung der jeweils benötigten Mengen, Orte, Qualitäten und Termine. Daraus ergibt sich neben der innerbetrieblichen Verarbeitung von Informationen auch der Austausch von Daten zwischen Unternehmen, öffentlichen Institutionen und privaten Kunden.

▶ **Nur eine neue Nachricht liefert Information** Hier wird „Information" als zweckgerichtete, aktionsauslösende oder neue Nachricht verstanden. Diese wiederum besteht aus einer Folge (Kette) von Zeichen (Symbolen), die Elemente eines Alphabets sind, das sowohl der Lieferant, als auch der Empfänger der Information kennen muss.

▶ **Daten** Der Begriff „Daten" ist aus dem Lateinischen (dare: geben) abgeleitet und bedeutet das „Gegebene" im Sinne von eindeutig. Seine Verwendung ist in Bezug auf einzelne Angaben über Bezeichnungen, Werte und Fakten unkritisch. Unter der Rubrik Wetterdaten wird niemand einen Beitrag suchen, in dem allgemeine Ausführungen über die Wirkung des Wetters auf unsere Psyche geliefert werden; er wird aber sehr wohl eine Liste von Aussagen erwarten, die ihm klar die Temperatur, den Luftdruck, die Windrichtung und dessen Geschwindigkeit an einem bestimmten Ort zu einer bestimmten Zeit beschreiben. Daten sind folglich zunächst als Einzelwerte zu verstehen, die sowohl in numerischer Form (z. B. für Temperatur und Windgeschwindigkeit) als auch in alphabetischer Form (z. B. für die Windrichtung: südlich sowie die Ortsbezeichnung: Zugspitze) vorliegen können.

▶ **Information** Der Begriff „Information" ist ebenfalls aus dem Lateinischen (informare: in Form bringen) übernommen und bedeutet das „Geordnete" im Sinne von einem Durcheinander Struktur geben. In etwa kann man den schwierigen Begriff so verstehen, dass zunächst ungeordneten Buchstaben eine bestimmte Reihenfolge gegeben wird und damit Aussagen entstehen, die sich deutlich vom vorherigen Chaos unterscheiden. Nicht jede Ordnung (Sortie-

Change Management (Herbert Spencer 1852)

Die Gestaltung des Wandels und die Anpassung an Herausforderungen als entscheidendes Kriterium für Unternehmen war für den britischen Ökonomen Anlass, die Formulierung „Survival of the Fittest" einzuführen und damit den Ruin derjenigen zu erklären, die sich schlecht an Änderungen anpassen. Der Ausdruck wurde später auch von Charles Darwin benutzt, um damit seine Theorie vom Ursprung der Arten zu beschreiben.

Dazu gehört, auf mögliche Änderungen zu achten und Methoden vorbereitet zu haben, um adäquat zu reagieren. Mitarbeiter, Kunden, Lieferanten oder auch Vorgesetzte von der Notwendigkeit von Änderungen zu überzeugen, ist meist sehr schwierig. Für die Integration der Informationsverarbeitung hat das Change Management eine entscheidende Bedeutung im Sinne der organisatorischen Maßnahmen zur Änderung von Prozessabläufen. Die Einführung von maschinellen Informationssystemen muss, wenn sie sinnvoll sein soll, auch zu deutlichen Änderungen der Prozessabläufe führen. Genau dies ist letztlich häufig der Grund für die Ablehnung des Computereinsatzes. Daraus folgt, dass fast genauso wichtig, wie die Entwicklung einer Konzeption für ein integriertes Informationssystem, die Vorlage einer Strategie zur Aufklärung, Überzeugung sowie Unterrichtung aller Beteiligten und das Training der Betroffenen ist. Parallel dazu müssen bei größeren Projekten auch organisatorische Maßnahmen vorbereitet werden, um die technische Systemumstellung zu bewältigen. [SPEN1852]

rung im Setzkasten oder Struktur einer Tastatur) liefert eine Aussage, diese entsteht aber mehr aus der Ordnung als aus den Zeichen selbst. Eine Information muss weitergebbar und reproduzierbar sein, sonst könnte sie keinem anderen Wesen oder System übermittelt werden; das ist aber genau eine wesentliche Eigenschaft von Information. Während Daten somit das Instrument (Medium) liefern, um Information darzustellen, beinhaltet sie selbst die eigentliche Botschaft. Diese muss für den Empfänger einen Neuigkeitswert haben, sonst liefern ihm die erhaltenen Daten keine Information. Dabei können die gleichen Daten für mehrere Empfänger auch unterschiedliche Informationen liefern.

Verständnisfrage zu 2.0:

• Wie kann die flüchtige Information neben Boden, Kapital und Arbeit die Rolle eines Produktionsfaktors einnehmen?

2.1 Datenspeicherung

2.1.1 Digitale Speicherung von Daten und Informationen

▶ **Informationsträger** Informationen können in Form einzelner Angaben (Daten), durch einen längeren Text, als Abbildung, über eine Folge von bewegten Bildern oder durch Töne übermittelt und gespeichert werden. Körpergrößen, Stückzahlen, Umsätze usw. sind Daten. Ein „Datum" ist folglich nicht nur eine Tagesangabe (z. B. 1. Jan.), sondern auch jede andere Einzelinformation; d. h. auch eine Stückzahl oder eine Beschäftigtenzahl ist jeweils ein Datum. Eindeutig ist der Begriff „Daten", solange er sich auf Zahlenangaben bezieht. Vom Preis für eine Ware bis zur Angabe der Umdrehungsgeschwindigkeit einer Fräse handelt es sich immer zweifelsfrei um Daten. Jedoch können auch verbale Angaben und Bezeichnungen Daten sein. Dies ist beim Tagesdatum sehr gut ersichtlich. „12.10.1492" ist die Bezeichnung eines Tages und gehört damit in die Kategorie Daten. „Zwölfter Oktober vierzehnhundertzweiundneunzig" beschreibt den gleichen Sachverhalt (Tag der Entdeckung Amerikas durch Kolumbus) und gehört ebenfalls zu den Daten. Die Angaben „männlich" und „weiblich" stehen für eindeutige Sachverhalte und sind Daten, genau wie Farbbezeichnungen und Namen.

Der Begriff „Datum, Daten" wird allgemein als Bezeichnung für Einzelangaben benutzt, die der Beschreibung oder Benennung eines Objektes dienen. Ihre Abgrenzung, Bedeutung und jeweiliger Geltungsbereich ergibt sich nicht aus dem Zusammenhang sondern ist formell vereinbart. Für manche „Daten" gilt diese Vereinbarung generell (z. B. Uhrzeit, Familienstand, Geburtsort, Siedetemperatur), für viele Daten der betrieblichen Anwendung ist jedoch die explizite Vereinbarung notwendig (z. B. „Umsatz": = Stückzahl * Verkaufspreis, oder „Wohnsitz": = Name der Gemeinde bei der eine Person gemeldet ist).

Bei der Beschreibung eines Gegenstandes mit den Adjektiven „groß, mittel, klein" werden jedoch keine eindeutigen Angaben geliefert, es sei denn, die Kategorien „groß, mittel, klein" wurden vorher genau definiert. Längere verbale Erklärungen sind immer dem Bereich „Text" zuzuordnen. Abbildungen können Einzelangaben enthalten, aber auch zusätzlich Inhalt in Form von optischen Eindrücken wiedergeben.

Daten und Informationen benötigen einen Träger, um dargestellt, transportiert oder gespeichert zu werden. Eine andere (modernere) Bezeichnung dafür ist Medium. Klassische Medien waren Papyrusrollen oder Steintafeln, moderne sind Zeitung, Fernseher, DVD. Hier kommt auch der Computer in die Betrachtung als ein Instrument, das es erlaubt, Daten zu bearbeiten und in ihrer klassischen Zahlenform auch zu berechnen; daher der Name Rechner oder mehr gebräuchlich Computer. Entscheidend für die Entwicklung bis zum heutigen Stand der Computeranwendung war der Übergang von analogen zu digitalen Medien. Das einheitliche Konzept zur Darstellung von Daten durch Kombinationen der Ziffern 0 und 1 sowohl für Zahlen und Texte aber auch für Bilder, Video und Ton sowie künftig auch Gefühl (im greifbaren Sinn) und Geruch hat den Geräten, die diese Form der Datendarstellung schnell, sicher und billig verarbeiten können, enorme Entwicklungsmöglichkeiten geboten. Die digitalen Computer, wie die Fachbezeichnung lautet, sind damit das eine Medium geworden, durch das fast alle unsere Sinne mit Information versorgt werden können. Ihre Auswirkung auf das menschliche Leben, das sich ja gerade durch den Informationsaustausch (Sprache) von den anderen Lebewesen unterscheidet, ist heute noch kaum abschätzbar, da sowohl die technologische Entwicklung, als auch die Umsetzung von Anwendungen noch längst nicht abgeschlossen sind. Ein interessanter Beitrag dazu wird von Wedekind geliefert und ist nachzulesen unter: www.informatik.uni-jena.de/dbis/veranstaltungen/2004/wedekind/

Numerische und alphanumerische Daten

▶ **Digitale Datendarstellung**   Alle Daten, die nur aus Ziffern bestehen, wie Alter, Größe, Temperatur oder Umdrehungsgeschwindigkeiten, werden als numerische Daten bezeichnet. Alle Daten, die nur aus Buchstaben bestehen, wie Monatsnamen, Farben, Holzarten oder Lieferantennamen, sind alphabetische Daten.

Alle Daten, die sowohl Ziffern als auch Buchstaben enthalten – z. B. „Motorola 68000", „V2A", „BMW 3er" –, sind alphanumerische Daten.

▶ **Formatierte / Unformatierte Daten**   Numerische Daten werden meist entsprechend der Form, in der sie ohnehin vorliegen, gespeichert. Zu ihrer maschinellen Darstellung werden je nach Länge mehrere Schreib- bzw. Speicherstellen benötigt. Die notwendige Stellenzahl ergibt sich aus der höchsten Stellenzahl, die zur Darstellung oder Speicherung der jeweiligen Daten erforderlich sein kann. Soll z. B. das Merkmal „Kilowatt" gespeichert werden, so kann dieses Merkmal, wenn es die Motorenstärke von Personenkraftwagen beschreibt, zwei oder drei Stellen benötigen, je nachdem, für welchen Fahrzeugtyp die Angabe gemacht wird. Da für ein stark motorisiertes Fahrzeug drei Stellen benötigt werden, müssen folglich auch drei Stellen vorgesehen werden, selbst wenn bei einem speziellen Wagen mit weniger als 100 KW nur zwei Stellen belegt sind. Auch das Antwortfeld in einem Fragebogen, das die KW-Zahl von PKW's aufnehmen soll, muss dann entsprechend dreistellig sein. Jede Speicher- bzw. Schreibstelle nimmt dann genau ein Zeichen (hier Ziffer) auf. Neben diesen formatierten Feldern, deren Länge und Form festgelegt sind, gibt es auch unformatierte Felder, in die Texte, Töne, Bilder und Videos abgelegt werden können.

Ein Alphabet muss mindestens zwei Zeichen unterscheiden. Je mehr Zeichen es kennt, um so größer ist der durchschnittliche Informationsgehalt dieser Zeichen in einer Nachricht, weil ihre Auftretenshäufigkeit und damit -wahrscheinlichkeit sinkt. Aus technischen Gründen wird innerhalb von Computern üblicherweise ein Alphabet mit nur zwei verschiedenen Zeichen (0 und 1) verwendet. Die Darstellung von Nachrichten in Computern ist deshalb auch „länger" als mit den bei uns üblichen Alphabeten mit 26 verschiedenen Buchstaben und 10 Ziffern. Um diese 62 verschiedenen Zeichen (26 große und 26 kleine Buchstaben + 10 Ziffern) in einem Alphabet mit nur zwei verschiedenen Zeichen abzubilden, müssen 0/1-Kombinationen über sechs Stellen (000000, 000001, 000010 ... 111101, 111110, 111111) verwendet werden, die insgesamt 64 verschiedene Kombinationsmöglichkeiten bieten.

Numerische Angaben werden als Zahlen in der Regel rechtsbündig eingetragen. In den links ggf. freibleibenden Stellen werden sogenannte „führende Nullen" vorangestellt. Alphabetische und alphanumerische Angaben werden meist linksbündig eingetragen. Dies kann zu Fehlverarbeitungen führen, wenn die Eingaben nicht entsprechend überprüft und ausgerichtet werden.

Verschlüsselung/Codierung

Wenn es für ein numerisches oder alphanumerisches Datum nur bestimmte Ausprägungen gibt, die von vornherein bekannt sind, dann können diese Daten durch je einen „Schlüssel" ersetzt werden. Der stellt den Sachverhalt in einer kürzeren Form dar. Produziert z. B. eine Automobilfabrik ihre Fahrzeuge in zehn verschiedenen Farben und sollen die technischen Angaben und Farben der produzierten Fahrzeuge gespeichert werden, so müsste bei einer unverschlüsselten Abspeicherung des Merkmals Farbe für jeden Wagen ein Speicherplatz vorgesehen werden, der die Eintragung des längsten auftretenden Farbnamens zulässt. Ist beispielsweise der längste Name, der in einer Farbpalette vorkommt, „himbeerrosa" (11 Stellen), so sind für den Farbnamen 11 Speicherstellen zu reservieren, auch wenn andererseits Fahrzeuge in „gelb" produziert werden, was in nur vier Stellen gespeichert werden kann.

▶ **Kurz und eindeutig durch Schlüssel** Ordnet man jedem der 10 Farbnamen der Farbpalette ein Zeichen eindeutig zu, so genügt die Abspeicherung des jeweiligen Zeichens, um eine bestimmte Farbe anzugeben. Diese Zuordnung von Ziffern bzw. Zahlen zu bestimmten Merkmalsausprägungen nennt man Verschlüsselung oder Codierung. Die Abbildungsvorschrift, die jedem Element der Urmenge genau ein (kürzeres) Element der Bildmenge zuordnet, heißt Code. Nur mit Kenntnis dieses Codes ist die Offenlegung der gespeicherten Fakten möglich.

▶ **Schlüssel und Code** Leider werden die Begriffe „Schlüssel" und „Code" in mehrfachem Sinn gebraucht. Einerseits zur Bezeichnung des Zuordnungssystems (Schlüssel-Tabelle, Code-Tabelle), andererseits auch zur Benennung einer bestimmten Ausprägung (Schlüssel-Zahl, Code-Nummer, Code-Wort). Das Ver- und Entschlüsseln bzw. Codieren und Decodieren ist der Zuordnungsvorgang von Schlüsselzahl zur Ausprägung des Merkmals bzw. umgekehrt.

Neben der verkürzenden Darstellung der Ausprägungen von Attributen (z. B. Farbe) hat der Schlüsselbegriff eine weitere, ganz wesentliche Bedeutung im Rahmen der Identifikation von ganzen Objekten. Dabei wird jedem Objekt einer Menge genau eine Schlüsselausprägung umkehrbar eindeutig zugeordnet. Der Schlüssel wird damit zum Identifikator. Für die maschinelle Informationsverarbeitung haben diese Identifikationsschlüssel eine herausragende Bedeutung, weil damit die benötigten Daten aufgefunden werden können.

Verständnisfrage zu 2.1.0:

* Zur Verschlüsselung von 20 verschiedenen Farbvarianten eines Automobils werden bei den numerischen bzw. alphabetischen Farbschlüsseln wie viele Stellen benötigt?

2.1.2 Digitale Speicherung von Zahlen und Zeichen

▶ **Maschinelle Informationsspeicherung** Um in einem Computer die Zeichen und Bildpunkte, aus denen sich Daten und Informationen zusammensetzen, speichern und verarbeiten zu können, müssen sie in Form von elektrischen Impulsen oder magnetischen Feldern dargestellt werden. Ströme und Magnetfelder können sehr gut zwei verschiedene diskrete (übergangslos verschiedene) Zustände einnehmen und damit zunächst zwei Sachverhalte darstellen: Strom kann entweder vorhanden sein oder nicht; ein Magnetfeld kann in zwei verschiedene Richtungen polarisiert sein.

▶ **Bit als kleinste Informationseinheit** Die Information, die durch einen Magnetring oder einen Stromimpuls gespeichert bzw. dargestellt werden kann, entspricht einem sogenannten Bit. Bit ist die Abkürzung des englischen Ausdrucks „binary digit" (etwa: eine Stelle, die genau zwei unterscheidbare Zustände annehmen kann). Das Bit ist die kleinste Informationseinheit. Ein „nicht gesetztes" Bit hat den Wert „0"; ein „gesetztes" Bit hat den Wert „1". In einem Bit kann folglich nur einer der zwei Werte 0 oder 1 dargestellt werden (binär, dual).

▶ **Byte zur Speicherung von alphabetischen Zeichen**   Für die Repräsentation der bei uns üblichen Zeichen (26 große und 26 kleine Buchstaben, Umlaute, Ziffern und Sonderzeichen) benötigt man eine größere Bitgruppe. In der kleinsten Gruppe mit zwei Bits kann man 4, in einer von fünf Bits 32 verschiedene Kombinationen von 0 und 1 bilden, in einer von sechs Bits 64, bei sieben 128 und mit acht Bits 256. Sieben Bits reichen für die Darstellung der ca. 70 Zeichen unseres Alphabets, da hier genügend 0/1-Kombinationen möglich sind, um jedem Zeichen genau eine fest zuzuordnen. Bei Computern für den kommerziellen Einsatz wurden jedoch aus Vereinfachungsgründen (Teilbarkeit durch 2) Gruppen von acht Bits verwendet. Eine solche Acht-Bitgruppe trägt den Namen Byte. Mit der Zuordnung von 70 Zeichen sind die Kombinationsmöglichkeiten eines Codes mit acht Bits aber bei weitem nicht ausgeschöpft. Für die Darstellung von Spezialzeichen für die interne Steuerung des Computers und für die komprimierte Speicherung von Ziffern bleiben folglich noch genügend Kombinationen frei (ca. 180).

▶ **Zuordnung alphabetischer Zeichen zu Dualzahlen**   Jedes definierte Zeichen des Alphabets wird einer bestimmten Kombination von acht Dualziffern (je 0 oder 1) zugeordnet; die vollständige Liste dieser Zuordnungen wird als Code bezeichnet. Für die Darstellung der einzelnen Ziffern des dezimalen Zahlensystems ist es sinnvoll, die äquivalenten Dualzahlen zuordnen (vgl. Abb. 2-1). Dazu werden Bitgruppen aus je vier Bits verwendet, die entsprechend 16 Kombinationsmöglichkeiten von 0/1 gesetzten Bits darstellen können. Für die dezimalen Ziffern 0 bis 9 werden zehn Kombinationen entsprechend den Werten der Dualzahlen belegt; die folgenden sechs möglichen Zuordnungskombinationen bleiben ungenutzt: 1010, 1011, 1100, 1101, 1110 und 1111.

Zur Darstellung von Zahlen aus mehreren Ziffern unseres Dezimalzahlensystems (z. B. der Zahl 13) müssen nach obigem Verfahren für zweistellige Zahlen zwei Gruppen mit je vier Bits hintereinander gestellt werden. In der ersten Bitkombination wird die dezimale Ziffer 1 in der Form 0001 dargestellt, in der zweiten die Ziffer 3 in der Form 0011 (Ergebnis: 00010011).

Mit diesem Verfahren können beliebig große Dezimalzahlen in Form von Bitkombinationen dargestellt werden, indem für jede Ziffer der Dezimalzahl eine Gruppe mit vier Bits eingesetzt wird. Diese Form der Zahlenrepräsentation wird als binär codierte dezimale Darstellung (binary coded dezimal, (BCD)) bezeichnet.

Dezimale Ziffer	wird gesprochen	Bitkombination	wird gesprochen
0	*null*	0000	*null, null, null, null*
1	*eins*	0001	*null, null, null, eins*
2	*zwei*	0010	*null, null, eins, null*
3	*drei*	0011	*null, null, eins, eins*
4	*vier*	0100	*null, eins, null, null*
5	*fünf*	0101	*null, eins, null, eins*
6	*sechs*	0110	*null, eins, eins, null*
7	*sieben*	0111	*null, eins, eins, eins*
8	*acht*	1000	*eins, null, null, null*
9	*neun*	1001	*eins, null, null, eins*

Abbildung 2-1: Codierung der zehn Dezimalziffern durch den entsprechenden Dualwert in einer Gruppe aus vier Bits

Interessant ist die raffinierte Aufteilung des sogenannten EBCDI-Codes (extended binary coded decimal interchange), der in acht Bits sowohl einige Steuerzeichen, die zehn Ziffern, als auch alle Buchstaben (groß und klein) unseres Alphabets unterbringt. Dabei bleibt immer eindeutig, ob in einem Byte nur eine einzige Dezimalziffer, zwei Dezimalziffern in gepackter Form (eine in jeder der vier Bit großen Hälften eines Bytes) oder ein Alphazeichen codiert ist.

Beispiel (eine Ziffer):   linkes Halbbyte / rechtes Halbbyte
Die Dezimalziffer 3 entspricht: 1111   0011

Die Kombination 1111 im linken Halbbyte zeigt nur an, dass im rechten Halbbyte eine Dezimalziffer verschlüsselt ist (vgl. Abb. 2-1).

Beispiel (zwei Ziffern):   linkes Halbbyte / rechtes Halbbyte
Für die Dezimalziffern 8 und 1: 1000   0001

Da im linken Halbbyte eine Dezimalziffer verschlüsselt ist, muss das Byte insgesamt zwei Dezimalziffern in der sogenannten gepackten Darstellung enthalten.

Beispiel (Buchstabe)   linkes Halbbyte / rechtes Halbbyte
A entspricht   1100   0001

Da das linke Halbbyte eine Kombination enthält, die keine Dezimalziffer und nicht die Kombination „1111" darstellt, kann der Inhalt des ganzen Bytes nur ein Alphazeichen sein.

Bitpositionen

b8					0				0				1				1			
b7					0				1				0				1			
b6					0	0	1	1	C	0	1	1	0	0	1	1	0	C	1	1
b5					0	1	0	1	0	1	0	1	0	1	0	1	0	1	0	1
b4	b3	b2	b1	Sp / Zl	0	1	2	3	4	5	6	7	8	9	10	11	12	13	14	15
0	0	0	0	0	NUL	DLE	DS		SP	&	-						{	}	\	0
0	0	0	1	1	SOH	DC1	SOS				/		a	j	~		A	J		1
0	0	1	0	2	STX	DC2	FS	SYN					b	k	s		B	K	S	2
0	0	1	1	3	ETX	TM							c	l	t		C	L	T	3
0	1	0	0	4	PF	RES	BYP	PN					d	m	u		D	M	U	4
0	1	0	1	5	HT	NL	LF	RS					e	n	v		E	N	V	5
0	1	1	0	6	LC	BS	ETB	UC					f	o	w		F	O	W	6
0	1	1	1	7	DEL	IL	ESC	EOT					g	p	x		G	P	X	7
1	0	0	0	8		CAN							h	q	y		H	Q	Y	8
1	0	0	1	9	RLF	EM						`	i	r	z		I	R	Z	9
1	0	1	0	10	SMM	CC	SM		¢ ([)	! (])	∧	:								≠
1	0	1	1	11	VT	CU1	CU2	CU3	.	$	,	#								
1	1	0	0	12	FF	IFS		DC4	<	*	%	@					⑀		⑂	
1	1	0	1	13	CR	IGS	ENQ	NAK	(	)	_	'								
1	1	1	0	14	SO	IRS	ACK		+	;	>	=					⑄			
1	1	1	1	15	SI	IUS	BEL	SUB	|	¬	?	"								EO

Abbildung 2-2: EBCDI-Code

Für Sonderzeichen ist die Regelung gerade umgekehrt. Ihre „0/1"-Kombination enthält jeweils im rechten Halbbyte eine Folge, die keiner dezimalen Ziffer entspricht (vgl. Abb. 2-2). Durch die gepackte Speicherungsweise können Zahlen (und mit Ziffern verschlüsselte Begriffe) sehr platzsparend gespeichert werden.

Bit	6	0		0		0		0		1		1		1		1
	5	0		0		1		1		0		0		1		1
3210	5	0		1		0		1		0		1		0		1
0000	0	**NUL**	16	**DLE**	32	**SP**	48	**0**	64	**@**	80	**P**	96	`	112	**p**
0001	1	**SOH**	17	**DC1**	33	!	49	**1**	65	**A**	81	**Q**	97	**a**	113	**q**
0010	2	**STX**	18	**DC2**	34	"	50	**2**	66	**B**	82	**R**	98	**b**	114	**r**
0011	3	**ETX**	19	**DC3**	35	#	51	**3**	67	**C**	83	**S**	99	**c**	115	**s**
0100	4	**EOT**	20	**DC4**	36	$	52	**4**	68	**D**	84	**T**	100	**d**	116	**t**
0101	5	**ENQ**	21	**NAK**	37	%	53	**5**	69	**E**	85	**U**	101	**e**	117	**u**
0110	6	**ACK**	22	**SYN**	38	&	54	**6**	70	**F**	86	**V**	102	**f**	118	**v**
0111	7	**BEL**	23	**ETB**	39	'	55	**7**	71	**G**	87	**W**	103	**g**	119	**w**
1000	8	**BS**	24	**CAN**	40	(	56	**8**	72	**H**	88	**X**	104	**h**	120	**x**
1001	9	**HAT**	25	**EM**	41	)	57	**9**	73	**I**	89	**Y**	105	**i**	121	**y**
1010	10	**LF**	26	**SUB**	42	*	58	:	74	**J**	90	**Z**	106	**j**	122	**z**
1011	11	**VT**	27	**ESC**	43	+	59	;	75	**K**	91	[	107	**k**	123	{
1100	12	**FF**	28	**FS**	44	,	60	<	76	**L**	92	\	108	**l**	124	|
1101	13	**CR**	29	**GS**	45	-	61	=	77	**M**	93	]	109	**m**	125	}
1110	14	**SO**	30	**RS**	46	.	62	>	78	**N**	94	^	110	**n**	126	~
1111	15	**SI**	31	**US**	47	/	63	?	79	**O**	95	_	111	**o**	127	**DEL**

Abbildung 2-3: Tabelle des ASCCI (7 Bit) für die Codezuordnung der 128 Ausprägungsmöglichkeiten

Für Personalcomputer wurde Ende der 70er-Jahre mit dem ASCII-Code (Abkürzung für: American Standard Code for Information Interchange), der nur Gruppen mit sieben Bits umfasst, begonnen. Damit konnten Speicher mit nur sieben Bits verwendet werden, die ca. 12 % billiger waren, als die der Großrechner. Hier gab es für jede mögliche Bitkombination nur eine einzige Zeichenzuordnung. Die gepackte Darstellung zweier Dezimalziffern war nicht möglich. Heute kommt jedoch in den Personalcomputern üblicherweise auch eine Speicherstruktur mit acht Bits (Byte) oder einem Vielfachen zum Einsatz. Damit bleibt die Verwendung des achten Bits nach ASCII unbestimmt und verschiedene Hersteller nutzen es folglich auch für jeweils individuelle Sondersymbole.

Da die Zuordnung von Zeichen zu Bitkombinationen immer mit den auf 0 gesetzten Bits beginnt, ist es bei der digitalen Informationsverarbeitung auch üblich, bei der Durchnummerierung von Objekten mit 0 zu beginnen (z. B. Farbcode: 0=rot, 1=blau, 2=grün). Dies gilt auch für die Nummerierung von Datensätzen, so dass der erste immer die 0 zugeordnet bekommt. Deswegen werden in diesem Buch auch die Kapitel und Abschnitte mit 0 beginnend durchgezählt.

Verständnisfrage zu 2.1.1:

*   Warum werden Daten und Informationen für die Verarbeitung in digitalen Systemen durch Kombinationen von 0 und 1 dargestellt?

Zahlensysteme

Im Dezimalzahlensystem ist es ein wesentlicher Unterschied, ob eine Ziffer an die erste, zweite oder dritte Stelle einer Zahl positioniert wird. Im ersten Fall bedeutet dies z. B. 1 Liter, im zweiten Falle 10 Liter und im dritten Falle 100 Liter. Diese entscheidende Erleichterung und Verbesserung des Dezimalzahlensystems gegenüber dem römischen Zahlensystem wurde durch die Einführung der 0 ermöglicht, die das römische Zahlensystem nicht kennt. Erst durch die Zuschreibung von Nullen wird es somit möglich, eine Ziffer (im Beispiel hier die „1") an eine bestimmte Stelle einer Zahl zu schreiben und die Zahl damit zu verändern.

So wird zehn durch eine 1 mit einer Null und hundert durch eine 1 mit zwei Nullen beschrieben. Die Nullen haben dabei an sich selbst keine Aussagekraft. Sie sind Platzhalter und zeigen nur an, dass die 1 um eine bzw. zwei Stellen nach links in der Zahl verschoben ist.

Andere Zahlensysteme sind nicht mehr gebräuchlich und daher auch ungewohnt. Da jedoch in Datenverarbeitungsanlagen intern mit anderen Zahlensystemen als dem Dezimalzahlensystem gerechnet wird, folgt hier eine kurze Einführung in den Umgang mit dem dualen (binären) und sedezimalen (hexadezimalen) Zahlensystem.

In der Folge 0, 1, 2, 3, 4, 5, 6, 7, 8, 9 sind alle zehn Ziffern des Dezimalsystems enthalten; die kleinste (0) steht am Anfang, die größte (9) steht am Ende der Reihe. Die kleinste Zahl des Dezimalsystems, die aus zwei Ziffern zusammengesetzt ist, heißt 10 (zehn). 10 wird „Basis" des Dezimalsystems genannt. Die Basis gibt an, wie viele verschiedene Ziffern ein Zahlensystem umfasst (hier 0 bis 9). Der Wert der kleinsten Ziffer der hier vorzustellenden Zahlensysteme ist immer 0, der größte um 1 kleiner als die Basis.

▶ Dualzahlensystem (Binärzahlen)

Das Zahlensystem, das nur zwei Ziffern kennt (0 und 1), hat die Basis 2. Auch hier gilt, dass die größte Ziffer um 1 kleiner ist als die Basis 2.

▶ Sedezimalzahlensystem (Hexadezimalzahlen)

Das Zahlensystem, das 16 verschiedene Ziffern kennt, hat die Basis 16. Die kleinste Ziffer ist 0 und die größte Ziffer ist um 1 kleiner als 16 (folglich 15).

Genauso sind Zahlensysteme zur Basis 3, 4, 5, 6 oder jeder anderen Zahl möglich. Für den Umgang mit Datenverarbeitungsanlagen sind jedoch nur die Dualzahlen und Sedezimalzahlen von besonderer Bedeutung.

Stellenschreibweise

Schreibt man die Dezimalzahlen von 0 bis 9 untereinander, so unterscheiden sie sich dadurch, dass jede nächsthöhere Zahl durch ein dem jeweiligen Wert zugeordnetes Zeichen dargestellt wird. Werden z. B. die Dezimalzahlen von 116.120 bis 116.129 untereinander geschrieben, so unterscheiden sich auch diese Zahlen dadurch, dass jeweils die nächsthöhere Ziffer in der letzten Stelle eingesetzt wird. Nur wenn alle verfügbaren Ziffern einer Stelle durchlaufen sind, wird mit Hilfe der sogenannten Stellenschreibweise an der davor stehenden Stelle um 1 weitergezählt. So folgt auf eine Zahl mit der Endziffer 9 die nächsthöhere Zahl dadurch, dass anstelle der 9 wieder eine 0 geschrieben wird, d. h. in der Reihe vorne begonnen wird und die Stelle links vor der 9 um 1 erhöht wird.

Beim Dualzahlensystem, bei dem nur zwei Ziffern existieren, muss der Stellenverschiebungsvorgang, der beim Dezimalzahlensystem beim Übergang von 9 auf 10 erfolgt, wesentlich öfter durchgeführt werden. Schon der Schritt von der dezimalen 1 auf die dezimale 2 verursacht in der Darstellungsweise des Dualzahlensystems einen Stellenverschiebungsvorgang. Um die 1 als größten Ziffernwert des Dualzahlensystems noch um 1 zu erhöhen, muss die ursprüngliche 1 entsprechend dem Vorgang bei der dezimalen 9 auf 0 gesetzt und die davor stehende Ziffer um 1 erhöht werden. Die der Dualzahl 1 folgende Dualzahl heißt folglich 10 (gesprochen: eins, null). Um diese Dualzahl um 1 zu erhöhen, kann die rechts stehende 0 um eine 1 erhöht werden; die dann folgende Dualzahl heißt 11 (eins, eins) (ihr Wert ist dezimal ausgedrückt 3). Soll jetzt wieder um 1 erhöht werden, muss die rechte Dualziffer auf 0 gesetzt und die links neben ihr stehende Dualziffer um 1 erhöht werden. Diese Dualziffer ist aber ebenfalls bereits eine 1; auch sie muss folglich auf 0 gesetzt werden und die links neben ihr stehende (bis jetzt noch nicht ausgeschriebene) Ziffer um 1 erhöht werden. Diese dritte Stelle war zunächst 0 und kann jetzt auf 1 gesetzt werden. Die auf die 11 folgende Dualzahl heißt folglich 100 (eins, null, null); dezimal ist das die 4.

Umrechnung zwischen den Zahlensystemen

Beim Dezimalzahlensystem wird die Wertigkeit einer Stelle immer durch die Stellenposition (Stelle ganz rechts = Pos. 0, erste Stelle links neben der Stelle ganz rechts = Pos. 1 usw.) zur Basis 10 gegeben. Die Zahl 1512 kann dadurch folgendermaßen aufgelöst werden:

$$1 \qquad 5 \qquad 1 \qquad 2$$
$$1 \times 10^{3} + \quad 5 \times 10^{2} + \quad 1 \times 10^{1} + \quad 2 \times 10^{0}$$

Die Stellenwerte von Dualzahlen können genauso ermittelt werden. Nur wird hier mit der Basis 2 gerechnet. Die der Dezimalzahl 5 entsprechende Dualzahl 101 kann daher folgendermaßen aufgelöst werden:

$$1 \qquad 0 \qquad 1$$
$$1 \times 2^{2} + \quad 0 \times 2^{1} + \quad 1 \times 2^{0} = 5$$

Da bei der Auflösung von Dualzahlen in den einzelnen Produkten als erster Faktor immer nur eine 1 oder 0 auftreten kann (es gibt nur zwei Ziffern), lässt sich damit jede Dualzahl sehr einfach in eine Dezimalzahl umwandeln, wie folgendes Schema zeigt.

$$1 \qquad 1 \qquad 0 \qquad 0 \qquad 1$$
$$1 \times 2^{4} + \quad 1 \times 2^{3} + \quad 0 \times 2^{2} + \quad 0 \times 2^{1} + \quad 1 \times 2^{0}$$
$$16 + \qquad 8 + \qquad 0 + \qquad 0 + 1 = 25$$

Die Umwandlung von Dezimalzahlen in Dualzahlen wird durch Aufsuchen der jeweils im Rest verbliebenen Position einer Dualzahl erreicht; dies entspricht der höchsten verbliebenen Zweierpotenz.

Die Dezimalzahl 250 wird umgerechnet:

250	: 2 =	125	Rest	0
125	: 2 =	62	Rest	1
62	: 2 =	31	Rest	0
31	: 2 =	15	Rest	1
15	: 2 =	7	Rest	1
7	: 2 =	3	Rest	1
3	: 2 =	1	Rest	1
1	: 2 =	0	Rest	1

1 1 1 1 1 0 1 0 Dualzahl

Bedeutung der Zahlensysteme

Selbstverständlich erfolgen die Eingaben in einen Computer ganz normal über Tastatur und die Ausgaben über Bildschirm und Drucker in Dezimalzahlen. Intern muss der Computer jedoch alle eingegebenen Dezimalzahlen in Dualzahlen umwandeln und für die Ausgabe wieder die Dezimalzahlen errechnen.

Für den Benutzer eines Computers ist völlig unerheblich, in welchem Zahlensystem die Maschine rechnet, da er immer nur Dezimalzahlen sieht. Für den Programmierer kann es jedoch wichtig sein zu wissen, in welcher Form die Zahlen intern dargestellt werden, z. B. weil er daraus entnehmen kann, wie viel Bitstellen für die Speicherung einer bestimmten Dezimalzahl belegt werden.

Das Sedezimalsystem hat für Computer Bedeutung, weil in jedem Halbbyte (4 Bits) genau 16 verschiedene Bitkombinationen dargestellt werden können. Betrachtet man folglich ein Halbbyte zusammengefasst als eine Ziffernposition, so können hier 16 verschiedene Ziffern und damit als höchster Wert die dezimale „15", gespeichert werden. Das entspricht genau einem Zahlensystem, das 16 verschiedene Ziffern kennt und folglich Sedezimalsystem genannt wird.

Eine Datenverarbeitungsanlage, die zwar für den Benutzer die Ergebnisse jeweils in Dezimalzahlen zurückverwandelt und ausgibt, liefert aber z. B. bei der Fehlersuche die Angaben, die für den Programmierer bestimmt sind, in Form des sedezimalen Zahlensystems, weil nur dann die Ausgabe dem Speicherinhalt genau entspricht. Für jedes Halbbyte wird an Stelle der Bitkombination (0000 bis 1111) der Sedezimalwert ausgewiesen. Erfolgt die Ausgabe nur mit den zehn verschiedenen Ziffern, die wir im Dezimalsystem kennen, so müssen jeweils zwei Ziffern zusammen eine Stelle des Sedezimalzahlensystems beschreiben. Die erste Stelle (ganz rechts) einer Sedezimalzahl hat den Stellenwert $16^0 = 1$. Die zweite Stelle hat den Stellenwert 16^1, die dritte Stelle den Stellenwert $16^2 = 256$, usw. Zur Umwandlung der mit Dezimalzahlen dargestellten Sedezimalzahl 01 13 11 muss daher wie folgt gerechnet werden.

1 x	256	=	256
13 x	16	=	208
11 x	1	=	11
			475

Die schwierige Interpretation dieser Darstellungsweise für den Benutzer hat dazu geführt, dass die Buchstaben A bis F mitverwendet werden, um die Sedezimalzahlen mit den (dezimalen) Wertigkeiten 10 bis 15 darzustellen.

dezimale Darstellung	sedezimale Darstellung
0	0
1	1
2	2
3	3
4	4
5	5
6	6
7	7
8	8
9	9
10	A
11	B
12	C
13	D
14	E
15	F

Der Inhalt eines Bytes kann damit sehr platzsparend folgendermaßen aufgezeigt werden.

Darstellung	
intern	extern
dual	sedezimal
0000 0000	0 0
0000 0001	0 1
0000 0010	0 2
•	•
•	•
•	•
0000 1001	0 9
0000 1010	0 A
•	•
•	•
•	•
1111 1101	F D
1111 1110	F E
1111 1111	F F

Beim vollständigen Ausdruck eines Datenbestandes zu Kontrollzwecken oder eines Programms zur Fehlersuche hilft die sedezimale Schreibweise erheblich.

Im Dualzahlensystem kann genauso addiert werden wie im Dezimalzahlensystem. Allerdings treten viel häufiger Überträge auf als bei Additionen von Dezimalzahlen. Mit den folgenden Beispielen wird dieses ungewohnte Faktum verdeutlicht.

ADDITION:

	(Dual)	(Dezimal)
	101001011	331
+	110101	+ 53
Überträge	11111111	
	110000000	384
	(Dual)	(Dezimal)
	101001011	331
+	101100	+ 44
Überträge	1	
	101110111	375

Die Subtraktion von Dualzahlen erfolgt ebenfalls nach den von Dezimalzahlen bekannten Regeln.

SUBTRAKTION:

	(Dual)	(Dezimal)
	101001011	331
-	110101	- 53
Überträge	11 1	11
	100010110	278
	(Dual)	(Dezimal)
	101001011	331
-	101100	- 44
Überträge	11 1	11
	100011111	287

2.1.3 Digitale Speicherung von Bildern

Es gibt neben den Buchstaben und Ziffern noch vielfältige andere Formen der Darstellung von Informationen. Wir kennen zum Beispiel Höhlenmalereien, Symbole, Hieroglyphen und Wortschriftzeichen (vgl. Abb. 2-4). Einerseits lohnt es sich auch hier, wenn bestimmte Darstellungen häufig benutzt werden sollen, wie japanische Schriftzeichen oder (bei einem Ägyptologen) Hieroglyphen, dafür Codetabellen anzulegen. Mit einer bestimmten Bitkombination kann dann ein Zeichen repräsentiert werden. Für die Speicherung und Verarbeitung genügt die Bitkombination; für die Ausgabe auf einem Bildschirm oder Drucker muss nur das zugehörige Schriftzeichen eingesetzt werden. Der Computer muss folglich nur ein einziges Mal das zu jeder Bitkombination gehörende Zeichen in einer Codetabelle speichern und kann es dann immer wieder beim Anzeigen verwenden.

Für die Speicherung von Abbildungen gibt es ganz andere Formen der Ablage in der Maschine. Dazu sollte man sich bewusst machen, dass die Darstellung der meisten Bilder, die wir heute sehen, in Form des Ausdrucks in Zeitschriften, der Darstellung auf TV-Bildschirmen oder in Fotoalben aus vielen winzig kleinen Bildpunkten zusammengesetzt sind und nicht aus Farbflächen. Die Punkte sollten so klein sein, dass wir sie bei der normalen Betrachtung des Bildes nicht sehen, weil sie unterhalb der Auflösungsgenauigkeit unserer Augen liegen. Erst bei extremer Vergrößerung fällt auf, dass die Flächen und Formen nur aus winzigen Punkten bestehen, die meist sogar nur vier Farben aufweisen. Durch deren Intensität und Verteilung können alle gewünschten Bilder erzeugt werden.

Dies gilt vom „Bild" eines Buchstabens, der auf der klassischen Schreibmaschine noch als eine Letter angeschlagen und vom Matrix- oder Tintenstrahldrucker aus winzigen Punkten zusammengestellt wird, bis zur Reproduktion eines Gemäldes, das im Original durch satten, flächigen Farbaufstrich gemalt wurde, auf dem Bildschirm jedoch auch nur aus den genannten kleinen Punkten besteht.

Die „Darstellung" eines solchen Bildes im Computer erfolgt entweder durch die Festlegung aller einzelnen Bildpunkte (Pixel) nach Farbe und Intensität von einer Ecke zeilenweise bis in die diagonal andere Ecke oder durch mathematische Funktionen, die alle darzustellenden Linien und Flächen (Vektoren) beschreiben.

Abbildung 2-4: Altägyptische Hieroglyphe und japanisches Schriftzeichen

Pixelbilder

Die einfachere Form der Abbildung über die Speicherung von Bildpunkten wird hier zuerst vorgestellt. Dazu dient Abbildung 2-5. Sie repräsentiert in ihrer linken Hälfte einen winzigen Ausschnitt aus einem Bildschirm in dem ein Bogen von schwarzen Bildpunkten auf einer weißen Fläche gezeigt wird. Rechts daneben wird das Schema der für die Bildpunkte eingesetzten Bits dargestellt.

Abbildung 2-5: Repräsentation von Bildpunkten der oberen Hälfte der Ziffer „0" (Null) in Pixel- und Bitform

Es können Millionen verschiedene Farben dargestellt werden. Jedes weiße Pixel wird durch ein auf null gesetztes Bit repräsentiert; jedes schwarz eingefärbte Pixel durch ein auf eins gesetztes Bit. Für eine derartige schwarz/weiß Abbildung wird pro Bildpunkt genau ein Bit zur Speicherung benötigt. Bei einer Bildschirmgröße von 1 024 x 768 Bildpunkten bedeutet dies, dass dafür ein Speicher mit 786 432 Bits belegt wird. Bei einer Darstellung mit 256 Farben werden für jeden Bildpunkt 8 Bits gebraucht, um diese zu unterscheiden (vgl. mit der Erklärung der Zahlensysteme in Abschnitt 2.1.1). Um die übliche Qualität von Farbbildern zu erreichen, müssen Millionen verschiedener Farben und Intensitäten unterschieden werden. Dazu sind jeweils 24 Bits (3 Bytes) pro Bildpunkt nötig. Folglich belegt eine farbige Bildschirmseite insgesamt 2 359 296 Bytes. Dies gilt zunächst unabhängig davon, was dargestellt ist. Eine weiße Fläche benötigt genauso viel Speicherplatz, wie ein buntes Muster, bei dem keine zwei Pixel gleich sind. Erst besondere Rechenverfahren erlauben für die dauerhafte Speicherung auch eine Kompression, indem von links nach rechts und oben nach unten alle jeweils folgenden gleichen Bildpunkte zusammengefasst werden. Das einfache schwarz/weiss Muster der Abbildung 2-5 könnte dann durch folgende Information repräsentiert werden:

40 31 60 71 30 31 30 31 20 21 50 21 10 31 50 51 70 21.

Sie ist mit der Regel zu interpretieren, dass eine Ziffer für die Anzahl und eine für weiss bzw. schwarz steht. „40" ist folglich der Hinweis für vier weiße Bildpunkte, „31" für drei schwarze usw. über die Zeilen hinweg. Wieviel Platz damit gespart werden kann, hängt jetzt von der Anzahl der Wechsel ab. Die Vergrößerung und Verkleinerung eines Bildes kann nur ganz schematisch vorgenommen werden, indem je nach Maßstab entsprechend viele Pixel in der gleichen Farbe hinzugefügt oder weggenommen werden. Damit wird zwar eine kleinere/größere Darstellung eines Pixelbildes möglich, aber sie wird in der Auflösung gröber.

Vektorbilder

Eine ganz andere Art der Abbildung von Mustern (Bildern) in einem Computer durch die Speicherung von Bildpunktreihenfolgen bietet die sogenannte Vektorgrafik. Hier werden nur die Punkte beschrieben, die sich vom Hintergrund unterscheiden sollen. Dazu werden mathematische Funktionen ausgewählt, die den Verlauf von Bildpunkten exakt definieren können. Bei geometrischen Figuren ist dies recht einfach. Ausgehend von einem bestimmten Punkt, dessen Koordinaten auch gespeichert werden, zeigt beispielsweise die Funktion $2r\pi$ die Umfanglinie eines Kreises, oder die davon eingeschlossene Fläche. Für die Vergrößerung kann mit derselben Funktion, nur durch Änderung des Vorgabewertes für den Radius ein neuer Kreis konstruiert werden, der genau die gleiche Schärfe aufweist. Komplizierte Muster werden mit aufwendigeren Funktionen oder durch Zerlegung der Flächen mit mehreren einfachen Funktionen beschrieben.

Verständnisfrage zu 2.1.2:

• Welche grundsätzlichen Darstellungsformen für Zeichnungen gibt es, und welche Vorteile haben sie?

2.2 Datenerfassung

Vor jeder automatisierten Verarbeitung müssen die Informationen zunächst erhoben und dann in eine maschinell verarbeitbare Form übertragen werden.

Bei konsequenter Integration werden Daten nur einmal erfasst. Wenn Daten durch Beobachtung oder Befragung erzeugt werden, wird dieser Vorgang als Datenerhebung bezeichnet. Typisch dafür sind Vorgänge aus dem sozialwissenschaftlichen Bereich in Form statistischer Zählungen von Ereignissen (Zahl der vorbeifahrenden Fahrzeuge unterschiedlicher Größenklassen) oder Befragungen (welche Zeitschriften lesen Sie, wen würden Sie am nächsten Sonntag wählen). Auch wenn die Beobachtungs- bzw. Befragungsergebnisse nur mit dem Bleistift notiert werden, trägt der Gesamtvorgang doch die Bezeichnung „Datenerhebung". Der auch verwendete Begriff „Datenerfassung" wird verständlich, wenn er gedanklich mit dem Zusatz verknüpft wird: in den Computer in einer maschinell verarbeitbaren Form. Ergebnis des Datenerfassungsprozesses sind folglich also immer Aufzeichnungen auf Datenträgern, die dann über verschiedene Eingabegeräte ohne weiteren manuellen Vorgang der maschinellen Verarbeitung zugeführt werden können. Fällt die Erhebung der Daten mit der Erfassung zusammen, wie dies bei der maschinellen Messung oder Zählung von Vorgängen der Fall ist, so wird der Vorgang „Erhebung" nicht mehr explizit genannt und nur von Erfassung gesprochen.

Viele Daten und Informationen liegen in gedruckter Form vor. Es ist daher nicht erstaunlich, dass schon seit den ersten Anfängen der maschinellen Informationsverarbeitung versucht wird, solche Ziffern und Texte zu erkennen.

Insbesondere die faszinierende Möglichkeit, die Datenerhebung und Datenerfassung in einen Vorgang zusammenzuziehen, indem ein Fragebogen benutzt wird, der für die Antwortalternativen an bestimmten Stellen Markierungen zulässt, die über spezielle Geräte in den Computer übertragen werden können und die heute gebräuchliche Form, ein mobiles Erfassungsgerät zu verwenden (Smartphone oder Tablet), hat zu einer erheblichen Ausweitung der maschinellen Informationsverarbeitung beigetragen. In den nächsten Jahren ist durch die verstärkte Anwendung von automatischen Signalgebern (Sensoren, Zähler etc.) und den Einsatz von RFID (vgl. Abschnitt 9.4.2) mit einer erheblichen Verbesserung der Informationsbasis für die weitere maschinelle Auswertung zu rechnen.

Mit mehr und genaueren Daten, die künftig auch noch preiswerter erfasst werden, wird auch eine höhere Qualität der Informationsverarbeitung erreicht.

Verständnisfrage zu 2.2:

• Warum sollten Daten nur einmal erhoben und erfasst werden?

2.3 Datenverarbeitung

Dieser Begriff umfasst mehrere, durchaus verschiedene Aktionen in Bezug auf oder mit den Daten. Das Spektrum reicht von der Auswertung von Massendaten bis zur Interpretation individueller Informationen. Die Berechnung von Ergebnissen im mathematischen Sinn ist davon nur der kleinere Teil. Ganz entscheidend ist heute die Fähigkeit der Computer, große Mengen von Daten bzw. Informationen zu speichern und daraus gezielt einzelne Angaben oder ganze Passagen wieder auffinden zu können. Damit qualifizieren sie sich für Aufgaben, die mit dem typischen „Rechnen" kaum mehr in Verbindung zu stehen scheinen. Tatsächlich werden die Such- und Findeoperationen jedoch auf Basis mathematische Operationen ausgeführt.

Ob Computer dabei „intelligent" agieren können, ist umstritten. Der Englisch Sprechende hat es leichter zuzustimmen, weil das Wort dort eine griffigere Bedeutung im Sinne der systematischen Vorgehensweise hat. Im Deutschen wird mit dem Begriff eher Vernunft oder Klugheit assoziiert, die man der Maschine aber nicht zubilligen will. Sieht man nur auf den „Intelligence" Begriff als strukturierte Sammlung und Verarbeitung von Informationen durch das Gehirn oder eben auch den Computer, kann die Frage bezüglich der „Intelligenz" verschoben werden.

Eine interessante Diskussion über die künftige Rolle von Informationsverarbeitungssystemen hat Ray Kurzweil mit seinem Buch Homo sapiens [KURZ2002] eingeleitet. Danach werden Computerchips im Jahr 2025 die Speicher- und Verarbeitungsleistung eines menschlichen Gehirns erreichen.

Im Gegensatz zu Menschen können sich Computer nicht spontan an etwas erinnern. Sie müssen immer genau wissen, wo sie eine Information abgespeichert haben, oder sie müssen sie mühsam suchen. Dies hängt damit zusammen, dass Menschen ein assoziatives Gedächtnis haben. Es wird als „inhaltsadressiert " bezeichnet, was bedeutet, dass wir uns im Zusammenhang mit einem Ereignis auch an andere ähnliche, zeitgleiche oder sonst in einem eben assoziativen Bezug dazu stehende Dinge erinnern. Ein Computer kann das nicht. Er braucht die Speicheradresse, an der die betreffenden Daten abgelegt sind. Hat er die Adresse nicht, dann muss er seinen Speicher durchsuchen, um die assoziativen Möglichkeiten zu erarbeiten; dabei ist er aber extrem schnell, gründlich und konsequent.

Benchmarking und Wettbewerbsvorteile (Michael Porter 1985)

Im Vergleichstest zu anderen Abteilungen, Betrieben, Unternehmen oder Ländern sollen die eigenen Stärken und Schwächen aufgedeckt werden. Daraus lässt sich ableiten, mit welchen Maßnahmen ein Wettbewerbsvorteil erreicht bzw. weiter ausbauen werden kann. Die konzeptionelle Verwandtschaft zu der Idee komparativer Kostenvorteile kommt nicht von ungefähr, sondern beruht auf den ähnlichen Rahmenbedingungen. Umsetzen lässt sich jedoch das kurzfristig zu wiederholende Benchmarking nur auf der Basis von vielfältigen Zahlenwerten aus dem eigenen Umfeld, die dann mit den Angaben von anderen Institutionen, soweit diese erhältlich sind, verglichen werden. Daraus wird ein Vergleichsergebnis abgeleitet.

Für das heute häufig propagierte Business Process Management ist damit Business Process Measurement die wesentliche Voraussetzung. Um die Transaktionskosten nicht unnötig zu erhöhen und trotzdem über aktuelle Zahlen zu verfügen, müssen die Daten automatisch aus integrierten Informationssystemen abgeleitet werden. [PORT1985]

In den Anfängen der Datenverarbeitung wurden Datensätze nur hintereinander (sequenziell) abgelegt und auch so verarbeitet. Korrekturen von Adressen etc. wurden folglich nur einmal im Monat genau vor der eben auch nur monatlich durchzuführenden eigentlichen Bearbeitung (Rechnungsstellung, Lohnabrechnung etc.) vorgenommen. Heute möchte man einen Dialog mit dem Rechner führen und ihm über Bildschirm und Tastatur Aufgaben zur sofortigen Erledigung übertragen. Dazu müssen die Daten in einer entsprechenden, wohl strukturierten Form abgelegt sein, damit sie auch (wahlfrei) schnell aufgefunden und inhaltlich vollständig und korrekt bearbeitet werden können.

Den wesentlichen konzeptionellen Durchbruch für eine konsistente und redundanzfreie Speicherung und Verwaltung von Geschäftsdaten hat E. F. Codd [CODD1970] bereits vor bald 50 Jahren mit der Idee der Normalisierung von Datenbeständen und ihrer Speicherung in Form von logisch miteinander verknüpften Tabellen geliefert, die als Relationen bezeichnet werden. Zum damaligen Zeitpunkt war die Verarbeitungsleistung der Computer aber noch nicht in der Lage, diese bezüglich der Adressierung recht anspruchsvolle Verwaltung von Daten entsprechend schnell auszuführen. Seit Mitte der 90er-Jahre ist die Speicherung von Daten in Relationalen Datenbankverwaltungssystemen üblich und sogar auf Personalcomputern verbreitet.

Die Idee des Relationenmodells basiert auf der Überlegung, dass die Tabelle mit ihren zweidimensionalen (flachen) Strukturen die formal und logisch klarste Form der Anordnung von Daten ist. Falls beim Darstellen der in einer Anwendung benötigten Datenstruktur hierarchische (z. B. alle Bestellzeilen eines Auftrags) oder netzartige Abhängigkeiten auftreten sollten, müssen diese in die einfachen Relationen überführt werden. Dieser Vorgang wird als Normalisierung bezeichnet und muss vor der Speicherung der Daten erfolgen. Nur wenn dies richtig konzipiert und ausgeführt wird, ist sichergestellt, dass die vielfältigen Verarbeitungsmöglichkeiten der Daten vom Rechner auch logisch korrekt ausgeführt werden können und es nicht zu unnötigen Datenredundanzen und Inkonsistenzen kommt.

Seit einigen Jahren drängt ein neues Konzept zur Ablage und Auswertung von Daten in die Anwendungen, das den exorbitanten Preisverfall für Speicherchips ausnutzt. Unter der Bezeichnung „In Memory Database" wird vorgeschlagen, alle aktiv verwendeten Daten in Halbleiterspeichern abzulegen. Damit kommen neue Möglichkeiten zum Einsatz, um Daten viel schneller wiederzufinden als bisher. Im Kapitel 9 Bestandteile moderner Computertechnik wird in Abschnitt 9.4.0 Solid-State-Speicher näher auf diese gerade für die betriebswirtschaftliche Informationsverarbeitung sehr bedeutsame Entwicklung näher eingegangen.

Verständnisfrage zu 2.3:

* Welche Funktionen gehören zur Datenverarbeitung?

Was Sie in diesem Kapitel gelernt haben:

Es ist gewöhnungsbedürftig aber richtig, zu rechnen: 1 + 1 = 10. Das Ergebnis ist natürlich nicht zehn, sondern eins, null. Im dualen Zahlensystem werden zwar viel mehr Stellen benötigt, um eine größere Zahl auszudrücken, dafür müssen nur zwei Ziffern unterschieden werden. Dies war und ist für die digitale Informationsverarbeitung eine wesentliche Voraussetzung, ermöglicht den Aufbau von Computern aus sehr vielen, jeweils aber einfachen Baugruppen und erlaubt eine schnelle Übertragung, Prüfung und Korrektur von Signalen. Computer können vieles nicht, was wir mit unserem Gehirn, den Sinnen und Ausdrucksmöglichkeiten hervorragend beherrschen; aber sie können auch einige Dinge besser als wir. Das wäre nicht weiter schlimm, denn dies gilt auch für Fahrräder, Küchenmaschinen und Bagger. Aber diese Geräte sind einseitig und sie übertreffen uns nur in mechanischen Disziplinen; geistige Arbeit schien uns aber immer ein besonderes Privileg. Dies gilt so nicht mehr, und wir müssen die völlig neue Herausforderung aufnehmen, für die Menschen neben der zunehmenden maschinellen Verarbeitung von Informationen noch sinnvolle Tätigkeiten zu finden, die sie beschäftigen und für die andere Menschen bereit sind zu bezahlen.

Literatur

SPEN1852   Spencer, H.: The Development Hypothesis, 1852
KUZR2002   Kurzweil, R.: Homo sapiens, 2002
PORT198   Porter, M.: Competitive Advantage. Creating and Sustaining Superior Performance, 1985.
CODD1970   Codd, E., F.: A relational model for large shared datababanks. Comm. ACM, Vol 13, No. 6, 1970

Betriebswirtschaftliche Aspekte der innerbetrieblichen integrierten Informationsverarbeitung

3.0 Anwendungssysteme in Unternehmen

Die in diesem Kapitel vorgestellten Anwendungsbereiche der Informationsverarbeitung repräsentieren einen Multi-Milliarden-Markt. Viele Anbieter wollen sich davon einen Teil sichern. Dazu werden Argumente vorgetragen, die nicht nur trockenen wissenschaftlichen Analysen entstammen, sondern die den potenziellen Kunden außerordentliche Resultate versprechen. Da die Anbieter auch oft die Entwickler neuer Vorgehensweisen sind, sind Wunsch und Wirklichkeit nicht immer eindeutig zu trennen, insbesondere weil die benutzten Fachbegriffe nicht allgemein verbindlich sind, sondern zu den jeweils eigenen Gunsten interpretiert werden. Aus diesem Grund unterscheiden wir in diesem Buch auch nicht zwischen Anwendungs- und Informationssystem. Vielmehr ist es uns wichtig, die Leser für die Vorteile betriebswirtschaftlicher Software im sozio-technischen Kontext zu sensibilisieren. Die hier vorgeschlagenen Definitionen und Abgrenzungen versuchen daher, einen neutralen, wissenschaftlich begründbaren Weg zu konsistenten und integrierten Anwendungen der maschinellen Informationsverarbeitung zu unterstützen.

Jedes Unternehmen bietet Leistungen am Markt an, durch deren Verkauf es seine Kosten zurückverdienen und darüber hinaus auch einen Gewinn erwirtschaften will. Das funktioniert immer, wenn es ein einmaliges Produkt zu verkaufen hat, das viele Kunden unbedingt haben wollen. Im Lauf der Zeit werden jedoch Konkurrenten auf dem Markt erscheinen und gleichartige Erzeugnisse anbieten. Auf Dauer ist es daher besser, die jeweils am Markt nachgefragte Menge bereitzustellen und diese aus der benötigten Stückzahl von Einzelteilen, in der vorgesehenen Reihenfolge, mit den passenden Maschinen und den richtigen Mitarbeitern herzustellen. Genau dann sind die Produktionskosten am niedrigsten und die Differenz zum erzielbaren Preis am höchsten. Erreicht und insbesondere beibehalten werden kann dieser Zustand aber nur durch laufende Planung der betrieblichen Tätigkeiten, Mitarbeiter, Maschinen und Materialien. Auslöser für alle Arbeitsschritte sind die für die Leistungserstellung notwendigen Tätigkeiten, deren koordinierter Ablauf als Prozess bezeichnet wird. Anders als vor Gericht, wo sich die Parteien streiten und nach den Regeln der Gesetze eine Lösung gesucht wird, sollten die Beteiligten im Unternehmen ihre Prozesse unter Beachtung der Vorschriften und technischen Möglichkeiten nach logischen und rationalen Gesichtspunkten strukturieren und ausführen.

Dazu wurde schon früher begonnen, mit von Hand geschriebenen Über-
sichten und Aufstellungen Transparenz in und über die hintereinander und
nebeneinander ablaufenden Prozesse und ihre Teilschritte zu bekommen;
heute versucht man es mit dem Einsatz von Softwarelösungen für integrierte Anwendungssysteme.

BEGRIFFE, die in diesem Kapitel erläutert werden: ERP, MES, CIM, PPS,
CNC.

3.0 Betriebswirtschaftliche Software zur Unterstützung der Prozessabläufe im Unternehmen

Selbst ein kleiner Ein-Mann-Betrieb kann die anstehenden Aufgaben besser
bewältigen, wenn sie in einer überlegten und geordneten Form bearbeitet
werden. Sind mehrere Personen beteiligt, ist eine Abstimmung über die Ar-
beitsaufteilung, ihre Reihenfolge und Terminierung unabdingbar. Werden die
gleichen Aufgaben wiederholt ausgeführt, kann mit Hilfe einer durchdachten
Beschreibung des Prozessablaufs die notwendige Transparenz für die beteiligten Personen hergestellt werden. Zur besseren Nachvollziehbarkeit werden
Prozessabläufe in der Regel auch als graphische Diagramme in einer standardisierten Form abgelegt, damit sie unmissverständlich nachvollzogen und ohne
Verfälschung weitergegeben werden können.

Die graphische Sicht auf die funktionale Organisationsstruktur von Unternehmen in Form von Diagrammen der Aufbauorganisation zeigt für verschiedene Aufgabenbereiche auch entsprechende Abteilungen. So gibt es in aller
Regel einen Vertrieb, einen Einkauf, die Produktion (Herstellung oder Dienstleistung), das Rechnungswesen, die Personalverwaltung und die Geschäftsführung. Bei größeren Unternehmen können auch weitere Organisationsbereiche
dazu kommen. Diese herkömmliche Sichtweise ist dem menschlichen Auffas-
sungsvermögen angepasst; dazu gehört auch, dass die so genannte Leitungsspanne, das ist die Zahl der direkt zu führenden Mitarbeiter, normalerweise
in der Größenordnung von zehn zugeordneten Personen bzw. Aufgabenbereichen liegt.

Die Abläufe werden aber nur in Form von prozessorientierten Darstellungen deutlich und nachvollziehbar. Die dazu entwickelten Ablaufdiagramme
sind wegen der damit verbundenen Abhängigkeiten und der Dynamik deutlich
schwieriger zu erfassen, obwohl sie jeweils nur Teilfunktionen beschreiben.

Aus einer logistischen und informationsbezogenen Betrachtungsweise ergibt sich jedoch, dass diese Aufteilung die wirkliche Komplexität der gegenseitigen Abhängigkeiten aller betrieblichen Aufgaben zwischen den Abteilungen verschleiert. Jede Information aus dem Fertigungsablauf, der Auftragsbearbeitung, der Anlieferung, dem Rechnungswesen, der Entwicklung und aller anderen Funktionalbereiche des Unternehmens kann für die Gesamtbetrachtung und für andere Funktionen wesentlich sein. Ziel ist es daher, einen Zugriff auf möglichst alle Daten des Unternehmens zeitnah (real time) für alle beteiligten oder betroffenen Funktionsträger zu ermöglichen.

Verständnisfrage zu 3.0

• Was ist der Unterschied zwischen der Aufbau- und Ablauforganisation?

3.0.0 Enterprise Resource Planning (ERP)

▶ **Historie** Nach der zunächst dominierenden Unterstützung des Rechnungswesens, der folgenden Entwicklung der Bedarfsermittlung zum Material Requirements Planning (MRP) und der Einbindung der Ressourcenplanung als Manufacturing Resources Planning (MRP II) kam schließlich Ende der 80er-Jahre in Form des Enterprise Resource Planning (ERP) das Ziel in den Fokus, die Daten und Aufgaben aller Unternehmensbereiche miteinander zu verbinden. Dieser Ansatz hat zu der heute angestrebten zunächst innerbetrieblichen und in Folge auch zwischenbetrieblichen Integrationsidee geführt. Dazu entwickelten die Anbieter von betriebswirtschaftlicher Anwendungssoftware Lösungen, die eine Integration der Aufgaben ermöglichen aber auch gleichzeitig fordern. Von vielen Softwarehäusern zunächst als kundenindividuelle Lösungen konzipiert, entwickelten sich daraus bald Standardanwendungssysteme, die mittels Konfiguration in gewissen Grenzen auf unterschiedliche Unternehmen und Nutzungsszenarien anpassbar waren. In Folge wird unter der Bezeichnung ERP II eine Ausdehnung der Aufgabenbereiche auf die Kunden- und Lieferantenbeziehungen angestrebt. Unter dem Begriff Industrie 4.0 wird über ERP II hinaus die intensive Verknüpfung des kaufmännischen Bereichs (ERP) mit dem technischen Bereich der Produktion (MES, Manufacturing Execution System) vorangetrieben.

▶ **Informationsflussorientierung** Für viele Mitarbeiter, gerade auch in Leitungsfunktionen, ist es bis heute noch sehr schwierig, die mit der Informationsverarbeitung verbundenen Herausforderungen zu verstehen. Sie können oder wollen nicht begreifen, dass Prozessverbesserungen immer auch von der Informationsverarbeitung abhängig sind. Der Durchlauf der Informationen, die früher auf Belegen festgehalten wurden, wird zum Schwerpunkt der organisatorischen Beschreibung und seine Verbesserung zur Hauptaufgabe. Unter dem Motto „Geschäftsprozessoptimierung" haben Hammer und Champy noch 1996 versucht, für jedes Unternehmen losgelöst von den Erfordernissen und Potenzialen der IT-Systeme jeweils einen idealen Prozess zu definieren, der zunächst im realen Ablauf und dann auch im Informationssystem verwirklicht werden sollte (HAMM1996). In Folge entstanden durch Neuprogrammierung oder massive Änderungen der Standardsoftware mehr oder weniger individuelle Softwarelösungen. Deren Entwicklung ist immer teuer und zeitraubend, die laufende Aktualisierung über ihren gesamten Lebenszyklus ist abschreckend aufwendig.

Aus Sicht der Würzburger Forschungsergebnisse zur Wirtschaftsinformatik ist es jedoch aus den folgenden Gründen nicht richtig, einen von der betrieblichen Informationsverarbeitung unabhängigen Prozessablauf zu entwerfen:

*   Für jedes Unternehmen müsste auf Basis der individuellen „Ablaufoptimierung" auch eine individuelle Software entwickelt oder Standardsoftware erheblich angepasst werden.
*   Auch erfahrene Organisationsberater haben nicht in so vielen Anwendungsfeldern und bei so vielen Kunden Erfahrung im Aufbau und insbesondere im andauernden Einsatz von integrierenden Informationsverarbeitungssystemen wie die Hersteller von Standardsoftware für betriebswirtschaftliche Anwendungen.
*   Die der Standardsoftware zu Grunde liegenden Organisationskonzepte liefern in der Regel die flexibelste Lösung für die verschiedenen Anwendungsbereiche, auch wenn in den Unternehmen aus historischen Gründen bisher anders vorgegangen wurde.
*   Die Funktionalität der Standardsoftware für betriebliche Aufgabenbereiche ist meist wesentlich ausgereifter als die von individuell entwickelten Programmen.
*   Die Stabilität der bei vielen Unternehmen eingesetzten Standardlösungen ist über die Zeit viel besser und notwendige Änderungen müssen auch nur einmal für alle Unternehmen und damit auch alle Anwender vollzogen werden.
*   Bei der sogenannten „Geschäftsprozessoptimierung" im Sinne des von der Informationsverarbeitung entkoppelten Business Process Reengineering

(BPR) muss nach dem Entwurf des jeweils gewünschten Ablaufs zunächst für jedes Unternehmen die dazu passende Software entwickelt oder aus vorhandenen Programmen aufwendig zusammengestellt werden. Erst danach kann die Betriebsorganisation in einem so genannten Big Bang auf die neuen, mühsam „optimierten" Abläufe umgestellt werden.

• Das Business Reengineering liefert unter diesen Umständen nur eine kurzzeitig problemkonforme Lösung, weil das dynamische Betriebsgeschehen nach dem langwierigen Reorganisieren und den zugehörigen, zeitraubenden Softwareanpassungen schon wieder neue Herausforderungen mit sich bringt.

▶ **Individualsoftware Nachteile**   Die genannten, für individuelle Lösungen problematischen Fakten werden aber aus verschiedenen Gründen häufig weder gesehen, noch bezüglich ihrer jahrelangen Konsequenzen verstanden. Stattdessen werden kurzsichtig Konzepte verfolgt, die individuellen Lösungen den Vorzug geben. Deren schwerwiegende Nachteile durch die hohe Kostenbelastung bei deren Einführung und individuellen Weiterentwicklung über die gesamte Zeit des werden nicht erkannt oder von deren Anbietern bewusst verschleiert.

Auch die Verknüpfung mehrerer unternehmensspezifischer Lösungen in Form von individuellen ERP-Anwendungen ist mit Individualsoftware schwieriger. Um Netze mit den Lieferanten und Kunden aufzubauen, müssen nicht nur in allen individuellen Programmen so genannte Kommunikationsschnittstellen eingebaut werden, die den technischen Austausch von Daten erlauben, es muss hier auch andauernd viel Mühe für die Sicherstellung des korrekten inhaltlichen Verständnisses zwischen den miteinander kommunizierenden Lösungen investiert werden (semantische Integration von Geschäftsprozessen). Diese Probleme kann auch die neue Strategie für die Software in Form einer Service orientierten Architektur (SOA) nicht wirklich beseitigen.

▶ **Standardsoftware Vorteile**   Die sogenannte Continuous System Engineering (CSE) Strategie der Würzburger Wirtschaftsinformatik für den Aufbau von ERP-Lösungen fordert daher strikt die Verwendung von Standardanwendungssoftware, die mit Hilfe von betriebswirtschaftlich orientierten Implementierungswerkzeugen (forward engineering) in die Anwendungsunternehmen eingeführt wird. In Folge können dann die jeweils weiteren, neuen Herausforderungen im Sinne einer Softwareumstellung (reverse engineering) gelöst werden. Gleichzeitig müssen die Unternehmen die von der Standardsoftware vorgezeichneten ablauf-organisatorischen Lösungen übernehmen [THOM1996], um auch künftig weitestmöglich die dann vom Softwarehersteller angebotenen

Neu- und Ergänzungsentwicklungen sowie Korrekturen des Standardsystems nutzen zu können.

▶ **Produktionsabwicklung durch ERP**   Besonders deutlich wird der Vorteil des ERP-Einsatzes im Umfeld der Produktion. In jedem Fertigungsbetrieb wird die Produktion in irgendeiner Form vorgeplant und geregelt. Bei größeren Unternehmungen sind ganze Abteilungen mit der Planung der Produktion beschäftigt. Im Handwerksbetrieb geht das ohne schriftliche Aufzeichnungen; der Meister kann sich alle wesentlichen Gesichtspunkte merken und für den Gehilfen einen Ablauf festlegen. Prinzipiell sind in beiden Fällen aber die gleichen Aufgaben zu bewältigen, auch wenn dies im einen Fall durch kurze Überlegung auszudenken und zu merken ist, während im anderen Fall, selbst bei Einsatz von Computern, nur selten ganz befriedigende Lösungen gefunden werden, um die im Betrieb entstehenden Herausforderungen berücksichtigen und die verfügbaren Informationen zielgerichtet auswerten zu können.

Der Aufwand für die Steuerung eines Fertigungsablaufs durch anwendungsorientierte Informationsverarbeitungssysteme hängt von der Struktur des Produktionsunternehmens ab. Besonders kompliziert ist die auftragsbezogene Einzelfertigung (z. B. Anlagenbau), während in Unternehmen mit Massenfertigung (z. B. elektrische Zahnbürste) die Ablauforganisation eher darauf beschränkt bleibt, die notwendigen Materialien zeitgerecht zur Verfügung zu stellen und die Arbeitsplätze zu besetzen.

Bei der Massenproduktion liegt folglich die organisatorische Hauptarbeit zeitlich vor dem Fertigungsanlauf. Die Einrichtung des gesamten Unternehmens, die Abstimmung der einzelnen Arbeitsaufgaben auf die hintereinander liegenden Arbeitsplätze in etwa zeitgleiche Abschnitte (Fließbandabstimmung) und die gesamte Transportplanung der Materialien, Teile und Erzeugnisse durch das Unternehmen sind ein großes Problem, das aber nur einmal richtig durchgeplant werden muss. Bei den wechselnden Anforderungen einer kundenauftragsorientierten Produktion mit hoher Produktvielfalt tritt das Problem der Fertigungsorganisation jedoch jedes Mal neu auf. Nur durch die Analyse der in den einzelnen Aufträgen enthaltenen Anforderungen der Kunden, durch die Verteilung der für die einzelnen Aufträge zu fertigenden Einzelteile und Baugruppen auf die Fertigungseinrichtungen sowie durch die zeitliche und platzbezogene Festlegung der Montagen kann eine sinnvolle, gleichmäßige Auslastung der Arbeitsplätze erreicht werden. Auf diese Unternehmen ist daher die computerunterstützte Produktionsabwicklung ausgerichtet.

Produktionsplanung in drei Aufgabenbereichen:

▶ **Materialwirtschaft** Die Materialwirtschaft (MAWI) oder Material Requirements Planning (MRP) umfasst die Beschaffung aller für die Produktion benötigten Teile (Grundstoffe, Hilfsstoffe, Baugruppen, Fertigprodukte) und während des Fertigungsprozesses verbrauchten Betriebsstoffe. Auch die Erzeugnisse sind hier als „Material" geführt und ihre Fertigstellung und Lagerung gehören zum Dispositionsbereich der Materialwirtschaft. Genauso wird die Versorgung mit Ersatzteilen zur Materialwirtschaft gezählt. Obwohl die Mengenverwaltung im Vordergrund steht, sind die Terminierung der Bedarfe und die Bereitstellungszeitpunkte der Lieferungen genauso wichtig für die Materialverwaltung.

▶ **Zeitwirtschaft** Die Zeitwirtschaft oder Terminwirtschaft ordnet auf Grund der von der Materialwirtschaft ermittelten Bedarfsmengen und Termine den einzelnen Arbeitsplätzen die Aufträge mit den entsprechenden Stückzahlen zu und analysiert dafür die voraussichtlich auftretende Kapazitätsbelastung pro Arbeitsplatz. Liegt die gesamte Belastung für die einzelnen Arbeitsplätze bei etwa 100 %, so kann der Fertigungsauftrag ordnungsgemäß abgewickelt werden; wird jedoch die Kapazität von einigen Arbeitsplätzen deutlich unter- oder überschritten, ergeben sich zwangsläufig Leerzeiten bzw. Engpässe. Sie werden in Belastungsübersichten für alle Arbeitsplätze dargestellt. Ein Ausgleich kann im Rahmen der Zeitwirtschaft entweder über Kapazitätsanpassung oder über Kapazitätsausgleich zwischen den Arbeitsplätzen erfolgen, je nach Arbeitsinhalten und Ausstattung der Arbeitsplätze.

▶ **Kapazitäts- bzw. Terminwirtschaft** Die Kapazitäts- bzw. Terminwirtschaft versucht, Unvereinbarkeiten zwischen der Gesamtabwicklungszeit (Durchlaufzeit) eines Auftrags und dem gewünschten Liefertermin aufzulösen sowie die aus der Zeitwirtschaft erkannten Kapazitätsengpässe durch Reduktion der Durchlaufzeiten bestimmter Aufträge auf den kritischen Arbeitsplätzen bzw. durch überlaptes Arbeiten an mehreren Arbeitsplätzen auszugleichen.

Alle drei Aufgaben sind eng miteinander verzahnt und werden mit Hilfe des ERP bearbeitet; sie sollten eigentlich simultan gelöst werden. Bisher werden jedoch im wesentlichen Verfahren eingesetzt, die eine sukzessive Abarbeitung der Aufgabenstellung vorsehen und die damit wegen der wechselweisen Abhängigkeiten sicher nicht zu einer wirklich idealen Lösung des Produktionsplanungsproblems führen. Auf Grund der hohen Teilezahl, deren Verknüpfung untereinander zu Baugruppen und Endprodukten, der Vielfalt von Arbeitsplätzen und Arbeitsplänen, der zeitlichen Verknüpfung von Fertigungsaufträgen untereinander und zu verschiedenen Kundenaufträgen ist es bisher nicht gelungen, gleichzeitig alle Anforderungen an die Produktionsprogrammplanung gut zu erfüllen.

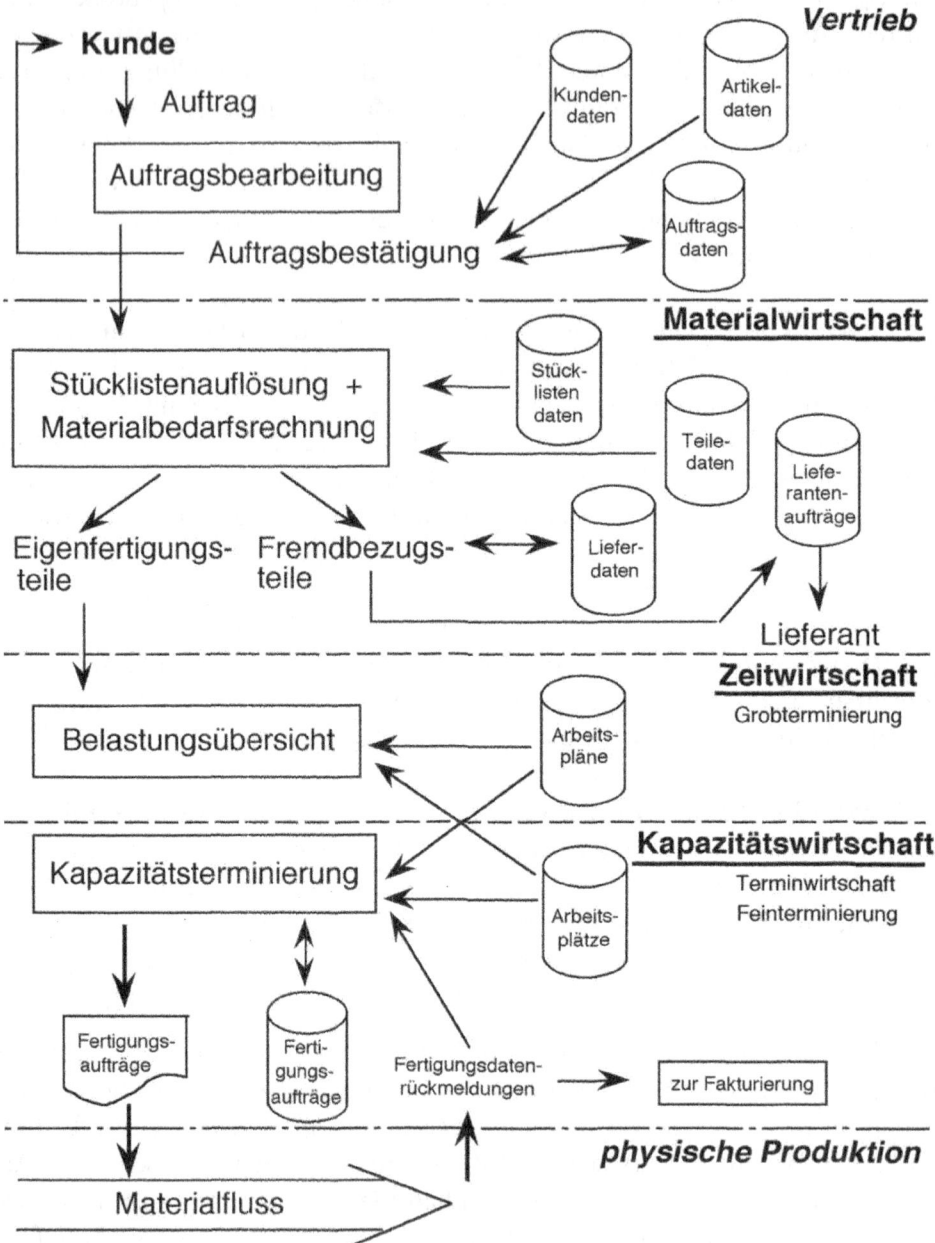

Abbildung 3-1: Schematischer Durchlauf von Kundenaufträgen durch ein ERP-System

▶ **Inner- und zwischenbetriebliche Koordination des Datenflusses**   Die Koordination aller betrieblichen Teilfunktionen durch deren computerunterstützte Integration des Datenflusses wurde schon unter verschiedenen Bezeichnungen versucht: Produktionsplanung und Steuerung (PPS), Computer Integrated Manufacturing (CIM), Enterprise Resource Planning (ERP) und Manufacturing Execution System (MES). Daneben haben sich Namen etabliert für Teilfunktionen, wie Computer Aided Design (CAD) und Computerized Numerical Control (CNC) für die Maschinensteuerung.

Eine solche integrierte Fertigungsauftragseinplanung und Materialverwaltung innerhalb aller miteinander in Lieferbeziehung stehenden Unternehmen ist Voraussetzung für den Betrieb eines Supply Networks, das bei Anfrage eines Kunden auch sofort über alle betroffenen Produktionsbereiche der Zulieferanten untersucht, ob die fristgerechte Lieferfähigkeit für alle Teile gegeben ist.

Verständnisfrage zu 3.0.0

* Warum ist die Datenintegration in ERP-Systemen bei den Planungsaufgaben der Produktion so wichtig, und wie wird diese Integration heute angestrebt?

3.0.1 Manufacturing Execution Systems (MES)

Als Manufacturing Execution System (MES) wird die prozessnah operierende Ebene eines mehrschichtigen Fertigungsmanagementsystems bezeichnet. Oft wird der deutsche Begriff Produktionsleitsystem auch synonym verwendet. Das MES zeichnet sich gegenüber den verwandten Systemen zur Produktionsplanung, den ERP-Systemen, durch die direkte Anbindung an die verteilten Einrichtungen der Prozessautomatisierung aus und ermöglicht die Führung, Lenkung, Steuerung oder Kontrolle der Produktion in Echtzeit. Dazu gehören klassische Erfassungs- und Aufbereitungsaufgaben wie Betriebsdatenerfassung (BDE), Maschinendatenerfassung (MDE) und Personaldatenerfassung, aber auch alle anderen Funktionen, die eine zeitnahe Auswirkung auf den Fertigungs-/Produktionsprozess haben.

Der Begriff MES bezieht sich in der Regel auf ein mehrschichtiges Gesamtsystem, das neben den betriebswirtschaftlich berichtenden und die Produktion planenden Aufgaben des ERP im Unternehmen den eigentlichen Fertigungs- bzw. Produktionsprozess in der Fertigungs- bzw. Automatisierungsebene abdeckt. Insbesondere dient das MES der fortlaufend steuernden Durchsetzung (engl. execution) einer bestehenden und gültigen Planung und der Rückmeldung aus dem Prozess.

Manufacturing Execution Systeme liefern Informationen, die es ermögli-chen, die Produktion von der Beauftragung bis hin zum fertigen Produkt zu steuern. Ein MES initiiert Abläufe und Maßnahmen, führt diese aus, reagiert auf Vorgänge in der Fertigung und berichtet über diese, sobald sie auftreten. Dafür verwendet es aktuelle Daten aus der Produktion. Die daraus folgende schnelle Reaktion auf sich ändernde Situationen, verbunden mit dem Fokus auf die Reduzierung von nicht wertschöpfenden Aktivitäten führt zu besseren Unternehmensabläufen und Prozessen. Ein MES liefert unternehmenskritische Informationen über Produktionsabläufe des gesamten Unternehmens und ent-lang der Wertschöpfungskette via bidirektionaler Kommunikation.

▶ **Kernidee** Die Aufgabe von MES ist die Bereitstellung einer reaktions-schnellen, integrierten Informationsverarbeitung im Produktionsbereich, die mit einem Abbau von Insellösungen einhergeht. Daraus resultieren zwei Vor-teile: Reduzierung des Aufwands für Datenerfassung und Suche sowie Erhö-hung des Nutzens für den Produzenten und seine Kunden.

MES soll die Produktion durch konsequente Ausnutzung der Informa-tionstechnologie befähigen, so schnell und zielgerichtet auf unerwartete Ereig-nisse zu reagieren, dass ursprünglich zugesagte Termine eingehalten werden können. Dabei sind interne Probleme, wie Maschinenstörungen und Perso-nalausfall, von externen Ereignissen, wie Fehlteile und vor allem kurzfristige Auftragsänderungen zu unterscheiden. Informationen werden in Echtzeit be-reitgestellt und ermöglichen dadurch eine realistische Planung.

▶ **Horizontale und vertikale Integration** MES ermöglichen der Ferti-gungsleitebene die vertikale und horizontale Integration zwischen der Maschi-nensteuerung und den Systemen der Unternehmensleitebene. (Abb. 3-2)

MES sind in der betrieblichen IT-Landschaft horizontal eingegrenzt von der Produktentwicklung, dem Product Lifecycle Management (PLM), Simu-lationssystemen der digitalen Fabrik, dem Supply Chain Management (SCM), der internen und externen Logistik sowie den Qualitätsmanagementsystemen und auch Advanced Planning and Scheduling (APS) Lösungen. Ein MES greift auf die Daten der Produktentwicklung zurück und liefert Daten an die genann-ten angrenzenden Bereiche respektive Systeme. Abbildung 3.2 ordnet die Sys-temklasse unabhängig von der funktionalen Ausprägung einiger mit Schlag-worten versehener wirtschaftlicher Softwaresysteme ein. [TAKE2012]

Management Information System Strategische Entscheidungen	MIS
Enterprise Resource Planning Integrierende Gesamtplanung	ERP
Manufacturing Execution System Integrierende Gesamtplanung	MES
Synchronous Production System Fertigungsabwicklung	SPS

Abbildung 3-2: Ebenen und Aufgaben der etriebswirtschaftlichen Anwendungssysteme

3.1 Rahmenbedingungen für den Einsatz betriebswirtschaftlicher Software

In diesem Abschnitt werden die Rahmenbedingungen skizziert, die sich immer wieder den Plänen entgegenstemmen, die eine Umstellung auf eine integrierte Informationsverarbeitung anstreben. In Kapitel 10 werden die Herausforderungen bei der Entwicklung von Software detaillierter vorgestellt.

3.1.0 Intrinsische Widerstände gegen Ablaufänderungen

Es „menschelt". Der wesentlichste Hemmfaktor gegen eine ideale, alle Abläufe unterstützende Informationsverarbeitungslösung ist der Mensch selbst. Die homines sapientes wollen im Grunde keine Änderungen bei gewohnten Abläufen. Für viele Aufgaben gewöhnt man sich ein schematisches Vorgehen an, über das nicht mehr nachgedacht wird. Jeder Vorschlag, hier Änderungen vorzunehmen, erscheint uns zunächst absurd. Beobachten Sie selbst, wie Sie die Schuhe anziehen, die Zähne putzen, essen oder laufen. Das tägliche Zubinden der Schnürsenkel und das Auf- und Zudrehen der Zahnpasta vergeudet über die Jahre enorm viel Zeit. Das könnte man auch anders machen (z.B. Slipper), aber nur wenn bei anderen Personen Verhaltensmuster entdeckt werden, die unbewusst und überraschend gefallen, wird das als „angesagt" bezeichnet und nachgeahmt. Dabei wird weniger nachgedacht, als vielmehr nachgemacht, insbesondere wenn es sich um „anerkannte" Personen handelt, die so zum Vorbild genommen werden. Dies ist alles relativ einfach aus der Entwicklungsgeschichte der Menschen ableitbar, aber es ist trotzdem enttäuschend, dass das Gehirn seine im Vergleich zu anderen Lebewesen unbestritten ganz hervorragenden Eigenschaften so wenig zur Anwendung bringt. Als Beispiele dafür können das Rauchen, das Trinken, das Händeschütteln etc. genannt werden.

Der Mensch wird sein Verhalten nicht bereitwillig ändern, nur weil es ein Computerprogramm so will! Er wird es nur ändern, wenn er das Gefühl hat, es ist „cool", eine Arbeitsaufgabe mit einem neuen Werkzeug so auszuführen, dass der Ablauf besser wird und es zum Erhalt des Arbeitsplatzes beiträgt. Es ist nicht zuletzt die Aufgabe der Wirtschaftsinformatiker, das den Menschen klarzumachen und sie zu überzeugen.

3.1.1 Extrinsische Gründe gegen einheitliche Software

▶ **Paradigmenwechsel** Betriebswirtschaftliche Software hat schon viele Wechsel erlebt. Dazu gehören die Übergänge auf neue Programmiersprachen und die Formen der Programmstrukturierung. In den letzten 20 Jahren sind es jedoch zwei für die unmittelbare Zukunft besonders bemerkenswerte Veränderungen. So ergab sich am Anfang der 90er-Jahre ein eindeutiger Umschwung zu Gesamtlösungen im Sinne des ERP aus möglichst einer Hand (vgl. Kapitel 3.0.0). Man wollte die leidvollen Erfahrungen hinter sich lassen mit den gegenseitigen Schuldzuweisungen der Softwarelieferanten und Programmierer, die wie viele Köche den breiten Einsatz von integrierten Lösungen verdorben hatten. Große Softwarehäuser, allen voran die SAP AG, boten die Möglichkeit, fast alle Aktivitäten von Unternehmen über das gleiche System abzuwickeln. Seit den späten 90ern bis heute sogar mit Softwarewerkzeugen, die auf betriebswirtschaftlich „intelligenter" Basis die verbleibenden Schwachstellen und Fehler aufdecken helfen. Trotzdem wenden sich sowohl die ganz großen als auch die kleineren Anwendungsunternehmen von diesen Lösungen wieder ab. Aus verschiedenen Gründen und mit unterschiedlichen Konsequenzen sehen sich diese Anwender ziemlich hilflos der außerordentlichen Machtposition der großen Anbieter ausgeliefert, die jedoch allein im Stande wären, aus ihren Lösungen weitgehend komplette Anwendungssysteme für ihre Kunden zusammenzustellen. Sehenden Auges nehmen die Kunden der Softwareoligopolisten die Nachteile in Kauf, die mit einer Verknüpfung der Lösungen verschiedener Softwarehäuser einhergehen, nur um ihre vermeintliche Unabhängigkeit zu wahren. Tatsächlich machen sie sich aber noch direkter abhängig von ihren Systemberatern und Programmentwicklern. Die Budgets für große Systeme werden eingefroren, während versucht wird, über aufwendige Zwischenschichten zum Austausch von Daten unter den verschiedenen Anwendungsbereichen mehrerer Softwarelieferanten integrative Abläufe sicherzustellen. Es kann sehr gut sein, dass die Ära zentraler monolithischer Lösungen schon vorbeigeht, bevor sie auf ihrem Höhepunkt angekommen ist. Folglich muss eine betriebswirtschaftlich „intelligente" Zwischenschicht entwickelt werden, die den speziellen Aufgabenlösungen (Modulen) die Zusammenarbeit ermöglicht, diese aber auch gleichzeitig mit einem Regelwerk beaufsichtigt.

Warum fällt es vielen Menschen in Unternehmen so schwer sich mit neuen Softwarelösungen „anzufreunden"?

Was Sie in diesem Kapitel gelernt haben:

Die durch betriebswirtschaftliche Software ermöglichte Datenintegration hilft, Informationen im Rahmen der Ablauforganisation dort zugänglich zu machen, wo sie benötigt werden. Mit der als Enterprise Resource Planning (ERP) bezeichneten integrierten Unternehmenssoftware gelingt es Unternehmen, die eigenen Prozesse effizienter zu gestalten. Die heute als Standardsoftware verfügbaren Lösungen bieten hierzu viele Gestaltungsalternativen, deren Einführung jedoch leider auf Widerstände in den Unternehmen trifft.

Literatur

HAMM1996   Hammer, M., Champy, J.; Business Reengineering. Die Radikalkur für das Unternehmen, Frankfurt/New York 1996

THOM1996   Thome, R.; Hufgard, A: Continuous System Engineering. Entdeckung der Standardsoftware als Organisator. Würzburg 1996

TAKE2012   Takeda, H.: Das synchrone Produktionssystem: Just-in-time für das ganze Unternehmen, Vahlen 2102

4 Integrierte Verwaltung von physischen Objekten am Beispiel des digitalen Warenmanagements

Woher weiß der Supermarktbetreiber, wie viel er heute bestellen muss, damit der Bestand morgen reicht?

Haben Sie sich noch nie darüber gewundert, dass in den Regalen der großen Supermärkte und Kaufhäuser meist genügend, aber auch nicht viel zu viele Exemplare der verschiedenen Waren ausliegen?

Schon der alltägliche Gang zum Einkaufen konfrontiert uns mit den wesentlichen Strukturen der Anwendung von Informationsverarbeitungssystemen. Neben dem Umschlag von Waren, die für uns in fast immer ausreichender Anzahl in den Regalen bereitgestellt werden, gibt es auch noch einen Kreislauf von Informationen. Die teilen, ausgehend von der jeweils vorhandenen Menge und der bereits verkauften Stückzahl, den Lieferanten mit, wann und wie viel sie, von welcher Ware liefern müssen. Den Supermarktleitern zeigen sie die Produkte auf, mit denen mehr Geld zu verdienen ist, und weisen alle Bezeichnungen, Lagerorte, Verfallsdaten, Preise und Herkunftsangaben des Sortiments aus. Den Kunden bieten sie eine Übersicht, für was und wie viel Geld sie ausgegeben haben.

Ist das Kassieren in einem Supermarkt nicht furchtbar eintönig und langweilig? Immer die Ware vom Band nehmen, über das Scannerfenster schieben bis es piept und dann ins Ausgabefach ablegen. Kaum jemand hat Zeit und fängt ein Gespräch an, allenfalls beim Bezahlen werden Worte gewechselt, um sich über die Stückelung des Kleingeldes abzustimmen. Abgerechnet werden an einer Kasse etwa 1.000 Euro pro Stunde; die entsprechenden Personalkosten liegen bei knapp 20 Euro. Wenn es gelänge, künftig auch das Kassieren zu automatisieren, könnten die Waren um etwa 2 % billiger angeboten, oder das Betriebsergebnis entsprechend verbessert werden.

Weltweit gesehen, haben wir extrem unausgeglichene Verhältnisse in der Versorgung. Während in einigen Ländern das Angebot an Waren – insbesondere Lebensmittel – übermäßig groß ist, hungern viele Menschen in anderen Regionen. Ein gezielter Ausgleich der Bedarfe durch eine bessere Informationsbasis könnte allen Beteiligten helfen.

Alle überflüssigen oder falschen Lieferungen bedeuten ein mehrfaches Vergeuden von Ressourcen (die Waren selbst, ihr aufwendiger Transport, ihre kostspielige Lagerung und die teure Arbeitskraft zunächst für die Beschaffung und dann für deren Korrektur), was wir uns auch ökologisch nicht leisten sollten. Schon wenige aktuelle Informationen, die fast ohne Energieeinsatz überall bereitgestellt werden können, würden diese Fehler ausmerzen.

BEGRIFFE, die in diesem Kapitel erläutert werden: Warenwirtschaft als geschlossenes System, Identifikation, Klassifikation, Artikelnummer, Barcode, EAN, RFID.

4.0 Software für die Warenwirtschaft

Warenwirtschaft ist die physische Beschaffung, Lagerung und Weitergabe von Waren, die administrative Abwicklung der damit verbundenen Geschäftsvorgänge und die dispositive Entscheidung über die Auswahl und das Volumen der gehandelten Waren in Abhängigkeit von der Beobachtung der aktuellen und vergangenen Warenströme und ihrer Beiträge zum Betriebsergebnis.

Warenwirtschaftssysteme dienen, analog zu den ERP-Systemen in Produktionsunternehmen, der Integration aller Informationsströme in einem Handelsunternehmen (unabhängig von der Handelsstufe), der artikelbezogenen Materialbewirtschaftung, der exakten Erfassung aller Warenbewegungen, der korrekten Abrechnung und der Analyse des Käuferverhaltens. Für Handelsbetriebe mit einem breiten Warensortiment empfiehlt sich der Einsatz maschineller Warenwirtschaftssysteme. Diese können ohne Zeitverzug den jeweiligen Warenbestand anzeigen, auf anstehende Nachbestellungen hinweisen, die Umsätze nach Abteilungen, Uhrzeiten, Tagen ausweisen und bei Kunden mit entsprechenden Kundenkarten die gekauften Waren auch über längere Zeiträume verfolgen. Sie sind ein strategisches Instrument, das den damit ausgestatteten Händlern gegenüber ihren konventionell vorgehenden Konkurrenten deutliche Vorteile verschafft.

Empowerment (Rosabeth Kanter 1989)

Bei diesem Ansatz zur Verstärkung der Funktionen von Mitarbeitern geht es nur vordergründig um die Verteilung von Macht und Verantwortung; eigentlich wird die Verbesserung der Gesamtleistung des Unternehmens durch die Stärkung der Entscheidungskompetenz aller Beteiligten angestrebt. In Verbindung mit den Methoden Dezentralisierung und Partizipation wird die Eigenständigkeit der Mitarbeitertätigkeit gefördert und als Quelle für den Unternehmenserfolg genutzt.

Eine solche Verteilung von Funktionen braucht in den meisten Fällen ein wirkungsvolles Instrument zur Koordination, um die Vorteile der gemeinsamen Möglichkeiten eines Unternehmens zu nutzen. Dazu kann die Informationsverarbeitung Unterstützung in der automatischen Auflösung von Aufträgen für die verschiedenen Unternehmensbereiche, in der Abstimmung der Produktionsergebnisse, in der Zusammenführung der betriebswirtschaftlichen Daten und bei der Abarbeitung von Vorgängen bieten, die über verschiedene Bereiche des Unternehmens laufen müssen. [KANT1989]

Wird der Durchfluss aller Waren vom Wareneingang über die Verkaufsregale bis hin zur Kasse beobachtet und aus der Eingangs- und Abgangszählung aller einzelnen Artikel eine Durchflussrechnung aufgestellt, dann handelt es sich um ein integriertes Warenwirtschaftssystem. Auf Grund der exakten Führung aller Strom- und Bestandsgrößen der einzelnen Artikel ist es damit möglich, alle gewünschten Auswertungen über den Warendurchsatz abzuleiten.

▶ **Konzentration im Handel** Die Entwicklung zu großen Supermärkten wird nicht von der Informationsverarbeitung forciert, sondern von den logistischen Rahmenbedingungen der Anlieferung und von den Konsumentenwünschen. Die Vertriebs- und Verkaufspolitik eines Handelsbetriebs stellen besonders hohe Anforderungen an die Informationsgewinnung und -aufbereitung, um den Ertrag des Unternehmens zu sichern (vgl. Abb. 4-1). Es ist vor diesem Hintergrund kein Wunder, dass Handelsexperten mit Aussagen wie „Information schlägt Ware" [TIET1993, S. 48] die Bedeutung des Informationsmanagements unterstreichen. Wegen des in der Regel kurzfristigen Güterumschlags der verderblichen Waren kann davon ausgegangen werden, dass gerade im Lebensmittelbereich zwischen den Möglichkeiten und Fortschritten des jeweiligen betriebswirtschaftlichen Informationssystems und der Wettbewerbsfähigkeit des einzelnen Handelsbetriebes eine direkte Beziehung besteht. Es ist deshalb von entscheidender Bedeutung, leistungsfähige Informationssysteme in allen Handelsstufen einzusetzen, um die Produktivität durch aktuelle und präzise Informationen ausschöpfen zu können.

Im Sinne einer artikelgenauen Umsatzverfolgung muss eine Vielzahl aktueller Angaben laufend erfasst und fortgeschrieben werden. Folgende Entwicklungen können die Rentabilität der Handelsbetriebe verbessern:

Vorteile der integrierten Warenwirtschaft:

- Verkürzung der Durchlaufzeit von Aufträgen (Großhandel),
- Verminderung der Beschaffungszeit (Einzelhandel),
- Steigerung der Lieferbereitschaft,
- Abbau von Lagerbeständen,
- Reduktion von Kommissionierfehlern (Großhandel),
- Verringerung der Inventurdifferenzen,
- Entlastung der Mitarbeiter von administrativen Aufgaben,
- Verbesserung des Verhältnisses von Warenlager zu -umschlag,
- Sortimentssteuerung und Sortimentsverbund,
- Deckungsbeitrags- und Spannenerhöhung,
- Wirkungsanalysen für Preis-, Angebots- und Werbeaktionen,
- Zeitreihenanalysen und
- Reaktionsfähigkeit auf Konkurrenzverhalten.

▶ **Objekt-Identifikation**   Wesentliche Voraussetzung für die kostensparende Installation von Warenwirtschaftssystemen im Einzelhandel war die Änderung der Preisauszeichnungsvorschriften mit der Erlaubnis der Regalauszeichnung. Seitdem muss nicht mehr jedes Warenstück einzeln mit einem Etikett versehen werden, sondern der Kunde liest von einem Regalschild den Einzelpreis der zugehörigen Waren ab. Damit wird der Informationskreislauf (Abb. 4-1) vereinfacht. Die Kasse identifiziert die Ware und holt dazu aus ihrem Speicher den Preis zur monetären Abrechnung. Sie verbucht auch die verkaufte Stückzahl zur Verwaltung des Lagerbestands und der Nachbestellungen.

Warenwirtschaftssysteme haben folgende Aufgaben:

- Vollständige Erfassung der Bewegungsdaten aller Artikel im Sinne von Aufträgen, Bestellungen, Wareneingängen, Warenausgängen, Retouren und Gutschriften,
- Kontrolle der Warenbewegungsdaten über Bestandsprüfungen und Erfassung von Beschädigungen, verdorbenen Artikeln und Umlagerungen sowie

- Regelung des Warenbestands zum Erreichen der angestrebten Ziele (Führungsgrößen) wie Lieferfähigkeit, Umsatz bzw. Deckungsbeitrag.

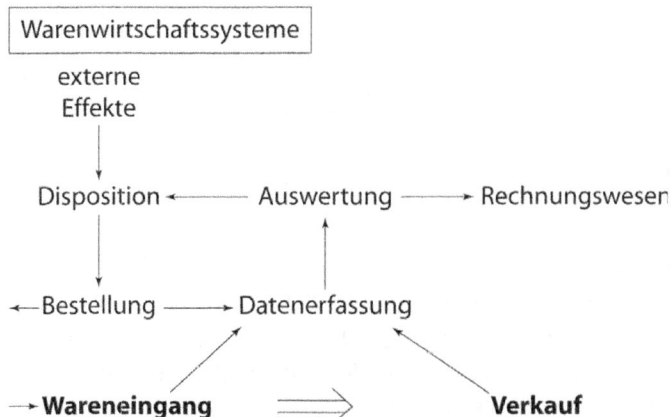

Abbildung 4-1: Informationskreislauf im geschlossenen Warenwirtschaftssystem durch die Identifikation der Waren an der Kasse

Maschinell unterstützte Warenwirtschaftssysteme mit automatisierter Erfassung der Warenein- und -abgänge erlauben im Gegensatz zu früheren Konzepten die artikelgenaue Verfolgung der Warenströme. Durch verschiedene organisatorische Maßnahmen (Zuordnung von Verkaufsregalen zu bestimmten Kassen, Eintasten von Warengruppennummern zusätzlich zum Preis, Auszählen von speziellen Warenetiketten) konnten früher auch schon warengruppengenaue Bewegungsdaten ermittelt werden. Aber nur die artikelspezifische Fortschreibung der Bestände und der Umschlagszahlen lässt eine maschinelle Disposition zu, die nicht zuletzt aufgrund der Artikelanzahl moderner Lebensmittelmärkte und des hohen Kostendrucks notwendig geworden ist.

Die Zahl der Lebensmittel-Einzelhandelsgeschäfte ist in den letzten Jahren fast kontinuierlich zurückgegangen. Bei einem insgesamt stagnierenden Umsatz wächst der Anteil der großen Supermärkte. Gleichzeitig sind Kostensteigerungen zu tragen. Die Gewinne sind rückläufig. Die Sortimentsvielfalt wächst durch Änderung der Konsumentenwünsche und eine verstärkte Produktinnovation bei den Herstellern. Die Verkaufsflächen müssen zumindest in den Großmärkten daher laufend erweitert werden, so dass die Flächenproduktivität sinkt (vgl. Abbildung 4-2).

Nicht zuletzt diese sich verschlechternden Bedingungen führen dazu, dass der Handel versucht, an vielen Stellen mit neuen Rationalisierungsmaßnahmen seine Kosten strukturell zu senken: Einführung von Eigenmarken zur verti-

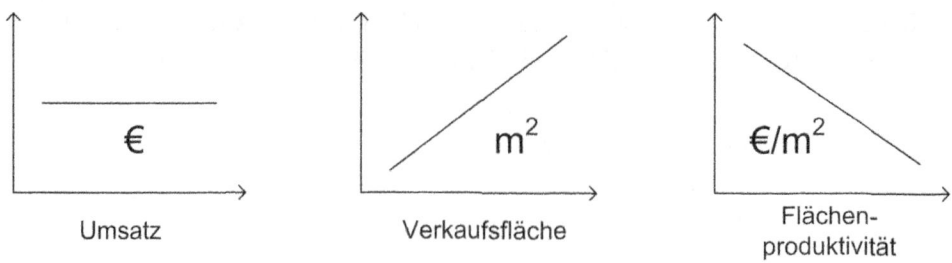

Abbildung 4-2: Dilemma im deutschen Einzelhandel

kalen Wertschöpfungskettenintegration, Normierung von logistischen Verpackungseinheiten oder Beschleunigung des Kassiervorgangs durch die Abschaffung oder Verkürzung der Schütte sind nur einige zu nennende Beispiele. In einigen Supermarkt- und Fachmarktketten (z. B. Extra, EDEKA, oder IKEA) wird bereits mit Kassensystemen (Check-Out-Counter) gearbeitet, bei denen die Kunden ihre Waren selbst scannen. Die Kontrolle wird dabei über ein Wiegesystem oder Kassenaufsichten für mehrere Self-Scanning-Kassen erreicht. Zwei getrennte Einkaufswagen (einer vor, einer hinter der Kasse) ermöglichen die Kontrolle des Gesamtgewichts, eine Waage in der Scannerstation registriert die Einzelgewichte der Waren. Aus den damit möglichen Kontrollrechnungen ergibt sich eine hohe Sicherheit, dass keine Waren unberechnet mitgenommen werden können. Grundvoraussetzung hierfür ist aber, dass die Ware elektronisch erfasst werden kann, was derzeit nur mit der Scantechnologie auf Basis von EAN-Barcodes möglich ist. Es steht zu erwarten, dass künftig der Lesevorgang auch von einem berührungslosen RFID-System (vgl. 4.1.2) übernommen werden kann. Die verschiedenen Typen der Warenidentifikation werden nachfolgend beschrieben.

Verständnisfrage zu 4.0:

- In welchen konkreten Anwendungsbereichen kommen Warenwirtschaftssysteme zum Einsatz?

4.1 Warenidentifikation

4.1.0 Notwendigkeit zur eindeutigen Identifikation

Daten oder Informationen, die eine Person, einen Gegenstand, Vorgang oder Sachverhalt näher beschreiben, müssen diesem „Objekt" eindeutig zugeordnet werden. Dies geschieht durch Identifikationsnummern, wie z. B. die Personalausweis- oder die Autonummer; sie werden jeweils nur ein einziges Mal vergeben und identifizieren eindeutig das Objekt, dem sie zugeordnet sind (Schlüssel). Wird eine ganze Gruppe von Objekten näher charakterisiert, die in Bezug auf die Beschreibung weitgehend gleich sind, dann kommt eine Klassifikationsnummer zum Einsatz. So bezeichnen und beschreiben die Artikelnummern im Supermarkt durch ihre Klassenzugehörigkeit jeweils alle Artikel, die diese Nummer tragen. Die Beispiele zeigen auch, dass Identifikations- und Klassifikationsnummern häufig miteinander verbunden werden. So hat die Autonummer einen klassifizierenden Teil, der das Land und die Gemeinde beschreibt, und einen identifizierenden, der das einzelne Fahrzeug innerhalb der bereits bestimmten Klasse eindeutig kennzeichnet.

Die dahinter stehende Idee der Identifikation eines Objekts (Ware, Maschine oder Lebewesen) und des Abrufs aller zugehörigen Informationen aus einem speziellen Datenbestand ist so vorteilhaft, dass sie auch auf Personen ausgedehnt wird. Die JobCard, die Gesundheitskarte und der Personalausweis sind die am weitesten reichenden Formen einer solchen Verknüpfung von Subjekten und Informationen über eine Identifikationsnummer.

Verständnisfrage zu 4.1.0:

• Sind Hausnummern Identifikations- oder Klassifikationsnummern?

4.1.1 Warenidentifikation durch optische Verfahren

Informationsträger und -vermittler für die Beobachtung des Artikelflusses ist in vielen Bereichen die im folgenden beschriebene Global Trade Item Number (GTIN), die es ermöglicht, in Verbindung mit der Strichcodierung, alle Artikel einzeln ohne zusätzlichen Eintastaufwand zu erfassen. Es handelt sich dabei um ein sogenanntes optisches Verfahren. In Branchen, die (noch) nicht den GTIN-Code allgemein eingeführt haben, gibt es entweder entsprechende Nummernsysteme (z. B. International Standard Book Number (ISBN) im Buchhandel), oder die Unternehmen müssen ein eigenes System zur Identifikation der Artikel entwickeln.

Zur eindeutigen Identifizierung von Artikelstammdaten und zur elektronischen Abrechnung ist insbesondere die GTIN eine wichtige Voraussetzung. Aus dem amerikanischen United Product Code (UPC) und der European Article Number (EAN) wurde in den vergangenen Jahren die GTIN als eine global gültige Identifikationsnummer entwickelt. Sie tritt in verschiedenen Versionen mit 8 bis 14 Stellen auf. Diese Varianten sind notwendig, um einerseits die regionalen Vorgängersysteme einzubeziehen, Gebindegrößen für die zwischenbetrieblichen Abrechnungen zu benennen, Zusatzinformationen (z. B. Haltbarkeit) zu geben und andererseits für kleine Produktabmessungen kürzere Nummern verwenden zu können.

Unter www.gepri.de können weitere Erklärungen und auch die Adressen der Lieferunternehmen gefunden werden. Die Homepage der deutschen Organisation für die Artikelnummerierung ist unter www.gs1-germany.de zu finden.

Heute ist bei vielen Waren ein Vertrieb über den Einzelhandel nur mit der maschinenlesbaren Codierung möglich, denn der will die damit verbundenen Vorteile nutzen. Dafür hat sich die GTIN durchgesetzt. Früher wurde im Textileinzelhandel mit einem ungünstigen Nummernsystem operiert, das neben einer Artikelnummer auch Preis- und Größenmerkmale umfasste, wodurch die Nummern insgesamt sehr lang und fehlerträchtig waren. Auch dort hat sich mittlerweile das Konzept der eindeutigen Identifikation durch eine Nummer mit dem Abruf der zugehörigen Artikelinformationen aus einem maschinell geführten Datenbestand durchgesetzt.

Zur Vermeidung von Fehlern und zur Beschleunigung des Ablaufs werden heute generell die bekannten Etiketten mit den vielen Strichen maschinell erfasst. Diese sogenannten Balkencodierungen der GTIN werden maschinell abgetastet (gescannt) und in die entsprechende Ziffernfolge umgewandelt. Die grundlegende Bedeutung des effizienten Kassierens zeigt das Beispiel Wal-Mart. In den Läden werden weltweit etwa 65 Millionen Scanvorgänge wöchentlich durch die Kassierkräfte abgewickelt. Jede pro Vorgang an den Kassen durch effiziente Scanning-Technologie eingesparte Sekunde summiert sich im Laufe der Woche auf rund 18.000 Stunden. Laut Untersuchungen des EHI Retail Instituts liegt die durchschnittliche Scangeschwindigkeit des EAN-Barcodes zwischen 2,2 und 2,6 Sekunden pro Artikel. Aufgrund der Abwicklungszeiten für die Abrechnung und das Wareneinpacken benötigt der Kassierprozess bei drei Artikeln etwa 33 Sekunden, bei 25 Artikeln jedoch unterproportional wachsend 83 Sekunden. Damit liegt bei der typischen Warenkorbgröße von 15 bis 20 Artikeln die Abwicklung des Kunden bei etwa 60 Sekunden. Mit der Abschaffung der Schütte, in den die Ware zunächst gelangte, bevor der Kunde sie in Ruhe einpackte, hat der Discount den Kunden zusätzlich dazu erzogen, die Ware schnell im Einkaufswagen zu verstauen, so dass der Kassiervorgang in Verbindung mit einer schnellen Artikelerfassung insgesamt beschleunigt wird.

Auf Grund der Warenart und der Verkaufsabwicklung kommt es insbesondere im Lebensmittelbereich zu folgenden Leseschwierigkeiten des Balken-Codes:

- Lesefenster des Scanners verschmutzt durch Gemüse und andere Frischwaren,
- Wassertröpfchen auf den Barcode-Feldern durch Kondensationsbildung, insbesondere bei Tiefkühlkost,
- Molkereiprodukte mit Strichcodes auf dem Aluminiumdeckel mit darüber gestülpter Plastikabdeckung (Spiegelungen) und
- verknitterte Tüten und Pappschachteln.

Zwar können die Etiketten durch mehrfaches Lesen häufig doch identifiziert werden, aber es besteht dabei die Gefahr, dass bei schnellen Wiederholungen eine Nummer zweimal richtig gelesen wird, ohne dass es die Bedienungskraft erkennt. Ein solcher Artikel wird dann folglich auch zweimal verbucht und verrechnet.

Bei Multi-Packs ist darauf zu achten, dass alle auf den einzelnen Verbrauchereinheiten angebrachten GTIN-Barcodes unsichtbar sind, damit nicht die GTIN einer Verbrauchereinheit anstelle der GTIN des Multi-Packs gelesen wird. Dies kann durch eine entsprechende Positionierung der Verbrauchereinheiten innerhalb des in der Regel in Klarsichtfolie eingeschweißten Multi-Packs erfolgen. Beispielsweise ist in Abbildung 4-3 eine falsche Verpackungsform dargestellt, da die Barcodes für die Einzelpäckchen durch die Klarsichtfolie des 3er-Packs gelesen werden können und das 3er-Pack damit beim Einscannen als Einheit gar nicht erkannt wird.

Bei Verpackungseinheiten mit gewölbten bzw. gebogenen Oberflächen muss der Vergrößerungseffekt der Wölbung beachtet werden, wenn sie über Scanner mit Lesefenster identifiziert werden sollen.

Abbildung 4-3: Beispiel einer fehlerhaften Verpackungsform

Die Darstellung von GTIN-Artikelnummern erfolgt auf der Basis von Strich- bzw. Balkenkombinationen (vgl. Abb. 4-4). Ein Balkencode wird aus breiten und schmalen Strichen mit breiten und schmalen Zwischenräumen gebildet. Die Sequenz von Strichen und Zwischenräumen in Verbindung mit der Breite dieser Elemente beinhaltet die Information. Die Folge von Strichen und Zwischenräumen kann mit einer gewissen Toleranz gedruckt und vom Lesestift oder Abtastgerät (Scanner) auch mit einer gewissen Toleranz aufgenommen und in elektrische Signale umgesetzt werden. Da das Breitenverhältnis von Strichen und Lücken zwischen 1:2 und 1:3 liegt, wird eine große Ablesesicherheit erreicht. Darüber hinaus sind die meisten verwendeten Codierungen auch noch selbst überprüfbar, d. h. sie haben pro Zeichen eine konstante Zahl von breiten und schmalen Balken sowie breiten und schmalen Lücken. Schließlich wird in der Regel mit jedem Code noch eine zusätzliche Prüfziffer aufgebracht.

▶ **BAR-Codierung** Aus unterschiedlich breiten Balken (BAR) werden individuelle Muster erzeugt. Balkencodierungen können je nach Anwendungsfall und der vom Code bestimmten Drucktoleranz mit verschiedenen Verfahren hergestellt werden, wobei die klassischen Verfahren (Offset-, Buch- und Tiefdruck) für alle Balkencodierungen geeignet sind. Falls den zu identifizierenden Teilen oder Personen individuelle Codierungen zugeordnet werden sollen, sind über ein in der Druckmaschine eingebautes Nummerierwerk oder mit Hilfe klassischer Computerdruckverfahren (Tintenstrahl- und Laserdrucker) fortzählende Strichcodierungen erzeugbar. Da sich die Impulsfolge durch den Kontrast zwischen den Balken und dem Hintergrund ergibt, sind an die dafür verwendeten Farben in Verbindung mit der Farbe des abtastenden Lichtstrahls entsprechende Anforderungen zu stellen (vgl. Abb. 4-5). Die exakten Spezifikationen werden von den Anbietern von Balkencodelesern zur Verfügung gestellt.

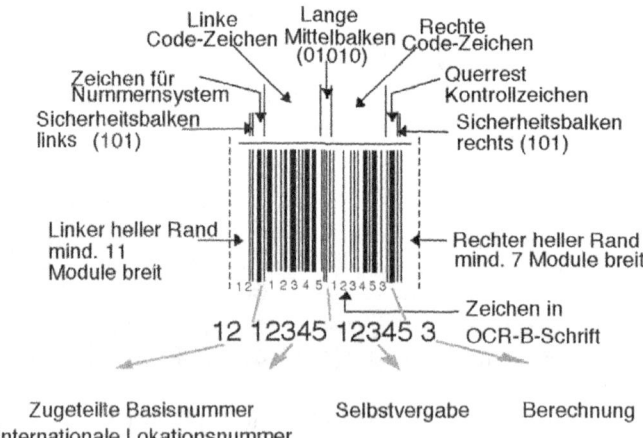

Abbildung 4-4: Balkendarstellung der EAN

Balken als Zeichen, die Sprache der Scanner

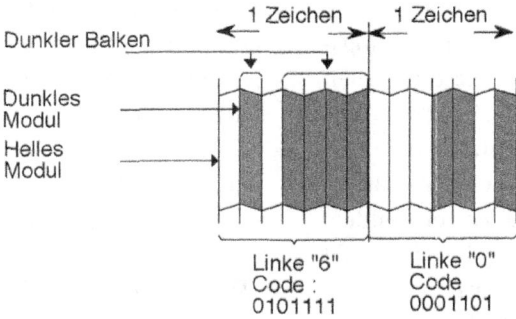

Abbildung 4-5: Darstellung der einzelnen Zeichen durch helle und dunkle Module

▶ **GTIN-Codierung** Wegen der enormen Verbreitung der maschinell lesbaren Artikelnummerierung mit der 13-stelligen Version der GTIN als Balkencode wird der dabei verwendete Aufbau hier näher beschrieben. Er kann ausschließlich die 10 Ziffern darstellen. Jede Ziffer wird aus sieben Strich-Modulen gebildet, zwischen denen ein zweifacher Wechsel von dunklen bzw. hellen Elementen erfolgt. Sowohl die Balken als auch die Zwischenräume tragen Informationen. Auf Grund der Spezifikation der GTIN können 8 (Kurzform), 12, 13 oder 14 Zeichen dargestellt werden. Der Balkencode bietet eine hohe Informationsdichte, fordert dafür jedoch eine gute Druckqualität. Diese kann in der Regel erreicht werden, weil der Strichcode sinnvollerweise im Layout der Packung enthalten sein sollte und damit direkt im Herstellungsprozess der Verpackung mitgedruckt wird.

Es gibt verschiedene Formen von Balkencodierungen. Eine davon ist die beschriebene GTIN. Die anderen Codierungen haben für unterschiedliche Verwendungszwecke jeweils eine besondere Eignung. Sie können zum Teil auch

Buchstaben repräsentieren, werden hier aber nicht näher behandelt.

Der Barcode wird in der Regel um eine Klarschriftzeile ergänzt. Diese Zeichenfolge dient hier jedoch nicht der maschinellen Erkennung. Nur falls eine Strichfolge aus welchen Gründen auch immer (Verschmutzung, Beschädigung, Ausfall des Lesegerätes) nicht maschinell gelesen werden kann, soll mit Hilfe der visuell lesbaren Schriftzeile eine Tastatureingabe ermöglicht werden. Der GTIN-Barcode ist in der Normalversion ca. 10 cm2 und in einer Kurzversion nur 6 cm2 groß. Die Ausgangsgröße, die stufenlos zwischen 80 % verkleinert und 200 % vergrößert werden kann, beträgt 37,3 mm Breite und 26,3 mm Höhe zwischen den Eckpunkten. Nur wenn der auf der Packung zur Verfügung stehende Platz zur Aufnahme des 13-stelligen Normalsymbols nicht ausreicht, kann mit der Kurzversion, dem GTIN-8-Symbol, gearbeitet werden. Die Notwendigkeit einer GTIN-8-Codierung ist vor der Beantragung der Betriebsnummer nachzuweisen, weil Kurznummern nur im begrenzten Umfang zur Verfügung stehen.

▶ **Prüfziffer** Durch die Prüfziffer wird eine fast hundertprozentige Lesesicherheit erreicht. Sie soll helfen, Erfassungsfehler zu vermeiden. Die Lesesicherheit des EAN-Barcodes liegt bei über 99 %. Die einfachste Form der Prüfziffernbildung besteht aus der Addition aller Ziffern, die zusammen den Zahlenwert bilden, der überprüft werden soll. Bei dem weit verbreiteten Prüfziffernkonzept Modulo-10, das auch bei der GTIN zum Einsatz kommt, werden die einzelnen Ziffern der zu prüfenden Zahl von rechts nach links abwechselnd mit den Werten 3 und 1 gewichtet. Die entstehenden Produkte werden zusammenaddiert. Die Differenz dieser Summe zur nächst größeren, ohne Rest durch 10 teilbaren Zahl ergibt die einstellige Prüfziffer. Ist die Differenz selbst 10, so wird als Prüfziffer die 0 verwendet.

▶ **Internationale Lokationsnummer**
- Bundeseinheitliche Kunden- und Lieferantennummern, die für verschiedene Identifikationszwecke genutzt werden können,
- Identifikationsmöglichkeit auch im Bereich des elektronischen Geschäftsverkehrs eBusiness und
- Identifikation des Originalherstellers.

▶ **Vorteile der einheitlichen Artikelnummerierung**
- Maschinelle und visuelle Lesbarkeit,
- hohe Fehlersicherheit beim Lesevorgang,
- Wegfall der zeitaufwendigen und kostspieligen Warenetikettierung im Einzelhandel,
- Zeit- und Sicherheitsvorteile beim Kassiervorgang,

- artikelgenaue Verkaufsdatenerfassung,
- Verwendbarkeit auf mehreren Handelsstufen und unterschiedlichen Verpackungseinheiten (Einzelstück bzw. Palette) sowie
- Identifikationsmöglichkeit von Waren bei Produktionsbändern und Transportsteuerungseinrichtungen.

▶ **Probleme beim GTIN-Einsatz**
- Warenverpackung muss zur Einbindung der EAN umgestaltet werden.
- Kunde hat keine Einzelpreisübersicht auf dem Weg vom Regal zur Kasse.
- Warengruppenzuordnung aufgrund fehlender Hierarchisierung der Artikelnummern nicht möglich
- Nur als eindeutige Identifikationsnummer geeignet, ohne Dateneinträge in der Kasse keine bzw. geringe Aussagekraft
- Identifikation nur auf Produkt- jedoch nicht auf Einzelartikelebene (um z. B. das individuelle Mindesthaltbarkeitsdatum auszulesen oder die Rückverfolgbarkeit eines Einzelartikels zu gewährleisten)

Die Strichcodierung kann richtungs- und lageunabhängig auch während der Bewegung der Ware gelesen werden. Insbesondere die kugelschreiberförmigen Lesestifte sind jedoch empfindlich bezüglich einer Geschwindigkeitsänderung während des Lesevorgangs. Der Stift sollte vor dem Symbol auf der Ware aufgesetzt und in einer gleichmäßigen Bewegung über das gesamte Symbol hinweg durchgezogen werden. Da die Markierung durch den Frequenzwechsel zwischen Hell- und Dunkelmodulen identifiziert wird, die an der im Stift eingebauten Fotozelle vorbeilaufen, führt eine ungleichmäßige Bewegung zu Fehllesungen. Die Synchronisation erfolgt am Anfang, in der Mitte und am Ende des Balken-Symbols durch Standardmodule, deren Hell-/Dunkelwechsel bekannt ist.

▶ **2D-Codes** Neben den eindimensionalen Strichcodes haben sich so genannte 2D-Codes etabliert. In ihnen werden die Daten nicht nur mittels Strichen in einer Richtung codiert. Vielmehr wird über die Fläche eine zweite Dimension aufgespannt, um eine große Anzahl von Daten abbilden zu können. Es existieren zahlreiche Standards, von in mehreren Zeilen angeordneten eindimensionalen Strichcodes (PDF417, Codablock) über die kreisförmige Anordnung der Daten (ShotCode) oder der Etablierung weiterer Dimensionen über Farbverwendungen (High Capacity Color Barcode). Bekanntestes Beispiel ist der so genannte Quick-Response-Code (QR-Code), da viele Smartphones mittels Kamera und spezieller Software in der Lage sind, die kodierten Daten zu identifizieren. Er besteht aus schwarzen und weißen Punkten zur binären Darstellung codierter Daten. Als Ausrichtungshilfe sind in drei Ecken spezielle quadratische Markierungen vorgesehen. Im Code können je nach Code-Größe bis zu 4.000 alphanumerische Zeichen dargestellt werden.

▶ **QR-Code** Ursprünglich wurde der QR-Code für die Industrieproduktion bei Toyota entwickelt, um physische Produktteile und deren virtuelle Abbildung in der Unternehmenssoftware miteinander zu verknüpfen. Der QR-Code ist heute vor allem im Marketing weit verbreitet, um auf Postern oder in Anzeigen die kodierte Abbildung einer Unternehmens-Internetadresse anzeigen zu können. Auf diese Weise müssen die Daten für die Internetadresse nicht abgetippt werden, sondern können direkt mit dem Smartphone über das Erfassen des Barcodes aufgerufen werden. Auch beliebige andere Informationen lassen sich auf den 2D-Barcodes hinterlegen. Beispielsweise haben die Autoren des Buches ihre Lehrstuhladressdaten in der nachfolgenden Abbildung hinterlegt.

Abbildung 4-6: Beispiele für die Verwendung des QR-Codes: Adressdaten der Buch-Autoren

Verständnisfragen zu 4.1.1

- Wer legt die Artikel-Identifikationsnummer beim GTIN-Code fest?
- Wie wird Information im Strichcode dargestellt?

▶ **Zeichenerkennung** Wesentlich aufwendiger als die Stricherkennung ist die Abtastung und inhaltliche Interpretation von Zeichen. Dieses Lesen von gedruckten Buchstaben und Ziffern durch Maschinen wird als Klarschrifterkennung bezeichnet. Dazu werden matrixartige Reproduktionen der zu lesenden Zeichen in Form von Bildpunkten erfasst und dann mit einer gespeicherten Liste von Zeichenmustern verglichen. Das Muster, die das höchste Übereinstimmung zu dem Gelesenen zeigt, wird dann als Zeichen zugeordnet. Durch enorme Fortschritte in dieser Erkennungstechnik verschwinden die speziell für das optische Lesen entwickelten OCR-Schriften allmählich. Trotzdem kann von einem generellen Einsatz von Lesegeräten zur Zeichenerkennung nicht ausgegangen werden. Dies liegt vor allem am noch zu hohen Nachbearbeitungsaufwand. Während sich die Lesesicherheit bei guten Systemen auf zwischen 95 und 99 % richtig erkannten Zeichen eingependelt hat, liefert aber selbst eine 99%ige Lesekorrektheit noch immer 20 falsch erkannte Zeichen auf jeder durchschnittlich beschriebenen DIN A 4 Seite. Bei der manuellen Nachbereitung und Korrektur entsteht dann ein Aufwand, der das maschinelle Lesen insgesamt zu teuer macht. Durch die Verknüpfung mit Rechtschreibeprüfungssystemen kann jedoch hier in naher Zukunft eine weitere Verbesserung erreicht werden. Problematisch wird auch künftig die richtige Erkennung von Ziffern bleiben, da hier eine Rechtschreibprüfung nicht möglich ist.

Während die Preise für Großsysteme zur Schrifterkennung mit automatischem Einzug nach wie vor bei einigen hunderttausend Euro liegen, hat sich das Angebot für Seitenleser (Scanner) mit manuellem Einlegen in der Art von Fotokopiersystemen zum Anschluss an kleine Rechner in einer Höhe von wenigen 100 € eingependelt. Ein neuer Gerätetyp ist aus der Kombination von Fotokopierern und Scannern entstanden; er erlaubt die schnelle Übernahme von Vorlagen (z. B. Zeitungsausschnitte) in eine Darstellungsform (PDF-Format), die vom Computer gespeichert und angezeigt werden kann. Dies ermöglicht die Archivierung von Texten aber nicht deren Weiterverarbeitung, weil sie nur bildhaft gespeichert werden.

▶ **OCR-Schriften** Da die für das optische Lesen speziell entwickelten Schriften keine große Bedeutung mehr haben, weil die Zeichenerkennungssysteme auch übliche Schriften identifizieren können, werden hier nur die beiden bekanntesten OCR-Schriften wiedergegeben (vgl. Abb. 4-7), sie sind noch auf Bankbelegen zu finden.

▶ **Klarschriften** Das maschinelle Lesen von handgeschriebenen Buchstaben und Ziffern (Optical Character Recognition, OCR) ist sehr aufwendig und wird

ABCDEabcde12345
ABCDEabcde12345

Abbildung 4-7: OCR-A UND OCR-B Schriftbilder

fast nur bei Banken und der Post verwendet. Auch wenn hier gerade in den vergangenen Jahren enorme Fortschritte erzielt worden sind, kann noch nicht von einem wirklich wirtschaftlichen Einsatzspektrum ausgegangen werden.

Auch die besten Lösungen lesen und übersetzen noch zu langsam. Danach muss noch die Rechtschreibkorrektur erfolgen, da auch bei 99 % richtiger Zeichenerkennung noch mehr Fehler im Text verbleiben, als bei der Eingabe durch eine trainierte Person üblich. Die Vergleichsrechnung ergibt, dass das Arbeitstempo einer durchschnittlichen Schreibkraft heute noch höher liegt und deren Ergebnis in der Regel weniger fehlerbehaftet ist. Dies wird sich jedoch ändern.

Die Erkennung von handgeschriebenen Ziffern wird jedoch beim Lesen von Überweisungsträgern und Postleitzahlen praktiziert. Während bei den Überweisungsformularen Kästchen für die Eintragung der Ziffern vorgedruckt sind, müssen die Postleitzahlen auf dem Kuvert in einem aufwendigen Verfahren vom Lesegerät erst gefunden werden. Die erreichte Lesegeschwindigkeit liegt bei bis zu 160.000 Adressen pro Stunde. Die Post hat pro Tag etwa 43 Mio. Briefsendungen in ihren Verteilstellen zu sortieren, wovon sich nur ca. 30 Mio. für eine automatische Verarbeitung eignen.

Ein erfolgreicher anderer Anwendungsbereich liegt in der Umsetzung von geschriebenen Texten in Sprache, so dass Blinde die Texte „abhören" können, ohne dass sie eine Person zum Vorlesen benötigen.

4.1.2 Warenidentifikation durch elektromagnetische Verfahren

Die zuvor genannten Probleme im praktischen Einsatz mit Barcodes lassen sich durch die Verwendung von Drahtlostechnologien vermeiden. Die relativ junge Technologie RFID (Radio Frequency Identification Device) verspricht als elektromagnetisches Verfahren für den Handel zukünftig eine ungeahnte neue Datendimension. RFID ist eine Methode bzw. Chiptechnologie, bei der Daten berührungslos und ohne Sichtkontakte von einem Chip ausgelesen oder – je nach RFID-Typ – auf einem Chip gespeichert werden können. Der Transponder – auch RFID-Funkchip, -Label, -Tag oder Funk-Etikett genannt – besteht aus einem Chip sowie einer Antenne, die z. B. auf einem Klebeetikett aufgebracht sind (vgl. Abb. 4-8). Technisch werden die Signale vom Trans-

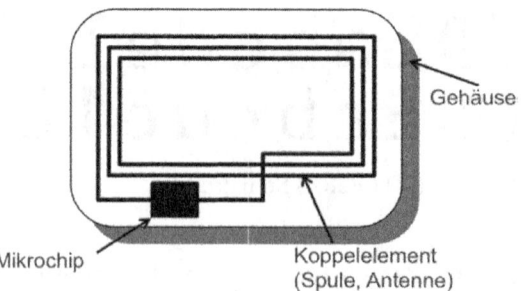

Abbildung 4-8: Bestandteile des RFID-Chips

ponder auf der Basis eines nur wenige Quadratmillimeter großen Chips per Funk an die zuständige Erfassungseinrichtung gesendet. Dazu stehen mehrere Funkfrequenzbänder zur Verfügung, die unterschiedlichen Aufwand bei der Herstellung und Anbringung der Transponder verursachen, aber umgekehrt auch unterschiedliche Sicherheit bei der Übertragung bieten sowie schließlich verschiedene Entfernungen überbrücken können.

Bei einigen RFID-Modellen ist es auch möglich, weitere Daten unterzubringen, die in der Supply Chain anfallen. Dabei werden aktive Transponder, die eine eigene Energiequelle zum Senden nutzen, und passive Transponder unterschieden, die quasi nur die vom Empfangsgerät übertragene Energie einsetzen.

▶ **Aktive RFID-Chips** sind kleine Sender, die, an eine Transporteinrichtung (LKW, Container, Schiff, Flugzeug) montiert, laufend deren Passage bzw. Standorte und/oder weitere Daten (Gewicht, Temperatur, Tempo, Inhalt, Gefährdung etc.) ausstrahlen. Deren Reichweite kann nach Bedarf auch auf viele Kilometer ausgedehnt werden. Ihr Einsatz lohnt nur für große, wertvolle Einrichtungen. Für Transportaufgaben wurden hierarchische Strukturen entwickelt, deren wichtigste Einheit beispielsweise einen Container mit seinen Daten beschreibt. Sie wird auch als „Mote " bezeichnet und kann den Reiseweg, die Verweilzeiten, den Temperaturverlauf und die Öffnungsvorgänge signalisieren. Ihr zugeordnet sind untergeordnete Motes (auch Minimotes genannt), die zum Beispiel die einzelnen Paletten beschreiben, so dass per Funkkontakt jeder Be- und Entladungsvorgang registriert wird.

▶ **Passive RFIDs** zeigen nur die Anwesenheit von Produkten an. Dies tun sie jedoch erst, wenn sie in ein entsprechendes elektromagnetisches Feld eingebracht werden. Diesem entnehmen sie die notwendige Energie und liefern dafür ihre Identifikation zurück. Sie sind passiv, weil sie nicht im Stande sind, selbständig ein Signal auszusenden. Ihr Inhalt besteht aus dem *Electronic Product Code (EPC)*, einer je nach Aufgabe 64 bis zu 204 Bits umfassenden individuellen Nummer, die nur ein einziges Mal existiert.

Dieser EPC ist zwar einerseits mit der Global Trade Item Number (GTIN) verwandt, unterscheidet sich andererseits jedoch davon auch ganz entscheidend. Er hat in der meist zum Einsatz kommenden 96-Bit-Version den folgenden Aufbau:

Bits 0-15:   Version des EPC
Bits 16-44:   Herstellernummer (zentral von GS/1 vergeben)
Bits 45-69:   Artikelnummer (dezentral vom Hersteller vergeben)
Bits 70-96:   Durchzählnummer des Artikels (ergibt sich bei der Herstellung)

Die entscheidende Weiterentwicklung des EPC gegenüber der EAN liegt in den letzten Positionen, die der Durchzählung aller Artikel des gleichen Typs dienen. So kann jedes einzelne Erzeugnis eine individuelle Kennung tragen, was logistisch ganz neue Möglichkeiten eröffnet.

Einerseits erlaubt die Differenzierung aller gleichen Artikel die sogenannte Bulk-Erfassung, bei der beliebig viele in einer Schachtel oder einem Einkaufswagen liegenden gleichen Artikel über die drahtlose Identifizierung ausgezählt und damit abgerechnet bzw. verbucht werden können. Andererseits kann durch die Spezifizierung des einzelnen Artikels auch eine Analyse der Vertriebswege erfolgen, wenn Qualitäts- und/oder Sicherheitsprobleme auftreten.

Die RFID-Chips können kostengünstig produziert werden und auf Grund ihrer kleinen Bauweise in einem Artikeletikett untergebracht und mit dem Artikel in den Verkaufsprozess gebracht werden. Auch wenn derzeit die Kosten für den Massen-Roll-Out noch zu hoch sind, ist doch damit zu rechnen, dass in vielen Bereichen des Handels die Ware zukünftig mit RFID-Chips versehen sein wird. Damit kann die RFID-Technik eine große Menge zusätzlich zu speichernder Daten erzeugen, aber auch neue, weitreichende Möglichkeiten zur Verbesserung der inner- und zwischenbetrieblichen Abläufe öffnen. Durch RFID-Transponder an der Ware lässt sich theoretisch jedes Kleidungsstück auf der Filialfläche orten, da neben dem Vorhandensein auch der Ort der Ware gemeldet wird. So können Kleidungsstücke, die nicht auf ihrem Platz liegen, gefunden und das Mindesthaltbarkeitsdatum verderblicher Produkte bereits automatisch vom Warenwirtschaftssystem überprüft werden. Auch die Inventur kann automatisiert erfolgen. Ebenso lassen sich Warenbewegungen (und somit Kundenbewegungen) besser verfolgen. Auch die Diebstahlsicherung ist mit dieser Technologie möglich. Ein weiterer denkbarer Anwendungsbereich liegt in der Self-Scanning-Technologie, bei der ein Kunde seine eingekaufte Ware selbst erfasst bzw. die Ware im Einkaufskorb mittels der RFID-Chips automatisch registriert wird.

Bis zum flächendeckenden Einsatz muss die Technologie jedoch noch zahlreiche Hürden überwinden. Zum einen ist der Preis für RFID-Chips für den flächendeckenden Einsatz im Handel derzeit noch zu hoch, weil die kritische Masse noch nicht erreicht wurde. Zum anderen sind viele Anwendungsmöglichkeiten bislang nur unzureichend erforscht und verlangen eine Weiterentwicklung der derzeitigen Funktionen. Darüber hinaus bedeutet der Einsatz von RFID-Chips auch zusätzliche Investitionen in Hard- und Software. Die Problemfelder des RFID-Einsatzes zeigt Abbildung 4-9.

Zur Identifizierung eines RFID-Tags sind EPC-Standards notwendig, die in Abbildung 4-10 im Zusammenhang ihrer Anwendung dargestellt werden. Der EPC Tag Data Standard definiert den Electronic Product Code und besteht aus einem Datenkopf mit Steuerungsdaten, einem EPC-Manager, der den Absender des EPC identifiziert, einer Artikelreferenz zur Identifizierung von Objektgruppen und einem serialisierten Nummernteil zur Identifizierung einzelner Objekte. Zusätzlich wird innerhalb des Gen 2 Air Interface Protocols definiert, wie die physikalischen und logischen Anforderungen für ein RFID-System aufgebaut sind. Im Zentrum der EPC Infrastructure Standards steht neben

Abbildung 4-9: Problemfelder der RFID-Einführung

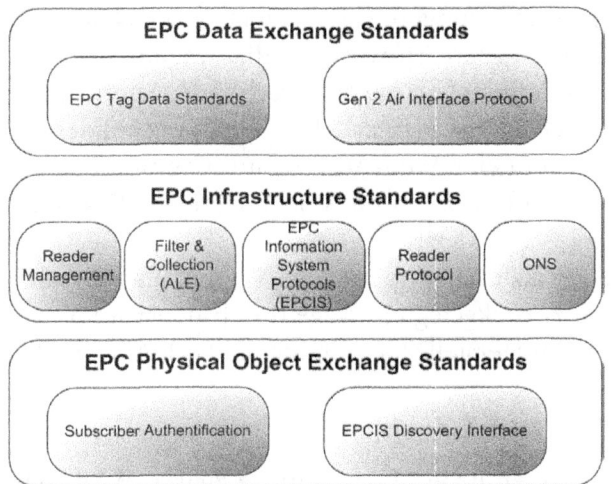

Abbildung 4-10: EPC-Standard für die RFID-Identifikation

dem Reader Management, Reader Protokoll und der Frage nach der Zuordnung einzelner im Bündel erfasster RFID-Tags (Filter & Collection) vor allem das EPC Information System Protocol (EPCIS). Dieses wird genutzt, um die Bewegung von Produkten oder logistischen Einheiten entlang der Lieferkette genau verfolgen zu können. Dafür sollen die Produkthersteller Datenbanken aufbauen, die zu jedem Produkttyp, oder anhand der Seriennummer, zu jedem Einzelprodukt weitere Informationen zur Verfügung stellen, z. B. Pro-

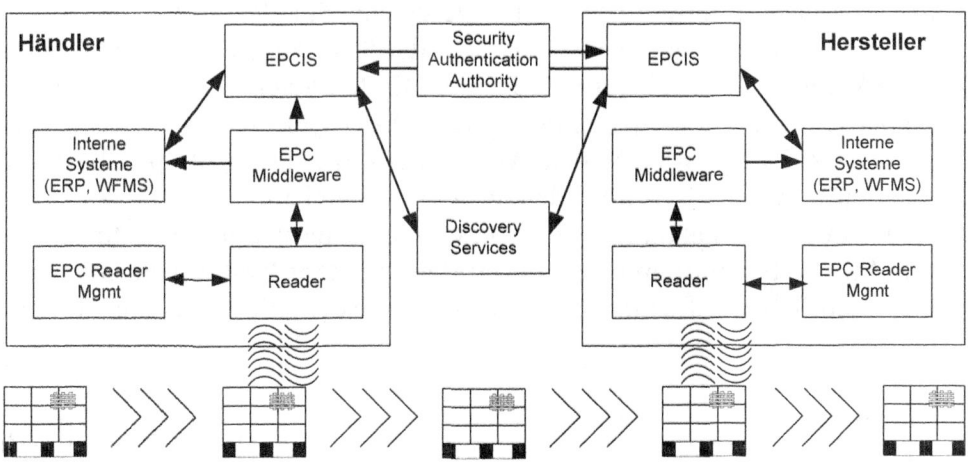

Abbildung 4-10: Schematische Darstellung von Waren- und Informationsflüssen in der Lieferkette

dukteigenschaften, Zulassungen, Mindesthaltbarkeitsdaten usw. Die im EPCIS gespeicherten Daten geben Antwort auf die Fragen wer, was, wann, wo und warum erfasst worden ist. Um die entsprechende Datenbank ausfindig zu machen, soll ein „Object Name Service" (EPC ONS) die auf dem EPC gespeicherte Hersteller-Kennung in eine Web-Adresse auflösen und autorisierten Personen (Subscriber Authentification) mittels Suchdiensten (Discovery Interface) zugänglich machen.

Die Real-Time-Artikelerfassung auf der Verkaufsfläche eröffnet die Chance, die vom Kunden zurückgelegten Wege durch den Handel erfassen zu lassen und von dort an den Hersteller weiterzuleiten (vgl. Abb. 4-11).

Verständnisfrage zu 4.1.2

* Was sind die wesentlichen Unterschiede zwischen optischen und elektromagnetischen Identifizierungsverfahren?

Was Sie in diesem Kapitel gelernt haben:

Die eindeutige und rasche Identifikation des jeweiligen Typs der verkauften Waren hat die gesamte Abwicklung des Warenverkehrs revolutioniert, weil damit der wechselnde Bedarf ermittelt und die Nachlieferungen gesteuert werden können. Es geht nicht nur um die Feststellung des Preises sondern um die korrekte Bearbeitung aller Liefer-, Lager- und Rechnungsinformationen, obwohl mit dem GTIN-Barcode nur die Nummer des Artikeltyps maschinell gelesen wird. Alle weiteren notwendigen Daten werden damit aufgefunden und ausgewertet bzw. ergänzt. Ganz neue Qualitäten der Steuerung von Warenströmen werden künftig mit dem Electronic Product Code erreicht, der jedes einzelne Exemplar eines Produkttyps eindeutig identifiziert. Elektromagentische Verfahren wie RFID bieten zusätzliche Vorteile, weil die IDs nicht optisch erfasst werden müssen und die Ware zudem geortet werden kann.

Auch andere Objekte, wie Teile, Maschinen, Medikamente, Autos, Häuser und wir selbst können über eine eindeutige Identifikationsnummer mit allen wesentlichen Informationen verknüpft werden, die gebraucht werden.

Literatur

KANT1989 Kanter, R., M.: When Giants Learn to Dance. 1989
TIET1993   Tietz, B.: Der Handelsbetrieb. 2. Aufl., München 1993

5 Kommunikationssysteme

Fressen Pferde keinen Gurkensalat?

„Das Pferd frisst keinen Gurkensalat" Um die Verständlichkeit seiner Worte zu demonstrieren und zugleich zu verdeutlichen, dass nicht der Inhalt sondern das Medium im Vordergrund seiner Bemühungen steht, präsentierte der deutsche Erfinder Johann Philipp Reis (1834 bis 1874) mit diesem skurrilen Satz am 26. Oktober 1861 erstmalig die Möglichkeiten der elektronischen Sprachübermittlung. In der Geburtsstunde der Telefonie lag die Betonung weniger auf dem Inhalt als auf der Funktionsfähigkeit. Bereits ab 1878 gab es in den USA und ab 1881 in Deutschland ein handvermitteltes Fernsprechnetz. Das zeigt deutlich, wie schnell sich das Medium durchgesetzt hat und wie sehr sich die damalige Technik von der heutigen unterscheidet. Ähnliche Entwicklungssprünge gibt es auch bei der Informationsverarbeitung. In den Anfangszeiten der Computer war die Hardware dominant und Software wurde lediglich als kostenlose Draufgabe zur eigentlichen Investition Hardware gesehen, die damals noch extrem teuer war. Heute hat sich das Wertverhältnis von Hardware und Software umgekehrt und in Form der Orgware (Umstellungsunterstützung) sind noch weitere Kosten zu berücksichtigen.

Moderne Internetinfrastruktur ermöglicht es mittlerweile, die Informationsbereitstellung und nicht die Hardware oder Technik in den Vordergrund zu stellen. Jeder kann nahezu beliebig telefonieren, Videos versenden oder sich per Textnachrichten austauschen, ohne dabei gleich ein Vermögen zu investieren. Es ist kein Problem, ein eigenes Internet-Radioprogramm anzubieten oder auf Video- und Musikportalen die neuesten Entertainmentangebote zu nutzen. Die Netzinfrastruktur hat in den letzten Jahren eine schnelle Konvergenz und Integration der Kommunikations- und Informationsmedien ermöglicht. Während um die Jahrtausendwende noch über „TIME" als Akronym für die (voneinander losgelösten) Bereiche Telekommunikation, Internet, Medien und Entertainment diskutiert wurde, sind diese Bereiche heute faktisch miteinander verschmolzen. Noch vor wenigen Jahren war der Zugang zum Internet von zu Hause nur über das

Telefonnetz möglich. Heute ist es bereits umgekehrt: die IP-Technologie des Internets erlaubt Telefonie in Form von Voice-over-IP über beliebige Internetzugangsmedien.

Dieser Paradigmenwechsel hat die Kommunikations- bzw. Telekommunikationsindustrie massiv verändert. Nahezu 100 Jahre stand die Verwaltung knapper Frequenzen und Kanäle im Vordergrund der Landesmedienanstalten und Aufsichtsbehörden, doch ein Großteil ihrer Tätigkeiten entfiel durch die Verlagerung der Kommunikation in das Internet. Dieser Wandel durch technische Innovationen, deregulierte Märkte, verändertes Anspruchsverhalten der Kunden und zunehmenden Effizienzdruck hat zu zahlreichen neuen Wettbewerbern und neuen Geschäftsmodellen der Telekommunikationsunternehmen geführt. Das ehemals aus der Staatsaufgabe „Post" hervorgegangene Unternehmen Deutsche Telekom bietet heute nicht nur Festnetzkommunikation sondern auch Mobilfunk, Fernsehen und Internetzugänge aus einer Hand. Die neuen Möglichkeiten haben zu vielen neuen Anbietern auf dem Kommunikationsmarkt geführt, die derartige Leistungen vielfach über sogenannte Flatrates anbieten. Während Telefonate mit Teilnehmern in anderen Orten in den 80er- und 90er-Jahren noch sehr teuer waren, kann man heute über die Internettelefonie kostenlos und optional sogar mit bewegten Bildern (Videotelefonie) kommunizieren.

Bei den modernen Kommunikationsarchitekturen ist die Dienstleistung weitgehend unabhängig von ihrer technischen Realisierung. Ob eine Datenkommunikation über DSL oder über UMTS läuft, ist einzig für die Transportebene, nicht mehr aber für den inhaltlich-funktionalen Dienst selbst relevant. Aus Kundensicht ermöglicht dies die Konvergenz von Endgeräten und Diensten und zwar komplett unabhängig von den verwendeten Technologien. Dienste können flexibel zu Produkten über eine einheitliche Produktionsplattform gebündelt werden, was durch eine Konvergenz der Netzebene realisiert wird. Damit wird es beispielsweise möglich, neben Telekommunikationsdienstleistungen auch Fernsehprogramme anzubieten, und das eben nicht nur für den stationären PC sondern zugleich für die mobile Nutzung über Mobiltelefone. Die integrierte Informationsverarbeitung schafft damit die Möglichkeit grenzenloser Kommunikation und Information. Das Pferd würde heute also auch Gurkensalat fressen!

BEGRIFFE, die in diesem Kapitel erläutert werden: CSCW, Kommunikationsbeziehungen, WWW, Web. 2.0

5.0 Kommunikation

Kommunikation ist eine interdisziplinäre Aufgabe. Sie kann generell als Austausch von Informationen definiert werden. Sie ist sowohl für inner- als auch überbetriebliche Aufgaben von entscheidender Bedeutung. Die integrierte Informationsverarbeitung versucht mittels Prozess-, Aufgaben- und Datenintegration die Reibungsverluste durch dezentral anfallende Informationen möglichst zu nivellieren, was aufgrund der semantischen Vielfalt von Informationen nicht trivial ist.

Kommunikation ist als interdisziplinäre Aufgabe von Nachrichtentechnik, Informatik und Wirtschaftsinformatik zu sehen. Während die Nachrichtentechnik primär auf die physische Darstellung, Verarbeitung, Übertragung und Vermittlung von Signalen fokussiert und sich die Informatik mit der technischen Umsetzung in Software beschäftigt, steht für die Wirtschaftsinformatik vor allem der Anwendungszweck im betriebswirtschaftlichen Kontext und damit auch die Semantik im Vordergrund der Betrachtungsweise. Dank der Fortschritte in der Informationstechnologie finden sich heute sogar im privaten Umfeld viele verschiedene Möglichkeiten, miteinander zu kommunizieren. Angefangen vom Festnetztelefon und Fax über die Internettelefonie, den Mobilfunk und die Videotelefonie bis hin zum SMS-Nachrichtenaustausch, dem Instant Messaging oder der Chat-Funktionalität auf Unternehmens-Webseiten gibt es heute viele Möglichkeiten, mit der Umwelt in Kontakt zu treten. Dabei lässt sich die Kommunikation nach der Art der Beziehung unterscheiden. Neben direkter Kommunikation zwischen Personen ist es auch denkbar, dass Personen mit Maschinen kommunizieren, beispielsweise mit Service-Avataren auf Shop-Webseiten. Unterschiedliche Sender und Empfänger von Nachrichten bieten eine weitere Gelegenheit zur Klassifikation von Kommunikationsbeziehungen (vgl. Abb. 5-1). Dabei kann unterschieden werden, ob die Kommunikation unidirektional erfolgt (etwa beim Fernsehen) oder ob sich Sender und Empfänger bidirektional austauschen können (z. B. beim Telefonieren). Auch ist zu unterscheiden zwischen einer zeitlich asynchronen (z. B. eMail) und synchronen (z. B. Telefonat) Kommunikation, die entweder räumlich nah (z. B. persönliches Gespräch) oder entfernt stattfindet. Nachrichten können dabei auditiv in Form gesprochener Sprache oder audiovisuell in Form von Sprach- bzw. Bildnachrichten vorliegen. Auch textuelle Kommunikation sowie diverse Mischformen sind denkbar.

Zudem kann man bei der Kommunikation zwischen Sender und Empfänger differenzieren sowie nach dem Grad der Anonymität der Kommunikationspartner. Während beim Telefonat beide Individuen bekannt sind, ist z. B.

	n:1-Kommunikation	m:n-Kommunikation
Gruppe	Beispiele: • Reporting • Berichtswesen	Beispiele: • Mehrpersonen-Chat • Telefonkonferenz • Wissenswikis
Individuum	1:1-Kommunikation Beispiele: • Telefongespräch • SMS-Unterhaltung • Brief	1:n-Kommunikation Beispiele: • Fernsehsendung • Email-Newsletter • Facebook-Nachricht

Sender

Individuum   Gruppe
Empfänger

Abbildung 5-1: Klassifikation von Kommunikationsbeziehungen

bei einer Fernsehsendung weder der Sender (in Form des Autors) noch der Empfänger einer Sendung notwendigerweise bekannt. In Abhängigkeit von dieser Tatsache stellt sich damit die Frage, wie vertrauenswürdig und sicher ein Kommunikationsmedium für die Übermittlung vertraulicher Daten ist. Auch die Geschlossenheit von Benutzerkreisen kann ein Kriterium für die Auswahl geeigneter Kommunikationskanäle sein. Zahlreiche Anekdoten über versehentlich an falsche Adressaten weitergeleitete Emails zeigen, dass die vermeintliche Vertrauenswürdigkeit des Kommunikationsmediums schnell durchbrochen werden kann. Zudem sind die textuell übermittelten Informationen persistent, d. h. sie können dauerhaft archiviert und recherchiert werden.

Verständnisfrage zu 5.0

• Warum ist Kommunikation wichtig und welche Rolle spielt hierbei die Informationstechnologie?

5.1 Computer Supported Cooperative Work (CSCW)

▶ **3 K-Modell** Die Unterstützung der Kommunikation durch geeignete Computersysteme hat sich bereits relativ früh entwickelt. Unter dem Oberbegriff Computer Supported Cooperative Work (CSCW) wurden bereits in

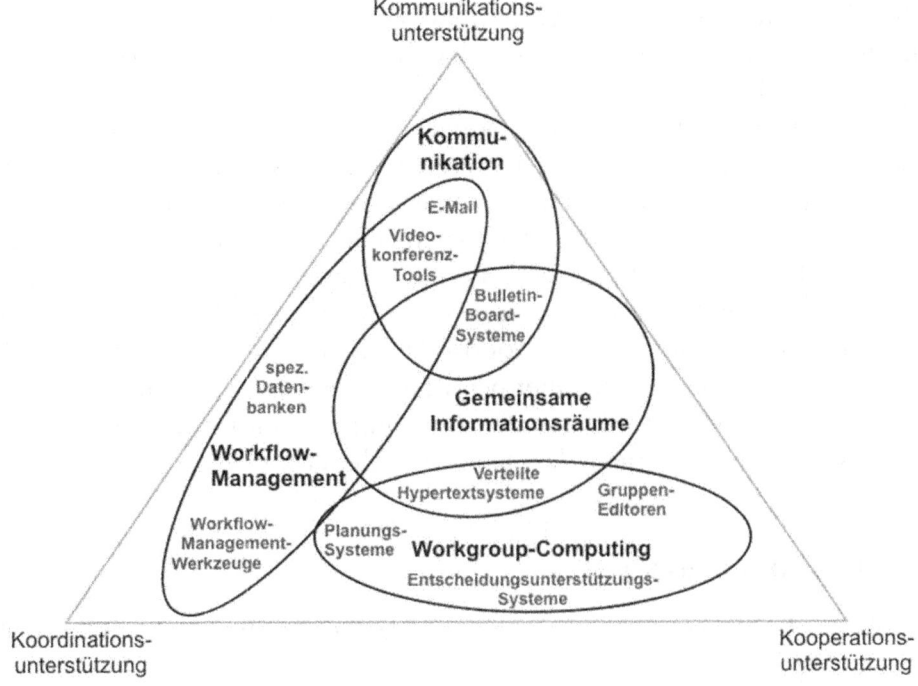

Abbildung 5-2: Unterteilung von CSCW-Systemen nach Gruppenprozessen (vgl. TEUF1995)

den 80er-Jahren erste sogenannte „3K"-Softwaretools entwickelt, um den Informationsfluss in Arbeitsgruppen zu unterstützen (Kommunikation), die Zusammenarbeit zu fördern (Kooperation) und die Abläufe zur Verfolgung gemeinsamer Ziele zu verbessern (Koordination). Dabei zielen die zugrunde liegenden Systeme auf die Vereinfachung der Abläufe und die Zusammenarbeit in Gruppen. Abbildung 5-2 zeigt das 3K-Modell als typisches Klassifizierungsmodell für verschiedene Softwarewerkzeuge nach ihrem Grad der Unterstützung einzelner „K-Bereiche". Typische Werkzeuge für die Kommunikationsunterstützung sind beispielsweise Email- oder Videokonferenzsysteme, mit denen Personen asynchron bzw. synchron kommunizieren können. Für die Unterstützung der Kooperation sind sogenannte Workgroup-Computing-Systeme entwickelt worden, wie z. B. Entscheidungsunterstützungssysteme oder Editoren, die zur gemeinsamen, asynchronen oder synchronen Zusammenarbeit genutzt werden können. Für die Unterstützung von Koordinationsaufgaben werden häufig Workflowmanagement-Systeme (WfMS) herangezogen. Diese unterstützen technologisch bei der Automatisierung von Geschäftsprozessen durch aktive Steuerung von arbeitsteiligen Abläufen. So sorgen WfMS im Call-Center dafür, dass kein Kunde unnötig lange in der Leitung warten muss, in dem die Anrufe automatisch erfasst und dem nächsten freien Call-Center-Mitarbeiter zugeleitet werden.

Viele der als CSCW-Systeme zu bezeichnenden Softwaretools besitzen insbesondere aufgrund des räumlich entfernten, nicht-visuellen Austausches zwischen den beteiligten Partnern sogenannte Awareness-Funktionen. So ist es z. B. in einem Chat-Raum wichtig zu wissen, ob der Chat-Partner noch anwesend ist oder nicht. Bei der zeitgleichen Bearbeitung gemeinsamer Dokumente etwa über eine Internetplattform sollte der von einem anderen Nutzer gerade bearbeitete Bereich entsprechend markiert oder gesperrt sein. Ein Telefonkonferenzsystem sollte neue Teilnehmer beim Eintritt ebenso wie beim Austritt aus der Telefonkonferenz für die anderen Teilnehmer kenntlich machen, da diese nur so wahrnehmen können, dass neue Teilnehmer hinzugekommen bzw. gegangen sind.

Verständnisfrage zu 5.1

• Warum bieten viele CSCW-Systeme so genannte Awareness-Funktionalität?

5.2 Soziale Software

Das World Wide Web (WWW) hat die Art der Kommunikation extrem verändert. Es entstand 1989 als CERN-Forschungsprojekt, um mit einem Hypertext-System unabhängig vom Standort Informationen verknüpfen und austauschen zu können. Dabei wurden zunächst statische Forschungsergebnisse in Textform bereitgestellt und über sogenannte Hyperlinks vernetzt.

Die zunehmenden Möglichkeiten u. a. zur komplexeren Entwicklung und zur Dynamisierung von Webseiten, später auch für die Entwicklung von Programmen direkt im Browser, sowie die Verschiebung der Rolle des Internetnutzers vom rein konsumierenden zum gleichzeitig produzierenden und konsumierenden („prosumierenden") Anwender, führte 2003 zur Einführung des Begriffs Web 2.0. In Anlehnung an die Versionsnummer von Software charakterisiert Web 2.0 die starken Veränderungen, die das Internet in der letzten Dekade durchlebt hat. Der nicht fest definierte Begriff geht auf Tim O'Reilly zurück, der unter Rückgriff auf frühere Erwähnungen in einem Artikel Merkmale definierte, die für Web 2.0-Anwendungen charakteristisch sind (vgl. http://www.oreilly.de/artikel/web20.html). Dazu zählen unter anderem:

- Internet als Softwareplattform: Die Entwicklung komplexer Programme, die im Internetbrowser bedient werden können.
- Nutzung der kollektiven Intelligenz aller Internetnutzer: Das Internet als „Mitmach-Web" zeigt sich am besten am Erfolg der von Freiwilligen erstellten Wissensplattform Wikipedia.
- Daten als Wettbewerbsfaktor: Viele Webseiten oder Internetsysteme bieten gleiche oder ähnliche Funktionen, so dass die zu Grunde liegenden Daten (z. B. Landkarten bei Kartendiensten oder Hotelbewertungen bei Hotelbuchungsportalen) für den Erfolg des Angebots entscheidend sein können.
- Wegfall langfristiger Releasezyklen: Herkömmliche Software wird in bestimmten Zyklen aktualisiert und aufwendig neu auf den PCs installiert. Browserbasierte Software kann laufend verbessert werden, da sie nur auf den Servern des Entwicklungsbetriebs läuft und ohne Installation im Browser benutzt wird.
- Mashups und Service-Orientierung: Die gekapselte Entwicklung einzelner Funktionen in Services und Schnittstellen zu anderen Web Services bietet die Möglichkeit, Funktionen und Daten aus verschiedenen Quellen zu kombinieren.
- Softwarenutzung und Benutzerführung auf verschiedenen Geräten: Die Nutzung von vollwertiger Software aus dem Web sollte auf verschiedenen internetfähigen Endgeräten möglich sein.

Während traditionelle Web-Technologie Computer verbindet und statische Informationen bereitstellt, soll das Web 2.0 Menschen miteinander verbinden, die dynamisch interagieren. Internetnutzer können sich zunehmend mit anderen Nutzern unter Einbezug ihrer sozialen Verbindungen im Rahmen sozialer Software („Social Media") zusammenschließen. Dabei offenbaren sie einige Daten über sich und interagieren auf einer dafür bereitgestellten Internetsoftwareplattform miteinander. Zu derartigen Plattformen zählen z. B. soziale Netzwerke wie Facebook, auf dem sich Personen gegenseitig vernetzen und über interessante Erlebnisse auf dem Laufenden halten, sowie soziale Musikdienste wie Spotify oder Last.fm, bei denen sich Musikliebhaber über ihre gerade gehörten Musiktitel informieren und austauschen.

Soziale Software dient damit zunehmend der Kommunikation, Kooperation und Koordination als Ergänzung zu und Erweiterung von bestehenden CSCW-Werkzeugen. Anders als CSCW-Systeme, die der Vereinfachung von Prozessen und der Interaktion innerhalb von Gruppen dienen sollen, zielt soziale Software primär auf die Unterstützung von sozialen Strukturen ab. Häufig werden derartige Softwaresysteme nicht verpflichtend sondern freiwillig und parallel zu traditionellen CSCW-Anwendungen verwendet.

Verständnisfrage zu 5.2

*   Was hat sich mit dem Übergang von Web 1.0 zu Web 2.0 verändert?

Was Sie in diesem Kapitel gelernt haben:

Der Austausch von Informationen zwischen Menschen und Maschinen ist für ein reibungsloses Miteinander unerlässlich. Informationstechnologie in Form von CSCW- und Web 2.0-Software hilft, diesen Austausch zu gestalten. Dabei verschiebt sich das Nutzerverhältnis von Konsum zu Produktion („Prosum").

Literatur

TEUF1995 Teufel, S., et al.: Computerunterstützung für die Grupenarbeit. 1995

6 Entscheidungsunterstützungssysteme

Wenn Siemens wüsste, was Siemens weiß…

Unternehmen, insbesondere sehr große Unternehmen, haben zahlreiche voneinander entkoppelte Abteilungen mit ungenügendem Wissensaustausch und losgelösten Erfahrungen. Die bekannte Siemens-Aussage, die heute sicherlich nicht mehr wie noch vor einer Dekade gültig ist, zeigt das Dilemma großer Organisationen auf. Diese könnten grundsätzlich viel erfolgreicher agieren, wenn das Erfahrungswissen besser im Unternehmen weitergegeben würde. Wie schnell ist es passiert, dass die eine Vertriebsabteilung bereits mit dem Kunden geredet hat, während die andere händeringend versucht, dort einen Vor-Ort-Termin zu erhalten, um ihm das gleiche Produkt ebenfalls – und dann auch noch zu einem anderen Preis – vorzustellen. Das Wissensmanagement zu derartigen Abläufen ist ebenso wichtig wie das dauerhafte Aufbewahren, Zur-Verfügung-stellen und Auswerten von Daten. Ein Kunde, den das Telekommunikaionsunternehmen über unterschiedliche Call-Center-Mitarbeiter jedes Vierteljahr anruft, um ihm zu dem bestehenden Telefonanschluss auch noch einen TV-Anschluss zu verkaufen, obwohl er bereits mehrfach erwähnt hat, dass er überhaupt keinen Fernsehen hat und haben möchte, ist sicher bald ein ehemaliger Kunde.

Wie wohltuend, wenn wir als Kunde in eine Filiale einer großen Möbelkette kommen, um uns eine neue Matratze zu kaufen, und der Verkäufer kann auf Basis unseres Kaufs in einer anderen Filiale vor zehn Jahren eine Beratung anbieten. Zwar werden in den operativen Systemen die Daten selten länger als zwei bis drei Jahre gespeichert, doch in großen Datenlagern (so genannten Data Warehouses) können diese Daten auch über Jahre oder Jahrzehnte gespeichert bleiben, um auf unterschiedlichen Verdichtungsebenen für operative oder strategische Entscheidungen genutzt zu werden. Die Speicherstrategien der Data Warehouses im Rahmen der sogenannten Business Intelligence strukturieren die abzulegenden Daten, um sie später nach den jeweils wichtig erscheinenden Gesichtspunkten auszuwerten.

Insbesondere für strategische Entscheidungen ist dabei natürlich nicht relevant, ob und wann Lieschen Müller Artikel 4711 gekauft hat, sondern die Daten werden für das Management in verdichteter Form mittels Kennzahlen dargestellt. Für einen Marketingmanager ist es beispielsweise wichtig zu wissen, ob sich Produkt 08/15 über alle Läden gut verkauft. Mittels eines sogenannten Drill-Downs kann er anschließend in den Daten „stöbern", um sich anzuschauen, ob es regionale Unterschiede im Verkauf des Produktes gibt, oder ob nur einzelne Filialen nach oben oder unten abweichen, so dass individuelle Maßnahmen, etwa zur Schulung des dortigen Verkaufspersonals getroffen werden müssen.

Die Bewältigung der Führungsaufgaben in Unternehmen ist ohne Informationsverarbeitung heute nicht mehr vorstellbar. Während die operativen Aufgaben (Tagesgeschäft) schon seit Jahren in den meisten Unternehmen eine massive Unterstützung durch die Automatisierung der Informationsverarbeitung erfahren, werden für die Entscheidungssituationen in den meisten Unternehmen nur in vergleichsweise geringem Umfang maschinelle Hilfen geboten. Dies liegt am Fehlen einer unternehmensweiten oder gar -übergreifenden Integration. Solange die Geschäftsdaten der verschiedenen Tochterunternehmen noch nach jeweils anderen Kriterien verwaltet und gespeichert werden und die Daten jeder Behörde in jeder Kommune bzw. jedem Bundesland nach individuellen Vorgaben erfasst und geführt werden, ist eine strategische Erkenntnis aus den Unterlagen nur schwer abzuleiten.

Der schönste und zugleich dramatischste Beweis für die zunehmende Bedeutung der integrierten Informationsverarbeitung in Unternehmen liegt im Aufgabenbereich der Kontrolle des Managements. Kapitalverluste durch Betrügereien der Geschäftsleitung (Enron, Parmalat, Flowtex) haben die Öffentlichkeit wachgerüttelt. In verschiedenen Verordnungen, wie z. B. dem Deutschen Corporate Governance Kodex (www.corporate-governance-code.de) und dem Sarbanes-Oxley Act (www.sarbanes-oxley-forum.com) werden laufend Kontrollen der Geschäftsabwicklung verlangt. Tausende von Geschäftsprozessen fallen unter diese Überprüfung, die natürlich nur maschinell geleistet werden kann und um so sicherer wird, je mehr sie Bestandteil eines integrierten Informationssystems ist.

BEGRIFFE, die in diesem Kapitel erläutert werden: Berichtswesen, Kennzahlen, Fakten, Informationsobjekte, Data Warehouse

6.0 Berichtswesen

6.0.0 Berichte als Grundlage von Informationsstrategien

▶ **Aktuelle Geschäftsführung ist nur auf der Basis schneller und vollständiger Informationsbereitstellung möglich und sicher** Das Verständnis des Begriffs „Information" ist in der Betriebswirtschaft aber umstritten. Ein Grund liegt in der unterschiedlichen Herangehensweise und in den unterschiedlichen Anforderungen an den Begriff Information in Abgrenzung zu Daten und Wissen. Definitionsversuche zum Informationsmanagement sind in der Literatur leider nicht immer überschneidungsfrei, weil sie aus unterschiedlichen Sichtweisen auf die damit verbundenen Aufgaben stammen. Information ist für die operative Aufgabenabwicklung ein Produktionsfaktor, für die Entscheidungsfindung zweckorientiertes Wissen, im Bereich neuer Medien Oberbegriff zu Daten, Texten, Grafiken und Sprache, für die Integration eine Teilmenge der Daten und für die Semiotik eine zweckorientierte Nachricht.

▶ **Information oder Wissen** Jüngere Diskussionen in der Entscheidungslehre kommen zu dem Ergebnis, dass Information als Bewegungsgröße und Wissen als Bestandsgröße aufzufassen sei [DINK2013]. Bei dieser flow- and stock-Betrachtung, die etwa vergleichbar ist mit der betriebswirtschaftlichen Unterscheidung zwischen Investition (flow-Betrachtung) und Anlagevermögen (stock-Betrachtung), ist Information als zusätzliches zweckorientiertes Wissen zu verstehen. In der Informationsstrategie ist daher festzulegen, welche verfügbaren Daten in steuerungsrelevante Informationen umgesetzt werden sollen. Für das Festlegen einer Informationsstrategie sollte daher zunächst definiert werden, welche Ziele und Maßnahmen die Wettbewerbsstrategie wirkungsvoll unterstützen und wer die Anspruchsgruppen der Informationen sind. Die Relevanz klassifizierter Informationen ergibt sich aus der Kombination einzelner Merkmalsausprägungen des Informationsbedarfs wie Art, Menge, Verdichtungsgrad, Häufigkeit, Aktualität, Genauigkeit, Darstellungsform, Zuverlässigkeit, Bedeutung, Messbarkeit, Termindringlichkeit, Kosten, Qualität, Sicherheit und Verwendungszweck.

▶ **Aufgabe des Berichtswesens** Entscheidungsrelevante Informationen sollen zielorientiert, dem Geschäftsmodell des Unternehmens entsprechend, präsentiert werden. Dazu ist es notwendig, die relevanten Daten zu ermitteln und zu Informationen aufzubereiten. Eine Möglichkeit zur Festlegung der Informationsbedürfnisse ist deren Ableitung aus den Unternehmenszielen. So ergeben sich für die Mitarbeiter eines ausschließlich auf Deutschland ausgerichteten regionalen GmbH-Handelsunternehmens mit klassischem Ein-Kanal-Geschäft andere Informationsbedürfnisse als für Mitarbeiter eines an internationalen Börsen notierten multinationalen Multi-Channel-Unternehmens.

Zusätzlich ist es sinnvoll, den Informationsbedarf der potenziellen künftigen Nutzer zu ermitteln und zu berücksichtigen. Bei der Informationsbedarfsanalyse – auch Information Requirements Analysis genannt – werden Anwender zu ihren Informationsanforderungen befragt. Dabei können verschiedene Befragungstechniken zum Einsatz kommen, um die Qualität der Auskünfte zu steigern. Ziel ist es, einen Abgleich zwischen Informationsangebot und Informationsbedarf zu schaffen, ohne ungewünschte Nebeneffekte zu bekommen etwa durch Umgehen der eigentlich angestrebten Zielsetzung. Einkaufsmanager, deren Erfolg einzig auf der Basis des Einkaufspreises pro Artikel gemessen wird, werden bestrebt sein, die Einkaufspreise z. B. durch größere Einkaufsmengen zu senken, unabhängig davon, ob dieses Verhalten ggf. negative Auswirkungen auf die Lagerhaltung oder den Verkauf haben könnte. Zwar lassen sich beispielsweise die zusätzlichen Kosten durch ein solches Fehlverhalten im Lager durch Bestandskosten (inkl. gebundenes Kapital) quantifizieren, doch zusätzliche Kosten durch Handling, Verschrottung oder Lagerplatzkosten, die erfahrungsgemäß noch einmal 15 bis 20 % des Warenwertes ausmachen, sind meist unbekannt. Es ist also neben einer sinnvolleren Erfolgsmessung des Einkaufs notwendig, zweckorientiert auch Führungsgrößen für die anderen genannten Aspekte zu quantifizieren.

Diese Zweckorientierung kann mit Hilfe des von Szyperski entwickelten Modells der Informationsmengen und -teilmengen verdeutlicht werden [SZYP1980, S. 904 ff.]. Es definiert den Informationsbedarf als Art, Menge und Qualität der Informationen, die ein Informationssubjekt im gegebenen Informationskontext zur Erfüllung einer Aufgabe in einer bestimmten Zeit und innerhalb eines gegebenen Raumgebietes benötigt. Der Informationsbedarf kann aus Sicht der gestellten Aufgabe bzw. des Informationszwecks (objektiver Informationsbedarf) und aus Sicht des Informationssubjekts bzw. Informationsnutzers (subjektiver Informationsbedarf) betrachtet werden. Als Teilmenge des subjektiven Informationsbedarfs existiert außerdem noch die subjektive Informationsnachfrage, da nicht alle subjektiven Bedarfe auch erläutert werden können. Das Informationsangebot kann daher nur wirksam werden, wenn es auf eine artikulierte Nachfrage stößt. Die Beziehungen zwischen dem Informationsangebot, dem objektiven Informationsbedarf, dem subjektiven Informationsbedarf und der subjektiven Informationsnachfrage werden in Abbildung 6-1 dargestellt.

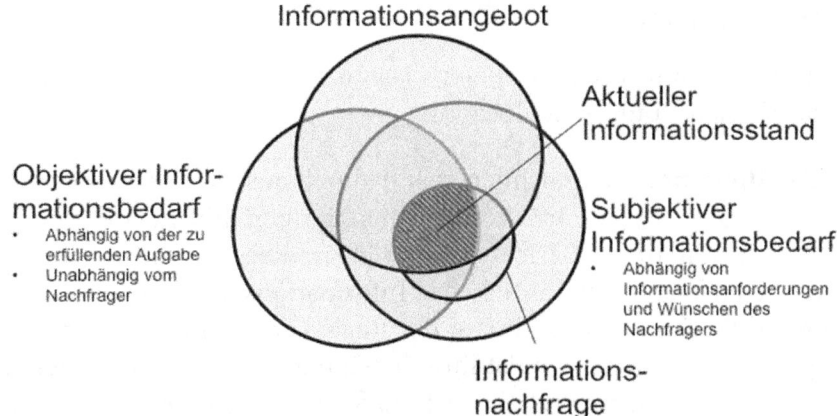

Abbildung 6-1: Modell der Informationsteilmengen [SZYP 1980]

Das Abstimmen von Anreizstrukturen mit dem damit verbundenen Informationsangebot und -bedarf ist eine oft unterschätzte Aufgabe, die sich seit den 70er-Jahren nicht wesentlich weiter entwickelt hat. Oftmals fehlt innerhalb eines Unternehmens eine durchgängige Konzeption für das Berichtswesen, die einheitlich sowohl informationstechnisch festlegt, welche Kennzahlen aus welchen Daten in welcher Form zu ermitteln sind, als auch fachlich definiert, welche Informationen eine Führungskraft zur Entscheidungsfindung benötigt. Als Folge sind häufig zu beobachten:

- Durch wiederholtes Erweitern der Berichte um temporäre Anforderungen entstehen Zahlenfriedhöfe, deren Informationsgehalt zweifelhaft ist.
- Mitarbeiter erhalten auf der einen Seite zu viele und damit teilweise entscheidungsirrelevante Informationen, auf der anderen Seite fehlen aber wichtige Informationen.
- Führungskräfte versuchen, durch individuelle Reports ihren Informationsbedarf zu befriedigen und akzeptieren die zur Verfügung gestellten Berichte nur noch eingeschränkt.
- Kennzahlen und Berichte einzelner Abteilungen sind durch ungeklärte Datenherkunft, Homonym- und Synonymproblematiken nicht vergleichbar. Abweichungen lassen sich nicht oder nur mit hohem Aufwand erklären.

Verständnisfrage zu 6.0.0

- Was ist der Unterschied zwischen Informationsnachfrage und Informationsbedarf?

6.0.1 Berichtsarten

Für die Konzeption des Berichtswesens lassen sich Standard-, Abweichungs- und Bedarfsberichte unterscheiden.

▶ **Standardberichte** Sie zeichnen sich dadurch aus, dass ihre wesentlichen Elemente wie Inhalt und Form für regelmäßige Berichtsintervalle normiert sind. Die Erstellung dieser Berichte basiert in der Regel auf den Standard-Informationsbedürfnissen, die mittels der Informationsbedarfsanalyse identifiziert wurden. Da Standardberichte in der Regel von mehreren Informationsempfängern verwendet werden, ist ihre Erstellung auf Basis von einheitlichen Masken in den IT-Systemen relativ wirtschaftlich. Wegen ihrer generellen Bedeutung muss bei ihrer Entwicklung besonders sorgfältig vorgegangen werden. Die regelmäßige Erzeugung von Standardberichten kann im Informationssystem automatisch ausgelöst werden. In vielen Fällen werden sie daher auch als periodische Berichtssysteme bezeichnet.

▶ **Abweichungsberichte** Die Entscheidungsträger erhalten Berichte über Abweichungen nur dann, wenn bestimmte Schwellenwerte erreicht oder überschritten wurden. Diese Form von Berichten ist daher insbesondere für Kontrollaufgaben geeignet. Die Festsetzung der Schwellenwerte muss allerdings sehr sorgfältig angelegt werden, da damit entschieden wird, ob ein Abweichungsbericht z. B. schon zu früh oder erst zu spät auf ein mögliches Problem hinweist. Sie werden auch unter der Bezeichnung aperiodische Berichte geführt. Auch sogenannte Dashboards oder Management Cockpits in den operativen Systemen funktionieren nach diesem Prinzip. Eine unternehmensrelevante Kennziffer, wie der regionale Umsatz, wird z. B. in Ampelform so lange grün dargestellt, bis bestimmte Schwellwerte unterschritten werden. Springt die Ampel auf orange oder rot, wird dem betroffenen Manager sofort bewusst, dass im Umfeld dieser Kennziffer etwas nicht in Ordnung ist, der regionale Umsatz also signifikant gefallen und eine nähere Analyse notwendig ist.

▶ **Bedarfsberichte** Da Standard- und Abweichungsberichte jedoch nicht auf spezielle und spontan auftretende Informationsbedürfnisse ausgerichtet sind, benötigt man zusätzlich Bedarfsberichte. Ihr besonderes Merkmal besteht in der fallweisen Anforderung durch das Management. Bedarfsberichte werden immer dann nachgefragt, wenn der Informationsbedarf des Managements oder anderer Informationsempfänger nicht von den Standard- bzw. Abweichungsberichten gedeckt wird. Da die Anforderungen der Bedarfsberichte vom aktuell vorliegenden Analyse- und Informationsbedarf des Managements abhängen, können sowohl die Anzahl als auch der Rhythmus der Anfragen stark schwanken. Wegen des manuellen Abrufs von Bedarfsberichten werden sie den passiven Berichtssystemen zugeordnet. Der Abruf dieser Ad-Hoc-Berichte erfordert beim Anwender je nach System teilweise umfangreiche IT-Kenntnisse, um die Berichte gestalten und erzeugen zu können. Durch die zunehmend besseren Möglichkeiten der systematischen Auswertung von Datensammlungen verwischen die Grenzen zwischen Standard- und Bedarfsberichten jedoch zunehmend.

Die im Berichtswesen eingesetzten analytischen Anwendungssysteme sollen ihre Nutzer möglichst nur mit relevanten Informationen versorgen. Ziel muss es sein, überflüssige Standardberichte zu eliminieren und das individuelle Erarbeiten von Auswertungen in den Abteilungen zu Gunsten einer Standardisierung der Berichte zu minimieren. Dazu muss die Festlegung des Informationsbedarfs den Anforderungen in Bezug auf Qualität und Aufwand in Form einer Nutzen/Kosten- Relation gerecht werden.

Die methodische Unterstützung der Dokumentation des gesamten Berichtswesens ist wichtig, um Klarheit, Übersichtlichkeit und Stringenz zu erreichen und das Auswuchern zu Zahlenfriedhöfen zu vermeiden. Viele Unternehmen versuchen deshalb, die verwendeten Kennzahlen und Berechnungen zentral zu dokumentieren. Dabei werden im Idealfall die Datenherkunft, die Zusammensetzung der Kennzahl, ihr Zweck und eine Beschreibung der Kennzahl angegeben.

Auch wenn dieses semi-formale Verfahren für viele Mitarbeiter einfach verständlich und unkompliziert durchführbar ist, hat es doch gravierende Nachteile:

- Es ist insbesondere bei größeren Unternehmen kaum ersichtlich, wo, welche Kennzahl, in welchem Bericht verwendet wird.
- Eine Zuordnung nach dem Motto „wer erhält bzw. benutzt welche Berichte" erfolgt häufig nicht.
- Da die Dokumentation meist anhand der Kennzahlen und nicht der Dimensionen ausgerichtet ist, wird nicht deutlich, welche Dimensionen mit welchen Ausprägungen (Bezugsobjekten) wie und in welchen Berichten genutzt werden.
- Redundanzen zwischen einzelnen Informationsobjekten und Berichten können nur durch manuellen Vergleich erkannt werden.
- Geringfügig abweichende Berechnungen von Umsätzen sind insbesondere unter Berücksichtigung verschiedener Rabatte und Konditionen manuell kaum festzustellen.

- Textdokumente eignen sich kaum für ein schnelles Nachschlagen von Kennzahlendefinitionen, Zusammenhängen, Informationsobjektadressaten oder Erläuterungen zu einzelnen Kennzahlen.
- Die Dokumente sind als Ausgangsbasis für die Spezifikation von Data Warehouses und Auswertungssystemen wenig hilfreich.
- Kennzahl-, Dimensions- und Synonymprobleme (Beispiel: Bestand VK entspricht Lagerwert zu VK) können nur manuell aufgedeckt werden. Das gilt auch für Homonymprobleme (Beispiel: Umsatz zu VK bezeichnet in einer Abteilung die Berechnung zu kalkuliertem Verkaufspreis und in einer anderen zu tatsächlichem Verkaufspreis).

Verständnisfrage zu 6.0.1

- Ist es sinnvoll, alle Sachverhlte des Unternehmens in Berichten abzubilden?

6.0.2 Grundlegender Aufbau von Berichten

Eine formale Auseinandersetzung mit den Konstrukten des Berichtswesens ist aus zwei Gründen sinnvoll. Zum einen hilft eine der Verbesserung vorangehende Beschäftigung mit den Konstrukten bei der Eliminierung von Redundanzen und Überschneidungen bei der Bildung der Kennzahlen und Berichte. Zum anderen ist ein formalisiertes Vorgehen Voraussetzung für jedes Data-Warehouse-Projekt, da dabei die Daten entlang der späteren Nutzung in relativ starren Strukturen (Snowflake- bzw. Star-Schema usw.) gespeichert werden, die durch ein formalisiertes Vorgehen leichter erarbeitet werden können.

Kennzahlen

Quantitativ erfassbare, zumeist in aggregierter Form wiedergegebene Sachverhalte werden werden als Kennzahlen bezeichnet und gerne verwendet, um ein Vergleichsbild zwischen einer (neuen) Situation mit anderen (zurückliegenden) zu entwickeln. Sie sollen relevante Zusammenhänge in verdichteter, quantitativ messbarer Form wiedergeben, und bieten somit eine Möglichkeit der Informationsbereitstellung in Unternehmen. Dadurch sollen Führungskräfte in die Lage versetzt werden, einen schnellen und umfassenden Überblick auf komplexe Strukturen und Prozesse zu erhalten und somit aus einer größeren Menge an Daten Einzelinformationen zur Entscheidungsunterstützung nutzen zu können. Kennzahlen bieten somit ein wichtiges und rationales Instrument zur Entscheidungsfindung in Unternehmen. Ein Beispiel ist der „Filial-Netto-Umsatz auf Tagesbasis".

▶ **Elemente einer Kennzahl** sind ihr Informationscharakter, die Quantifizierbarkeit der Information und ihre spezifische Form. Nicht jede quantifizierbare Information ist jedoch eine Kennzahl. Als Kennzahlen gelten im Regelfall nur Informationen, die aus der Verdichtung anderer quantifizierbarer Größen entstehen.

Neben der exakten Ermittlung ist für den Kennzahleneinsatz insbesondere die richtige Auswahl der Kennzahlen wichtig. Im Kontext einer Aufgabenstellung sollte für jede Kennzahl eine Arbeitshypothese gebildet werden, die angibt, ob ein hoher oder niedriger Zahlenwert die zu treffende Entscheidung beeinflusst. Dabei ist jedoch zu beachten, dass wichtige Details nicht durch die Verdichtung verloren gehen, so dass Kennzahlen innere Zusammenhänge vernichten bzw. deren Wiederherstellung zu falschen Schlussfolgerungen führen können. Ein Klausur-Notendurchschnitt von 3,0 kann bei zehn Studierenden bedeuten, dass die Klausur insgesamt etwas zu schwer war und alle Studierenden nur eine befriedigende Leistung abgeliefert haben. Es kann aber auch im anderem Extremum bedeuten, dass sich die eine Hälfte mit 1,0 unterfordert gefühlt hat, die andere Hälfte aber mit einer 5,0 durchgefallen ist. Die Aussagekraft von Einzelkennzahlen, insbesondere Durchschnittswerten, ist häufig begrenzt, da es zu vieldeutigen Interpretationen kommen kann. Im ersten Fall müsste der Dozent darüber nachdenken, das Leistungsniveau anzupassen oder die Studierenden noch besser im Wissenserwerb zu unterstützen. Im zweiten Falle wäre es ggf. sinnvoll, das heterogene Leistungsniveau durch Vorab-Schulungen, beispielsweise durch Summer Schools oder Propädeutika, anzugleichen.

Folgende Defizite weisen auf die Schwierigkeiten im Umgang mit Kennzahlen hin:

- Qualitative Aspekte werden vernachlässigt, weil sie sich nur schwer quantifizieren lassen. Dies betrifft z. B. die Zufriedenheit der Verbraucher mit einer Handelsleistung.
- Die verwendeten Kennzahlen sind zur Zielerreichung nicht geeignet oder enthalten entscheidungsirrelevante Bestandteile.
- Kennzahlen- und Kennzahlensysteme berücksichtigen die unternehmensinternen und -externen Anforderungen oft nur unzureichend, da sie zu allgemein gehalten sind.

- Der Gebrauch vieler Kennzahlen (Kennzahleninflation) erhöht nicht die Transparenz, sondern führt zu Verwirrung und Widerspruch, zumal wenn kein sachlogischer Zusammenhang erkennbar ist.
- Es bleibt unklar, aus welchen Datenquellen welche Werte stammen. Eine Definition und Abgrenzung bleibt aus. Auch bei betriebswirtschaftlichen Standardsoftwaresystemen vergessen die Softwareentwickler gern einmal die nähere Definition und Erläuterung einer auf verschiedenen Masken genutzten Kennzahl und deren Datenherkunft.
- Eine Konzentration auf Kennzahlen aus dem externen Rechnungswesen lässt qualitative Aspekte wie Image oder Kundenzufriedenheit außer Acht und ist rückwärtsgewandt.
- Kennzahlen können nur so gut sein wie ihre Datenquellen in Form eines Informationssystems.

Oft ist darüber hinaus bei einer Analyse des Berichtswesens auch festzustellen, dass Kennzahlen entweder unter gleichem Namen in zwei Abteilungen unterschiedliche Sachverhalte repräsentieren, so dass z. B. der Umsatz jeweils unterschiedlich hoch ausfällt, oder dass identische Kennzahlen unter verschiedenen Fachbegriffen genutzt werden. Zudem führt eine schwammige Definition von Umsatz und Preisen häufig zu Missverständnissen, da nicht deutlich ist, auf welche Organisationseinheiten zu welchem Zeitpunkt Bezug genommen wird, ob Plan- oder Ist-Preise zu Brutto oder Netto verwendet wurden und ob Erlösschmälerungen ebenso wie Innenumsätze in die Berechnung eingeflossen sind. Der durchschnittliche Verkaufspreis als Kennzahl einer Abteilung A muss nicht zwingend der Kennzahl durchschnittlicher Verkaufspreis einer anderen Abteilung B entsprechen, wenn A von Bruttopreisen ohne Abschriften inkl. MwSt. und B von Nettopreisen ohne MwSt. und allen Rabatten ausgeht.

Um zu verhindern, dass die im Unternehmen eingesetzten Kennzahlen die aufgezeigten Defizite aufweisen, sind bei deren Definition folgende Regeln zu beachten:

- Wirtschaftlichkeitsüberlegungen bei der Verwendung von Kennzahlen sind zu berücksichtigen.
- Informationsbedarfsanalysen sind vor der Ermittlung von Kennzahlen durchzuführen.
- Informations-Inflation ist durch Beschränkung auf ein eng begrenztes Set wesentlicher Kennzahlen je Benutzer zu vermeiden.
- Kennzahlen sind regelmäßig zu ermitteln und zu validieren.

• Kennzahlen und Datenquellen sind genau zu beschreiben. Idealerweise haben die Anwender zur Erhöhung der Akzeptanz Einblick in die Definition der von ihnen verwendeten Kennzahlen.

Häufig wird eine Kennzahl nicht losgelöst, sondern innerhalb eines Systems betrachtet. Unter einem Kennzahlensystem wird im Allgemeinen eine Zusammenstellung von quantitativen Kennzahlen verstanden, wobei die einzelnen Zahlen in einer sachlogisch-sinnvollen Beziehung zueinander stehen, einander ergänzen oder erklären und insgesamt auf ein übergeordnetes Ziel ausgerichtet sind. Das Ziel ist je nach Unternehmen oder sogar Unternehmensbereich unterschiedlich, da es von den Faktoren Qualifikation der Mitarbeiter, Größe des Unternehmens usw. abhängig ist. Anhand der Kennzahlen wird zunächst eine Informationsverdichtung auf einen Aussagewert erreicht. Wie zielgerichtet Aussagen durch Kennzahlen sind, ist so jedoch nicht zu beurteilen. Nicht jede Kennzahl ist für jeden Zweck einsetzbar. Daher ist eine Systematisierung der Kennzahlen nach unterschiedlichen Kriterien sinnvoll, so dass eine anschließende Ausrichtung auf ein bestimmtes Ziel möglich wird. Eine Zielausrichtung anhand eines „universellen" Kennzahlensystems ist auf Grund der individuellen Zielsetzungen nur bedingt möglich.

Systematische, hierarchische Beziehungen der Kennzahlen sind auf ein gemeinsames Oberziel ausgerichtet. Die logisch-mathematischen Beziehungen werden sichtbar, wenn alle Kennzahlen in ihre quantifizierenden Bestandteile aufgeschlüsselt werden. Damit wird ein messbares Nachvollziehen von Ursache-Wirkungs-Beziehungen auf Grund mathematischer Verknüpfungen von der untersten Kennzahl bis zur Spitzenkennzahl möglich. Die entsprechenden Basiskennzahlen werden so miteinander verrechnet, dass sämtliche Teilkennzahlen in eine Spitzenkennzahl einfließen, wie etwa Return-on-Investment oder Eigenkapitalrentabilität.

Ordnungssysteme platzieren Kennzahlen in eine sachlich sinnvolle Beziehung zueinander, ohne dass diese zueinander in mathematischer Beziehung stehen müssen. Infolgedessen können Kennzahlensysteme gebildet werden, die in der Lage sind, Betrachtungsgegenstände systematisch und vollständig zu erfassen.

Zielsysteme liefern eine Erweiterung von Ordnungssystemen. Die Kennzahlen werden nach entsprechenden Zielen strukturiert. Voraussetzung für ein Kennzahlen-Zielsystem ist die Konzeption und Festlegung eines betrieblichen Zielsystems. Zuvor definierten betrieblichen Zielen werden entsprechende Kennzahlen zugeordnet. Durch die Hierarchisierung der Ziele bzw. der zugeordneten Kennzahlen lassen sich systematische Ansatzpunkte für eine Zielbe-

einflussung erkennen. Eine quantitative Aussage über den Zielveränderungs-
grad ist jedoch nicht möglich.

Neuere Kennzahlensysteme versuchen im Rahmen des Performance Measurement, die Vorteile der drei Formen zu kombinieren, ohne jedoch ihre
Nachteile in Kauf nehmen zu müssen. Sie weisen eine kombinierte Struktur
auf. Ein generelles Problem vieler Kennzahlensysteme ist eine weitgehende
Ausrichtung auf monetäre Aussagen. Die Ausdehnung der Leistungsmessung
auf nicht-monetäre Kennzahlen ist der Ansatzpunkt des Performance Measurement. Es umfasst den Aufbau und Einsatz meist mehrerer quantifizierbarer Maßgrößen verschiedener Dimensionen. Sie werden zur Beurteilung
der Effektivität und Effizienz der Leistung und des Leistungspotenzials unterschiedlicher Objekte im Unternehmen herangezogen. Inhaltlich unterscheidet
das Performance Measurement drei verschiedene Leistungsebenen: das Ge-
samtunternehmen, die Prozessebene und die Arbeitsplatz- bzw. Mitarbeiter-
ebene.

Das diagnostische Kennzahlensystem zeigt fortlaufend Informationen über
Merkmale an, deren Abweichung von der Norm zuvor als kritisch definiert
wurde. Zu den Besonderheiten dieses Kennzahlentyps gehört es, dass das
Management erst informiert wird, wenn Kennzahlen von den vorgegebenen
Werten abweichen (Management by Exception).

Dimensionen

Zwar ist die Kennzahl ein wesentliches Element des Berichtswesens, sie hat
aber an sich keine Aussagekraft, solange sie sich nicht auf etwas bezieht. Die
Kennzahl „Netto-Umsatz auf Tagesbasis" kann ohne Bezug zu Tagesdatum und
Filiale kaum sinnvoll interpretiert werden, da nicht deutlich wird, auf was sich
der Umsatz beziehen soll. Die Affinität zu konkreten, betriebswirtschaftlichen
Objekten, sog. Bezugsobjekten, ist für die Aussagekraft einer Kennzahl zwingend erforderlich. Diese Bezugsobjekte konstituieren Dimensionen (z. B. sind
Broccoli oder Käse Bezugsobjekte der Dimension Produkt). Die verschiedenen
Dimensionen spannen den sogenannten Informationsraum auf. Der bietet die
Grundlage für multi-perspektivische Analysen und somit sichtenorientier-
te Auswertungen. Obligatorische Dimension ist hierbei im Regelfall die Zeit
mit den Tagen als Grundelemente, bei Umsatzauswertungen werden zusätz-
lich Dimensionen wie Produkt oder Ort hinzugezogen, um beispielsweise den
Umsatz für den Monat September 2015 für Hula Bonbons in der Verkaufsstätte
Frankfurter Flughafen zu ermitteln. Auch der Wertansatz (Plan, Ist, Prognose,
Schätzung usw.) ist obligatorisch.

Obwohl die Anzahl verschiedener Bezugsobjekte durchaus sehr hoch sein kann, lässt sich – vernünftig hierarchisiert – die Anzahl der Dimensionen in einem grundlegenden Berichtswesen auf wenige reduzieren. Diese können hierarchisch beliebig tief gegliedert bzw. kombiniert werden (vgl. Abbildung 6-2). Um Bezugsobjekte je nach Anwendung und Sicht unterschiedlich klassifizieren zu können, werden Dimensionsgruppen gebildet, die eine Hierarchisierung nach unterschiedlichen Kriterien ermöglichen. Dazu zählt u. a. die Zeit. Während einerseits die Bezugsobjekte der Hierarchieebene Tag denen der Hierarchieebene Monat sowie diese den Bezugsobjekten der Hierarchieebene Quartal und diese wiederum den Bezugsobjekten der Hierarchieebene Jahr untergeordnet werden können, ist es nicht möglich, die Bezugsobjekte der Kalenderwoche, die sich auch auf Tage herunter brechen lässt, in diese Hierarchie zu integrieren, so dass an dieser Stelle zwei Dimensionen gebildet werden müssen. Diese Dimensionen werden zu Gruppen zusammengefasst, die Sichten auf dieselben Mengen von Blattelementen liefern (z. B. alle Tage eines Jahres).

Dimension	Hierarchisierungsbeispiel	Beispielsausprägung (Bezugsobjekt)
Produkt	Warenbereiche → Warenartengruppen → Warenarten → Artikel → Sorten	TV-Geräte → LED-Fernseher bis 46 Zoll → Grundig → Typ 46VLE7130BF
Zeit	Jahr → Quartal → Monat → Tag oder: Jahr → Kalenderwoche → Tag	2014 Q1 → Januar → 16 oder: 2014 → KW3 → 16
Ort	Land → Bundesland → Region → Bezirk → Stadt → Filiale	Deutschland → Bayern → Franken → Unterfranken → Würzburg Stadtmitte
Kunde	Firma → Abteilung → Ansprechpartner	Meier GmbH → Abteilung Einkauf → Herr Schulz
Lieferant	Firma → Abteilung → Ansprechpartner	Müller GmbH → Abteilung Verkauf → Frau Engel
Mitarbeiter	Zentrale/Filiale → Abteilung → Mitarbeiter	Filiale Würzburg Stadtmitte → Abteilung Frischetheke → Frau Schröder
Wertansatz	-	Ist / Soll

Abbildung 6-2: Hierarchisierungsbeispiele für Dimensionen

Fakt und Informationsobjekt

Für Entscheidungsträger im Unternehmen ist vor allem der konkrete Fakt, also der Verbund von Kennzahl und einem dem Aufgabengebiet entsprechenden Bezugsobjekt, von Bedeutung. So möchte beispielsweise der Einkaufsmanager im Bereich Parfümerie wissen, wie hoch der Umsatz bewertet zu Einkaufspreisen (Kennzahl) im April 2013 (Bezugsobjekt der Dimension Zeit) für Dufti-Parfüm 75 ml (Bezugsobjekt der Dimension Artikel) gewesen ist. Verschiedene Fakten lassen sich dann als Faktberechnung in Verbindung bringen. Diese enthält Berechnungsvorschriften, die durch die Wahl der Bezugsobjekte und der Kennzahlen konkretisiert werden. Beispielsweise lassen sich die Fakten Umsatz zu EK im April 2013 für Dufti-Parfüm 75 ml und Umsatz zu EK im Mai 2013 für Dufti-Parfüm 75 ml über eine Berechnungsvorschrift miteinander in Verbindung setzen. Der Einkaufsmanager kann auf diese Weise die Umsatzabweichung zwischen den Monaten berechnen: Umsatzabweichung 04/05 2013 = Umsatz zu EK im Mai 2013 für Dufti-Parfüm 75 ml – Umsatz zu EK im April 2013 für Dufti-Parfüm 75 ml.

Anschließend können im Informationsobjekt oder Bericht die Konstrukte Kennzahlensystem und Faktberechnung zu einer Analyse- und Auswertungssicht in Abhängigkeit von der Gesamtaufgabe der Berichtsempfänger zusammengeführt werden.

Verständnisfrage zu 6.0.2

- Warum ist die Kennzahl „Durchschnittsumsatz pro Filialmitarbeiter" für den operativen Filialbetrieb nicht ausreichend?

6.1 Data Warehouse

Um die Informationsfunktion im Unternehmen wahrnehmen zu können, ist eine Infrastruktur zur Unterstützung der Planung, Kontrolle und Entscheidungsvorbereitung mit Daten bzw. Informationen unerlässlich. Die Erfüllung von Managementaufgaben ist ohne geeignete IT-Unterstützung nicht mehr möglich. Die Datenherkunft gewinnt dabei insofern an Bedeutung, als dass rationale Entscheidungen im Wesentlichen von der Aktualität und der Genauigkeit der Informationen abhängen. Dabei sollte der Nutzen den Kostenaufwand für die Datenbeschaffung und die Kennzahlenermittlung rechtfertigen.

▶ **Hohes Datenvolumen** Die in Unternehmen zu verwaltende Datenmenge hat sich in den letzten Jahren stark erhöht. Auch in großen Unternehmen waren in den 1980er-Jahren nur Gigabytes und in den 90er-Jahren Terabytes zu verwalten. Inzwischen fallen Daten aber sogar im Volumen von Petabytes an, die sinnvoll und effizient gespeichert und ausgewertet werden müssen. In den größten deutschen Handelsunternehmen werden täglich bis zu 100 Millionen Datensätze an den Kassen erfasst. In durchschnittlichen Lebensmittelketten sind es pro Tag immer noch zwei bis sechs Millionen. Die Auswertung dieser „Datenschwemme" und deren Aufbereitung für das Berichtswesen gewinnt für die unterschiedlichen Geschäftsprozesse stetig an Bedeutung.

▶ **Überforderung operativer Systeme** Betriebswirtschaftliche Informationssysteme zur Unterstützung operativer Aufgaben wären mit diesen Datenmengen dauerhaft überfordert, denn sie wurden dafür geschaffen, schnell auf Daten zuzugreifen und sie auch schnell wieder abzuspeichern. Um aus den heterogenen Datenquellen universell verwertbare Daten zu gewinnen, ist es notwendig, eine zentrale Datenbank für verdichtete historische Datenextrakte und aktuelle Daten aufzubauen, also ein Lager für Daten (engl.: Data Warehouse, DWH). Es soll Entscheidern innerhalb des Unternehmens in Abhängigkeit von ihrer Aufgabe zur Unterstützung des Entscheidungsfindungsprozesses dienen.

▶ **Data Warehouse Definition:** Die Idee zu einer solchen gesamthaften Datensammlung und ihrer Abgrenzung gehen auf Bill Inmon zurück [INMO2005], der das DWH als Instrument für die Unternehmensführung sieht. Er vertritt die Auffassung, „das Data Warehouse ist ein zentrales Konzept einer Informationssystemarchitektur, in dem sowohl aktuelle operative als auch verdichtete historische Daten festgehalten werden" sollen, da diese in operativen Systemen nicht gespeichert werden (können) und somit dort nicht zur zentralen Auswertung zur Verfügung stehen. Diese Auffassung hat sich bezogen auf die Eigenschaften als technische Komponente von Informationssystemen weitgehend durchgesetzt. Sein Konzept wurde erst mit der dramatischen Kapazitätssteigerung von Plattenspeichern relisierbar und wird heute bei laufend weiter fallenden Preisen immer mehr akzeptiert. Während noch in den 90er-Jahren der Aufbau eines DWH wegen des enormen Speicherbedarfs in erster Linie größeren Unternehmen vorbehalten war, ist der Einsatz dieses Konzepts bedingt durch den höheren Reifegrad der Anwendungen und den Preisverfall der Technik heute auch für mittelständische Unternehmen attraktiv. Data Warehouses werden zusätzlich zum operativen Datenbestand in einer nicht mehr änderbaren aber laufend fortzuschreibenden Form gespeichert. Die strikte Vereinheitlichung aller Informationen aus internen sowie aus externen Quellen lässt dem Management viel Spielraum, die Entwicklung des eigenen Unternehmens auch im Vergleich zu anderen zu prüfen.

▶ **Themenorientierte Strukturierung** Die im Data Warehouse für Entscheidungsträger gespeicherten und aufbereiteten Daten haben immer einen Zeitbezug und ergeben sich aus den Informationsbedürfnissen des einzelnen Anwenders. Managementsichten auf die historischen und aktuellen Daten können beispielsweise Verkaufsgebiete, Warenstrukturen oder Divisionen unter Berücksichtigung der Aufbauorganisation beinhalten.

▶ **Datenintegration und -konsistenz** Im Data Warehouse als zentralem Speicherort fließen Daten aus unterschiedlichen Anwendungsprogrammen zusammen. Dazu muss eine Konsistenz in Bezug auf Namenskonventionen, Kodierung von Attributen und Maßeinheiten gegeben sein. Daten sind in einheitlicher Weise zu speichern. So erfolgt vor der Datenspeicherung beispielsweise eine Transformation von unterschiedlichen Maßeinheiten, wie z. B. Inch in Zentimeter, um somit Daten, die ursprünglich aus verschiedenen Anwendungssystemen und von verschiedenen Anwendungszwecken stammen, miteinander vergleichen zu können.

▶ **Beständigkeit** Um sicherzustellen, dass Daten auch zu späteren Zeitpunkten noch zur Auswertung zur Verfügung stehen, werden diese üblicherweise nur eingelesen und innerhalb der Data-Warehouse-Anwendung nicht aktualisiert. Die wesentlichen Operationen des Data Warehouse sind das Finden und Lesen von Daten; darauf wird der Datenbankentwurf ausgerichtet.

▶ **Zeitliche Varianz** Während die Daten in operativen betriebswirtschaftlichen Systemen stets den aktuellen Zustand der Geschäftsprozesse beschreiben (z. B. Produktbestände), werden im Data Warehouse auch historische Daten festgehalten. Auf diese Weise lassen sich Unternehmenssituationen zu bestimmten Zeitpunkten rekonstruieren (snapshot data) oder miteinander in Bezug setzen. Zeitreihen sind eine wesentliche Datendimension im Data Warehouse. Das insbesondere von Edgard Codd bekannt gemachte OLAP-Konzept (OnLine Analytical Processing) bietet die flexible Analyse, um dynamisch auf Daten zuzugreifen und durch den Datenbestand zu navigieren. Die in den Unternehmen durchgeführten Analysen betreffen alle Unternehmensbereiche und erstrecken sich von der Lieferantenanalyse über die Dispositions- und Out-of-Stock-Analyse zur Sortiments- und personalbezogenenen Analyse.

Häufig kommen hierbei je nach IT-Architektur und IT-Versorgungsgrad des Unternehmens unterschiedliche Analyse-Tools von standardisierten Berichten bis zu ad-hoc-Analysetools zum Einsatz. [CODD1993.]

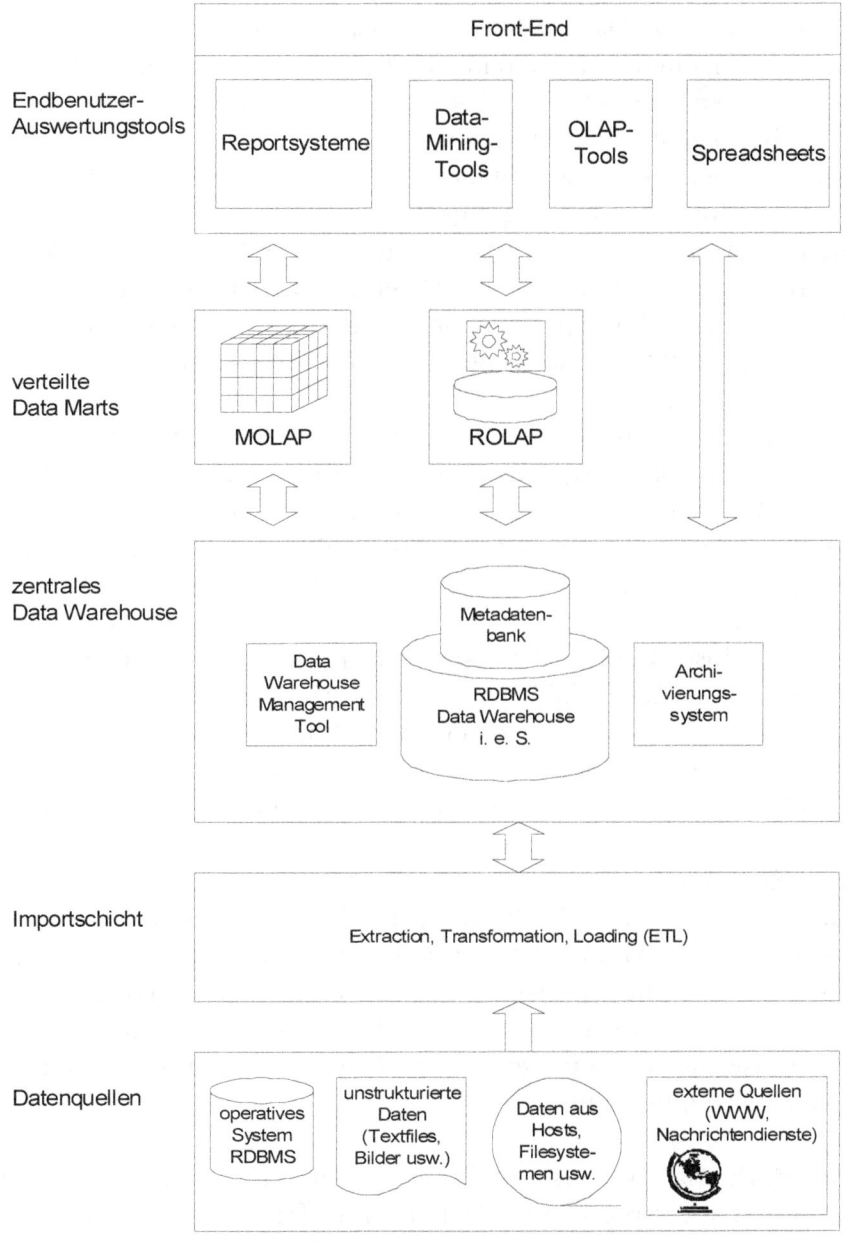

Quelle: [HOLT2001, S. 8]

Abbildung 6-3: Data-Warehouse-Architektur

▶ **DWH-Schichten**   Um einen betriebswirtschaftlichen Nutzen gewährleisten zu können, muss jedes Data Warehouse als zentrales Datenhaltungsinstrumentarium in die betriebliche, zumeist heterogene Informationssystemlandschaft eingebunden werden. Dazu müssen Schnittstellen zu den operativen Systemen genutzt werden, um deren Daten in das Data Warehouse zu überführen.

Dazu werden sogenannte Extraktions-, Transformations- und Lade-Tools (ETL-Tools) eingesetzt, die dafür sorgen, dass die Daten korrekt aus den operativen Systemen ausgelesen und entsprechend dem Grundsatz der Integrität transformiert im Data Warehouse gespeichert werden. Darüber hinaus müssen ergänzend zum eigentlichen Data-Warehouse-System geeignete Werkzeuge zur Analyse und Präsentation der Daten für das Management bereitgestellt werden. Das Gesamtkonzept ist somit als Mehrschichtenarchitektur zu verstehen, für die das Data Warehouse den zentralen Kern bildet.

▶ **Datenquellen-Schicht**   Auf unterster Ebene befinden sich die betriebswirtschaftlichen Softwaresysteme, die sogenannten Online-Transaction-Processing (OLTP)-Systeme. Sie haben für den täglichen Geschäftsablauf ein transaktionsorientiertes Datenbanksystem, bei dem vor allem ein schneller Datenzugriff auf Einzelsätze im Vordergrund steht. Da sich die Datenbestände laufend ändern, wird nur der aktuelle Zustand der Daten gespeichert. Eine Archivierung historischer Datenbestände ist nicht oder nur in geringem Maße vorgesehen. Von den OLTP-Systemen werden alle betriebswirtschaftlich-administrativen Aufgaben (z. B. Finanzbuchhaltung, Kostenrechnung und Personalwirtschaft) ausgeführt. Die integrierende Gesamtlösung dieser Funktionen wird als ERP-System (Enterprise Resource Planning) bezeichnet. Auch elektronische Scannerkassen- oder eCommerce-Systeme können dieser Kategorie zugerechnet werden. Alle diese Funktionssysteme können in der Regel nicht einfach ersetzt oder in neu entwickelte Systeme überführt werden. Daher ist eine Extraktion der Daten und eine zentrale Speicherung im Data Warehouse notwendig, um dem Management eine einheitliche Sicht auf den Unternehmensdatenbestand zu ermöglichen. Auch andere (externe) Daten beispielsweise aus dem Internet und aus Marktforschungsinstituten kommen als Datenquelle in Betracht.

▶ **Importschicht**   Die aus den Datenquellen stammenden Daten müssen ihren Zwecken entsprechend selektiert, transformiert und bereinigt werden, bevor sie in das Data Warehouse importiert bzw. geladen werden können. Verantwortlich hierfür ist die Extraction-, Transformation- und Loading

(ETL)-Schicht. Die ETL-Prozesse werden periodisch, z. B. wöchentlich, für die vordefinierten Aufgaben ausgeführt.

▶ **Data-Warehouse- und Data Mart-Schicht** Der eigentliche Kern des Data Warehouses besteht aus der zentralen Datenhaltungskomponente. Die zentrale Datenhaltungskomponente wird auf Grund ihres Umfangs und den daraus resultierenden Anfrage- und Suchzeiten häufig um ausgelagerte, adressatenspezifische Datenbestände ergänzt. Diese so genannten Data Marts bilden kontextspezifisch benötigte Extrakte der umfassenden Datenbestände des Data Warehouses. Darüber hinaus befindet sich in der Data-Warehouse-Schicht auch eine Metadatenbank, die zentrale betriebswirtschaftliche und DV-technische Informationen über den Datenbestand des Data Warehouses speichert, um schnell durch den Datenbestand navigieren zu können.

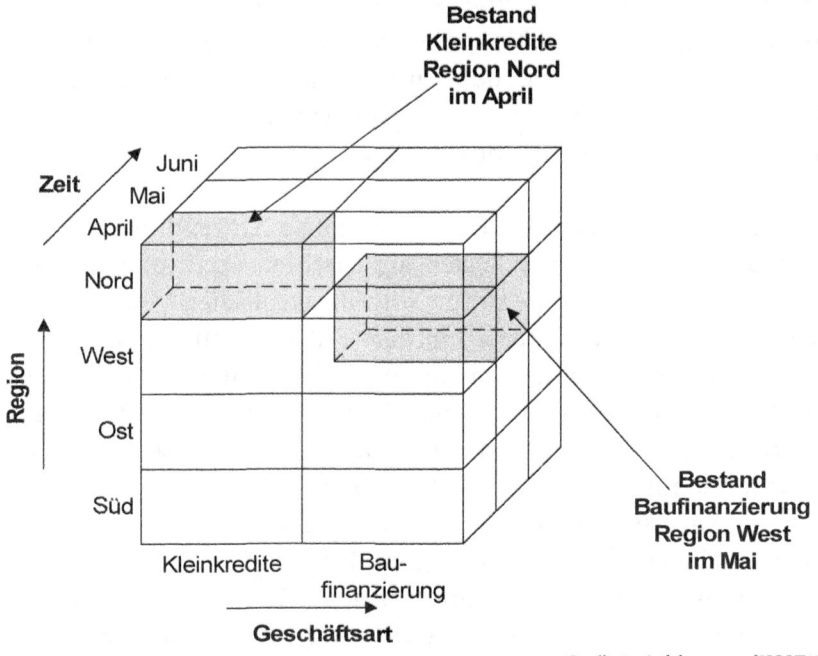

Quelle: in Anlehnung an [HOLT 1999, S. 51]

Abbildung 6-4: Beispiel für OnLine Analytical Processing

▶ **Auswertungs- und Präsentationsschicht** Die Architektur wird durch geeignete Komponenten zur Erzeugung und Präsentation von beliebigen für das Management wichtigen Sichten auf die Daten abgerundet. Dabei können mehr oder weniger starre Reportsysteme oder auch individuelle Tabellen zum

Einsatz kommen. Darüber hinaus gehende Informationsbedürfnisse werden zumeist durch spezielle OLAP-Programme befriedigt (vgl. Abb. 6-4).

Bei den OLAP-Lösungen werden auch Möglichkeiten zur Navigation durch den Datenbestand angeboten, indem Mitarbeiter verdichtete Daten zur genaueren Analyse disaggregieren (Drill-Down) oder Daten aggregieren (Roll-Up) sowie Berichtsdaten aus unterschiedlichen Perspektiven betrachten können (Pivot). Eine weitere Analysetechnik ist das Betrachten eines Teilausschnitts des mehrdimensionalen Datengebildes (Dicing). Hierbei wird beispielsweise ein dreidimensionaler Datenwürfel aus allen Kunden aller Geschäftsarten über alle Jahre gebildet. Über das Dicing wird ein Unterwürfel gebildet, beispielsweise Großkunden der Geschäftsarten 1, 5 und 8 für die Jahre 2008 bis 2013. Beim Slicing wird analog nur eine Scheibe des Datenwürfels betrachtet, also beispielsweise alle Kunden aller Geschäftsarten im Jahre 2013.

Die Anwendungsmöglichkeiten und Nutzungsgebiete beim Einsatz von Data Warehouses sind vielfältig: Reporting und Berichtswesen, Planung, Hochrechnungen und Simulationen, Einsatz von Performance-Measurement-Methoden, Standortanalysen, demographische Auswertungen, Auswertung von Kundenkarten, Kundenbeziehungsmanagement, Aktionsmanagement, Betrugserkennung, Abschriftenprozess, Lieferantenbewertung uvm.

▶ **Business Intelligence (BI)**   Data-Warehouse-Anwendungen sind auf das Sammeln und Auswerten von Daten ausgerichtet. Dazu passt der englische Begriff „Intelligence", auch wenn uns dies im Deutschen befremdet. Die Datenintegration der OLTP-Systeme mit dem DWH durch Standards wie SOAP, ODBC und XML ist in den letzten Jahren deutlich einfacher geworden, so dass die Anzahl an angebundenen Datenquellen zunimmt. Auch werden die Systeme in Bezug auf die Aktualität ihrer Daten immer besser. Der Trend geht dahin, nicht nur auf (historische) Datenextrakte, sondern auch auf Live-Daten zuzugreifen. Am Ende dieser Entwicklung steht das Real-Time-Warehouse, heute bereits eingesetzt in der Betrugsentdeckung bei Kreditkartenanbietern und Telekommunikationsunternehmen. Auch bei Dell oder Wal-Mart können Ereignisse automatische Aktionen wie etwa Bestellungen auslösen.

Das Speichervolumen war von Anfang an ein ganz entscheidender Faktor für die Leistungsfähigkeit elektronischer Datenverarbeitungsanlagen. Neben den dramatisch gefallenen Preisen und den gewaltig gewachsenen Volumina wurde in den vergangenen zwei Jahren noch eine neue Speichertechnik als entscheidendes Element für die geradezu sprunghafte Verbesserung der Zugriffsleistung auf gespeicherte Daten entwickelt. Während bis dahin der interne Speicher als Hauptspeicher (main memory) neben dem Rechenwerk und dem

Steuerwerk einer der drei Bestandteile der Zentraleinheit (central processing unit) war und als einziger Speichertyp eine wirklich freie Adressierung aller Speicherbereiche erlaubt hat, mussten alle großen Datenbestände extern früher auf Bändern und bis heute auf Plattenspeichern abgelegt werden. Dies hat die Fähigkeiten der betrieblichen Informationsverarbeitung klar determiniert. Bei Bandlaufwerken konnten Aufgaben nur sukzessive im Stapelverfahren abgearbeitet werden. Die Plattenspeicher ermöglichten die Dialogverarbeitung, bei der die Benutzer verschiedene Programme und Daten beliebig aufrufen und bearbeiten können. Die sequentielle Ablage der Daten in den Spuren über die Oberfläche der Platten erlaubt zwar einen wahlfreien Zugriff auf jeden gewünschten Datensatz, wenn man seine Speicheradresse kennt, aber jeweils eben nur auf den ganzen Satz, der vor seiner Auswertung zuerst in den Hauptspeicher geladen werden muss. Um beispielsweise die durchschnittliche Dauer der Betriebszugehörigkeit aller Mitarbeiter zu ermitteln, müssen deren Daten Satz für Satz in den Hauptspeicher geladen, das Feld mit dem Eintrittsdatum (beispielsweise auf den Bytes 112 bis 119) mit dem aktuellen Datum verglichen und die Differenz in die Berechnung des Gesamtdurchschnitts übernommen werden.

Bei 12.000 Mitarbeitern eines Unternehmens bedeutet dies, dass deren 12.000 Datensätze (mit z. B. jeweils 350 Bytes, d. h. insgesamt 4,2 Mio. Bytes) von der Platte gelesen werden müssen, obwohl nur 96.000 Bytes (Eintrittsdaten) benötigt werden. Für kompliziertere Rechnungen zum Beispiel im Bereich der vergleichenden Verkaufsanalyse von Waren ergibt sich ein Vielfaches davon. Das kann zum Engpass für die gesamte betriebliche Informationsverarbeitung werden.

Der neue Ansatz nutzt an Stelle von Plattenspeichern große Halbleiter-Speicher, die als SSD (Solid State Device) bezeichnet werden. Diese Speicher sind erheblich teurer, ermöglichen aber wesentlich kürzere Zugriffs- und Lesezeiten (je nach Aufgabe 1:1000). Aus der technologischen Verwandtschaft solcher Speicher mit dem Arbeitsspeicher eines Computers, der auch Hauptspeicher (Main Memory) genannt wird, erklären sich sowohl die höhere Geschwindigkeit als auch die Bezeichnung. Der entscheidende Durchbruch liegt aber in der intelligenten Nutzung der Zugriffsmöglichkeiten von SSD's. Denn Plattenspeicher können immer nur Sätze in den Hauptspeicher übertragen, ein SSD kann aber mit einem Zugriff auch alle Ausprägungen der Elemente eines Attributtyps aus allen Datensätzen auslesen. Anders als beim oben beschriebenen Beispiel der Berechnung der Betriebszugehörigkeit der Mitarbeiter, müssen hier nicht die Datensätze aller Mitarbeiter einzeln gelesen und ausgewertet werden, sondern nur die Inhalte des Attributs Eintrittsdatum über alle Einträge mit einem einzigen Abruf. Das führt bei analyseintensiven Aufgabenstellungen noch einmal zu einer Beschleunigung in der Größenordnung 1:10.000. Der Effekt entspricht dem einzelnen Durchsehen aller Zeilen einer Matrix (Datensätze) bis zum relevanten Eintrag mit dem Eintrittsdatum (hier: Bytes 112 bis 119) im Gegensatz zur unmittelbaren (spaltenweisen) Verarbeitung der gewünschten Daten.

Diese Auswertungsstrategie erlaubt künftig wieder eine neue, interpretative Form der Informationsverarbeitung nach der sequenziellen und dialogorientierten. Große Datenmengen können spontan und unmittelbar bezüglich der Ausprägung bestimmter Merkmale ausgewertet werden.

Die auch mit dem Begriff „Big Data" umschriebene Betrachtungsweise der gesammelten, gemessenen oder auch analysierten Informationen wird zu neuen Methoden der Betriebswirtschaftslehre führen. Nicht mehr die Key Performance Indicators (KPI), die im Grunde nur ausgefeiltere Durchschnittswertberechnungen sind, die einen Zusammenhang in ganz wenigen Zahlenwerten beschreiben sollen, werden zur Basis von Entscheidungen genutzt werden, sondern detaillierte Verlaufsbeschreibungen und die daraus ableitbaren Erkenntnisse.

▶ **Data Mining** Die Suche in und die Analyse von großen Datenbeständen wird als Data Mining bezeichnet mit der Hoffnung, dass man bei systematischem Vorgehen fündig wird bezüglich neuer Erkenntnisse. Neben bereits vorliegenden Sammlungen von Geschäftsdaten stehen durch die zunehmende Integration inner- und zwischenbetrieblicher Abläufe mehr detaillierte Aufzeichnungen der Aktivitätsabläufe bereit, die durch die automatisierte Sammlung von Sensordaten (Temperaturverläufe in Kühlketten, Routen von Transportfahrzeugen, medizinische Angaben über körperliche Anstrengungen und beliebig viele andere) ergänzt werden. Die Chancen, daraus neue Zusammenhänge zu erkennen, sind gewaltig und damit wird sich auch das Verhalten bei der Entscheidungsfindung im Management ändern – müssen!

Das IT Unternehmen, das sich am stärksten auf die Potenziale der neuen Speichertechnik eingestellt und damit auch schon große Umsätze erzielt hat, ist die SAP, die ihre Dienstleistungen und entsprechende Speichereinrichtungen unter der Bezeichnung HANA (<u>H</u>igh Performance <u>A</u>nalytic <u>A</u>ppliance) vermarktet.

Im übrigen wird auch am Einfluss der Fortschritte in der Speichertechnologie auf die Arbeitsweise (Stapel, Dialog, Interpretation) deutlich, dass sich die betriebswirtschaftliche Vorgehensweise, ihre Prozesse und die Entscheidungsfindung immer auch nach den gegebenen technischen Möglichkeiten richten und nicht umgekehrt.

Die stringente Trennung zwischen operativem System und DWH verschwindet immer weiter. Die Systeme beziehen zum Teil bereits qualitative, nicht-strukturierte Daten in die Auswertungen ein: Mails, Texte, Grafiken und Aktenvermerke, so dass auch die Workflow- und Groupware-Anwendungen in der Business Intelligence genutzt werden.

Auch wenn sich der Einsatz von DWH-Systemen in vielen Unternehmen durchsetzt, treten dennoch zahlreiche Probleme auf:

- Unterschätzung der Ressourcen und benötigten Zeit für die Übertragung der Daten aus den operativen Systemen,
- manuelle Überleitungen und Abstimmungsbrücken trotz Automatisierung der Auswertung durch DWH-Grundlagen,
- unvollständige Archivierung, bei der nicht alle Daten gespeichert werden,
- Zweifel an den verfügbaren Daten und ihren Aggregationen sowie Probleme bei der Erklärung von auftretenden Abweichungen,
- wachsende Anforderungen der Benutzer sowie Support- und Schulungszunahme,
- Homogenisierung der Daten nicht oder nur unzureichend möglich,
- Verfügbarkeit unterschiedlicher Zahlen für ein und dieselbe Fragestellung,
- steigender Ressourcenverbrauch durch wachsende Datenmengen,
- Zugriffsproblematik (ehemals im OLTP-System nur bestimmten Mitarbeitern zugängliche Daten sind im DWH auch anderen Personen zugänglich),
- lange Einführungsdauer (bis zu drei Jahre) sowie
- hohe Komplexität bei der Integration in die IT-Landschaft.

Verständnisfrage zu 6.1:

- Ist der Inhalt eines Data Warehouse redundant im Sinne einer Doppelspeicherung von Angaben aus den operativen Datenbeständen?

Was Sie in diesem Kapital gelernt haben:

Für operative, taktische und strategische Entscheidungen werden häufig aggregierte, d. h. verdichtete Daten herangezogen. Mittels Kennzahlen werden diese in einem Kontext sinnvoll dargestellt. Die der Kennzahl zu Grunde liegenden Daten stammen häufig aus einem Data Warehouse, in dem Daten in aggregierter Form dauerhaft abgespeichert werden.

Literatur

CODD1993   Codd, E. F: The Relational Model for Database Management. Version 2, Reading u. a. 1990

DINK2013   Dinkelbach, W.: Elemente einer betriebswirtschaftlichen Entscheidungslehre. Heidelberg 1996

INMO2005   Inmon, W., H.: Building the Data Warehouse. Indianapolis 4th edit. 2005

HOLT2001   Holten, R.; Rotthowe, T.; Schütte, R.: Grundlagen, Einsatzbereiche, Modelle. In: Data Warehouse Management-Handbuch. Hrsg.: R. Schütte; T. Rotthowe; R. Holten. Berlin u. a. 2001

SZYP1980   Szyperski, N.: Informationsbedarf. In: Handwörterbuch der Organisation. Hrsg.: E. Grochla, 2. Aufl. Stuttgart 1980

Betriebswirtschaftliche Aspekte der überbetrieblichen integrierten Informationsverarbeitung

7 Überbetriebliche Integration

Warum endet die Informationsverarbeitung nicht an der Unternehmensgrenze?

Betriebswirtschaftliche Objekte werden über unterschiedliche Daten spezifiziert. So existieren beispielsweise über jeden Artikel – um nur einige wenige Daten zu nennen – Einkaufspreise und Verkaufspreise, Artikelbezeichnungen, Herkunfts- und Produktionsinformationen oder Informationen zur Mindesthaltbarkeit oder zur Lagerung. Insbesondere die sich nicht verändernden Daten, die sogenannten Stammdaten, werden von mehreren Partnern der Wertschöpfungkette in gleicher oder ähnlicher Art benötigt. Natürlich ist es möglich, dass alle Beteiligten die Daten voneinander unabhängig erneut erfassen. In der Vergangenheit wurde hierfür häufig das Argument gebraucht, dass Lieferanten nicht in der Lage seien, die Stammdaten ähnlich sorgfältig zu pflegen, wie die eigenen Mitarbeiter. Doch die Begründung greift zu kurz. Der überbetriebliche Stammdatenaustausch ermöglicht hohe Effizienzgewinne, da die Daten nur noch dort erfasst werden, wo sie anfallen. Damit entfallen Medienbrüche durch und Personalkosten für die erneute Stammdatenerfassung.

Was in Richtung Absatz funktioniert und sinnvoll ist, empfiehlt sich auch für die entgegengesetzte Richtung. Es existiert beispielsweise kaum ein größerer Onlineshop, bei dem die vom Kunden auf der Shopwebseite erfassten Daten nicht auch direkt von den betriebswirtschaftlichen Softwaresystemen genutzt würden, um so den logistischen Abwicklungsprozess für die Bestellung unmittelbar zu starten. Damit sind Medienbrüche, bei denen die Daten eingegeben, ausgedruckt und wieder eingegeben werden, aus dem Bestellablauf eliminiert, und der Prozess lässt sich weitestmöglich automatisieren.

Bereits in den neunziger Jahren, also in den Pionierzeiten der Internetkommunikation, haben Händler und Produzenten unter den Stichworten Efficient Consumer Response (ECR) und Collaborative Planning, Forecasting und Replenishment (CPFR) versucht, Initiativen zu einer engeren Zusammenarbeit und zur Verbesserung der Warenflüsse zu bilden. Obwohl der in diesem Kapitel beschriebene Bullwhip-Effekt aufgrund sich in der Lieferkette aufschaukelnder Nachfragemengen längst wissenschaftlich nachgewiesen ist und die positive Wirkung überbetrieblichen Datenaustauschs an dieser Stelle offensichtlich ist, betrachten die Unternehmen insbesondere die transaktionalen Abverkaufsdaten, anders als die Artikelstammdaten, als strategisches Asset, das nicht mit anderen Partnern der Wertschöpfungskette geteilt werden sollte. Was auf der einen Seite aus Angst vor Wettbewerbsspionage einleuchtet, führt auf der anderen Seite aber auch dazu, dass die Vorteile der überbetrieblich integrierten Informationsverarbeitung nicht vollständig ausgeschöpft werden können. Der Nutzen von Informationen endet eben nicht an der Unternehmensgrenze.

BEGRIFFE, die in diesem Kapitel erläutert werden: Supplier Relationship Management, Just in Time, Bullwhip-Effekt, Customer Relationship Management, eSCM, ECR, CPFR

7.0 Grundlagen des Supplier Relationship Managements

▶ **Von Einzelleistungen zum integrierten Ablauf** Die wesentlichen Aufgaben von eCommerce- und eBusiness-Anwendungen liegen in der Verknüpfung der einzelnen Informationsverarbeitungsschritte über möglichst viele Lieferanten und Dienstleister. Die dafür verbreiteten Bezeichnungen „Prozesskette, Lieferkette, Supply Chain" sind im Grunde falsch und liefern ein simplifiziertes Bild der Aufgabenstellung. Eine Kette impliziert eine sukzessive Verbindung zwischen mehreren Gliedern, in diesem Fall Zulieferanten. Tatsächlich beschaffen Unternehmen ihren Materialbedarf aber in aller Regel nicht nur bei einem Lieferanten. Die jeweils eigene Produktions- und Lieferfähigkeit ist folglich von der korrekten Einhaltung von Lieferterminen und bestellten Mengen aller beauftragten Lieferanten abhängig. Die vermeintliche Zulieferkette entpuppt sich als vielgliedriges Netzwerk, dessen Funktionsfähigkeit weit schwieriger zu sichern ist, als das einer einfachen, sukzessiven Reihenfolge von Lieferanten.

Dies erfordert eine medienbruchfreie Weitergabe von Bestelldaten, Bestätigungen, Abrufen, Lieferhinweisen usw. Selbstverständlich darf die Übertragung dieser Daten in einen Kunden- oder Lieferantenrechner nicht in einer „Eingangsdatei" stecken bleiben und erst nach manueller Freigabe oder Ergänzung im jeweils innerbetrieblichen System weiterverarbeitet werden. eCommerce und eBusiness sollten also nicht als Sammelbegriffe für jede Form der

„elektronischen" Geschäftskommunikation verstanden werden, sondern als die integrierte Ausführung der digitalen Informationsaufgaben ökonomischer Prozesse. Wenn folglich ein Hersteller von Konsumgütern bei seinen Zulieferanten die Aufgabe von Bestellungen über eine eBusiness-Lösung betreibt, dann gehört dazu auch die Verknüpfung aller Teilaufgaben von der Bedarfsermittlung über Stücklisten, der Aufbereitung von Bestelldaten, der Weitergabe an den Lieferanten sowie dessen Auftragsbearbeitung mit Bestätigung. Nur eine solche integrierte Form ermöglicht es, bemerkenswerte Kosteneinsparungen durch Automatisierung zu erzielen; die bloße Nutzung des Internets zur Übertragung bietet nur sehr beschränkte Vorteile.

▶ **Supplier Relationship Management**   Im Supplier Relationship Management wird versucht, Anstatt durch eine Vielzahl unabgestimmter und isolierter Verbesserungen einzelner Teilprozesse oder -bereiche eine unternehmensübergreifende Lösung für das gesamte Logistiknetz zu entwickeln. Dazu ist allerdings eine Neuausrichtung des Wertschöpfungsablaufs vom bislang vorherrschenden Push-Prinzip hin zu einem Pull-Prinzip erforderlich. Beim Push-Prinzip werden die Produkte von den Herstellern auf Grund von Umsatzerwartungen und isolierten Bestellungen des Handels einfach in die Lagerstätten bzw. Filialen geschoben. Dagegen wird der Distributionsprozess beim Pull-Prinzip vom Kunden angestoßen und die Ware so aus dem Zuliefernetz gezogen. Auf der Grundlage der Verkaufsdaten wird die Distribution und Produktion direkt entsprechend den Bedürfnissen und dem Kaufverhalten der Konsumenten gesteuert. Das komplette Logistiksystem verwandelt sich so von einem Stausystem zu einem Fließsystem.

Um über die Integration in den Zulieferbeziehungen hinaus die Reaktionsgeschwindigkeit zwischen den Beteiligten hinsichtlich ihrer Lieferfähigkeit und des jeweiligen Auftragsstatus zu erhöhen, wurde aus der simplen logistischen Anbindungsidee (Supply Chain) unter dem Namen Electronic Supply Chain Management (eSCM) eine medienbruchfreie Datenweitergabe an die Dispositionsrechner der in einem Zuliefersystem beteiligten Unternehmen angestrebt. Heute steht die nächste Stufe des wechselweisen Informationsaustauschs zwischen allen Unternehmen an, die über Lieferbeziehungen miteinander verbunden sind.

Das wesentliche Ziel eines solchen modernen, elektronischen Liefernetzwerks liegt in der sofortigen Klärung aller Fragen, die sich bezüglich der Liefertermine für die Teile eines Kundenauftrags oder einer -anfrage ergeben. Nur dann können die Fertigungsaufträge zeitlich richtig eingeplant und ein verbindlicher Liefertermin genannt werden.

Just in Time

Die Idee, alle benötigten Teile für einen Produktions- bzw. Montageprozess genau zu dem Zeitpunkt liefern zu lassen, zu dem sie wirklich gebraucht werden, ist bestechend. Dies hat Kiichiro Toyoda bereits Ende der 30er Jahre erkannt und ein Konzept gegen Verschwendung in der Fertigung entwickelt. Wer einmal in einem Produktionsbetrieb die vielen Ein-, Zwischen- und Umlagerungsprozesse von Materialen wahrgenommen und die Kosten für das unnötig gebundene Kapital und den benötigten Platz überschlagen hat, möchte gerne alle seine Anlieferungen zum richtigen Zeitpunkt und direkt an den Verwendungsort erhalten, was übrigens nur sinnvoll ist mit einer Null-Fehler-Qualität. Leider stehen den Einsparungen durch die zeitgenaue Anlieferung auch Logistikkosten gegenüber, die aus der aufwendigeren Bedarfsrechnung in Verbindung mit der Fertigungsauftragseinplanung resultieren. Für viele kleine und billige Teile lohnt sich daher der Aufwand nicht.

Dort wo die zeitpunktorientierte Lieferung jedoch sinnvoll ist, kann sie nur im Rahmen eines Informationssystems verwaltet werden, das die Kunden- und Fertigungsaufträge einerseits und die Materialbedarfe und Kapazitäten andererseits in Verbindung bringt. [OHNO1988]

Klassische Logistikketten

Insbesondere die Automobilindustrie hat schon vor Jahrzehnten begonnen, ihre Zulieferanten nicht mehr als anonyme Hersteller genormter oder auch speziell in Auftrag gegebener Teile zu sehen, sondern hat mit ihnen sowohl im Bereich der Konstruktion, als auch der Vereinbarung von Lieferfolgen, der Abstimmung von Nachfrageschwankungen, der Sicherstellung von Qualitätsanforderungen und des Rundlaufs von Ladungsträgern enge Kooperationsbeziehungen geknüpft (vgl. Abb. 7-1).

Die kostengünstigen Kommunikationsmöglichkeiten des Internet haben die Phantasie der Supply-Chain-Entwickler neu beflügelt. Mehrere Varianten für sehr aktualitätsorientierte Informationsanbindungen zwischen den Zulieferstufen von Produktherstellern wurden entwickelt und als Standard-Software bereitgestellt.

Güter- und Informationsfluss

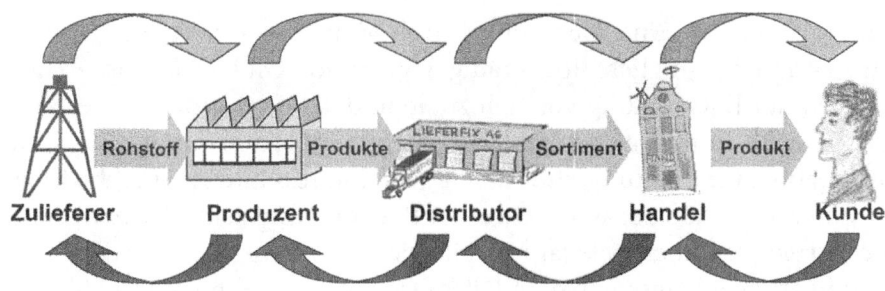

Informations- und Geldfluss

Abbildung 7-1: Klassische Logistik-Lieferkette

Reaktionsschnelle Lieferstrukturen

Dazu sind einerseits jederzeit durchgängige Kommunikationsanbindungen zwischen den Lieferanten nötig und andererseits Planungsverfahren, die eine unmittelbare Antwort auf eine Lieferbarkeitsanfrage generieren. Für die Anbindungen wird das Internet propagiert, aber häufig werden auch bereits bestehende bilaterale Lösungen ausgebaut und weiterverwendet. Für die Planungsrechnung sind neue, schnellere Lösungen nötig, die unter der Bezeichnung Advanced Planning Systems (APS) zur Ergänzung der bestehenden Enterprise Resource Planning Software (ERP) dienen sollen.

▶ **SCOR als Prozessreferenzmodell**   Um für alle Beteiligten gleiche Bedingungen im Rahmen eines branchenübergreifenden Prozessreferenzmodells zu beschreiben, hat sich unter dem Namen Supply Chain Council eine Initiative aus mehreren hundert Unternehmen gebildet, die ein Supply Chain Operations Model (SCOR) erstellt hat (www.supply-chain.org). Die Entwicklung und Mitarbeit am SCOR-Modell wird von allen Mitgliedern erbeten und soll einen internationalen Erfahrungsaustausch auf vergleichbarer Ebene ermöglichen. Das Modell soll mit Hilfe definierter Standard-Geschäftsprozesse den Aufbau von Supply Chains erleichtern. Darüber hinaus stellt es Kennzahlen zur Leistungsmessung zur Verfügung, bietet Best Practices für einzelne Prozesse und gibt Hinweise auf Möglichkeiten der Softwareunterstützung. Das SCOR-Referenzmodell bietet Gestaltungsvorschläge auf unterschiedlichen Detaillierungsebenen für die fünf primären Supply-Prozesse, namentlich Planung (plan), Beschaffung (source), Herstellung (make), Lieferung (deliver) und Rückgabe (return).

Dezentralisierung (Alfred Sloan 1963)

Die Frage, ob ein Unternehmen zentral oder dezentral verwaltet werden muss, war ursprünglich hochgradig von seiner Globalisierung abhängig bzw. seit der Entwicklung von Telegrafie und Telefonie von der Verfügbarkeit dieser Techniken an den Unternehmensstandorten. Für die maschinelle Informationsverarbeitung sind damit sehr interessante Rahmenbedingungen aufgezeigt. Aus der wechselweisen Bevorzugung zentraler bzw. dezentraler Strukturen über viele Jahre ergibt sich als Erfahrung, dass die zentrale Koordination der Geschäftspolitik des Gesamtunternehmens mit Hilfe einer dezentralen Verwaltung umgesetzt werden sollte. Dies setzt jedoch, um die aus der Unternehmensgröße resultierenden Vorteile zu nutzen, eine zeitnahe Meldung der operativen Informationen an die Zentrale und umgekehrt, die unmittelbare Rückmeldung der Konsequenzen an die Außenstellen voraus [SLOA1963]. Hier ist folglich eine adäquate Organisationsform nur auf der Basis gut funktionierender Informationssysteme praktikabel.

Das Zusammenspiel dezentraler und zentraler Funktionen wird besonders deutlich im Bereich des Einkaufs nichtproduktiver Güter (z. B. Büromaterial) über eProcurement mit Hilfe elektronischer Kataloge. Der Vorteil der Dezentralisierung durch kürzeste Meldewege zwischen den Stellen, an denen der Bedarf auftritt, und der zentralen Bestellabwicklung kann nur durch die dezentrale Zugangsmöglichkeit eines Informationssystems geboten werden. Die erheblichen Einsparpotenziale durch Bedarfsbündelung, friktionslose Bestellabwicklung und aufwandsarme Kontrollmechanismen werden nur durch integrierte, d. h. zentrale, Informationsverarbeitung möglich.

Für die Anbindung der Zulieferanten in einer Supply Chain werden im Allgemeinen drei Ansätze mit unterschiedlichen Abhängigkeiten unterschieden.

- Bei der dominierten, stufenweisen Prozesskette erhält der Erzeugnishersteller die Kundenaufträge. Er löst sie auf und übermittelt seinen Bedarf an die nächste Stufe der Zulieferanten. Diese ermitteln wiederum ihre jeweiligen Bedarfe und reichen die Aufträge weiter an ihre Zulieferanten. Der Bestell- und Lieferweg für ein Teil entspricht dabei einer Kette über die Zulieferanten. Die gesamten Zulieferbeziehungen entsprechen jedoch eher einem Netz- bzw. Baumgraphen, da ja jeder Lieferant sein Material von mehreren Zulieferanten bezieht (vgl. Abb. 7-2). Eine Variante dazu ist die dominierte, direkte Prozesskette, bei der, über die Kommunikations- und Lieferverbin-

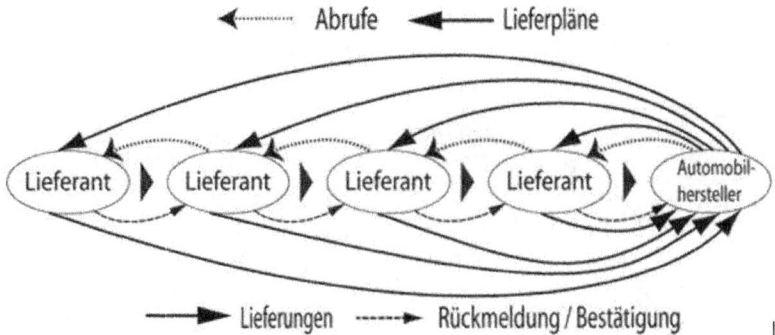

Abbildung 7-2: Dominierte, stufenweise Prozesskette eines Automobilherstellers mit direkter Anbindung

dungen der stufenweisen Anbindung hinaus, die Zulieferanten unabhängig von ihrer Position vom Erzeugnishersteller auch direkt über die künftigen Bedarfe informiert werden und ihm ihre Lieferfähigkeit mitteilen müssen. Damit wird der dominierende Hersteller zur absoluten Übermacht, da er alle Einkaufsbeziehungen seiner Zulieferanten kennt und sowohl zeit- wie mengenmäßig diktiert.

- Die zentralisierte Prozesskette kennt nur noch die Informationsbeziehungen von einer zentralen Stelle („wohlmeinender Diktator") zu den Lieferanten (vgl. Abb. 7-3). Diese Zentrale koordiniert alle Bedarfe und Lieferungen, ist aber selbst nicht in den Herstellungsprozess eingebunden. Dahinter steht die Idee eines elektronischen Marktplatzes, der durch seine Zentralfunktion auch das Kommunikationsproblem der vielen Marktteilnehmer

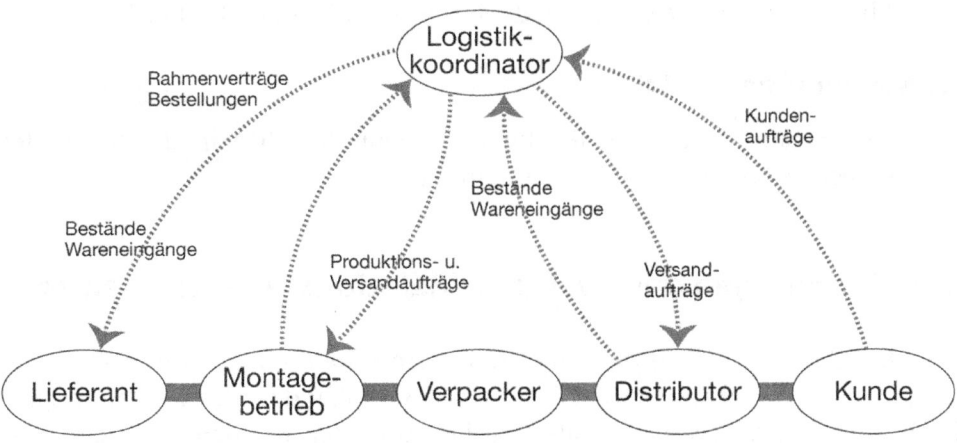

Abbildung 7-3: Zentralisierte Prozesskette

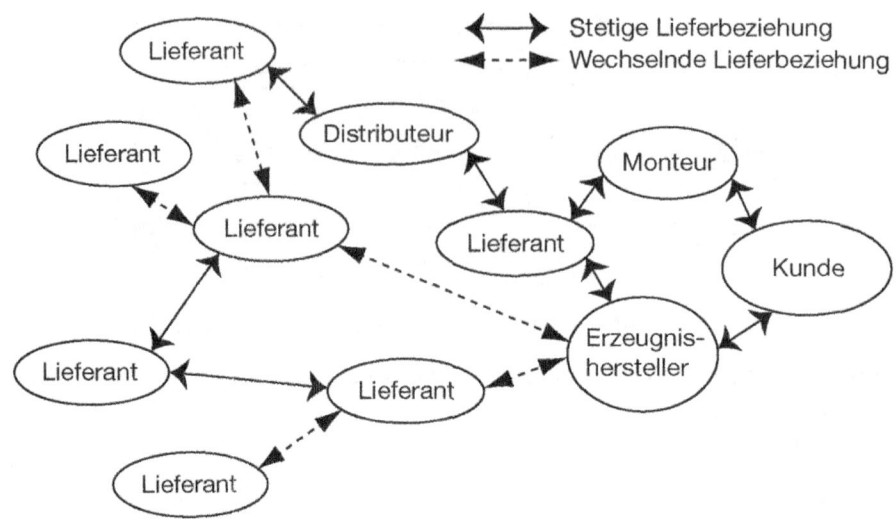

Abbildung 7-4: Virtuelle (koordinierte) Prozesskette

reduziert, weil diese sich nur auf den einen Standard des Marktplatzes einzustellen haben. Dieser Ansatz ist insbesondere für den Verbund mehrerer mittelständischer Produktionsbetriebe geeignet, die nicht nur an einen
Enderzeugnishersteller liefern, sondern in wechselnder Folge verschiedene
Abnehmer versorgen.

• Die virtuelle Prozesskette ist aus heutiger Sicht noch ein idealistischer
Wunschtraum, bei dem durch die netzförmige Kommunikationsstruktur
unter allen Beteiligten ein laufender Austausch von Bedarfen, Kapazitäten
und Lieferungen erfolgt, so dass die Hierarchie der Lieferbeziehung und die
Abhängigkeit der Beteiligten reduziert werden kann (vgl. Abb. 7-4).

Verständnisfrage zu 7.0

• Warum kann eine Logistikkette nach dem Pull-Prinzip die benötigten
Mengen exakter bereithalten als beim Push?

7.1 Grundlagen des Customer Relationship Managements

Auf der Absatzseite kann zwischen anonymen Kunden (z. B. im Einzelhandel)
und namentlich bekannten Kunden (z. B. im Großhandel oder im Online-Handel) unterschieden werden. Während die anonymen Kunden eher schwer zu
greifen sind, versuchen viele Unternehmen, ihre namentlich bekannten Kun-

den individuell anzusprechen, um mit ihnen unabhängig vom Vertriebskanal kommunizieren zu können. Parallel entwickeln die Unternehmen durch Kundenkarten und Rabattprogramme Maßnahmen, um die Anzahl namentlich bekannter Kunden zu erhöhen und die Möglichkeiten des Kundenbeziehungsmanagements damit zu verbessern.

In der Regel werden in sogenannten Customer Relationship Management (CRM) Systemen verschiedene kundenbezogene Aktivitäten, wie Kundenkontaktverwaltung, Beschwerdemanagement und Kampagnenmanagement zusammengeführt, so dass der den Kunden bedienende Mitarbeiter im Idealfall sofortigen Zugriff auf alle den Kunden betreffenden Vorgänge erhält. Die CRM-Systeme halten z. B. fest, wann, wie, wo und durch welchen Verkäufer, Call-Center-Mitarbeiter oder Vertriebler mit dem Kunden gesprochen wurde, was dieser zuletzt gekauft hat und was seine Interessen sind. Zielsetzung der CRM-Ansätze ist es, ein integriertes System zur Planung, Analyse und Unterstützung der operativen Vertriebs- und Marketingaktionen sowie zum Controlling aller kundenbezogenen Aktivitäten bereitzustellen.

▶ **Kundencontrolling:** Neben der individuelleren Kundenansprache durch CRM-Funktionalität bietet die Flexibilität bei der Abbildung von Kundenstrukturen die Möglichkeit, das Kundencontrolling deutlich detaillierter durchzuführen, da Bezugsobjekte feingranularer gewählt werden können. Das Kundencontrolling betrachtet periodenübergreifend den Verlauf der (individuellen) Geschäftsbeziehungen und stellt dabei den periodisierten Kundenerfolg und somit den Kundenwert in den Vordergrund. Wichtige Untersuchungsobjekte sind die Kunden- und die Auftragsstruktur sowie das Opportunitymanagement, d. h. die Erfassung möglicher zukünftiger Aufträge durch einzelne Kunden.

▶ **Kundenstrukturanalyse** Bei der Untersuchung der Kundenstruktur stellen sich Fragen nach der Kaufwahrscheinlichkeit pro Konsument, dem Wert des Stammkunden-Segments oder dem Umsatz in Bezug auf Neu- und Altkunden. Vor allem der Kundenwert („Customer Lifecycle Value"), also der Wert einer Kundenbeziehung über die gesamte Dauer, ist von besonderer Bedeutung. Der Kundenwert kann hierbei je nach Unternehmensstrategie unter verschiedenen Aspekten gesehen werden. Die rein monetäre Betrachtung unter den Gesichtspunkten Kostenminimierung und Deckungsbeitragsstärke ist sicherlich die wichtigste Betrachtungsweise bei der Ermittlung des Kundenwerts. Darüber hinaus lassen sich auch Aspekte wie Referenz- oder Imagekunden mit Ausstrahlung auf andere Kunden sowie zufriedene Langzeitkunden nicht ausblenden. Die Frage, ob ein aktuell deckungsbeitragsstarker Kunde einem unterentwickelten Langzeitkunden vorzuziehen ist, führt in die Analyse des Kundenportfolios. Bei der Betrachtung des Kundenwerts sollte nicht nur der erzielte Deckungsbeitrag, sondern auch die in Anspruch genommene Leistung ausgewertet werden. Dieses gilt insbesondere auch dann, wenn einzelne Servicedienstleistungen über externe Dienstleister betreut werden (z. B. Reparatur- oder Wartungsdienstleistungen).

▶ **Kundentypisierung:** Je nach Wahl der Kundenstrukturdimensionen kann eine Typisierung der Kunden vorgenommen werden, um Kunden mit hohem oder niedrigem künftigen Erfolgsbeitrag zu identifizieren und entsprechende strategische Maßnahmen einzuleiten. Während sich insbesondere für den preisaggressiven Kunden, der sich durch geringen Deckungsbeitrag bei zugleich niedriger Preisbereitschaft auszeichnet, eine Reduzierung der Leistungen bei gleichzeitiger Preiserhöhung anbietet, um die Anzahl der (verlustbringenden) Kunden entweder zu reduzieren oder zu gewinnbringenden Qualitätskunden zu transformieren, bieten sich als Strategie insbesondere für passive Kunden, aber auch Qualitätskunden, Maßnahmen der Kundenbindung an.

Die Analysen im Rahmen des Kundenbeziehungsmanagements beschränken sich nicht allein auf im IT-System verfügbare Kundenkontaktdaten, sondern können durch Kundenfrequenzanalysen vor Ort in den Handelsfilialen ergänzt werden. Diese bieten im Rahmen des integrierten Kundenbeziehungsmanagements aufschlussreiche Steuerungs- und Vergleichsdaten für die Werbeerfolgskontrolle, Personaleinsatzplanung, den Filialerfolg oder auch das Gebäudemanagement (z. B. für die automatische Klimaanlagenregulierung). Die Besucherfrequenzen werden beispielsweise im Einzelhandel von fast allen größeren Filialisten durchgeführt. Dabei erheben Messanlagen an den Eingängen oder in einzelnen Abteilungen oder Ladenbereichen die Besucherströme, um auf diese Weise Shopflächen und Abschöpfungsquoten, d. h. die Konversion von Besuchern zu kaufenden Kunden, zu analysieren. Dabei kann jedes Prozent Steigerung der Konversionsrate bei größeren Filialisten hohe zusätzliche Millionenumsätze bedeuten.

Zunächst als losgelöste CRM-Systeme um die Jahrtausendwende etabliert, finden sich heute die beschriebenen Kundenbindungs- und Analyse-Funktionalitäten zunehmend als Teil integrierter Informationssystemen (z.B. Warenwirtschafts- oder ERP-System), da das Kundenbeziehungsmanagement meist auch andere Unternehmensbereiche tangiert. Es ist z. B. naheliegend, analog zum Supplier Relationship Management auch hierarchische Kundenstrukturen abzulegen, um z. B. einzelne Standorte eines Kunden als separate Kunden abzuwickeln, aber für die Rechnungsstellung die Zentrale als Ansprechpartner zu nutzen. Bei komplexen Kundenstrukturen oder übergreifenden Preis- und Konditionsgefügen ist eine mehrstufig angelegte Kundenhierarchie, zudem unumgänglich.

Verständnisfrage zu 7.1

* Wie kann CRM helfen, den Kunden weniger anonym zu machen?

7.2 Notwendigkeit der überbetrieblichen Datenintegration

Die Logistik, deren Namen aus den Zeiten der griechischen Antike stammt, beschäftigt sich mit der Güterversorgung (vgl. Abb. 7-5). In der Industrialisierungsphase hat sie die Warenbereitstellung mit den wesentlichen Zulieferungsunternehmen organisiert, heute soll sie die exakte Abstimmung zwischen möglichst allen Beteiligten unter der dem verbreiteten Kürzel SCM herbeiführen, was aber eher ein Supply Network Management bedeutet (vgl. Abb. 7-5).

▶ **Bullwhip (Bullenpeitsche)** Der Begriff steht symbolisch für die Auf- und Abwärtsausschläge der Nachfrage einer Lieferkette. Je nach Geschwindigkeit der Weiterleitung von Bestellungen an die Zulieferanten entstehen für deren Fertigungsplanung sehr stark schwankende Prognosezahlen. Die Amplitude der künftigen Bedarfe erscheint dann über die Zeit als Linie mit extremen

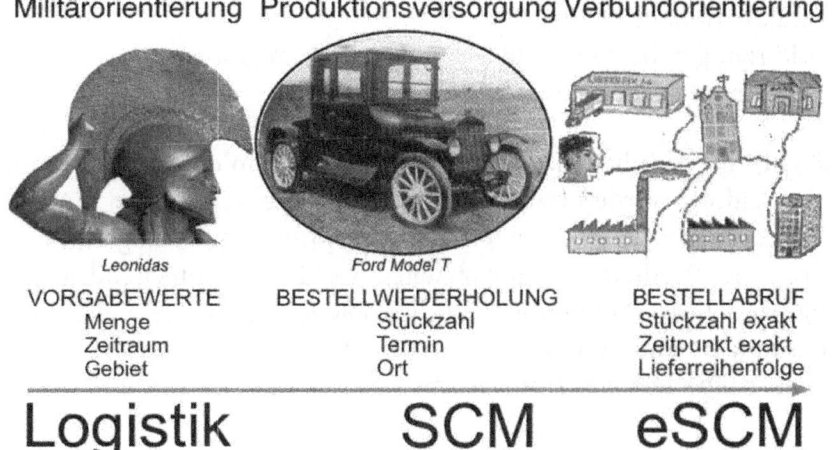

Abbildung 7-5: Von der Logistik zum elektronischen Versorgungsnetzwerk

Ausschlägen. Daher leitet sich der Name Bullwhip-Effekt (Bullenpeitsche) ab. Er beschreibt das statistische Phänomen, nach dem relativ kleine Veränderungen bei der Nachfrage der Verbraucher zu immer größer werdenden Bedarfsschwankungen in den voran stehenden Prozessstufen führen. Dieses Phänomen in mehrstufigen Lieferketten lässt sich trotz geringer Nachfragevariabilität beobachten. Bereits in den 60er-Jahren von Forrester [FORR1961] beschrieben, lässt sich dieses Lieferkettenphänomen branchenunabhängig auch heute noch feststellen. So fand der Konsumgüterhersteller Procter&Gamble bei relativ konstanter Nachfrage nach Windeln heraus, dass sich die Nachfrage in den dahinterliegenden Wertschöpfungsstufen bis hin zum Rohstoffproduzenten dramatisch aufschaukelt. Zwar ist die „Endabnahme" seitens kleiner Babys nicht von Feiertagen, Wochenenden oder sonstigen Großereignissen geprägt, doch schon die Eltern sorgen durch ihr Einkaufsverhalten für Nachfragespitzen im Einzelhandel, der zunächst seine Bestände abverkauft, bevor er wiederum beim Großhandel eine größere Bestellung aufgibt. Auch dieser verkauft zunächst seinen Lagerbestand ab, um dann eine riesige Bestellung beim Hersteller zu platzieren. Aus dem ursprünglich konstanten Bedarf kleiner Kinder wird so schnell über die Wertschöpfungsstufen ein sich peitschenartig aufschaukelnder Nachfrageeffekt.

Gründe für die Entstehung des Bullwhip-Effektes sind:

- verzögerte, unvollständige bzw. gebündelte Weitergabe und Verarbeitung von Informationen über die tatsächliche Nachfrageentwicklung,
- fehlende Transparenz über die Bestände in den einzelnen Prozessstufen,
- Aggregation von Bedarfen zu „optimalen" Bestellmengen,
- Preisfluktuationen,
- Lieferkürzungen bei Unerfüllbarkeit der Nachfrage sowie
- unsichere bzw. falsche Prognosen.

Der Bullwhip-Effekt führt zu zahlreichen Problemen in der Nachlieferung. Zu seiner Vermeidung werden traditionell große Lagerbestände und hinreichend große Sicherheitsbestände auf allen Wertschöpfungsstufen angestrebt. Auch Transport- und Produktionsmöglichkeiten werden entsprechend angepasst. Allerdings sind diese Maßnahmen sehr kostspielig, weil sie auf ineffektive Weise Kapital binden und zudem nicht sicher garantiert werden kann, dass tatsächlich alle nachfolgenden Unternehmen auch immer die gewünschte Menge erhalten.

Aus dieser Überlegung heraus wurden zahlreiche partnerschaftlich-kommunikative Ansätze entwickelt, um das Problem des Bullwhip-Effekts zu reduzieren. Hierzu zählen beispielsweise gemeinsame Prognosen und gemeinsames Nachfüllen der Bestände (Collaborative Forecasting und Replenishment, CPFR) oder die Übertragung von Bestandsaufgaben an die Vorstufe der Wertschöpfung (Vendor Managed Inventory).

▶ **Electronic Supply Chain Management**   Insbesondere die elektronische Kommunikation erlaubt es, Abverkaufs- bzw. Bedarfsdaten in Echtzeit zwischen allen Partnern auszutauschen. Wegen der großen Anzahl von Transaktionen mit externen Partnern bietet die elektronische Datenübermittlung neben der größeren Informationstransparenz auch ein hohes Rationalisierungspotenzial. Zwischen Herstellern und Händlern auf der einen Seite sowie Handel und Abnehmern auf der anderen Seite können neben den Artikelstammdaten vor allem Bewegungsdaten wie Bestellung, Auftrag, Lieferschein, Rechnung und Zahlung elektronisch übertragen werden.

Die elektronische Kommunikation zwischen allen, die sich etwas zu sagen haben, und insbesondere auch zwischen den Computern, die sich etwas mitteilen sollen, ist aber gar nicht so einfach herzustellen und vor allen Dingen ist sie, wenn Millionen Menschen und Computer die Möglichkeit zur Kommunikation haben, auch nicht mehr sehr sicher. Irgendetwas kann bei einem großen System immer falsch laufen, aber selbst wenn die Technik arbeitet, ist noch lange nicht gewährleistet, dass sich die Kommunikationspartner auch verstehen. Wenn von hier eine Telefonnummer in Japan, China oder Kenia angewählt wird und auch eine Verbindung zu Stande kommt, sind zwar alle technischen Aufgaben gelöst, aber ob die Gesprächspartner einander richtig verstehen, sich auch in den Details korrekt interpretieren, ist sehr ungewiss. Für den geschäftlichen Informationsaustausch ist es jedoch sehr wichtig, dass man sich präzise ausdrückt und das Gesagte auch begriffen wird. Die verschiedenen Sprachen auf der Erde liefern nur einen schwachen Eindruck von der Situation mit den noch mehr verschiedenen Programmen, die in den Computern all der Unternehmen eingesetzt sind, die miteinander Geschäfte machen wollen. Es sind auch nicht nur die verschiedenen Programme, die eine Verständigung erschweren, sondern genauso die unzähligen Datenformate, die jedes Unternehmen für sich irgendwann festgelegt hat, weil es ihm so gefiel.

▶ **Elektronischer Datenaustausch**   In den 70er-Jahren wurde vom Transportation Data Coordinating Committee (TDCC) ein elektronischer Datenaustausch (EDI, Electronic Data Interchange) eingeführt. Es schuf einen von Lieferanten zu benutzenden Datensatz für Transaktionen, um eine elektronische Abarbeitung von Kaufaufträgen und Rechnungen zu ermöglichen. Da leistungsstarke Prozessoren und flexible Dateiformate noch nicht existierten, wurden starre Transaktionssätze festgelegt. Diese entsprachen dem Bedarf nach Dateninhalten, Strukturen und Datenabarbeitung. Dieses Konzept verursachte Probleme, da Geschäftsregeln firmenindividuell und größenabhängig sind und sich mit der Zeit verändern. Dies war zunächst das größte Handycap für die Durchsetzung von Datenaustauschstandards, obwohl EDI insbesondere für permanent wiederkehrende Aufgaben mit hohem Volumen und zeitkritischem Charakter gut geeignet ist.

▶ **XML als Grundlage von EDI** Heutzutage bietet die extensible Markup Language (XML) eine Grundlage für die Standardisierung von EDI. XML ist ein universelles Datenformat, das es Computern gestattet, Daten so zu speichern und zu übermitteln, dass sie von anderen Computern oder Anwendungen „verstanden" werden. Struktur und Inhalt der Daten bleiben gewahrt, die Geschäftsregeln werden separiert, so dass jedes Unternehmen seine eigenen Regeln auf die Daten anwenden kann. Eine Durchsetzung eines spezifischen Standards auf Basis der beschreibenden Metasprache XML hat bislang jedoch noch nicht ausreichend stattgefunden, auch wenn sich die Auswahl der Austauschformate mittlerweile auf wenige Alternativen reduziert, was zu einer deutlichen Reduktion der Overheadkosten führt.

Verständnisfrage zu 7.2:

*   Kann eine digitale Nachricht, die korrekt über das Internet versandt wurde, von jedem Teilnehmer auch richtig verarbeitet werden?

Eine kleine Überschlagsrechnung verdeutlicht die Probleme. In einer Branche, in der z. B. 800 Herstellunternehmen mit 2 000 Abnehmern einen maschinellen Informationsaustausch durchführen wollen, entstehen durch die 800*2.000 Kombinationen insgesamt bis zu 1,6 Millionen verschiedene Verbindungsanforderungen. Jeder der 800 Hersteller müsste bis zu 2 000 verschiedene Formate der Kunden erzeugen können. Der unsinnige Aufwand für die Einrichtung und Pflege dieser Vielfalt könnte durch die Einrichtung einer Zentrale auf höchstens 800 + 2 000 verschiedene Formate reduziert und durch ein einheitliches Protokoll auf nur eine einzige Lösung beschränkt werden. Ein solches Standardprotokoll wurde z. B. von der United Nation Organisation (UNO) in Form des Electronic Data Interchange for Administration Commerce and Transport (EDIFACT) entwickelt. Leider ist seine Anwendung nicht so allgemein verbreitet, wie dies sinnvoll wäre. Zu viele Einzelinteressen von Verbänden und großen Unternehmen behindern die Vereinheitlichung.

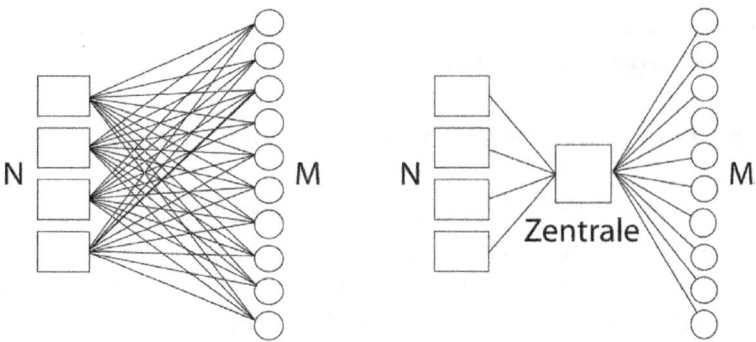

Abbildung 7-6: N*M oder N+M Verbindungen

Die in der Abbildung 7-6 gezeigte Grafik verdeutlicht die Alternativen mit insgesamt 40 Einzelverbindungen (4*10) einerseits und andererseits einer Zentrale mit 14 Verbindungen (4+10). Die „Zentrale" kann z. B. von einem Marktplatz übernommen werden, der neben der geschäftlichen auch eine Konvertierungsfunktion bietet. Ja sogar eine abstrakte Vereinbarung für eine bestimmte Form der Kodierung von Daten könnte, wenn sie von allen Beteiligten angewendet wird, das Austauschproblem drastisch reduzieren.

Neben der funktionsfähigen Verbindung zwischen den Partnern sind folglich auch die Standardisierung der Datenaustauschformate und Inhalte sowie die innerbetriebliche organisatorische Anpassung an die Möglichkeiten der elektronischen Geschäftsprozessabwicklung wesentlich.

Bezüglich des Aufwandes spielen die Verbindungen selbst die geringste Rolle. Sie sind als Dienstleistungen mit auch absehbar künftig fallenden Preisen ein-

zukaufen. Sie sind auch technisch soweit standardisiert, dass sich zwischen den Netzen verschiedener Anbieter kommunizieren lässt. Die Probleme liegen in der sogenannten „semantischen Integration". Darunter ist die inhaltsbezogene Verständigung zwischen den beteiligten Informationssystemen zu verstehen. Die dazu nötigen Standards sollten bereits als Vereinbarungen zwischen einer Vielzahl von Partnern vorhanden sein, ansonsten müssen spezielle bilaterale Verträge geschlossen werden, was aber nur bei einer kleinen Zahl von Partnern sinnvoll ist.

Ob die elektronische Abwicklung wirklich zu Einsparungen führt, hängt entscheidend von der Ausnutzung der innerbetrieblichen Rationalisierungspotenziale ab. Diese ergeben sich aber nur aus der konsequenten Umsetzung der Automatisierungsmöglichkeiten der digitalen Informationsverarbeitung und der daraus folgenden organisatorischen Umgestaltung der Abläufe einschließlich der Freisetzung von Mitarbeitern.

7.3 Ansätze zur Verbesserung der überbetrieblichen Leistungserbringung

▶ **ECR & CPFR**　Zur Verbesserung der Sachgüterversorgung vom Produzenten zum Verbraucher haben Industrie und Handel die Konzepte des Efficient Consumer Response (ECR) und Collaborative Planning, Forecasting und Replenishment (CPFR) als nachfragegetriebene, kooperative Konzepte zur Verbesserung der Warenflüsse zwischen Industrie und Handel entwickelt. Es liegt auf der Hand, dass diese Konzepte vor allem einer besseren Transparenz der Abläufe und Transaktionen in den Partnerunternehmen bedürfen und damit der Integration der elektronischen Informationsverarbeitung zwischen den Unternehmen. Angestrebt wird eine partnerschaftliche Zusammenarbeit aller Beteiligten entlang der Wertschöpfungskette, da nicht nur Unternehmen auf horizontaler und vertikaler Ebene miteinander konkurrieren, sondern zunehmend das Zusammenspiel der gesamten Wertschöpfungskette auf Grund der geringen Margen im Handel wichtige Konkurrenzvorteile sichern kann.

Unter ECR wird wörtlich die effiziente Antwort auf die Konsumenten(bedürfnisse), also auf die Nachfrage, durch die Angebotsseite verstanden. Dazu gehören Versuche, die Zusammenarbeit in der gesamten logistischen Kette, d. h. von der Rohstoff- und Verpackungslieferung über die Herstellung, die Logistik, das Zentrallager und die Filiale, zu verbessern. Hierzu zählen auf der Angebotsseite die unter dem Begriff Efficient Replenishment zusammengefassten Konzepte wie Cross Docking, Vendor Managed Inventory oder Efficient Unit Loads. Handel und Industrie arbeiten bei diesen Konzepten gemeinsam an Problemen der Transport-, Lager-, Verpackungs- und Nachschubverbesserung. Auf der Absatzseite finden sich im Rahmen von ECR Konzepte wie Efficient Assortment, Efficient Promotion und Efficient Product Introduction. Zu den Konzepten vgl. Abb. 7-7.

▶ **Kritik an ECR**　Insbesondere unterschiedliche Größen- und Machtverhältnisse zwischen Industrie und Handel haben dazu geführt, dass ECR-Konzepte in vielerlei Hinsicht nur widerwillig eingeführt wurden. Hinzu kommt, dass eine Quantifizierung der Einsparungspotenziale nur schwer möglich ist und Einsparungen bei einem Partner sofort Begehrlichkeiten bei dem anderen Partner wecken. Die operativen Organisations- und Informationstechnologieprobleme sind nicht unerheblich und führen insbesondere bei kleineren Herstellern und Händler schnell zum Ende ambitionierter ECR-Pläne.

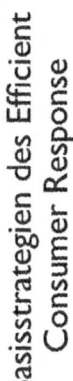

Efficient Assortment
- Gemeinsame Verbesserung von Bestand und Sortiment
- Koordinierte Verbesserung von Verkaufsflächen und Regalplatzierungen

Efficient Product Introduction
- Gemeinsame Verbesserung von Produktentwicklung und Einführung

Efficient Promotion
- Abstimmung von Handels- und Industriebewerbungen und Aktionen

Efficient Replenishment
- Gemeinsame Verbesserung der Versorgungsprozesse

Abbildung 7-7: Efficient Consumer Response

► **Category Management** Eng verbunden mit dem ECR-Konzept ist das Category Management. Bei diesem kooperativen Konzept steht nicht die Betrachtung einzelner Produkte, sondern der übergeordneten Warengruppen im Fokus. Somit entsteht zu Gunsten der Kundenbedürfnisse auf Seiten der Industrie eine Verantwortung auch über das jeweils eigene Produktportfolio hinaus. Category Management versteht sich als handelsbezogenes Organisationskonzept mit Warengruppen als gewinnverantwortlichen, strategischen Geschäftseinheiten. Die Einkaufs-, Distributions- und Verkaufsaktivitäten für die jeweiligen Categories werden organisatorisch integriert und unter die einheitliche Leitung eines so genannten Category Captains gestellt.

► **CPFR und VMI** Die Idee des effizienten Warenflusses verbunden mit einer synchronisierten Produktion greift das Collaborative Planning, Forecasting und Replenishment wieder auf. Im Gegensatz zum Continuous Replenishment, bei dem der Warenfluss auf Zentrallagerbestandsbasis durch den Hersteller mittels Vendor Managed Inventory (VMI) gesteuert wird und die Teilkonzepte von Nachfrage- und Angebotsseite relativ autonom und unkoordiniert sind, erstellen Industrie und Handel hier in kollaborativen Prozessen Verkaufsprognosen für einen vereinbarten Zeitraum, auf dessen Basis dann der Warenfluss und die Produktionsplanung verbessert werden. Ziel ist die Verkürzung des Warenflusses von der Produktion zum Endverbraucher auf wenige Tage und somit die Bestandssenkung in allen Bereichen der Supply Chain. Einher gehen damit Ziele der Produktverfügbarkeitserhöhung, der Planungsverbesserung und der Umsatzmaximierung.

Alle hier genannten partnerschaftlichen Konzepte zielen auf die organisatorische Vereinfachung bei zugleich erhöhter Warenverfügbarkeit durch transparente Informationsflüsse entlang effektiver und effizienter Warenflüsse. Eine derartige Zusammenarbeit ermöglicht eine Aufgabenreduktion beispielsweise durch Verlagerung der Prüf- und Kontrollaufgaben an die Industrie. Dadurch lassen sich Prozesse teilweise oder ganz eliminieren, was zu einer Kostensenkung führt. Auch die Standardisierung von z. B. Verpackungseinheiten oder Belieferungsprozessen sorgt für ein effizienteres Zusammenspiel der Wertschöpfungskettenpartner.

▶ **Interessensunterschiede der SCM-Partner** Auch wenn das Konzept der überbetrieblichen Zusammenarbeit und zugleich der überbetrieblichen integrierten Informationsverarbeitung viele Kosteneinsparungen ermöglicht, darf nicht vergessen werden, dass die Partner auf verschiedenen Stufen der Wertschöpfung stehen und somit durchaus unterschiedliche Interessen verfolgen. Der Handel will beispielsweise das gebundene Kapital durch schnelle Lieferung kleinerer Mengen bei größtmöglicher Flexibilität der Partner reduzieren und strebt dabei auch noch die Sortimentsvielfalt durch unterschiedliche Produzenten an. Hingegen ist jeder Industriepartner typischerweise an großen Bestellmengen in gleichmäßigen Abnahmezyklen interessiert und versucht zugleich eine hohe eigene Sortimentspräsenz – idealerweise mit allen eigenen Produkten – zu erreichen. Die von der Industrie angestrebte Markenprofilierung unter möglichst einheitlichen Endverbraucherpreisen wird vom Handel tendenziell eher zur Profilierung der Handelsvertriebslinie, etwa durch Sonderaktionen mit derartigen Marken, genutzt.

Die Notwendigkeit der Kooperation zwischen Industrie- und Handelsunternehmen ist offensichtlich, da durch Integrationsbestrebungen große Wirtschaftlichkeitseffekte realisiert werden können. Ungeachtet der prognostizierten Einsparpotenziale ist jedoch darauf zu achten, dass die Kooperation für das Transaktionsobjekt und das Transaktionsumfeld die geeignete Form hat. Nicht selten sind derartige Strategien bei hierarchischen Partnerschaften sehr erfolgreich, bei denen ein Wertschöpfungspartner aufgrund seiner Marktstellung die Kooperationsführerschaft übernimmt und entsprechende Standards vorgibt.

Verständnisfrage zu 7.3

- Welche Vorteile aber auch Probleme bestehen bei der Zusammenarbeit zwischen Industrie und Handel?

Was Sie in diesem Kapitel gelernt haben

Integration endet nicht an der Grenze des Unternehmens. Viele Daten werden z. B. außerhalb des Unternehmens erfasst, aber innerhalb benötigt. Damit bieten Konzepte zur Einbindung von vor- und nachgelagerten Wertschöpfungspartnern bis hin zum Endkunden zusätzliche Effizienzgewinne.

Literatur

OHNO1988   Ohno, T.: Toyota Production System. Beyond Large-Scale Production. Cambridge, MA 1988.

SLOA1963   Sloane, A.: My Years with General Motors. New York, NY 1963

FORR1961   Forrester, J., W.: Industrial Dynamics. Cambridge, MA 1961

8 Electronic Business

Wodurch können beim Einkauf Kosten vermieden werden?

Eigentlich ist die Idee nicht neu. Wenn der Hersteller sein Produkt direkt dem Verbraucher anbietet, ist der Preis wahrscheinlich niedriger, als wenn dazwischen noch Händler die Waren verteilen, zwischenlagern, erklären und ausstellen. Wenn der Hersteller bekannt und auch bereit war, direkt ab Fabrik zu verkaufen, hat man schon früher gerne ein Schnäppchen gemacht. Trotzdem war es eine Sensation, als die Autoren Benjamin und Wigand 1995 am Beispiel eines Herrenhemdes vortrugen, wie hoch die möglichen Kosteneinsparungen bezogen auf den Verkaufspreis sind, die man durch effizientere Abläufe vermeiden kann (bis zu 62 %) und dass dies jetzt, Dank des Internets, jeder einzelne Konsument beim Einkauf vieler verschiedener Produkte nutzen kann, wenn diese nur über das Netz angeboten werden [BENJ1995]. Schnell entstand die Vision, dass jeder Vertrieb über den Computer zu hervorragenden Umsätzen führen müsste; andererseits aber auch das Horrorbild, dass alle Ladengeschäfte in kurzer Zeit aussterben. Das eine war so falsch, wie das andere – aber Millionen Menschen haben daran geglaubt und ihr erspartes Geld in Internet-Projekte investiert. Die Aktienbewertung von „Programmierbuden", die Lösungen für sogenannte WEB-Shops entwickelten und von Schlaubergern, die – ohne die Waren anzufassen – nur deren günstigen Einkauf vermitteln wollten, stiegen in schwindelerregende Höhen. Aber wenn die Geschäftskonzepte nicht richtig integriert waren, fielen die Kurse auch bald wieder in erschreckende Tiefen. Nicht die gute Idee alleine bringt den Erfolg, sie muss auch richtig umgesetzt werden.

BEGRIFFE, die in diesem Kapitel erläutert werden: Electronic Commerce (eCommerce) Electronic Business (eBusiness), B to C (B2C), B to B (B2B), elektronischer Katalog, eShop, elektronischer Marktplatz, Portal, Auktion, Virtuell Integrierte Netze (VIN).

8.0 Grundlagen des eBusiness

Auch wenn es viele konservative Bedenkenträger gibt, die einer weiteren Aus-
breitung der digitalen Geschäftsabwicklung keine Chance geben, zeigt sich die
Realität ganz anders. Während noch vor wenigen Jahren jede größere Diskus-
sionsrunde zum Einkauf über das Netz zwar die Erfolge im zwischenbetrieblichen Bereich konzediert hat, gegen die weitere Entwicklung im Konsumbereich
– mit Ausnahme von technischen Artikeln – aber das fehlende Einkaufser-
lebnis anführte und für Kleidung eine unüberwindliche Schranke im Fehlen
der Haptik und der Anprobe sah, stellt sich jetzt heraus, dass auch Kleidung
deutliche Zuwächse im Online-Handel erzielt (de.statista.com). Danach folgen
Unterhaltungselektronik und schließlich Bücher. Bereits jetzt werden Diskussionen über die Verödung von Innenstädten geführt, wenn noch mehr Umsatz
von den Einzelhändlern weg zu den Anbietern im Internet übertragen wird
(Bayerischer Rundfunk, Frankenschau vom 23.11.2014).

Elektronische Geschäftsabwicklung wird zunehmend akzeptiert. Auch
wenn das wirkliche Geschäftsvolumen über das Netz nur sehr schwer abzugrenzen ist, kann doch kein Zweifel bestehen, dass im Jahr 2014 allein in
Deutschland im Konsumbereich weit über 40 Milliarden Euro durch digitale
Geschäftsabwicklung umgesetzt wurden. Das ist aus Sicht der Idee ganz hervorragend; denn unabhängig davon, ob damit Kunden vom klassischen Einkauf oder von der schriftlichen bzw. telefonischen Versandbestellung abgewor-
ben wurden, die neuen Prozessabläufe sind jedenfalls weniger unterbrochen,
gleichzeitig aber schlanker und billiger.

Motivation aus Bedürfnis (Abraham Maslow 1954)

Die wesentliche Idee des Konzepts der Bedürfnishierarchie liegt in ihrer Ein-
teilung in fünf aufeinander folgenden Stufen von physiologischen Grund-
bedürfnissen, über soziale Bedürfnisse, bis hin zur Selbstverwirklichung,
durch die jeder Mensch motiviert wird, sich anzustrengen. Das Verharren
auf einem Niveau hält uns nicht zufrieden. Nur ein stetiger Anstieg der wirtschaftlichen Entwicklung und damit der Lebensumstände der Menschen
befriedigt deren Wünsche. Damit sind viele Visionen vom Erhalt einmal
erreichter Zustände der Arbeitsverteilung und Einkommenserzielung nicht
dauerhaft stabil. Die Technologie der Informationsverarbeitung liefert einen
Wachstumsmotor, der immer effizienter arbeitet und bei hoher Ressourcenschonung enorme Leistungen hervorbringt, um die Lebensverhältnisse z. B.
durch Reduktion von Transaktionskosten zu verbessern. [MASL1954]

Ein Ziel des Vertriebs in unserer von hohen Konsumumsätzen geprägten Wirtschaft ist es, die Geschäftsabwicklung genau wie zwischen Betrieben auch mit den Endverbrauchern möglichst aufwandsarm abzuwickeln. Die meisten Käufer sind nicht an umständlichen und damit teuren Prozessen interessiert und werden daher irgendwann auf schnellere, angenehmere und billigere Lösungen ausweichen. Unser gesamtwirtschaftlicher Erfolg ist nicht nur von der Qualität der hier erzeugten Produkte bestimmt, sondern zu einem guten Teil auch von deren Distribution. Damit ist der globale Wettbewerb auch ein Kampf um die logistisch effektivste Vertriebsform; und so wie Unternehmen mit großem Einkaufsvolumen ihre Lieferanten zu den adäquaten Formen der Bestellabwicklung und Belieferung drängen, so werden sie auch in Richtung ihrer Kunden die Vorzüge der integrierten Abwicklung deutlich machen. Da dies auch schon aus Eigeninteresse geschieht, bestehen begründete Hoffnungen für die prosperierende Weiterentwicklung von eCommerce und eBusiness.

Alle Bereiche unserer Gesellschaft können den elektronischen Informationsaustausch zu ihrem Vorteil nutzen. Die Beteiligten an eCommerce-Szenarien lassen sich in die folgenden drei Gruppen gliedern:

- Konsumenten,
- Unternehmen und
- Öffentliche Verwaltung.

In Anlehnung an den englischen Sprachgebrauch haben sich dafür die Ausdrücke Consumer (C), Business (B) und Government (G) bzw. Administration (A) etabliert. Daraus entstanden die folgenden fünf Kategorien von eCommerce-Transaktionen:

- Transaktionen zwischen Unternehmen und Endkunden: Business-to-Consumer (B2C)
- Transaktionen zwischen Unternehmen untereinander: Business-to-Business (B2B)
- Transaktionen zwischen Unternehmen und der öffentlichen Verwaltung: Business-to-Administration (B2A)
- Transaktionen zwischen Endkunden: Consumer-to-Consumer (C2C)
- Transaktionen zwischen Endkunden und der öffentlichen Verwaltung: Consumer-to-Administration (C2A) bzw. Consumer-to-Government (C2G).

Dabei ist jeweils anzunehmen, dass der Informationsaustausch stets in beide Richtungen verläuft, daher macht es keinen Sinn, beispielsweise zwischen Business-to-Consumer und Consumer-to-Business zu unterscheiden. Während ein Kunde den Online-Katalog eines Anbieters durchsieht, hinterlässt er zum Beispiel Spuren und Bewegungsmuster, die das Unternehmen automatisch auswerten kann. Auch die Suchworte bei Abfrage einer Suchmaschine sind eine Form bidirektionaler Kommunikation. Ferner gehen Unternehmen dazu über, ihre Kunden als Inhaltslieferanten zu gewinnen, die z. B. die Qualität von Produkten beurteilen.

Die Bezeichnungen eCommerce und eBusiness liefern eine begriffliche Differenzierung, die noch vor kurzem gepflegt wurde, um B2C von B2B abzugrenzen. Aus heutiger Sicht ist es jedoch nicht mehr so entscheidend, welche Bezeichnung bevorzugt wird; wesentlich bleibt nur, dass in allen Bereichen der Interaktion von Kunden, Lieferanten, Bürgern, Behörden und Spediteuren diejenigen Wege zur Aufgabenabwicklung begangen werden, die den geringsten Aufwand verursachen. Dies wird so sicher geschehen, wie früher der Wechsel vom Tante Emma Laden zum Discounter. [THOM2005]

Verständnisfrage zu 8.0:

*   Was ist das wesentliche Ziel und gleichzeitig der zentrale Vorteil von eBusiness?

8.1 eBusiness für alle Anspruchsgruppen

Auch Gerümpel vom Dachboden findet einen Käufer. Das Beispiel eBay hat gezeigt, dass der Consumer-to-Consumer-Bereich ein nicht zu unterschätzendes Potenzial birgt. So lag der Bruttoumsatz mit Handelswaren bei eBay im Jahr 2014 bei knapp fünf Milliarden US-Dollar (statista.de). Das entspricht etwa 6 % des weltweiten Umsatzes von Walmart im gleichen Zeitraum, ohne dass eBay jedoch einen einzigen Artikel selbst beschreiben, kalkulieren, lagern, verpacken oder versenden musste.

Für Szenarien, bei denen die öffentliche Verwaltung ein Partner ist (B2A, C2A), hat sich inzwischen der Begriff eGovernment durchgesetzt. Da es sich bei den Transaktionen oft nicht um geschäftliche Abläufe im eigentlichen Sinn handelt, werden sie nicht in diesem sondern in Kapitel 8.3 behandelt. Man sollte jedoch beachten, dass für vollständig automatische Abläufe in geschäftlichen Wertschöpfungsketten oft auch die Integration mit Informationssystemen der öffentlichen Verwaltung erforderlich ist.

▶ **B2C und B2B sind für Unternehmen von besonderer Bedeutung** Bei Business-to-Consumer-Beziehungen stehen die verkaufsorientierten Funktionen Information, Marketing und Vertrieb im Vordergrund. Die einfache Handhabung der zum Einsatz kommenden eCommerce-Dienste sowie die ansprechende, multimediale Aufbereitung des Angebots sind die zentralen Herausforderungen. Eine Internetpräsenz ist heute auch für kleinste Unternehmen unverzichtbar, weil man beobachten kann, dass viele Internetnutzer einen Anbieter grundsätzlich nicht mehr in Erwägung ziehen, wenn sie ihn im Internet nicht finden können – auch wenn es nur darum geht, Öffnungszeiten, Telefonnummer oder Adresse zu erfahren.

Während einfache Informationsangebote sehr preiswert angelegt werden können, erfordert der meist sinnvolle zweite Schritt, auch Kundentransaktionen (Bestellungen, Reservierungen, und Preisanfragen) zu unterstützen, spürbar Ressourcen. Dies liegt im Wesentlichen daran, dass eine Internetseite nur dann dynamisch auf Kundenanfragen reagieren kann, wenn sie auf geeignete Weise mit den operativen Systemen des Unternehmens gekoppelt ist. Ein Hotel kann nur dann Buchungsanfragen in Echtzeit beantworten, wenn die Webanwendung Zugriff auf vorhandene Reservierungen hat, und ein Webshop kann nur dann den Liefertermin vorhersagen, wenn er mit dem Warenwirtschaftssystem kommunizieren kann. Manche kleinen Lösungen helfen sich damit, aus einem Kundendialog eine eMail zu generieren, die am nächsten Werktag manuell beantwortet wird. Das ist aus Kundensicht jedoch unbefriedigend. Standardsoftware und Mietanwendungen (Application Service Providing) haben hier die Einstiegshürden für die Anbieter jedoch erheblich gesenkt und sind wegen ihrer Verbreitung auch leichter zu integrieren.

▶ **B2C geht von einem Menschen als Käufer aus** Bei B2C-eCommerce ist die Kundenseite fast immer ein menschlicher Anwender, der über einen Webbrowser auf die jeweilige Applikation zugreift. Gegenwärtig ist eine Maschinen-Maschinen-Kommunikation hier sehr selten, wird aber durch die Erweiterung des World Wide Web um maschinengeeignete Wissensrepräsentationen im Sinne des „Semantic Web" [vgl. BERN2001] enorm an Bedeutung gewinnen.

▶ **B2B läuft auch vollautomatisiert** Die Business-to-Business-Kommunikation stellt hohe Anforderungen an die elektronische Kommunikationsabwicklung. Geschäftsvolumen und Geschäftssicherheit erfordern, neben einer garantierten Betriebs- und Datensicherheit, ausgereifte Produkte, Standards und einen nicht nur qualifizierbaren sondern ebenso quantifizierbaren Zusatznutzen der beanspruchten Dienste. Die Einsatzgebiete sind vielfältig und beinhalten neben der operativen Bearbeitung der Aufträge, die sogar automatisch ablaufen kann, auch Umsatz orientierte Aufgaben des Marketings insbesondere die Vertriebsabwicklung (z. B. Customer Relationship Management) sowie auch die operative Abwicklung im Bereich Forschung und Entwicklung (z. B. Simultaneous Engineering).

Die große Ähnlichkeit der Kürzel B2B und B2C verschleiert leider, dass zwischen Anwendungsszenarien für den privaten Konsum einerseits und der geschäftlichen Nutzung andererseits fundamentale Unterschiede bestehen. Ein Charakteristikum von B2B-Anwendungen ist, dass ein Prozess (z. B. eine Bestellung) oft von einem großen, betrieblichen Informationssystem (z. B. ERP) ausgelöst wird, das auch die erforderlichen Daten bereitstellt. Hingegen bleibt bei B2C-Bestellungen auch künftig die persönliche Eingabe der Kundenwünsche vorherrschend – zumindest solange, bis der Kühlschrank in der Lage sein wird, selbsttätig eine Bestandsunterschreitung zu erkennen und Bestellungen auszulösen.

Die enorme künftige Bedeutung von eCommerce für den B2B-Sektor lässt sich deutlich messen. Der Umsatz nähert sich 2015 in Deutschland bereits dem Volumen von einer Billion Euro. Laut einer Studie des Instituts für Handelsforschung in Köln hat er aber noch ein erhebliches Entwicklungspotenzial (www.ecckoeln.de).

▶ **Electronic Data Interchange (EDI)**   Anders als die Bezeichnung suggeriert, ist EDI nicht die umfassende Form des elektronischen Datenaustauschs zwischen allen Bestellern und Lieferanten, sondern umfasst vorzugsweise nur digitalen Verbindungen auf Basis spezieller, bilateraler Vereinbarungen zwischen den Beteiligten.

Die Automation der Handelsprozesse ist jedoch komplizierter als anfänglich erwartet. Allein die maschinengeeignete Repräsentation von Produkten und Bedarfen in Geschäftsnachrichten ist nicht trivial; dazu werden Güterklassifikationssysteme und Dokumentenstandards benötigt. Erwartungsgemäß realisieren die Unternehmen zuallererst die Beschaffung preiswerter, häufig benötigter Güter (typisch dafür ist das eProcurement von Standardwaren mit niedrigem Wert (C-Artikel)), weil hier die Einsparungen prozentual deutlicher ausfallen. Selten ausgeführte Transaktionen mit hohem Wert werden dagegen nur zögerlich automatisiert. Das heißt aber, dass der noch geringe Anteil am Wert aller Transaktionen die bereits gegenwärtig hohe Bedeutung der elektronischen Beschaffung für die Wertschöpfung eines Unternehmens verschleiert.

Die Geschäftsabwicklung über das Internet ist viel mehr als nur der elektronische Austausch von Informationen (EDI), wie er bereits seit langem propagiert und praktiziert wird. Dazu gehört auch jede Art von wirtschaftlich orientierter, digitaler Kommunikation, die ökonomisch sinnvoll ist, weil sie schneller, billiger, vollständiger, fehlerärmer, bequemer, informativer oder umweltverträglicher ist als die konventionellen Formen der Informationsweitergabe. In diesem Sinne sind eCommerce und eBusiness die logische Folge der Ziele der Wirtschaftsinformatik, weil durch Automatisierung Prozesse schneller, billiger und korrekter ablaufen und Integration die Reichweite der Automation erhöht.

Insbesondere gestatten und erfordern eCommerce und eBusiness auch organisatorische Veränderungen. Nicht die Elektrifizierung der Informationsweitergabe steht im Mittelpunkt, sondern die unmittelbare Verknüpfung der verschiedenen Arbeitsaufgaben der in einem logistischen Verbund verknüpften Arbeitsplätze – auch über Unternehmensgrenzen hinweg. Um dies zu verdeutlichen und als Verpflichtung auch allen Beteiligten bewusst zu machen, wäre die Bezeichnung „Business Integration" viel besser und würde deutlicher auf die Verpflichtung hinweisen, alle Objekte und Prozesse der Geschäftstätigkeit medienbruchfrei miteinander zu verknüpfen.

Die wirtschaftliche Entwicklung eines Landes ist mit dem Ausbau des digitalen Handels ähnlich verknüpft, wie mit anderen Infrastrukturinvestitionen. Erst das Vorhandensein einer funktionsfähigen Basis von Einrichtungen zur Wasser- und Stromversorgung, zum Personen- und Gütertransport, für die Grund- und Weiterbildung, für den Austausch von mündlichen und schriftlichen Nachrichten sowie die Sicherstellung eines geordneten Miteinanders der Menschen macht eine Industrienation aus. Zu diesen infrastrukturellen Voraussetzungen für eine wirtschaftliche Weiterentwicklung lässt sich künftig auch die elektronische Kommunikation von im weitesten Sinne geschäftlich orientierten Informationen zählen. Dafür ist es notwendig, dass Unternehmen, Haushalte und die öffentliche Verwaltung Daten in einer maschinell weiterverarbeitbaren Form senden und empfangen können, um dadurch die nächsten Schritte in der logistischen Kette der Güter- und Dienstleistungsversorgung automatisch auszulösen.

Diesen Gedanken folgend hat das europäische Parlament bereits vor Jahren beschlossen, von den öffentlichen Auftraggebern aller Mitgliedsländer zu verlangen, dass Ausschreibungen und Vergaben ab einem Mindesvolumen elektronisch erfolgen müssen.

Das Internet ist viel mehr als das World Wide Web. Als weltumspannende Kommunikationsplattform mit einer Vielzahl von Diensten wie Electronic Mail

Transaktionskosten (Ronald Coase 1937)

Aus ökonomischer Sicht ist der freie Ausgleich von Angebot und Nachfrage in einem vollkommenen Markt immer die beste Lösung. Allerdings verursacht auch die Nutzung des Marktes Zeit- und Arbeitsaufwand. Um das, was man eigentlich erwerben möchte, tatsächlich aufzufinden, auszuwählen, zu beschaffen, zum Einsatz zu bringen und auch zu bezahlen, muss man Transaktionskosten tragen. Dies gilt ganz generell; die maschinelle Informationsverarbeitung ist in diesem Sinne auch häufig Verursacher von Transaktionskosten, weil man sie ja nicht um ihrer selbst Willen betreibt, sondern nur als Mittel zum Zweck.

Entscheidend ist jedoch, dass die Informationstechnik zwar Transaktionskosten verursacht, aber bei richtigem Einsatz eben deutlich weniger, als die konventionelle Abarbeitung der Aufgaben. Sie kann andere, noch höheren Transaktionskosten vermeiden helfen, die bisher entstehen. Sie ermöglicht auch die Bearbeitung von Aufgaben in viel größerem Stil, das heißt mit viel mehr Transaktionen pro Zeiteinheit. Damit erweitert sie die sinnvoll handhabbare Größe einer betriebswirtschaftlich handelnden Institution. [COAS1937]

(eMail), World Wide Web (WWW) oder File Transfer Protocol (FTP) bildet es nicht nur einen wesentlichen Bestandteil, sondern in weiten Bereichen die infrastrukturelle Voraussetzung für eCommerce und eBusiness, darf jedoch nicht damit gleichgesetzt werden. Während bei den Anwendungen die betriebswirtschaftlich-organisatorische Problemlösung im Vordergrund steht, bietet das Internet nur die Technologie, losgelöst von konkreten Anwendungen. Diese müssen auf Basis der neuen Möglichkeiten erdacht und realisiert werden, oder sich durch Entwicklung zu jeweils weiteren, besseren Lösungen ergeben. So hat der Phonograph von Thomas Alva Edison erstmals die Aufzeichnung und Wiedergabe von Tönen ermöglicht, aber erst die Weiterentwicklung von Emil Berliner in Form der Schallplatte brachte den Durchbruch im Musikmarkt. So war die Digitalisierung von Tonfrequenzen nur der erste Schritt. Die Entwicklung eines sparsamen Datenspeicherungsformats (mp3) und der Aufbau von Musikbörsen waren nötig, um den Durchbruch für die heute quasi überall verfügbare wahlfreie Musik zu schaffen.

Neben dem Einfluss auf das Kaufverhalten in den Märkten für klassische Güter hat der Übergang zur elektronischen Einkaufsabwicklung im Bereich der Musik bereits dazu geführt, dass der wesentliche Anteil gekaufter Musikstücke heute nur noch heruntergeladen wird, während der Markt für Tonträger verschwindet. Im Buch- und Zeitschriftenhandel läuft dieser Umbruch gerade noch.

Veränderung von Geschäftsmodellen durch Electronic Business am Beispiel der Musikindustrie

Die Musikindustrie besteht traditionell aus Unternehmen, die Musik mit standardisierten Verfahren produzieren, der Öffentlichkeit vorstellen und vermarkten. Historisch aber auch aktuell ist ihre Entwicklung stark von technischen Innovationen abhängig. Beginnend mit der Erfindung des Phonographen im Jahr 1877 entwickelte sich eine Industrie, in der nur wenige große sogenannte Major-Plattenlabels flankiert von zahlreichen kleineren Unternehmen („Independent Labels") Musik produzieren und vermarkten konnten. Lange Zeit garantierten analoge Aufzeichnungen auf Schallplatten hohe Margen für diese Industrie, denn die Musik konnte nur sehr aufwendig und nur verlustbehaftet kopiert werden.

Allerdings veränderte sich der Musikmarkt in Folge der technologischen Fortschritte sehr rasch. Zum einen waren die Musikhörer bald in der Lage, verlustfreie Kopien von den CDs anzufertigen und zum anderen führte u. a. das Musikkompressionsverfahren MP3 und damit verbundene unautorisierte Musikdownloads aus dem Internet Ende der 1990er Jahre die Musikindustrie in die Krise. Mit der Verbreitung digitalen Musik-Contents reduzierte sich zugleich auch die Marge der Musikindustrie, die ähnlich einem Venture Capitalisten historisch viel Geld in ihre Künstler investierte, um trotz einer hohen Flop-Rate über wenige erfolgreiche Künstler ihre Investitionen wieder einzuspielen.

Das Electronic Business über das Internet ermöglicht nicht nur die effiziente Trennung von Musik und physischen Tonträgermedien, sondern verändert zugleich die Machtverhältnisse und Geschäftsmodelle durch neue Intermediäre. Heute ist der Musikgenuss durch internetbasierte Streamingdienste vollständig vom physischen Musikerwerb entkoppelt. Für einen monatlichen Beitrag lassen sich Musiktitel aus großen Internetdatenbanken wie Napster oder Spotify mit jeweils Millionen Titeln direkt abrufen, ohne dass sie dauerhaft auf dem Rechner oder der Stereoanlage gespeichert werden. Dabei finden sich in dem Titelangebot auch viele neue Künstler, die nicht bei den großen Plattenfirmen unter Vertrag stehen.

Für viele neue, nicht an Plattenfirmen gebundene Künstler haben sich zudem neue Vermarktungsplattformen wie youtube.com bewährt. Beispielsweise hat das US-amerikanische Pop-Duo Pomplamoose über seinen youtube-Kanal in kurzer Zeit eine große internationale Fan-Gemeinde aufgebaut. Nahezu 500 000 Internetnutzer haben den Musikkanal der Musiker abonniert und die einzelnen Songs wurden bis zu 10 Millionen und mehr Male angeschaut bzw. angehört. Ein zusätzlicher Musikvertrieb über große Plattenfirmen ist nicht mehr nötig. Für wenige Dollar pro Jahr bietet beispielsweise tunecore.com den Musikern die Möglichkeit, Alben oder Musiktitel über itunes, amazon, spotify oder rdio zu veröffentlichen oder zu vertreiben. Zudem ermöglichen Internet-Intermediäre wie stageit.com Live-Konzerte, die über das Internet übertragen und weltweit angeschaut werden können. Damit haben unabhängige (Klein-)Künstler die Chance, ohne größere Reiseaktivitäten und mit geringem finanziellem Einsatz und Risiko eine große, weitverstreute Fangemeinde anzusprechen und ihre Musik zu vermarkten. Viele von der traditionellen Musikindustrie angebotenen Leistungen werden auf diese Weise obsolet. Während traditionell von den Plattenlabels vermarktete erfolgreiche Bands Millionenumsätze einspielen müssen, um die Fixkosten großer Plattenfirmen zu decken, existieren diese Fixkosten verbunden mit einem Verlust der Vermarktungsrechte und der Unabhängigkeit für die unabhängigen Künstler nicht.

Verständnisfrage zu 8.1:

• Worin liegt ein wesentlicher Unterschied zwischen dem eBusiness zwischen Firmen und dem eCommerce mit Konsumenten?

8.2 Produktangebote durch Web-Shops und Web-Kataloge

Stark vereinfacht hängen die Kosten und damit die Preise eines Produktes von den relativ fixen Produktionskosten und den variablen Vertriebskosten (inkl. Marketing- und Logistikkosten) ab. Auf Grund der umfassenden Rationalisierung in den letzten Jahrzehnten ist das Kostensenkungspozential für viele Unternehmen im Bereich der Produktionskosten weitgehend ausgeschöpft. Der hohe Anteil der Vertriebskosten kann dagegen durch den Einsatz eines umfassenden Angebots im Internet in Form eines Katalogs oder Shops stark reduziert werden, wenn die Leistungen des Vertriebs adäquat ersetzt werden.

Größere Märkte und niedrigere Angebotskosten:

Gelingt eine derartige Kostensenkung durch zumindest teilweise Automatisierung der Prozesse, dann steigt der durch die bisher hohen Gesamtkosten nur marginale Ertragsanteil deutlich an. Daneben kann gerade auch für die KMU der Absatzmarkt mit Hilfe eines elektronischen Angebots des eigenen Produktspektrums ausgeweitet werden, da dieses jetzt auch Regionen und Länder erreichen kann, in denen sich der Aufbau klassischer Vertriebs- und Logistikstrukturen nicht lohnt. Damit entsteht bei sinkenden Vertriebskosten und steigenden Absatzzahlen ein insgesamt positiver Ertragseffekt für die Unternehmen. Unter der Bezeichnung „The Long Tail" wurde der Effekt von C. Anderson beschrieben [ANDE2004], von einem deutschsprachigen Autor wäre wahrscheinlich der Titel „Kleinvieh macht auch Mist" gewählt worden. Wesentlich ist hier die Erkenntnis, dass durch den Einfluss des Internets auf die Geschäftsabwicklung andere Verhältnisse von fixen zu variablen Kosten entstanden sind, die entsprechend neue Geschäftsmodelle lukrativ werden lassen – wenn man sie versteht.

Zu berücksichtigen ist allerdings auch, dass den Kunden für deren Übernahme eines Teils der Vertriebskosten (Leitungsgebühren etc.) und den möglichen Verlust des „Kauferlebnisses" als Anreiz ein angemessener Preisabschlag einzuräumen ist. Außerdem ist die globale Verfügbarkeit eines Angebots natürlich keine Einbahnstraße. In gleichem Maße, wie das eigene Angebot überregional verfügbar wird, erhalten Kunden eines lokalen Anbieters auch Zugang zu dessen überregionalen Wettbewerbern. Dies ist selbst dann eine ernst zu nehmende Herausforderung, wenn die überregional angebotene Leistung lokal nicht sinnvoll erbracht werden kann, weil allein die bessere Preiskenntnis der Konsumenten ihr Kaufverhalten und ihre Preiserwartungen beeinflusst.

Ziel vieler eBusiness Projekte ist der Aufbau eines Direktvertriebs mit dem Effekt, durch das Ausschalten der Zwischenhändler (Intermediäre) deutliche Kosteneinsparungen zu realisieren, die z. T. zur Preisreduktion für den Kunden, aber auch zur Verbesserung der eigenen Marge eingesetzt werden sollen. Ein Großteil der aus der Reduktion der Handelsstufen entstehenden Kostenersparnis ist auf geringere Transaktionskosten zurückzuführen. Durch die Eliminierung der vorher erforderlichen Handelsmittler entfallen Koordinationsprobleme in Form von Informationsübermittlung, Überwachungs- und Durchsetzungsaufwand und damit eben Transaktionskosten [MALO1987, S. 484-497]. Der Markt als Koordinationsinstrument von Angebot und Nachfrage wird dadurch insgesamt effizienter; im Grunde rückt er der idealistischen Vorstellung von vollkommener Transparenz ein deutliches Stück näher.

▶ **Disintermediation**   Die Reduktion von Handelsstufen durch Direktbe-
lieferung. Neben der Ausschaltung einiger Handelsstufen (Disintermediation)
und den damit verbundenen Kostenvorteilen steckt ein großes Potenzial von
eBusiness im flexiblen Austausch der Intermediäre. In der konventionellen
Prozessabwicklung besteht entlang der Wertschöpfungs- und Distributions-
kette ein festes Gefüge auf Seiten der Marktpartner. Auf digitalen Marktplätzen
werden diese oft ineffizienten Strukturen aufgebrochen und durch flexible,
dynamische und damit im Einzelfall auch effizientere Prozesszusammenset-
zungen abgelöst. Die flexible Auswahl kann zukünftig mit Hilfe elektronischer
Agenten im Hintergrund erfolgen und bleibt unsichtbar für den Kunden, dem
letztendlich nur die alternativen Lösungsmöglichkeiten zur Entscheidung vor-
gelegt werden. Dabei kann auch die Auswahl der bei der Suche beteiligten Intermediäre von Fall zu Fall verändert werden, so dass auf allen Marktteilneh-
mern ein immenser Effizienzdruck lastet, der für den Kunden stets günstige
Konditionen garantiert.

Grob lassen sich Produkte nach dem Grad ihrer Digitalisierbarkeit und ihrem Preis differenzieren. Nicht digitalisierbare Produkte können über eBusiness beworben und verkauft werden, eine direkte Lieferung über das Internet
ist aber nicht möglich. Beispiele für den Handel mit nicht digitalisierbaren
Produkten sind Computer-Hardware, sonstige elektronische Geräte, Haus-
haltswaren, Lebensmittel und neuerdings verstärkt auch Kleidung. Das Wert-
schöpfungspotenzial solcher elektronischer Läden liegt bei diesen Produkten
vor allem im Wegfall der bisher üblichen Handelsspanne. Es bestehen auch
die Vorteile der 24h-Verfügbarkeit sowie der globalen Erreichbarkeit des Angebots.

▶ **Digitale Güter**   Texte, Musik, Video und Apps, die direkt über das Netz
bezogen werden können, sind im Niedrigpreisbereich angesiedelt, während
Spiele und komplexere Software in einem höheren Preissegment zu finden
sind. Bei allen diesen digitalisierbaren Produkten ist das wirtschaftliche Potenzial einer eBusiness-Lösung erheblich höher als bei physischen Gütern,
da neben der Handelsspanne auch der bisherige Aufwand für die logistische
Abwicklung (insbesondere Verpackung und Transport) entfällt. Des weiteren
sind bei diesen digitalen Produkten auch die Reproduktionskosten in der Regel
deutlich geringer, da beispielsweise Software nur einmalig auf einem Server zur
Verfügung gestellt werden muss, von dem sie durch die Kunden heruntergeladen werden kann.

Die Bereitschaft der Kunden für die Transparenz und die sofortige Lieferfähigkeit auch zu bezahlen, wird durch den Music Store der Firma Apple

eindrucksvoll bewiesen. Ende April 2003 eröffnet und gegen illegale Tausch-börsen antretend, konnte sich das Geschäft bis Mitte 2005 auf 500 Millionen Downloads entwickeln. Anfang 2013 feierte Apple bereits den 25 milliardsten verkauften Song. Ob sich der Musikmarkt weiter so entwickelt, oder ob On De-mand Services (z.B. Napster) das Geschäft übernehmen, ist noch offen. Auch das Geschäft mit Filmen könnte sich, wie der Erfolg des Streaming Dienstes Napster verdeutlicht, in diese Richtung bewegen. Im Bereich der Literatur und der Zeitschriften kann man ähnliche Umwälzungen der Marktsituation erwar-ten, weil die digital beschafften Texte im Vergleich zu gedruckter Literatur auch wesentliche Vorteile für die Recherche bieten.

Produktion auf Kundenwunsch setzt wegen der Komplexität digitale Be-stellabwicklung voraus. Die bisher aufgezeigten Spezifika von eBusiness ziel-ten insbesondere auf die Reduktion von Kosten. Die angebotenen Leistungen und Produkte entsprechen inhaltlich dem Produktspektrum, das auch in den klassischen Vertriebskanälen anzutreffen ist. Nutzt man die Möglichkeiten des Mediums im Hinblick auf seine Integrationspotenziale konsequent aus und versucht die Differenzierungs- und Individualisierungsoptionen vollständig auszuschöpfen, werden auch hervorragende Möglichkeiten entstehen zur In-dividualisierung und Intensivierung der Kundenbeziehungen sowie des Ange-bots kundenorientierter Leistungen.

Die Individualisierung ist einer der vorherrschenden Trends auf den Kon-sumgütermärkten. Die Ursachen hierfür liegen sowohl in der Wandlung von Verkäufer- zu Käufermärkten und der damit verbundenen Tendenz zum Erleb-niseinkauf, der Marktsättigung im Standardsortiment und der zunehmenden Designorientierung. Anbieter reagieren hierauf mit einer Ausweitung der Va-riantenvielfalt, die sich beispielsweise im Automobilbereich gut nachvollziehen lässt. Als Beispiele können hier die Individualisierungsprogramme von BMW oder die Produktausweitungsstrategie von DaimlerChrysler herangezogen werden. Die Differenzierung durch Varietät führt in der Konsequenz zu einer kundenindividuellen Auftragsbearbeitung und bedeutet den Abschied von der auf wenige Varianten orientierten Massenfertigung. Das primäre Ziel der Indi-vidualisierung, eine Erlössteigerung, die sich aus dem Mehrwert einer an den kundenspezifischen Bedürfnissen ausgerichteten Leistungserstellung ergibt, ist aber in der gegenwärtigen Marktsituation nicht mehr überall zu erreichen. Die gewachsene Verhandlungsmacht der Kunden führt auch bei günstigen Verkaufspreisen zu hohen Anforderungen hinsichtlich Qualität, Service und Funktionalität. Umgekehrt wird auch bei einer ausgeprägten Differenzierung ein am Massenprodukt orientierter Preis erwartet.

Mass Customization (Stanley Davis 1987)

Die wirtschaftliche Entwicklung und Verbesserung des Lebensstandards in den vergangenen zweihundert Jahren war nur durch die Konstruktion von Maschinen zur Unterstützung der menschlichen Arbeitskraft und durch die strikte Konzentration auf die Fertigung großer Mengen gleicher Erzeugnisse möglich (Kapitel 0). Die Sättigung vieler Absatzmärkte und der dem Menschen immanente Hang zur Differenzierung seiner Person auch durch die Verwendung individueller Attribute (Mode, Schmuck, Orden etc.) hat die Idee geboren, mit den Hilfsmitteln moderner Produktionseinrichtungen wieder Produkte herzustellen, die sich zumindest in sichtbaren Äußerlichkeiten, je nach Wunsch des Kunden, unterscheiden und gleichzeitig erschwinglich bleiben.

Wirklich umsetzbar wurde dieser Gedanke erst mit numerisch steuerbaren Maschinen und der Integration der Informationsverarbeitung über die gesamte Lieferkette vom Kunden bis zum Hersteller (Supply Chain Management, Abschnitt 7.2). Die eindeutige Beschreibung des individuell anzufertigenden Produktes verursacht auf konventionellem Weg erhebliche Transaktionskosten (Abschnitt 8.1) und im Fehlerfall kann es kaum an einen anderen Kunden verkauft werden. Erst das Internet konnte die Kette schließen und den Besteller direkt mit dem Hersteller in Verbindung bringen. Durch eine programmgesteuerte Auswahl aus einer Fülle von Variations- und/oder Kombinationsmöglichkeiten und gegebenenfalls die eindeutige individuelle Maßangabe kann eine verbindliche Beschreibung des zu bestellenden Produktes erfolgen, ohne dass eine teure Vertriebsorganisation eingreifen müsste. [DAVI1987]

▶ **Webbrowser**   Um im Internet möglichst alle Informationsangebote abrufen und betrachten zu können, braucht man ein Zugangsprogramm, das als Browser bezeichnet wird (Beispiele: InternetExplorer, Safari, Firefox, Netscape). Bei diesen Marktentwicklungen stehen die Potenziale des Internet zur Reduktion der Informationskosten im Vordergrund. Diese erfolgt vor allem dadurch, dass benötigte Informationen direkt vom Kunden in einer für den Computer verarbeitbaren Form über den Webbrowser erfasst werden. Im Idealfall prüft das System sie direkt auf Konsistenz und Korrektheit und leitet sie anschließend unmittelbar an die Produktionssysteme weiter.

Individualisierung ist daher vor allem bei Produkten sinnvoll, bei denen die Erwartungen der Kunden an die Produkteigenschaften unterschiedlich sind.

Auch hier ist zu differenzieren, ob es sich um private Abnehmer (B2C) oder zwischenbetriebliche (B2B) Lieferbeziehungen handelt. Während Produkte für Endkunden ganz speziell auf die Bedürfnisse und Wünsche der Käufer ausgerichtet sein müssen, liegt der Fokus einer B2B-fokussierten Individualisierung oftmals in der spezifischen Adaption zur Weiterverarbeitung in der individuellen Wertschöpfungskette.

▶ **Homepage**   Die Ausgangsseite einer Informationsdarstellung im Internet, die sich über viele weitere Seiten erstrecken kann, wird als Homepage bezeichnet. Um als Firma im Internet mitzumachen, braucht man einen Auftritt, ein Angebot, eine Selbstdarstellung. Dafür haben sich in den letzten Jahren verschiedene Bezeichnungen eingebürgert. Während der Begriff Homepage noch unabhängig davon ist, ob es sich um eine private oder geschäftliche Anwendung handelt und nur die Ausgangsseite bezeichnet, von der aus alle weiteren Inhalte dieser Anwendung erreicht werden, so liefern die Worte „Katalog, Shop, Mall, Portal und Auktion" schon Hinweise auf die Funktionalität der Seiten:

- Web-Katalog oder eKatalog bezeichnet eine Sammlung von Beschreibungen derjenigen Artikel, die von einem Unternehmen im Internet angeboten werden. Sie sind nach einem Schema geordnet, haben eine eindeutige Benennung (meist mit Artikelnummer) und stellen, hoffentlich klar und detailliert, alle Eigenschaften der Artikel vor.
- Web-Shop oder eShop ist der richtige Name einer Anwendung, die einerseits einen Katalog umfasst, darüber hinaus aber auch alle Schritte unterstützt, die ein Kunde durchlaufen muss, wenn er einen Artikel aus dem Katalog bestellen möchte. Es ist daher durchaus richtig zu sagen, dass erst mit dem Shop das Geschäft im Internet beginnt. Dies ist jedoch leichter erkannt, als ausgeführt. Ein Shop braucht Preise, sonst wird kein Kunde bestellen. Preisangaben im Netz werden jedoch von vielen Firmen gefürchtet, weil sie davon ausgehen, dass die aus Konkurrenzgründen und wegen der möglichen Kostenersparnis im Internet ausgewiesenen Preise besonders niedrig sind und somit die Preise für die konventionelle Geschäftsabwicklung ebenfalls bedrängen. Neben den Preisen muss im Shop aber auch ein vollständiges Bestellerfassungssystem eingebunden sein, das die Verwaltung von Kundendaten, die Eingabe von Aufträgen und die Anzeige der Lieferbarkeit der einzelnen Artikel bietet.
- Mall wird ein Einkaufszentrum genannt, bei dem verschiedene Geschäfte unter einem Dach zusammengefasst sind. Der Vorteil der eMall für die Kunden liegt im gemeinsamen Auftritt. Beim elektronischen Angebot spielt

zwar das Dach keine Rolle, aber die gleiche Struktur der Internet-Auftritte hilft den Kunden sich zurechtzufinden.

- Marktplatz bzw. eMarket nennt man die organisatorische Zusammenführung verschiedener Anbieter. Wie auf dem Wochenmarkt gibt es Konkurrenten, verschiedene Angebote aber gleiche Rahmenbedingungen, auf die sich der Kunde verlassen kann.

- Portale (Webportale) sind Zugangsseiten in das Internet, die ihren Benutzern bestimmte Inhalte in einer einheitlichen Struktur präsentieren, so dass man zur Bearbeitung einer Aufgabe nicht in mehrere verschiedene Darstellungsschemata wechseln muss.

- Auktionen sind schließlich besondere Angebotssituationen, bei denen die Preisgestaltung direkt von der Nachfrage und Zahlungswilligkeit der Kunden abhängt. Der Vorteil gegenüber einer klassischen Auktion ist, dass beliebig viele Interessenten partizipieren und mitbieten können, auch wenn sie zuhause auf dem Sofa sitzen.

Verständnisfragen zu 8.2:

- Wie unterscheiden sich die Angebote digitalisierbarer Güter voneinander?
- Warum stellen Unternehmen ihr Angebot zusammen mit Konkurrenten im gleichen eMarket oder ePortal aus?

8.3 eGovernment

Informationsverarbeitung zur Beschleunigung und Verbilligung öffentlicher Aufgaben. Mit dem Verweis auf leere Kassen wird von Behördenleitern electronic Government (eGovernment) oft bereits im Keim erstickt. Es gibt aber deutliche Einsparpotenziale, die jedoch nur wirken können, wenn eine integrierte Lösung für die öffentliche Verwaltung geschaffen wird. Schon beim Verständnis des Begriffes eGovernment werden ganz verschiedene Interpretationen gepflegt, um damit die Entwicklung zu beeinflussen.

Eine vielfach vorgetragene Interpretation sieht eGovernment als elektronischen Zugang des Bürgers in das Informationsangebot der öffentlichen Institutionen. Diese Vorstellungen gehen dahin, dass Tag und Nacht die Öffnungszeiten von Behördeneinrichtungen, Hinweise auf Zuständigkeiten, Protokolle von Veranstaltungen etc. abrufbar sind. Die Funktion von eGovernment bleibt damit eingeschränkt auf eine reine Informationsbereitstellung bzw. Auskunft.

Eine etwas weitergehende Position schließt die Möglichkeit ein, dem Bürger auch direkte Hilfen für seine Kontakte mit der Verwaltung zu bieten. Dazu gehört in der Regel die Bereitstellung der beim Behördengang benötigten Formulare zum Ausdrucken. Auch wenn damit evtl. das unangenehme Ausfüllen längerer Fragebögen in zugigen Rathausfluren vermieden werden kann und durch Hinweise auf gleichzeitig vorzulegende Ausweise und Urkunden auch die Gefahr eines zweiten Besuches bei der Behörde reduziert wird, so bleibt dieser Ansatz der Formularbereitstellung doch allein schon wegen des Medienbruches unvollständig.

Wirklich anzustreben ist eine eGovernment-Lösung, die alle Aufgaben der öffentlichen Verwaltung einschließt und die dafür, soweit möglich, auch eine direkte, interaktive Bearbeitung über einen Bildschirm zuhause oder im Amt ermöglicht. Damit ergibt sich eine kategorische Definition des Aufgabenbereiches von eGovernment:

eGovernment umfasst alle öffentlichen Aufgabenbereiche in Form der Integration der digitalisierbaren Informationsaufgaben in und zwischen Behörden, mit den Bürgern und den Unternehmen.

Eine andere Abgrenzung von eGovernment ergibt sich aus den angestrebten Wirkungen:

* Kostensenkung!
* Beschleunigung!
* Vereinfachung!
* Interessantere Arbeit!
* Unsere Zukunft!

Diese Auflistung von Resultaten, die mit eGovernment erreicht werden können, verdient bezüglich der letzten beiden Punkte besondere Beachtung. Sie weisen auf die Konsequenzen hin, die einerseits die Mitarbeiter der öffentlichen Verwaltung erwartet und andererseits unsere Volkswirtschaft. Die Automatisierung repetitiver Tätigkeiten entlastet natürlich die Betroffenen von durchaus auch stumpfsinniger Arbeit und gibt den Freiraum, sich mehr um die wichtigen Dinge zu kümmern, zu denen man sonst nicht kommt, was eine Höherqualifizierung einschließt, sowohl der Arbeitsinhalte und deren Komplexität als auch der Arbeitsergebnisse, die bei mehr persönlichem Einsatz erreicht werden können.

Diese Verbesserung und gleichzeitige Kostenreduktion insbesondere der Massenaufgaben reduziert insgesamt die volkswirtschaftlichen Kosten, die für die Funktionsfähigkeit des Staatswesens aufzubringen sind. Natürlich gibt es hier noch ganz andere und wahrscheinlich wirkungsvollere Ansätze, die durch entsprechende Gesetzgebung zu erreichen wären. Da dies aber nur über einen langwierigen politischen Willensbildungsprozess geschehen kann, steht die Reduktion der Folgekosten im Sinne der Ausführung der politischen Vorgaben durch möglichst effiziente Lösungen im Vordergrund. Nur wenn die eigenen Leistungen zu weltwirtschaftlich konkurrenzfähigen Preisen erarbeitet werden, können Leistungen am Markt platziert werden. Die Abwicklungskosten der öffentlichen Hand haben darauf einen spürbaren Einfluss.

Als Konsequenz ergibt sich, dass eGovernment die Unterstützung der Verwaltung auf allen Ebenen durch informationsorientierte organisatorische Abläufe, semantikbruchfreie Weitergabe digitaler Daten sowie den Einsatz einheitlicher Standardprogramme zur Verarbeitung normierter Datenstrukturen zum Gegenstand hat. Ein charakteristisches Beispiel dafür liefert ELSTER, die ELektronische STeuer ERklärung. Hier liefert die Finanzverwaltung den Steuerpflichtigen eine deutliche Unterstützung zur Erleichterung der Zusammenstellung von Steuererklärungen.

Abgrenzung der öffentlichen Leistungen

▶ **eGovernment Vorgehensweise**   „Unter einer Leistung ist die Gesamtheit aller Arbeitsschritte (auch auf unterschiedlichen Verwaltungsebenen) zu verstehen, die gegenüber einem fachlich Außenstehenden zur Bewältigung eines abtrennbaren, selbständigen und für sich genommen auch isoliert sinnvollen Verfahrensergebnisses erforderlich sind." Diese von einer Arbeitsgruppe für eGovernment der Bayerischen Staatskanzlei entwickelte Erklärung kann einfacher beschrieben werden mit: Alle Arbeitsschritte der beteiligten Verwaltungsebenen, die gegenüber einem nicht Beteiligten zur Erzielung eines sinnvollen Ergebnisses erforderlich sind.

▶ **Unsinnige Tendenz zur Eigenentwicklung**   Ein über Jahrzehnte gepflegtes falsches Verständnis der Aufgaben der öffentlichen Verwaltung hat zur erschreckenden Situation geführt, dass unzählige verschiedene Lösungen für prinzipiell gleiche Aufgaben entstanden sind und jetzt parallel gepflegt und weiterentwickelt werden müssen. Dies verschlingt viel Geld und kostet künftig noch mehr. Der vorgeschobene Grund für diese unsinnige Vorgehensweise ist die Furcht vor dem Verlust der Eigenständigkeit. Aber die Akzeptanz von Standards ist nicht das Aufgeben von Eigenständigkeit. Einsparungen werden gerade durch organisatorische Anpassungen an gut funktionierende Abläufe erreicht. Jedes Hinausschieben der Umstellung von Verwaltungsabläufen auf eGovernment verursacht erhebliche zusätzliche Kosten, weil man die möglichen Einsparungen damit erst später realisiert und weil die irgendwann doch notwendige Umstellung auf gemeinsame Standardlösungen um so teurer wird, je weiter man seine Individuallösungen vorangetrieben hat.

▶ **Parallelbetrieb ist zu vermeiden**   Aber laut Aussagen der meisten Behörden ist eGovernment noch teurer als die bisherige Vorgehensweise – immer mit dem Verweis auf leere Staatskassen. Begründung ist meist die Behauptung, dann müsse neben der über Jahre weiter zu führenden konventionellen Leistungserbringung parallel noch eine elektronische Variante betrieben werden. Umfangreiche Studien auf Landes- und Kommunen-Ebene entlarven diesen Vorwand als vorgeschoben. Denn auch oder gerade mit eGovernment darf es wegen des Integrationsprinzips keine zwei Verarbeitungsverfahren geben. Sowohl für die konventionell erhobenen Daten als auch für die über das Internet erfassten darf lediglich eine Prozessabwicklung existieren. Das ist alles eine Frage der Integration der Systeme. Nur dann können die bereits vorhandenen Informationen genutzt und folglich doppelte Erfassungen vermieden werden.

▶ **Unterschriften sind nicht immer notwendig**   Auch der typische Einwand, dass ohne digitale Signatur die Bürger so gut wie immer zum Unterschreiben auf das Amt laufen müssen, lässt sich entkräften, denn die Notwendigkeit einer Unterschrift auf jedem Formular, ist ein weiterer Vorwand. Tatsächlich wird diese im kommunalen Bereich nach einer eigens durchgeführten Recherche gerade einmal in 31 % der Fälle wirklich benötigt. Zudem sind auch meistens nicht die Bürger die Auslöser von Prozessen. Am häufigsten werden Leistungen von anderen Behörden angestoßen. Oder aber die Behörde wird „von Amts wegen" selbstständig tätig. Interessant ist, dass zwei Drittel der Verwaltungsprozesse mehr oder minder automatisiert ablaufen könnten – ein ungeheures Einsparpotenzial! Allein im Bereich der staatlichen Verwaltung eines Bundeslandes könnten mit Software- und Hardware-Konsolidierung sowie Prozesseinsparungen Ausgaben in Höhe von mehreren hundert Millionen Euro pro Jahr vermieden werden.

Auch im Bereich des Datenaustauschs von Behörde zu Behörde haben wir einen Flickenteppich an Software-Einzellösungen. Mag auch manche Software hervorragend sein – letztlich ist das Geld für ihre zusätzliche Entwicklung, Pflege und Wartung buchstäblich hinausgeworfen. Im Zuge der Konsolidierung ist es dringend anzuraten, sich auf einen Software-Standard zu einigen. Da greift auch der Einwand nicht, dass solche Lösungen für kleine Kommunen zu teuer wären. Schließlich lassen sich viele Leistungen zentralisieren. Es ist jedenfalls nicht einzusehen, dass etwa die Hälfte unseres Bruttoinlandsprodukts auf das Konto der öffentlichen Hand geht und so schlecht organisiert wird.

▶ **Software-Konsolidierung** Die skizzierten Verbesserungen der Abläufe in der öffentlichen Verwaltung sind offenbar mit erheblichen Änderungen der Arbeitsprozesse verbunden. Dies wirft massive Probleme auf, weil die Mitarbeiter in der öffentlichen Verwaltung neben der Zusicherung sicherer Arbeitsplätze auch die weitestgehende Beibehaltung der etablierten Arbeitsabläufe garantiert bekamen. Damit hat sich die öffentliche Verwaltung als Arbeitgeber selbst gelähmt. Trotzdem gibt es Hoffnung, weil eigene Umfragen bei staatlichen und kommunalen Mitarbeitern in Bayern eindeutig das Interesse vieler Betroffener an der Weiterentwicklung der Arbeitsabläufe in Verbindung mit dem Computereinsatz deutlich machen. Offensichtlich wollen die Betroffenen selbst den zementierten Zustand aufbrechen.

Verständnisfrage zu 8.3:

• Warum wird die Prozessunterstützung durch Informationsverarbeitung im Sinne von eGovernment nur so schleppend eingeführt?

Literatur

ANDE2004   Anderson, C.: The Long Tail. The future of entertainment is in the millions of niche markets at the shallow end of the bitstream. In: Wired Magazine. (2004) Nr. 10, S. 170-177.

BENJ1995   Benjamin, R.; Wigand, R.: Electronic Markets an dVirtual Value Chains on the Informations Superhighway. In: Sloan Management Review (1995), S. 62 – 71.

BERN2001   Berners-Lee, T.; Hendler, J.; Lassila, O.: The Semantic Web. In: Scientific American 284 (2001) 5, S. 28 – 31.

COAS1937   Coase, R.: The Nature oft the Firm. In: Economica 4 (1937) S. 386-405.

DAVI1987   Davis, S.: Future Perfect. Boston 1987.

MALO1987   Malone, T.; Yates, J.; Benjamin, R.: Electronic Markets and Electronic Hierarchie. In: Communications oft he ACM 30 (1987) 6, S. 384 – 497.

MASL1954   Maslow, A.: Motivation and Personality. New York 1954.

THOM2005   Thome, R.; Schinzer, H.; Hepp, M.: Electronic Commerce und Electronic Business. München 2005.

Technische Aspekte der integrierten Informationsverarbeitung

9 Bestandteile moderner Computertechnik

Was ist der kleine Unterschied in der Computertechnik?

Den kleinen Unterschied in der Computertechnik gibt es gar nicht. Etwas weniger verwirrend formuliert: für viele, auch durchaus sehr verschiedene Aufgaben kann man die gleiche Computer-Hardware einsetzen, während man in anderen Bereichen verschiedene Werkzeuge, Maschinen oder Gebäude benötigt. Da aber der technische Aufbau von Computern von ihren betrieblichen Anwendungen weitgehend unabhängig ist, kann man sie in größeren Stückzahlen produzieren und dadurch die Fertigungskosten senken. Die damit einhergehenden niedrigeren Verkaufspreise ermöglichen in Folge eine weitere Verbreitung der Geräte für neue Anwendungsgebiete, für die sie vorher noch zu teuer waren. Damit steigt die Stückzahl wiederum und die Entwicklung setzt sich fort.

▶ **Bedeutende Technologie aus spielerischen Anfängen** Früher haben sich die Menschen aus reiner Freude im wahrsten Sinne des Wortes spielerisch mit Automaten auseinandergesetzt. Ganz berühmt wurden die mechanischen Meisterwerke von Jacques Vaucanson, der seine die Natur verblüffend nachahmenden Figuren Ludwig XV vorstellen durfte. Die Raffinesse der Automaten wird aus der Beschreibung des Flöte spielenden Trommlers deutlich. So musste die Figur, weil eine Hand für die Trommel reserviert war, mit nur einer Hand die Flöte spielen, was naturgemäß nur durch das unterschiedliche Anblasen des Instruments mit entsprechender Zungenstellung möglich ist. Genau so wurde es von Vaucanson dann in seiner Figur (vgl. Abb. 9-1) vollendet nachgeahmt. Um mehrere verschiedene Melodien anspielen zu können, waren hier, wie auch in früheren mechanischen Musikinstrumenten, austauschbare Walzen verwendet worden. Der Bezug zur digitalen Informationsverarbeitung wird aber schon bei den einfachsten Musikautomaten deutlich, die meist über auf Walzen angeordneten Nocken Klangfedern anrissen; ein Nocken löst einen Ton aus, kein Nocken bedeutet Stille.

Auch die Zeit zur wirtschaftlichen Nutzung feinmechanischer Fertigkeiten war gekommen. 1785 hat Edmont Cartwright die vielfach eingesetzten halbmechanischen Webstühle zu einem Vollautomaten weiterentwickelt und 1805 brachte Joseph Marie Jacquard einen Webstuhl heraus, der erstmals die Information über das Webmuster nicht in starren mechanischen Gestängen trug, sondern in der Struktur von Löchern auf austauschbaren Karten. Die Innung der Seidenweber in Lyon erkannte sofort die Bedeutung dieser Erfindung, die jedes komplizierte Muster auf demselben Webstuhl erzeugen konnte, und ließ sie 1806 auf dem Marktplatz zerhacken und verbrennen. Aber der Fortschritt lässt sich nicht aufhalten; bereits 1812 waren 18.000 Jacquard Webstühle allein in Frankreich im Einsatz.

Abbildung 9-1: Vaucansons Flöte spielender Trommler (Briefmarke)

▶ **Rationalisierung vernichtet Arbeitsplätze** Produktivitätserhöhung durch Rationalisierung kann aber auch neue Beschäftigung generieren. Ist sie Fluch oder Segen? Für die Weber, die ohne andere Beschäftigungsmöglichkeiten ihre Arbeit verloren, war es sicher eine Katastrophe. Für die vielen tausend Menschen, die im Lauf der nachfolgenden Jahre bis heute ihre Beschäftigung in der Mode finden, war es die grundlegende Entwicklung, die alles Weitere erst ermöglicht hat. Denn unterschiedliche Muster mit der Hand zu weben ist sehr aufwendig, was sich nur die Wohlhabendsten leisten können. Mit der Entwicklung von Webautomaten war für die Stoffproduktion jetzt nicht mehr Kunstfertigkeit und Erfahrung gefragt, sondern nur Kapital, Organisationstalent und Geschäftssinn.

Ähnlich dramatisch in der Konsequenz sind die Entwicklung und der Einsatz der „heutigen Webstühle" in Gestalt von Computern, die auch die Erfahrung und Kenntnisse des Einzelnen oft überflüssig machen. Der Übergang ist aber ein ganz anderer. Die soziale Absicherung macht den Verlust des Arbeitsplatzes zwar für den Einzelnen zum Glück etwas weniger dramatisch, aber wir erkennen auch nicht, was bei den Webstühlen noch einfach zu sehen war, dass nämlich eine fortentwickelte Maschine bzw. Technik einen ganz bestimmten Typ von Arbeitsplätzen übernimmt. Wir erkennen es nicht, weil es nicht so ist; der Computer ist eben nicht beschränkt auf ganz bestimmte Tätigkeitsfelder. Er kann quasi überall, in Banken, Versicherungen, Industriebetrieben, Handelsgeschäften und auch anderswo zum Einsatz kommen und das in ganz verschiedene Funktionen. Das Ausrechnen irgendwelcher Materiallisten oder von Geldbeträgen auf Rechnungen ist sicher nicht der ultimative Einsatz von Computern.

Massenfertigung (Henry Ford 1913)

Auch wenn die Idee für die kostengünstige Fertigung durch große Stückzahlen bereits 1776 von Adam Smith (siehe Kap. 0) beschrieben und in einigen Waffenfabriken angewandt wurde, hat ihr doch erst Ford mit der Fließfertigung seines Models T zum Durchbruch verholfen. Durch die Weitergabe der sogenannten Skalenerträge, die sich aus der Ausrichtung der Fertigung auf die Herstellung möglichst vieler, gleicher Produkte ergaben, in Form von Preisreduktionen, konnte genau die Voraussetzung für die Kostenreduktion immer wieder sichergestellt werden. Durch die bei sinkenden Preisen zunehmend verkaufbaren Stückzahlen wurden die Fertigungskosten weiter gesenkt. Das Auto wurde ursprünglich in einer klassischen Werkstattfertigung in der Zahl von 25 Stück täglich produziert; dafür mussten jeweils 750 Arbeitsminuten geleistet werden. Mit der neuen Idee einer „moving assembly line", bei uns als Fließband bezeichnet, konnte im August 1913 die für die Fertigung eines Fahrzeugs notwendige Arbeitszeit halbiert werden. Nach der Einübung aller Fertigungsschritte im Sinn der Lernkurve erreichte man den Wert von nur 93 Arbeitsminuten für die Herstellung eines Fahrzeugs. [ABRA2011]

▶ **Entwicklung neuer Arbeitsplätze durch Rationalisierung** Aus Sicht der Wirtschaftsinformatik ist die Abstammung der Computer aus den Spiel- bzw. Musikautomaten von entscheidender Bedeutung, denn die Entwicklung der Datenverarbeitungsanlagen einerseits und der Unterhaltungsgeräte in Form von Musik-, Video- und Spielgeräten andererseits war nur für kurze Zeit getrennt. Die Erfindung des Phonographen durch Thomas Alva Edison im Jahr 1877 war ein wesentlicher Entwicklungssprung in der Menschheitsgeschichte. Niemals zuvor konnte so etwas Vergängliches wie ein Ton reproduziert werden, es sei denn als Echo. Die Faszination war und ist gewaltig. Wenn auch nicht so auffällig wie bei den Webern, so verlor doch sicher mancher Musiker seine Einnahmen, weil an seiner Stelle ein Plattenspieler zum Einsatz kam. Andererseits entstand ein Multimilliarden Markt mit Geräten und dem Handel mit Musikkonserven. Edisons Erfindung und alle Nachfolgegeräte basierten auf der direkten analogen Übernahme der Schallschwingung aus der Luft. Das Erzittern einer dadurch in Bewegung versetzten Membran wurde auf ein weiches Material (Wachs) übertragen und dann förmlich eingefroren. Auch die späteren Single- und Langspielplatten sowie Tonbänder und Musikkassetten nutzten das gleiche Prinzip. Dazu hatten die digitalen Computer gar keine Beziehung, bis in den 1970er Jahren angefangen wurde, Musikkassetten zur Aufzeichnung von Daten zu verwenden. Die in Millionenstückzahlen hergestellten Tonträger waren unschlagbar billig. Die wirkliche Rückbesinnung auf die gleichen Ursprünge kam aber durch die Entwicklung der CD. Hier wurden nicht mehr Luftschwingungen aufgezeichnet, sondern nur noch deren zahlenmäßiges Äquivalent, wie bei den Glockenspielen, Musikautomaten und Drehorgeln der vergangenen Jahrhunderte.

▶ **Massenfertigung von Computern und Unterhaltungselektronik** Eine gigantische Symbiose war entstanden. Der Massenmarkt von Unterhaltungsgeräten für Ton, Video und Spiele auf der einen und die voranstürmende Computertechnik mit Kompressions-, Übertragungs- und Verarbeitungsverfahren auf der anderen Seite. Der Übergang auf digitale Telefonie mit dem Siegeszug der Handys in den 1990er Jahren war nur konsequent und der Sprung auf digitales Fernsehen läuft gerade ab. Die maschinelle, digitale Informationsverarbeitung wird damit immer billiger, und sie dringt in alle Bereiche des menschlichen Lebens vor. Die gewaltigen Fortschritte in der Technologie der Bauelemente, beflügelt durch die Massenmärkte der Unterhaltungsindustrie, erlauben die immer preiswertere

Herstellung immer leistungsfähigerer Computer, die längst nicht mehr nur für ihre ursprünglichen Aufgaben, wie Berechnungen, eingesetzt werden. Wir müssen uns bewusst machen, dass die hervorragenden menschlichen Fähigkeiten des Beobachtens, Denkens, Erinnerns und Weitergebens ein ernst zu nehmendes Äquivalent bekommen haben, das wir natürlich, wie frühere Maschinen auch, zur eigenen Entlastung und Unterstützung einsetzen. Daher wird es immer wieder neue Berufsgruppen geben, die wie die Weber und Musikanten auf immer höherem Niveau ihre Beschäftigung an die weiterentwickelten Apparate übertragen. Wir müssen und werden aber auch immer wieder neue Tätigkeitsfelder erschließen, die nicht oder noch nicht von digitalen Informationsverarbeitungssystemen übernommen werden können. Die Frage ist nur, wie wir die häufigen Übergänge ausgestalten. Der mit Hilfe der Computertechnik steigende Lebensstandard wird es auch den direkt Betroffenen ermöglichen, ohne Hungersnöte oder dramatische Verschlechterung der Lebensumstände davonzukommen. Dies wird aber nicht von selbst geschehen, sondern nur, wenn wir uns die Zusammenhänge bewusst machen und daraus die Konsequenzen ziehen.

▶ **Im Lernen verlieren wir den Wettbewerb** Alle Informationen, die ein Computer aufnimmt, kann er sich beliebig lange exakt merken, irgendwann reproduzieren und jederzeit verarbeiten. Wir können das nicht und wir werden unsere Leistungen kaum weiter verbessern. Aber beim Verstehen eines Zusammenhangs, bei der Erkenntnis, warum etwas so ist, wie es ist, haben wir noch eine hervorragende Chance im Wettbewerb mit den Informationsverarbeitungssystemen. Aber die Entwicklungsgeschwindigkeit der technischen Systeme bleibt enorm.

Weiterhin verdoppeln sich alle 18 Monate die Speichervolumina und die Rechengeschwindigkeiten von Chips bei nahezu gleichen Preisen (Mooresches Gesetz). Bis zum Ende des Jahrzehnts wird, da sind sich die meisten Entwickler einig, das Tempo beibehalten. Das heute noch verbreitete Plattenlaufwerk wird dann abgelöst sein von Speicherelementen mit mehreren Terabyte Kapazität. Sie werden in der Lage sein, alle wesentlichen Literaturbeiträge bereitzuhalten – wirklich alle! Oder über 10 000 Stunden Video zu speichern. Und die drahtlose Zugriffsmöglichkeit über das Internet kommt noch hinzu. So gesehen ist es höchste Zeit, dass die Politik Überlegungen dazu anstellt, was man Kindern heute lehren soll, damit sie unter Nutzung der künftigen technischen Gegebenheiten und des Gelernten erfolgreich ihren Beruf ausüben können und dabei einen im internationalen Vergleich

hohen Leistungsbeitrag erwirtschaften. Denn bis die Kinder, die jetzt einge-
schult werden, ihr Abitur erworben haben, werden Computer bei gleichen
Preisen eine vielfach höhere Leistung erreichen als die heutigen Geräten.

BEGRIFFE, die in diesem Kapitel erläutert werden: Zentraleinheit, Chip,
Schaltkreis, Halbleiterspeicher, Platine, Board, Halbaddierer, Volladdierer,
Peripherie, Umlaufspeicher, Ein-/Ausgabegeräte.

9.0 Funktionsweise digitaler Computer

Der Einblick in ein Großrechenzentrum der 1970er Jahre (Abbildung 9-2) zeigt
die damals typische Struktur eines Computers mit der Zentraleinheit vorne
rechts (an der Bedienungskonsole erkennbar), den Bandspeichern hinten, dem
Schnelldrucker in der Mitte und den Plattenspeichern links (nur angeschnit-
ten).

Insbesondere die Miniaturisierung der Bauteile bei gleichzeitiger Erhöhung
ihrer Leistung hat mittlerweile zu völlig anderen Rechnerstrukturen geführt.
Die Leistung des hier im Bild gezeigten Rechenzentrums wird von jedem modernen Personalcomputer spielend übertroffen.

Abbildung 9-2: Ein Großrechenzentrum um 1975

▶ **Miniaturisierung und Leistungsexplosion** Die Preise fielen seit 1970 ungefähr um den Faktor 8 000, während die Speicherkapazität und Verarbeitungsgeschwindigkeit etwa um den gleichen Faktor stiegen. Herzstück eines jeden Computers war und ist die Zentraleinheit, die jeden Schritt des von einem Programm gesteuerten Ablaufes koordiniert. Die Leistungsfähigkeit eines modernen Rechenwerks auf einem einzigen Chip ist jetzt bereits höher als die des weltweit größten Computers im Jahr 2000. Mit seiner Hilfe werden Automobile bald das selbständige Fahren lernen.

▶ **Von-Neumann-Architektur** Die Begriffswelt der Computertechnik hat sich über die Jahre auch erheblich weiterentwickelt. Die modernen Bezeichnungen dürfen aber nicht darüber hinwegtäuschen, dass der prinzipielle Grundaufbau der Computerhardware seit den 40er Jahren ähnlich geblieben ist. Die nach ihrem Entwickler benannte „von-Neumann-Architektur" hat deren Konzeption, den Aufbau und die Funktionsweise der Zentraleinheit bis heute maßgeblich bestimmt. Sie geht davon aus, dass immer die folgenden drei wesentlichen Komponenten die Interaktion zwischen der Hardware, der Software und den Daten ermöglichen (vgl. Abb. 9-3):

▶ **Drei Dinge braucht jede Zentraleinheit** Ein **Steuerwerk**, das die Operationscodes der einzelnen Befehle interpretiert und alle anderen Baugruppen veranlasst, die daraus folgenden Arbeitsschritte zeitgerecht auszuführen.

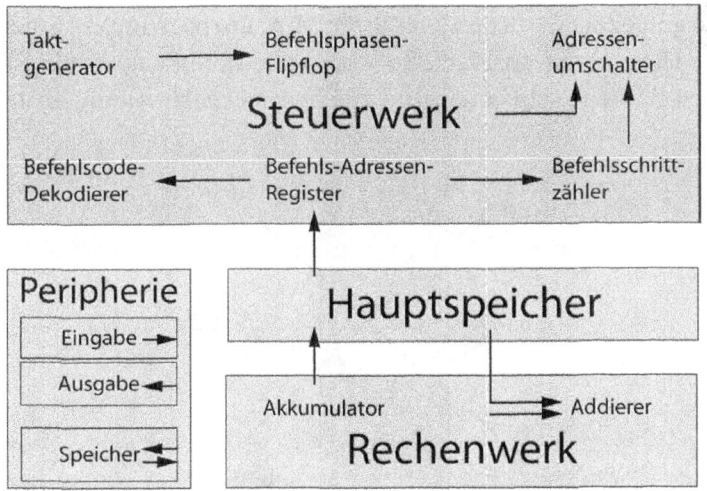

Abbildung 9-3: Schema einer Computerarchitektur

Einen **Hauptspeicher** in Form eines beliebig oft neu beschreibbaren, direkt und wahlfrei zugreifbaren schnellen Digitalspeichers, der sowohl die zu verarbeitenden Daten, als auch die Befehle des jeweils zu verarbeitenden Programms aufnimmt und bereit hält.

Ein **Rechenwerk**, das die anstehenden mathematischen und logischen Aufgaben nach den Vorgaben der Programmbefehle bearbeitet und die Resultate bereitstellt.

Verständnisfrage zu 9.0:

• Welche Komponente eines Computers ist die wichtigste, das Steuerwerk, das Rechenwerk oder der Arbeitsspeicher?

9.1 Bauteile

Die ersten Computer wurden zwischen 1945 und 1960 für Militär, Banken und Versicherungsgesellschaften auf der Basis von Elektronenröhren gebaut. Sie waren extrem groß, teuer, stromfressend und wartungsanfällig. Man hatte sie für mathematische Aufgaben konzipiert, daher konnten sie nur Zahlen verarbeiten.

Ein erster wesentlicher Entwicklungsfortschritt war der Einsatz von kleinen magnetisierbaren, matrixförmig angeordneten Ringkernen als schnelle Speicher (Kernspeicher). Die kleinen Ringe aus Ferrit mussten in der Regel auf drei Drähte aufgezogen werden, was ihrer Miniaturisierung entgegenstand und aufwendige Handarbeit auslöste. So waren die damals auch als Ringspeicher bezeichneten Bauteile sehr teuer und aus heutiger Sicht wenig leistungsfähig.

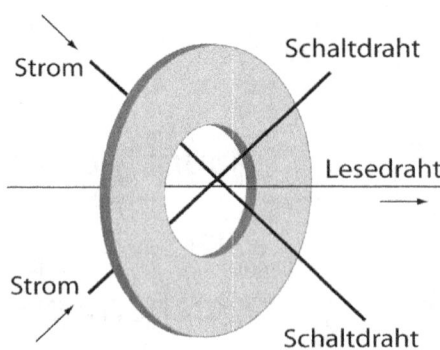

Abbildung 9-4: Speicherring

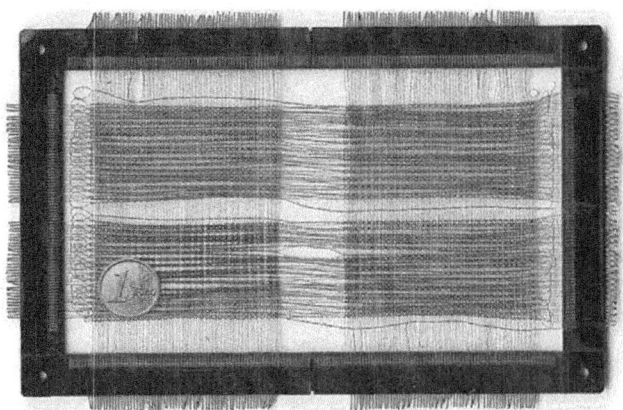

Abbildung 9-5: Speicherrahmen mit 4 096 magnetisierbaren Ringen auf den matrix-förmigen Zeilen- und Spaltendrähten aus den 70er Jahren

Jeder Ring ist in zwei alternative Drehrichtungen zu magnetisieren, die jeweils als eine von zwei Informationen (0,1) interpretiert werden (vgl. Abb. 9-4). Jeder Ring speichert den Inhalt eines Bits.

Die Ringe wurden matrixförmig aufgezogen, um jeden eindeutig durch eine Zeilen- und Spaltenangabe adressieren zu können. Die Anzahl der Ringe pro Speicherrahmen konnte bis auf 4 096 gesteigert werden auf einer Fläche von ca. 60 Quadratzentimetern (vgl. Abb. 9-5). Durch die logische Zusammenfassung mehrerer Ringe zu sogenannten Speicherworten konnten auch Zeichen mit mehr als zwei Alternativen (z. B. die Buchstaben) unterschieden werden. Um die typische Gruppe von 8 Bits (ein Byte) in der entsprechenden Zahl von Ringen abzulegen, wurden entsprechend acht Speicherrahmen benötigt. Die logisch zusammengehörenden 8 Ringe mit derselben Adresse auf den 8 beteiligten Rahmen, repräsentierten als Kombination je ein alphabetisches Zeichen oder eine Dezimalziffer.

Heute werden die Hauptspeicher als integrierte Bauelemente hergestellt, die wegen ihrer Plättchenform auch als Chips bezeichnet (IC, Integrated Circuits bzw. Integrierte Schaltkreise) werden.

Während sich die im Bereich von wenigen Quadratzentimetern liegenden Abmessungen der Chips nur langsam vergrößern, steigt die Zahl der darauf untergebrachten, integrierten Bauelemente extrem.

Die Abbildung 9-6 verdeutlicht zwar den Größenunterschied zwischen Kernspeicherrahmen und den modernen Bauelementen in Form von Halbleiterspeichern, wie die in Chips integrierte Technologie auch genannt wird. Sie zeigt aber nicht die wahren Größenunterschiede für Speicher gleicher Kapazi-

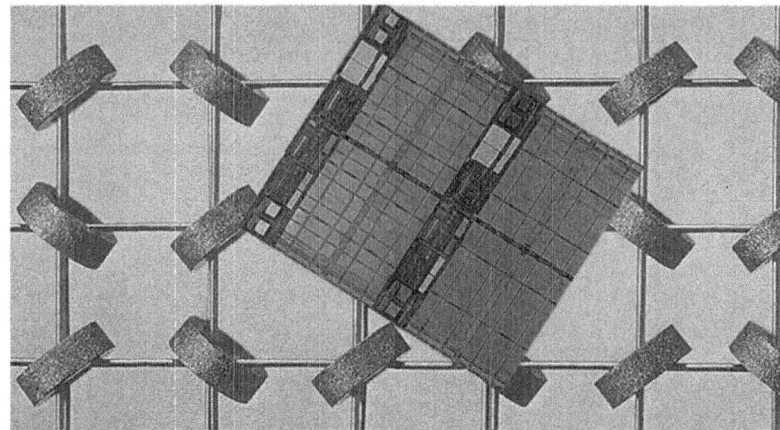

Abbildung 9-6: Größenvergleich der Strukturen von Kern- und Halbleiterspeichern (Chips)

tät. Für jeden, heute aktuellen 64 Gigabyte USB-Speicherstick müsste man etwa 125 Millionen Speicherrahmen einsetzen.

Der erste Transistor wurde im Jahr 1948 von William Shockley, Walter Brattain und John Bardeen vorgestellt (Nobelpreis 1956). Robert Noyce und Jack St. Clair Kilby haben an der Integration von Halbleiterbauelementen gearbeitet und erhielten unabhängig voneinander 1959 jeweils ein Patent dafür. Jack S. Kilby wurde trotz der überragenden Bedeutung seiner Entwicklung erst im Jahr 2000 eine Hälfte des Physik-Nobelpreises verliehen mit der Begründung: „Kilby is being rewarded for his part in the invention and development of the integrated circuit, the chip. Through this invention microelectronics has grown to become the basis of all modern technology."

Die historische Betrachtung an dieser Stelle hat jedoch nur das eine Ziel, jedem Leser die weitere, zukünftige Entwicklung bewusst zu machen. Da sich im Zeitraum von je knapp zwei Jahren die Größe der Bauelemente einerseits halbiert während sich ihre Leistungsfähigkeit andererseits im gleichen Takt jeweils verdoppelt, wird die Entwicklung immer schneller, während die Preise für die Bauteile stagnieren. Das wird definitiv auch künftig das Potenzial für dramatische Änderungen bei der Anwendung von Informationssystemen liefern.

▶ **Transistor als Schalter und Verstärker**   Die Abbildung 9-7 zeigt die Schemadarstellung eines Schaltkreises, die symbolisch erklärt, wie ein schwacher Strom an der Basis einen stärkeren Strom zwischen Kollektor und Emitter regelt. Diese Funktionseigenschaft des Transistors ermöglicht es, ihn als Verstär-

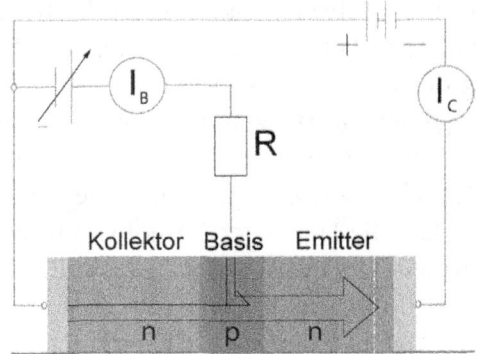

Abbildung 9-7: Einfache schematische Darstellung eines Transistorschaltkreises

kerelement, z. B. für MP3-Player, Walkman, TV etc. einzusetzen. Andererseits kann er, weniger im Sinne der Regelung als in der Funktion eines Schalters, für den Aufbau digitaler Schaltkreise verwendet werden.

Das Schnittbild durch einen Chip (vgl. Abb. 9-8) zeigt die Struktur, die durch schrittweise Bearbeitung von dessen Oberfläche entsteht, wobei durch gezielte Einbringung von Fremdatomen im Halbleitermaterial (z. B. Silizium) punktuell die gewünschten elektrischen Eigenschaften erzeugt werden können. Diese Funktionsbereiche werden durch feine metallische Linien (Aluminium, Kupfer) miteinander so verbunden, dass die benötigte Schaltung entsteht. Durch parallele Bearbeitung mehrerer Felder in jeweils der Größe eines Chips auf der Oberfläche einer dünnen Siliziumscheibe (Wafer) können gleichzeitig mehrere integrierte Schaltkreise mit jeweils Millionen von Bauelementen entwickelt werden. Die hauchfeinen Strukturen erzwingen allerdings eine Produktionsumgebung mit höchster Luftreinheit, weil Staubpartikel den Ablauf massiv stören würden. Durch die weitere Steigerung der Waferdurchmesser

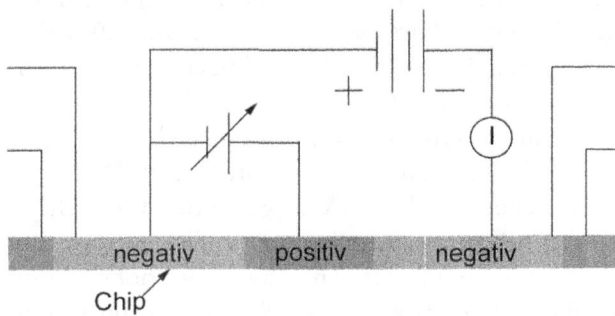

Abbildung 9-8: Struktur von Chips, hier mit dem Ausschnitt eines Transistors

von 30 auf. 45 cm kann trotz gleichzeitiger Vergrößerung der einzelnen Chip-oberflächen die Zahl der parallel produzierten Chips noch gesteigert werden.

Die Verbesserung der Produktionsverfahren und Verfeinerung der Strukturen hat in den vergangenen Jahrzehnten eine laufende Verbilligung der Chipherstellung bei gleichzeitig dramatischer Erhöhung der Leistungsfähigkeit erlaubt. Hierin liegt der Schlüssel für die zunehmende Verbreitung digitaler Systeme. Es ist absehbar, dass die Halbleitertechnologie in weitere Anwendungsbereiche vordringen und dort feinmechanische Bauteile ablösen wird.

Neben den hier bisher vorgestellten Speicherchips werden auch die für die aktive Verarbeitung der Daten verantwortlichen Prozessoren in technisch ähnlicher Form auf der Oberfläche von Scheiben aus Halbleitermaterial entwickelt. Sie haben, anders als die Millionen funktionsgleichen Schaltungen, die nebeneinander auf den Speicherbauelementen platziert sind, sehr komplexe Strukturen.

Verständnisfrage zu 9.1:

• Warum ist IC die korrekte Bezeichnung für einen Chip?

Welche Bauteile werden benötigt

Die maschinelle Informationsverarbeitung basiert im Wesentlichen auf der gezielten Steuerung des Flusses von Elektronen (kleinste negative Ladungen).

Ein Stromkreis wird gebildet durch eine Verbindung von einem Pol einer Stromquelle über eine Verbrauchsstelle und wieder zurück zum anderen Pol der Stromquelle. Nur wenn dieser Stromkreis geschlossen ist, d. h. die beiden Pole der Stromquelle miteinander elektrisch leitend verbunden sind, fließt ein Strom von Elektronen.

Zur gezielten Steuerung des Elektronenflusses und damit zur gewünschten Arbeitsweise werden die folgenden mit ihren Symbolen beschriebenen Funktionselemente benötigt.

Spannungsquelle, Einheit Volt

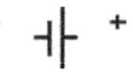

Die Versorgung des Stromkreises kann durch eine Batterie oder aus dem Stromnetz erfolgen. Bei elektronischen Funktionsbaugruppen liegt diese Spannung in der Regel zwischen etwa 2 und 20 Volt, was bei Netzanschluss eine wesentliche Herabsetzung der Versorgungsspannung und die Gleichrichtung durch ein Netzteil voraussetzt. Diese niedrigen Spannungen sind zwar völlig ungefährlich, für spezielle Komponenten werden jedoch auch sehr hohe Spannungen gebraucht. Bei der Öffnung eines Gerätes sollte man daher immer vorsichtig sein.

Stromleiter

Die Verbindung zwischen den beiden Polen der Spannungsquelle über verschiedene Bauelemente hinweg erfolgt in der Regel durch Draht oder besser durch die dünnen, voneinander isolierten Metallschichten der Platine. Sie werden bei deren Aufbau gezielt so weggeätzt, dass nur die benötigten Verbindungen stehen bleiben.

Schalter

Dem gewünschten An- und Abschalten des Elektronenflusses dient der Ein- und Ausschalter. Er schließt oder öffnet einen Stromkreis.

Widerstand, Einheit Ohm

Um in einem Stromkreis den Stromfluss zu reduzieren, kann ein Widerstand eingesetzt werden. Er besteht im einfachsten Fall aus einer Spule dünnen Drahts.

Kondensator, Einheit Farad

Um Elektronen kurzzeitig zu speichern, kann auf der Oberfläche eines Kondensators, je nach seiner Kapazität, eine größere Zahl von Elektronen zwischengepuffert werden. Ein Kondensator kann aus einer ganz eng zusammengerollten großen Fläche von mit Aluminium kaschiertem Papier bestehen, so dass auf

kleinem Raum die große Metalloberfläche als Aufenthaltsbereich für die Elektronen genutzt werden kann. Ein Kondensator besteht aus zwei Platten, die vollständig voneinander isoliert sind. Wird eine Spannungsquelle angelegt, so fließen von der dem Pluspol zugewandten Platte Elektronen ab und aus der Spannungsquelle fließen auf die mit dem negativen Pol verbundene Platte Elektronen auf. In Abhängigkeit von der Größe der Plattenoberflächen können entsprechend viele Elektronen wandern. Durch den Kondensator hindurch fließt kein Strom. Nach dem Aufnehmen der möglichen Elektronen sperrt der Kondensator den weiteren Abfluss von Elektronen aus der Spannungsquelle. Nur beim Umpolen des Kondensators können die Elektronen von der geladenen Platte wieder abfließen.

Diode

Die Diode ist das einfachste Halbleiterbauelement und wird meist aus Silizium hergestellt. Sie lässt den Elektronenstrom nur in eine bestimmte Richtung fließen. Den Fluss in die andere Richtung sperrt sie. Diese Funktion wird durch den Aufbau der Diode in zwei verschiedenen Zonen erreicht. In einer Zone ist das Material so ausgestaltet, dass die Atome relativ viele Elektronen tragen, d. h. einen Überschuss an negativen Ladungsträgern aufweisen (n-Zone). Der mit der n-Zone unmittelbar verbundene zweite Materialbereich ist durch wenige Elektronen gekennzeichnet, d. h. die Atome sind hier positive Ladungsträger (p-Zone). Die Elektronen können sich grundsätzlich in beiden Materialbereichen bewegen. Da sich ungleiche Ladungsträger anziehen, gleiche Ladungsträger jedoch abstoßen, ergibt sich im Grenzbereich zwischen den beiden Materialien je nach Richtung des Stroms folgender Effekt:

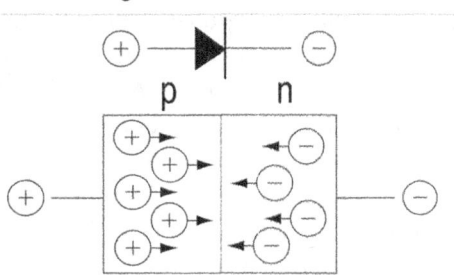

Ungehinderter Stromdurchfluss

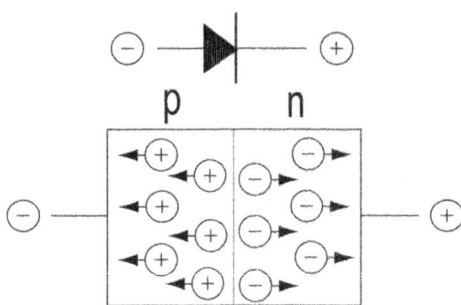

Stromdurchfluss nicht möglich

Abbildung 9-9:
Funktionsweise einer Diode

Das#Anlegen einer Spannung an die Diode mit dem negativen Pol an die n-Zone und dem positiven an die p-Zone führt zu einem „Druck" von Elektronen auf die n-Zone, der ein Überspringen der Elektronen im Grenzbereich auf die positiven Ladungsträger bewirkt und ein Durchwandern dieser Elektronen durch den p-Bereich auslöst. Es kommt zu einem Durchfluss.

Wird die Spannungsquelle in Gegenrichtung angelegt (Minuspol an die p-Zone, Pluspol an die n-Zone), tritt der gegenteilige Effekt auf. Die Elektronen wandern in Richtung Spannungsquelle und vom Grenzbereich ab. Ein Überspringen von Elektronen innerhalb der Diode von p nach n ist nicht möglich (Abbildung 9-9).

Transistor

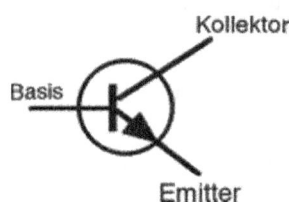

Der Transistor ist eine Weiterentwicklung der Diode und besteht aus drei Materialschichten, wovon sich die innere Schicht in ihrer Ladungsträgersituation immer von den beiden äußeren unterscheidet (vgl. Abb. 9-10).

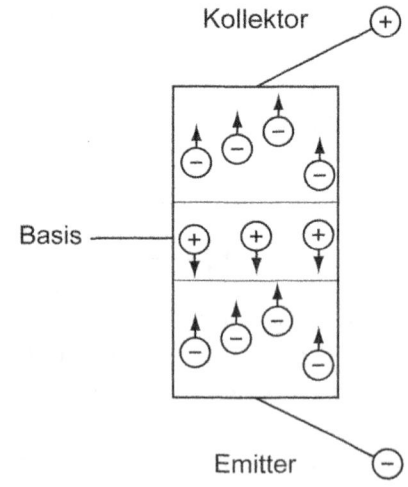

Abbildung 9-10:
Funktionsschema eines n-p-n Transistors

Schaltung

Die beiden n-Zonen werden mit den Namen Kollektor und Emitter bezeichnet. Ein typischer n-p-n-Transistor hat folgende Eigenschaften. Ein mit den beiden äußeren Schichten verbundener Stromkreis ist gesperrt, solange die Basis mit der negativen Seite der Spannungsquelle in Verbindung steht, weil die n-Zone des Kollektors mit der positiven Zone der Basis zu einer Sperrung führt (vgl. Diode). Ein Elektronenfluss im zu schaltenden Hauptstromkreis vom Emitter zum Kollektor ist damit im Grundzustand des Transistors nicht möglich.

Wenn jedoch zwischen der Basis und dem Emitter eine positive Spannung angelegt wird, entspricht die Situation in diesem Teil des Transistors einer Diode in Durchflussrichtung; aus der n-Zone des Emitters fließen die Elektronen in die p-Zone der Basis. Damit allein wäre jedoch gar nichts erreicht, denn ein Strom von Elektronen kann von der Zuleitung des Emitters in die Ableitung der Basis auch dann fließen, wenn dort gar kein Transistor eingebaut ist. Erst ein ungewöhnlicher Nebeneffekt löst den gewünschten Elektronenfluss in den Kollektor aus. Der resultiert aus der Fähigkeit der Elektronen die sehr dünne positive Basisschicht zur Kollektorschicht hin zu überspringen, aus der sie zum positiven Pol der Spannungsquelle abgesaugt werden. Während der schwache Strom zwischen Basis und Emitter fließt, kann folglich ein großer Strom zwischen Kollektor und Emitter laufen. Damit wird aber genau das gewünschte Ziel erreicht; ein schwacher Strom steuert (schaltet ein/aus) oder regelt (verstärkt) einen stärkeren Strom in einem anderen Kreislauf. Das Verhältnis der Stromstärke zwischen dem regelnden und dem geregelten Strom kann in einem Transistor bis auf 1:1.000 gebracht werden.

Mit diesen wenigen Bauelementen lassen sich prinzipiell alle logischen Schaltungen aufbauen.

9.2 Komponenten

▶ **Speicherchips** Halbleiterspeicher ersetzen heute die früheren Kernspeicher. Sie werden für folgende Aufgaben benötigt:

- Hauptspeicher für die Zentraleinheit,
- Befehlsspeicher für Steuerprogramme in Computer-Komponenten und
- Speicherbauelemente für die Ansteuerung von Mikroprozessoren, die als Regelmechanismen in automatisierten Geräten Verwendung finden.

Mit diesen Varianten gibt es für jede Aufgabe den idealen Speicher. Für die vielfältigen Einsatzzwecke wurde ein ganzes Spektrum unterschiedlich ausgerüsteter Speicherchips entwickelt. Leider werden alle mit der Abkürzung RAM

(Random Access Memory) benannt, der nur auf die wahlfreie Zugriffsmöglichkeit dieser Speicher hinweist. Der Name sagt nichts aus über die Wiederbeschreibbarkeit dieser Bauelemente, was jedoch ein entscheidendes Kriterium für ihren Einsatzbereich ist, während die wahlfreie Zugriffsmöglichkeit mit Ausnahme spezieller Register für praktisch alle Halbleiterspeicherbauelemente gilt. Sie können in folgende Klassen eingeteilt werden:

- SRAM (Static Random Access Memory) Klassischer, beliebig häufig wiederbeschreibbarer Speicher, der seine Daten behält, solange er mit Strom versorgt wird.
- DRAM (Dynamic Random Access Memory) Für typische Hauptspeicherfunktionen, da die gespeicherten Informationen auch hier immer wieder neu überschrieben und ausgelesen werden können. Allerdings vergisst dieser Speichertyp seinen Inhalt sehr rasch und muss ihn daher durch eine entsprechende Schaltung immer wieder neu einstellen (refresh). Er ist relativ preiswert aber durch den Zwang zur zeitraubenden Inhaltsauffrischung vergleichsweise langsam.
- ROM (Read Only Memory) Dies ist ein Halbleiterspeicher, der bereits durch seinen jeweiligen strukturellen Aufbau beim Fertigungsprozess einen bestimmten Speicherinhalt aufnimmt, der zwar nicht wieder überschrieben werden kann, für seinen Erhalt aber auch keinen Strom benötigt. Dieses Bauelement ist der typische Programmspeicherbaustein für Regelungs- und Steuerungszwecke, wie z. B. in Waschmaschinen und Fotoapparaten. Auch für die Aufnahme von Betriebssystemfunktionen oder Mikroprogrammbefehlen ist er geeignet.
- PROM (Progammable Read Only Memory) Auch diese Bausteine bewahren ihren Speicherinhalt kontinuierlich auf. Sie werden jedoch erst vor der ersten Anwendung mit dem gewünschten Speicherinhalt geladen, der dann nicht mehr geändert werden kann. Typisch ist das „Durchtrennen" von einzelnen Verbindungen durch einen Strom in einem Programmiergerät, der stärker ist als die Ströme, die im normalen Anwendungsbetrieb auftreten. Diese Bauelemente werden z. B. benutzt, um Produkte bei der Endmontage nach Kundenwunsch auszurüsten.

▶ **Main Board – Platine – Leiterplatte** Trotz der enormen Fortschritte in der Integration und Packungsdichte von Funktionen auf einzelnen Chips müssen komplexere Geräte auch künftig durch den Zusammenbau mehrerer Chips, auf denen verschiedene Funktionen realisiert sind, und in Form sogenannter Platinen (Karten, Leiterplatten) hergestellt werden. Die Karten (engl.

board) tragen ihren Namen, weil sie in Größen zwischen 10 x 30 bis 30 x 30 cm als Standardgrößen aus Schichten von dünnem Isolations- und Leitungsmaterial aufgebaut sind. Die Karten werden auch um ihre Auswechselbarkeit zu kennzeichnen, als Einsteckkarten bezeichnet. Neben dem Motherboard, das den eigentlichen Rechner mit dem Prozessor und Hauptspeicher trägt, gibt es insbesondere Grafik- und Soundkarten, die teilweise auch nachträglich installiert werden können oder müssen.

Im Vergleich zu den hochfeinen Strukturen der auf Chips abgebildeten Schaltungen sind die Leiterplatten einfach. Trotzdem verlangt ihre Herstellung einen komplizierten technischen Ablauf, da die Leiterplatten in ihren Schichten mehrere Metallfolien und Isolationslagen aufweisen. Durch deren räumliche Ausgestaltung wird sichergestellt, dass die durch die Leiterplatten hindurchführenden Löcher immer nur in den gewünschten Schichten Kontakt mit der jeweiligen Metallfolie erhalten und damit über die gesamte Leiterplatte hinweg in mehreren Ebenen Verbindungen zwischen den auf die Leiterplatten oben aufgesetzten Bauelementen herstellen.

Die Funktionsbaugruppen auf Leiterplatten sind die Einheiten, die typischerweise im Fehlerfall ausgetauscht werden. Für den Anwender sind die Leiterplatten bekannt geworden durch die bei Personalcomputern übliche Anordnung von Erweiterungssteckplätzen, in die Speichererweiterungskarten, Controller für Plattenspeicher, spezielle Anschlusskarten für Bildschirme oder Übertragungskarten für Telekommunikationseinrichtungen eingesteckt werden können.

Die detaillierte Strukturplanung der Karten erlaubt es, die übliche Verdrahtung der Bauelemente vollständig zu umgehen. Entweder werden ihre Anschlussdrähte durch Kontaktlöcher gesteckt und verzinnt, wobei sich leitende Verbindungen mit mehreren Schichten der Leiterplatte aufbauen lassen, oder sie werden mit einem leitenden Klebstoff auf Kontaktstellen der Leiterplatten geklebt. Diese Technik trägt die Bezeichnung „Surface Mounted Device" (SMD), sie wird insbesondere in großen automatisierten Bestückungseinrichtungen verwendet. Dadurch wird die Erhitzung beim Lötvorgang reduziert.

▶ **Mikroprozessoren** Im Jahr 1971 kam die nicht lange zuvor gegründete Firma INTEL (Integrated Electronics) mit einem Bauelement (Chip) auf den Markt, das die wesentlichen Eigenschaften der Zentraleinheit eines Computers in sich vereinigte. Im Grunde waren alle Funktionsbereiche eines Computers mit Ausnahme des Hauptspeichers vorhanden. Das Ergebnis erhielt die Bezeichnung Mikroprozessor Intel 4004. Dies war zwar im Sinne der von-Neumann-Architektur kein Computer, weil der Hauptspeicher fehlte, aber die enorme Kompression, die alle anderen Bereiche der Zentraleinheit durch die Integration auf einen Chip erhielten, brachte der Computerentwicklung einen weiteren Durchbruch.

Auch wenn die Mikroprozessoren anfangs zusammen mit Read Only Speichern (ROM) für Steuerungsaufgaben und nicht an Stelle von Computern zum Einsatz kamen, haben sie sich heute alle Bereiche der Computertechnik und -anwendung erobert. Ein Schritt dazu war die Entwicklung von Personalcomputern. Mittlerweile bilden Mikroprozessoren zusammen mit Speicherchips auch die Zentraleinheiten von Servern und großen Computern. Dazu werden auch mehrere Mikroprozessoren kombiniert, die sich in geeigneter Weise die anstehenden Arbeitsaufgaben teilen.

Verständnisfrage zu 9.2:

• Warum hat gerade die Chiptechnologie die Weiterentwicklung der Computer massiv beeinflusst?

9.3 Zentraleinheit

Während der Begriff „Elektronische Datenverarbeitungsanlage" immer alle Funktionsbaugruppen mit einschließt, die zusammen zu einem informationsverarbeitenden System gekoppelt sind, kann der Begriff „Computer" sowohl synonym zu „Elektronische Datenverarbeitungsanlage" gebraucht werden oder als Bezeichnung für das Kernstück eines solchen Systems im Sinne der sogenannten Zentraleinheit. Diese auch häufig mit der englischen Abkürzung CPU (von: Central Processing Unit) benannte Funktionseinheit führt alle Berechnungen, Vergleiche und sonstigen von den Programmen diktierten Operationen aus und gibt allen anderen Anlagenteilen, die aus Sicht der CPU nur periphere Geräte (oder: Peripherie) sind, die Steueranweisungen.

▶ **CPU - das Gehirn des Computers**   Ähnlich der Funktionsverteilung beim Menschen entspricht die Zentraleinheit dem Gehirn und die Funktionen der Sinnesorgane und Glieder können mit der Peripherie verglichen werden, die zum Lesen von Datenträgern, zum längerfristigen Ablegen von Informationen oder auch zum Aufschreiben von Ergebnissen eingesetzt wird. Eine Zentraleinheit besteht aus den Baugruppen Hauptspeicher, Rechenwerk und Steuerwerk.

▶ **Hauptspeicher**   Das Kurzzeitgedächtnis, in dem die zur Bearbeitung anstehenden Programmfunktionen mit allen Befehlsschritten und auch die dazu nötigen Daten bereitstehen ist der Hauptspeicher. Er muss ein frei adressierbarer Speicher sein (RAM: random access memory), da die Programmbefehle nicht immer sukzessive sondern auch in wechselnder Reihenfolge abgearbeitet werden. Die Bereitstellung der zu verarbeitenden Daten muss je nach Programmanforderung auch in verschiedenen Strukturen möglich sein.

Die wichtigsten Maßzahlen zur Charakterisierung eines Hauptspeichers sind seine Kapazität und die sogenannte Zugriffsgeschwindigkeit. Die Kapazität wird in Bytes gemessen. Sie wird begrenzt durch die Adressfeldgröße der Befehle. So kann ein Befehl mit einer Adressfeldlänge von 16 Bits nur 65.536 verschiedene Bytes adressieren. Typische Adressfeldlängen werden in ganzen Bytes festgelegt und bestimmen die Größe des direkt adressierbaren Speicherraums. Gleichzeitig beeinflusst die Adressfeldlänge den von einem Programm selbst benötigten Speicherplatz, da in fast jedem Befehl zumindest ein Adressfeld, in vielen Befehlen auch zwei oder drei benötigt werden. Da die Befehlslänge für jeden Befehl eine feste Größe ist, wird bei langen Adressfeldern auch der von einem Programm belegte Speicherplatz entsprechend groß.

Die hohen Preise für Hauptspeicher waren der Grund, dass früher kleine Rechner nur eine sehr beschränkte Adressfeldlänge hatten und damit nur kleine Hauptspeicher adressieren konnten. Auch die bei Homecomputern lange verbreitete maximale Hauptspeichergröße von 64 KB, d. h. genau 65 536 Bytes ist auf die Adressfeldlänge zurückzuführen, die in diesen Fällen bei genau 2 Bytes = 16 Bits lag. 20 Bits lassen 1 MB = 1 024 KB zu und die Adressfeldlänge von 3 Bytes = 24 Bits entspricht dann 16 MB. Bei größeren Hauptspeichern wird jedoch ein anderes Adressierungsprinzip verwendet, bei dem noch mit Hilfe eines zusätzlichen Registers als Zwischeninformationsgeber der adressierbare Hauptspeicher erheblich ausgeweitet wird.

▶ **Cache das Kurzzeitgedächtnis**   Da der Hauptspeicher die Arbeitsmöglichkeiten eines Computers ganz wesentlich bestimmt, gibt es insbesondere zwei Funktionen zur Ausweitung der Möglichkeiten des Hauptspeichers. Zum einen wird, um die Arbeitsgeschwindigkeit beim Zugriff auf Befehle bzw. Daten im Hauptspeicher zu beschleunigen, ein sogenannter Cache-Speicher eingesetzt (sprich: „käsch"), der eine besonders schnelle, aber auch teure Technik nutzt. In ihm werden die im nächsten Schritt vom Rechen- bzw. Steuerwerk zu verarbeitenden Befehle und Daten aus dem normalen Hauptspeicher bereitgestellt. Damit ist während der eigentlichen Befehlsabarbeitung eine höhere Geschwindigkeit möglich. Das andere Erweiterungskonzept für Hauptspeicher ist die sogenannte virtuelle Speichertechnik, bei der Teile des Hauptspeicherinhalts aus dem realen Hauptspeicher der Zentraleinheit in einen auf einer Platte oder einem solid state memory (SSD) angelegten virtuellen Hauptspeicher ausgelagert werden. Durch eine geschickte Zusammenarbeit zwischen dem Cache, dem realen Hauptspeicher und dem auf eine Platte ausgelagerten virtuellen Hauptspeicher ist es bei geschickter Programmierung möglich, dem Prozessor der Zentraleinheit die Befehle und Daten, die er jeweils benötigt, im Cache so bereit zu stellen, dass quasi keine Zeitverzögerung auftritt durch Rückgriff auf den realen oder gar virtuellen Hauptspeicher. Dies geschieht durch parallele vorab Interpretation der nächsten Befehle, während der aktuelle Befehl gerade vom Steuerwerk ausgeführt wird.

▶ **Rechenwerk**　Die eigentliche Verarbeitung der Daten erfolgt im Rechenwerk, das auch als „Arithmetic and Logic Unit" (ALU) bezeichnet wird. Es kann je nach Rechnertyp verschiedene mathematische Operationen direkt ausführen oder sie über eine sukzessive Abarbeitung einfacherer Rechenschritte nachvollziehen. Außerdem kann das Rechenwerk logische Operationen im Sinne von Vergleichen durchführen. Diese entscheidende Eigenschaft erlaubt es, die Programmstruktur nicht nur sukzessive, wie die Rechenschritte bei einer früheren mechanischen Rechenmaschine hintereinander zu verknüpfen, sondern auch in Abhängigkeit vom Ergebnis verschiedene Zweige eines Algorithmus zu verfolgen.

Da auch alphabetische Zeichen als Zahlenwerte gespeichert werden, ist ein Vergleich dieser Angaben ebenfalls möglich. Dies erlaubt z. B. alphabetische Sortierungen oder das Heraussuchen eines bestimmten Begriffes aus einem Text durch sukzessive Vergleichsoperationen.

▶ **Steuerwerk**　Es interpretiert die einzelnen Programmbefehle und veranlasst alle Funktionsbaugruppen der Zentraleinheit zu entsprechenden Aktionen; es wird daher auch als Control Unit (CU) bezeichnet (vgl. Abbildung 9-3). Es steuert auch die Peripheriegeräte an, indem es an diese externen Einheiten entsprechend der auszuführenden Tätigkeit Befehle weitergibt. Das Steuerwerk ist prinzipiell so strukturiert, dass es für jeden Befehl der Maschinensprache eine Folge von Impulsen an die Funktionsbaugruppen der Zentraleinheit auslöst. Diese Impulse sind zeitlich so versetzt, dass z. B. ein Additionsbefehl zunächst das Holen des ersten Summanden durch Ansteuerung des Hauptspeichers mit der richtigen Adresse auslöst, dann für die Zwischenspeicherung dieses Wertes im Rechenwerk sorgt, in Folge den zweiten Summanden von seiner Adresse im Hauptspeicher wiederum an das Rechenwerk übertragen lässt, dieses dann zur Addition veranlasst und schließlich den Hauptspeicher anweist, das Ergebnis vom Rechenwerk zu übernehmen und in das vorgesehene Ergebnisfeld einzustellen.

▶ **Schaltalgebra**   Alle diese Schritte werden durch die Interpretation des auszuführenden Befehls in logischen Schaltungen ausgelöst. Basis für die Darstellung und Entwicklung derartiger Schaltungen ist die Boolesche Algebra (nach G. Boole 1815-1864). Im Gegensatz zur üblichen Algebra nehmen die Variablen der Booleschen Algebra nur die Werte „wahr" bzw. „L" oder „nicht wahr" bzw. „0" an. Die Bezeichnung „L" wird verwendet, um Verwechslungen mit der „1" des dezimalen Zahlensystems zu vermeiden. Auch in der technischen Realisierung logischer Schaltungen wird mit Elementen gearbeitet, die nur zwei Zustandsgrößen unterscheiden. Die technischen Darstellungsformen sind „eine Spannung liegt an", „keine Spannung liegt an" oder „ein Magnetfeld ist in eine Richtung magnetisiert" bzw. „es ist in die Gegenrichtung magnetisiert". Die wesentlichen Grundlagen für die Abbildung logischer Aussagen in technischen Systemen sind einfach und werden hier kurz skizziert.

▶ **Identität**   Sei S ein Schaltelement und Y eine Variable im Sinne einer Ausgangsgröße des Schaltelements, dann gilt:

wenn S = geschlossen, dann Y = L,
wenn S = offen, dann Y = 0.

▶ **Negation**   Wird der Zusammenhang zwischen der Funktion des Schaltelements und dem Wert der Ausgangsvariablen vertauscht, dann liegt eine Negation vor. Das heißt:

wenn S = geschlossen, dann Y = 0,
wenn S = offen, dann Y = L.

Wird der Ausgangswert eines Schaltelements durch zwei oder mehrere Eingangsvariable bestimmt, dann wird das Ergebnis vom Zustand der Eingangsvariablen und von der Funktion des Schaltelementes bestimmt. Die einfachsten Formen der Verknüpfung (Y) von zwei Eingangsvariablen (a und b) liefern die AND- sowie die OR-Verknüpfung.

AND	a	0	0	L	L		OR	a	0	0	L	L
	b	0	L	0	L			b	0	L	0	L
	Y	0	0	0	L			Y	0	L	L	L

Die Negation der AND- sowie der OR-Funktion bringen folgende Werte-tabellen.

NAND	a	0	0	L	L		NOR	a	0	0	L	L
	b	0	L	0	L			b	0	L	0	L
	Y	L	L	L	0			Y	L	0	0	0

Für die exklusiv XOR-Funktion (strikt entweder oder) gilt entsprechend.

XOR	a	0	0	L	L
	b	0	L	0	L
	Y	0	L	L	0

Es gibt weitere Schaltfunktionen, die aus den möglichen Verknüpfungen kons-truiert werden können, die jedoch für die Betrachtung der allgemeinen Funk-tionsweise einer Zentraleinheit nicht beachtet werden müssen. Zur Darstellung des Funktionsablaufs von logischen Schaltungen werden Symbole benutzt, die in der Abbildung 9-11 zusammengefasst sind.

Sie zeigt die Booleschen Operatoren und dazu die Symbolik für die Konstruktion von logischen Schaltungen; außerdem sind die Grundschal-tungen auf Basis von Relais gegenübergestellt. Dies ist zwar nicht Stand der Technik, aber für die menschliche Betrachtungsweise leichter nachvollziehbar. Um zu einer modernen Lösung zu kommen, müssten nur die Relaissymbole durch jeweils eine Transistorschaltung ersetzt werden. Es gibt außer den eng-lischen auch weniger gebräuchliche deutsche Bezeichnungen (UND, ODER, NICHT UND; NICHT ODER). Die oben dargestellten Wertetabellen zeigen für AND nur einen von vier, bei OR jedoch drei von vier Ergebnissen (Y) mit Durchgang. Der kleine, schwarz gefüllte Punkt bedeutet, unabhängig vom Ort seines Auftretens, immer eine Umkehrung des Signals; aus L wird 0 und aus 0 wird L.

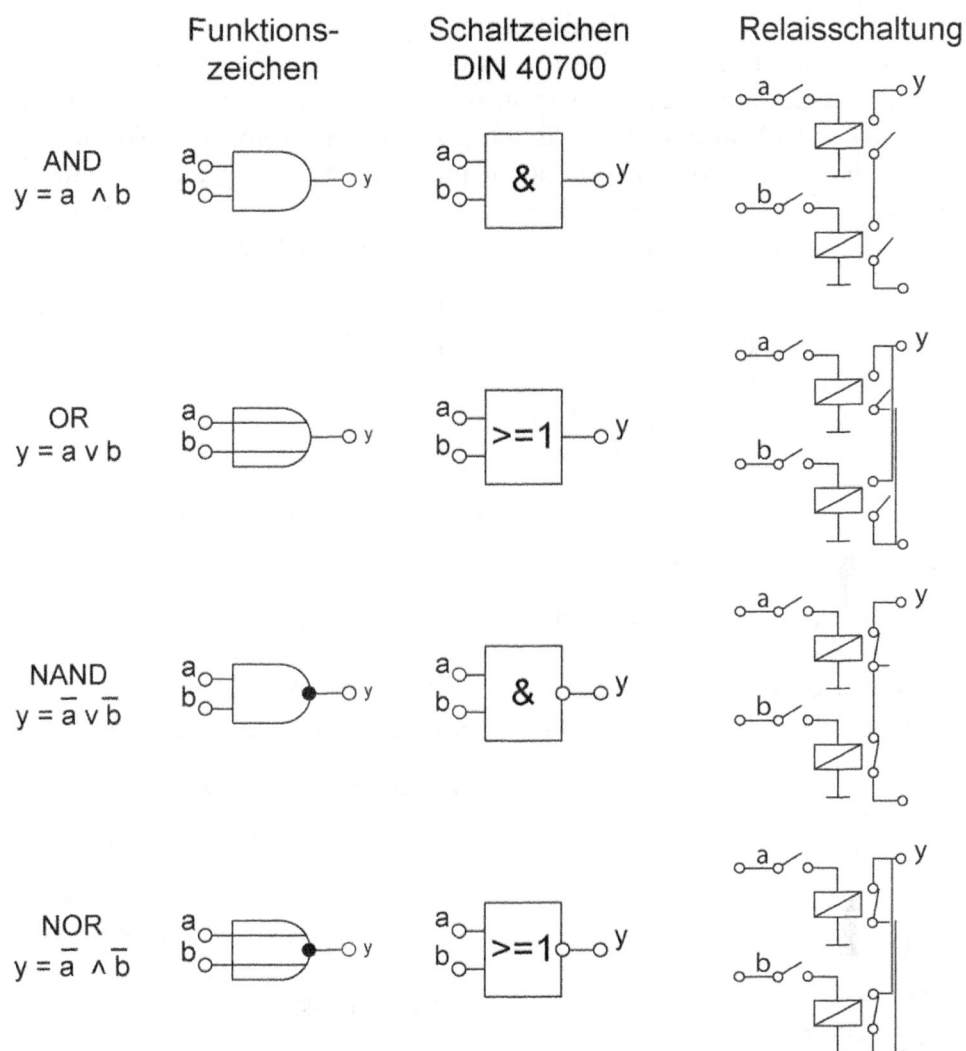

	Funktions- zeichen	Schaltzeichen DIN 40700	Relaisschaltung
AND $y = a \wedge b$		&	
OR $y = a \vee b$		>=1	
NAND $y = \bar{a} \vee \bar{b}$		&	
NOR $y = \bar{a} \wedge \bar{b}$		>=1	

Abbildung 9-11: Boolesche Operatoren und entsprechende Schaltungen

Auf Basis der Grundregeln der Schaltalgebra kann ein Addierwerk konstruiert werden. Um jeweils zwei Stellen (a und b) zu addieren, ist neben der Ergebnisstelle (E) auch eine weitere Stelle für den Übertrag (Ü) vorzusehen. Die Wertetabelle hat dann folgenden Aufbau:

a	0	0	L	L
b	0	L	0	L
E	0	L	L	0
Ü	0	0	0	L

Ein Addierwerk mit diesem Funktionsumfang wird als Halbaddierer bezeichnet. Sollen mehrfach hintereinander zwei Dualziffern addiert werden, muss auf der Seite der Eingangsvariablen auch der Übertrag der vorherigen (weiter rechts stehenden) Addition berücksichtigt werden. Aus solchen Funktionsbausteinen, die dann als Volladdierer bezeichnet werden, lässt sich durch einfache Verknüpfung von n Baugruppen ein Addierwerk für n-stellige Dualzahlen aufbauen. Die Wertetabelle für einen Volladdierer hat folgende Struktur:

a	0	0	L	L	L	0	0	L	L
b	0	L	0	L	0	L	0	L
Ü1	0	0	0	0	L	L	L	L	L
E	0	L	L	0	L	0	0	L
Ü2	0	0	0	L	0	L	L	L

Axiome der Schaltalgebra

Auf Basis der Grundfunktionen wurde ein Axiomensystem entwickelt, das die Grundlage der Schaltalgebra bildet. Es umfasst im Wesentlichen die folgenden Postulate.

$$0 \vee 0 = 0$$

$$0 \wedge 0 = 0$$

$$L \vee L = L$$

$$L \wedge L = L$$

$$L \vee 0 = L = 0 \vee L$$

$$L \wedge 0 = 0 = 0 \wedge L$$

$$\overline{0} = L$$

$$\overline{L} = 0$$

$$a = 0, \text{ wenn } a \neq L$$

$$a = L, \text{ wenn } a \neq L$$

Außerdem gelten das Kommutativ-

$$a \vee b = b \vee a$$

$$a \wedge b = b \wedge a$$

und das Assoziativgesetz

$$a \vee b \vee c = (a \vee b) \vee c =$$

$$a \vee (b \vee c) = b \vee (a \vee c)$$

$$a \wedge b \wedge c = (a \wedge b) \wedge c =$$

$$a \wedge (b \wedge c) = b \wedge (a \wedge c)$$

Für die technische Realisierung sind die folgenden Reduktionsformeln wichtig, weil sich damit der Schaltungsaufwand reduzieren lässt.

$$a \vee (a \wedge b) = a$$

$$a \wedge (a \vee b) = a$$

$$a \vee (\overline{a} \wedge b) = a \vee b$$

$$a \wedge (\overline{a} \vee b) = a \wedge b$$

$$(a \vee b) \wedge (a \vee \overline{b}) = a$$

$$(a \vee b) \vee (a \wedge \overline{b}) = a$$

Als logische Schaltung können dann aus den Symbolen für Funktionselemente der Booleschen Algebra die in Abbildung 9-12 vorgestellten Lösungen kombiniert werden. Es lässt sich leicht im Kopf die Funktionsweise dieser Geräte nachvollziehen, wenn nur die Eingänge abwechselnd mit den unterschiedlichen Werten der Additionstabelle belegt und durchdacht werden, zu welchem Resultat die logischen Schaltelemente führen.

Es ist ganz erstaunlich, dass diese einfachen Schaltvorrichtungen in der Lage sind, Zahlen zu addieren und damit alle Grundrechenarten zu beherrschen.

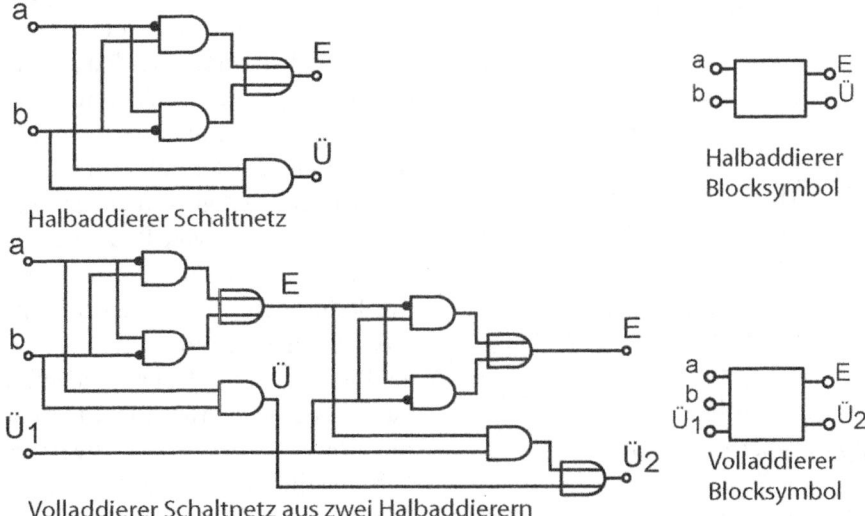

Abbildung 9-12: Halb- und Volladdierer

Die bisher dargestellten Funktionsbaugruppen werden auch als Schaltnetze bezeichnet. Je nach Zustand der Eingänge nimmt ihr Ausgang einen entsprechend ihrer Funktion definierten Zustand an. Hängt die Funktion einer Baugruppe auch von Vorgängen ab, die zu einem früheren Zeitpunkt abgelaufen sind, so haben die Baugruppen eine Speicherfunktion und werden als Schaltwerke bezeichnet. Um zu unterscheiden, welche Vorgänge zu welchem Zeitpunkt ablaufen, können Schaltwerke nur unter Ansteuerung eines sogenannten Taktgenerators arbeiten, der in einem bestimmten Rhythmus Impulse vorgibt, die dann die einzelnen Arbeitsphasen voneinander trennen. Die wesentlichsten Typen von Schaltwerken sind die sogenannten Flipflops und die verschiedenen Formen von Registern.

Flipflops

Ein Flipflop ist ein aus Halbleitern aufgebautes Speicherelement, das ein Bit aufnimmt und speichert. Seine Arbeitsweise kann beschrieben werden als eine Funktion der Eingangsdaten zu einem bestimmten Zeitpunkt und dem Zustand, in dem sich das Flipflop zu diesem Zeitpunkt befindet. Die Abbildung 9-13 zeigt das Symbol und das Schaltwerk eines Flipflop-Bauelementes.

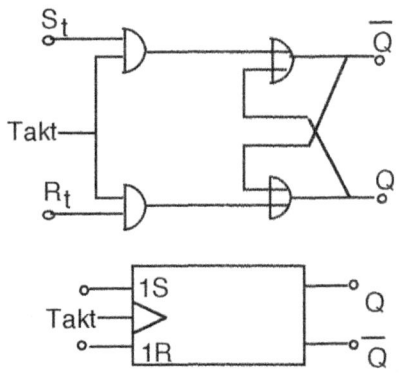

Abbildung 9-13: Flipflop

Ein Flipflop behält, solange es mit Strom versorgt wird, immer den von ihm einmal eingenommenen Zustand, es sei denn, durch ein Signal S wird der Zustand umgekippt oder durch ein Signal R wird der Inhalt immer auf „0" zurückgesetzt.

Register

Zur Zwischenspeicherung von Gruppen mit n Bits werden spezielle Speicheranordnungen mit besonders kurzen Zugriffszeiten benötigt. Die in der Regel aus entsprechenden Flipflops aufgebauten Speichereinrichtungen für die Ablage von Zwischenwerten werden als Register bezeichnet. Je nach Schaltung zwischen den Flipflops kann man Schiebe-, Keller und Parallelregister unterscheiden.

Bei Schieberegistern entspricht einer seriellen Eingabe von Bits eine entsprechend lange serielle Ausgabe von Bits. Bei Kellerregistern werden die Bits von 1 bis n eingelesen und rückwärts wieder als Bits von n bis 1 zurückgeliefert. Bei Parallelregistern erfolgt in einem Schritt die Eingabe aller in das Register aufnehmbaren Bits und das Auslesen erfolgt ebenfalls parallel (in Sonderfällen gibt es auch trotz paralleler Eingabe eine serielle Ausgabe vice versa).

▶ **Simple Basiselemente in enormer Anzahl** Ein Computer ist eine Maschine aus ganz einfachen Grundelementen, die jedoch wiederholt in extremer Zahl auftreten. Aus den hier beschriebenen Baugruppen kann bereits ein funktionsfähiger Rechner im Sinne einer Zentraleinheit aufgebaut werden. Die einfachen Grundstrukturen werden nur durch ihre massenhafte Wiederholung und Parallelisierung zu komplizierten Gebilden. Die strukturelle Konzeption von Zentraleinheiten hat sich bisher nicht grundlegend geändert, wurde jedoch durch das Aufkommen von Mikroprozessoren (Abschnitt 9.2) in neue Richtungen gelenkt. Diese können in großer Stückzahl standardmäßig als Chips hergestellt und zur Ansteuerung von verschiedenen Anwendungssystemen eingesetzt werden.

Damit ist ihre Verwendung nicht auf Zentraleinheiten von Computern beschränkt, sondern wird auf die Regelung und Steuerung verschiedenster Prozesse ausgeweitet. Die dadurch erreichte größere Stückzahl in der Fertigung senkt wiederum den Stückpreis und erlaubt entsprechend eine Ausdehnung des Anwendungsgebietes.

▶ **Ein Computer ist nur einer, wenn er frei programmierbar ist** Die einheitliche Benutzung der gleichen Bauelemente für verschiedene signalverarbeitende Systeme sollte jedoch nicht zur allgemeinen Begriffsverwirrung über die Abgrenzung des „Computers" führen. Wie bereits betont, ist unter einem Computer nach dem sogenannten von Neumann'schen Konzept nur ein Rechner zu verstehen, der aus Rechenwerk, Steuerwerk, Hauptspeicher und Ein-/Ausgabeeinrichtungen besteht. Der Hauptspeicher wiederum muss nach dieser Architektur sowohl die Programmbefehle, als auch die zu verarbeitenden Daten aufnehmen und immer wieder neu beschreibbar sein. Damit sind Mikroprozessoren keine Zentraleinheiten, sondern nur Rechen- und Steuerwerke sowie zum Teil Ein-/Ausgabeeinheiten. Der Einsatz von Mikroprozessoren im Bereich technischer Geräte, wie Waschmaschinen, Fotoapparate und numerisch gesteuerte Maschinen, berechtigt solange nicht zur Bezeichnung „Computer", solange diese Geräte nicht mit einem frei ladbaren Speicher verbunden und damit programmierbar sind.

Die bloße Kombination eines „Nur-Lese-Speichers" (ROM) mit einem Mikroprozessor liefert ein Signalverarbeitungssystem, das immer nach dem gleichen Programm die jeweils anfallenden Informationen abarbeitet. Eine solche Einrichtung kann zur Abgrenzung vom bloßen Mikroprozessor einerseits und andererseits vom Computer, der durch ladbare Programme gekennzeichnet ist, mit dem Begriff „Mikroprozessorsystem " gekennzeichnet werden.

Varianten und Weiterentwicklungen der Computer-Architektur

Es gibt eine große Zahl von technischen Entwicklungen, zur Leistungssteigerung von Computersystemen:

Speichertausch
Eine wesentliche Idee zur Überwindung der Beschränkung durch zu kleine Hauptspeicher war die virtuelle Adressierung. Durch die geschickte Anordnung von Adressenumsetzungstabellen werden feste Teilbereiche des realen Hauptspeichers auf Platten ausgelagert, wodurch ein virtueller Speicherraum entsteht, der ein Mehrfaches des realen Hauptspeichers umfassen kann. Bei konsequenter Analyse des Programmablaufs und des Datenbedarfs kann die Zahl der Austauschvorgänge (paging) zwischen

den virtuellen Seiten (pages) und den realen Seitenrahmen (frames) sehr gering gehalten werden. Heute wird durch die vergleichsweise günstigen Hauptspeicher auch ein gegenteiliges Konzept verfolgt. Die Beschleunigung der Verarbeitung wird durch vorübergehende Verlagerung von externen Datenbeständen und Programmen in Halbleiterspeicher realisiert.

Erfolgt diese Übernahme für die Dauer eines Programmablaufes statisch (von Anfang bis Ende), handelt es sich um eine RAM-Disk (Plattenspeicherplatz in Form von RAM). Wird der Umlagerungsprozess dynamisch verwaltet, indem nur die gerade benötigten Programmteile und Datensätze im Halbleiterspeicher stehen trägt das Verfahren die Bezeichnung RAM-Cache.

Befehlsumfang

Zur Beschleunigung der Programmbearbeitung werden seit Mitte der 80er Jahre (z. B. von IBM) Prozessoren angeboten, die nur eine geringere Zahl von Befehlen kennen (ca. 40 Maschinenbefehle, daher Reduced Instruction Set Computer (RISC), als die sonst üblichen Prozessoren (z. B. von Intel) mit vielen Maschinenbefehlen (ca. 100, daher Complex Instruction Set Computer (CISC). Dieses kleinere Befehlsspektrum ist jedoch ähnlich strukturiert und erlaubt – anders als die komplexen Befehle – eine gleichförmigere, parallele Verarbeitung. Während die komplizierten Befehle von CISC in (unterschiedlich) vielen Schritten abgearbeitet werden, benötigen die einfacheren RISC Befehle gleich viele Abarbeitungsschritte. Damit können sie

in entsprechend strukturierten Prozessoren in Form der sogenannten Parallelverarbeitung gelöst werden. Während von einem ersten Befehl der vierte Arbeitsschritt ausgeführt wird, kann von einem zweiten, nachfolgenden Befehl der dritte Arbeitsschritt gelöst werden, von einem dritten der zweite usw.

Transputer

Ein anderer Ansatz, die Durchsatzleistung von Personalcomputern und Workstations zu erhöhen, ist der Einbau von Transputern. Diese auf Rechnerleistung ausgelegten Systeme können, mehrfach nebeneinander angesiedelt, ihrem übergeordneten Computer Aufgaben abnehmen. Ist das Datenmaterial voneinander (zumindest bereichsweise) unabhängig, sind die Transputer auf Grund einer speziellen Programmierung (Parallel-C) in der Lage, gleichzeitig parallel an einer gemeinsamen Aufgabe zu arbeiten. Entsprechende Aufgaben gibt es z. B. in der Konstruktion (Festigkeitsberechnung) und Bildverarbeitung (Animation).

Blade

Um große Rechnerleistung für viele parallele Aufgaben bereit zu stellen, werden Computer auf Platinen (Blades) so aufgebaut, dass sie in großen Gestellen in hoher Dichte nebeneinander stehen. Sie sind nicht selbstständig, sondern erhalten ihre Aufgaben zugeteilt und werden zentral gesteuert. Sie dienen insbesondere in Cloud Lösungen als zentrale Serverfarmen.

Neuronale Computer

Die von-Neumann-Architektur führt im Grunde immer zu einer sequentiellen Abarbeitung der einzelnen Programmschritte, da ein Prozessor die aus dem Arbeitsspeicher kommenden Befehle und Daten sequentiell durchgeht. Die Entwicklung schnellerer Prozessoren und der hierarchisch gestuften Hauptspeicher durch schnellere Teilspeicher (Cache) haben diese Struktur nicht wirklich beeinflusst. Die Kombination mehrerer Prozessoren, die sich die Abarbeitung der Programmbefehle teilen (z. B. in mathematische Befehle und Vergleichsoperationen), hat jedoch zu einer Auflösung des strengen früheren Architekturprinzips geführt. Konsequent wird diese Entwicklung mit sogenannten neuronalen Rechnern weitergetrieben, die stärker als die bisherigen Systeme der Funktionsweise des menschlichen Gehirns nachempfunden sind. Bei der bisherigen Architektur besteht eine Affinität zur menschlichen Informationsverarbeitung insofern, als die Zentraleinheit dem Gehirn und die Sinnesorgane den Ein-/Ausgabeeinrichtungen entsprechen, während die vom Menschen benutzten Bücher z. B. die externen Speichereinheiten darstellen. Die Funktionsweise innerhalb des Gehirns entspricht jedoch nur wenig der funktionalen Aufteilung in Rechen- und Steuerwerk einerseits sowie Hauptspeicher andererseits. Der wesentliche Unterschied liegt in der parallelen Verarbeitung der eingehenden Informationen im Gehirn über die ungeheure Zahl von ca. 100 Milliarden Neuronen als Nervenzellen mit jeweils bis zu 10 000 synaptischen Verknüpfungen.

Rechnerstrukturen, die dem Konzept des menschlichen Hirns nachempfunden sind, werden als „Neuronale Rechner" bezeichnet. Sie werden bisher aus klassischen Bauelementen in Form von Hauptspeichern und Mikroprozessoren aufgebaut. Ihre Struktur ist jedoch dergestalt, dass die einzelnen Prozessoren in einem Netzwerk miteinander verknüpft sind und sich je nach dem Ergebnis ihrer Einzelbearbeitung unterschiedlich ansteuern können. Es können auch neuronale Chips entwickelt werden, die wesentlich höhere Leistungen als heute käufliche Prozessoren bieten und die in der Größenordnung von einer Milliarde Gleitkommaoperationen und 500 Millionen neuronalen Netzverbindungen pro Sekunde liegen können.

Die Anwendungen der mit konventionellen Mitteln hergestellten neuronalen Rechner liegen heute hauptsächlich im Bereich der Mustererkennung. Da neuronale Systeme sich teilweise selbst organisieren und aus den vorangegangenen Arbeitsschritten Erkenntnisse für die nachfolgenden Vorgehensweisen ziehen, können sie zum Teil auch ohne explizite Programmentwicklung Abläufe verstehen lernen und damit komplexe Steuerungsaufgaben ohne algorithmischen Lösungsansatz bearbeiten. Beispiele dafür sind die Identifikation von Geräuschquellen (Fahrzeugtyp oder Flugzeug), die Analyse von Röntgenbildern auf Krankheitsherde, die Gepäckkontrolle auf Sprengstoffe oder die Steuerung von Fahrzeugen bei komplizierten Fahrabläufen.

Verständnisfrage zu 9.3:

* Warum ist nur ein Daten verarbeitendes System mit Zentraleinheit ein richtiger Computer?

9.4 Peripherie

Beim Laptop sitzt die Peripherie mit der CPU im gleichen Gehäuse. Alle Komponenten eines Computersystems, die nicht Bestandteile der Zentraleinheit sind, werden als Peripherie bezeichnet. Aus Sicht eines modernen tragbaren Computers (Laptop, Pad, Handy) ist das zwar kaum zu verstehen, weil die peripheren Geräte, wie Platten, Bildschirm, Tastatur und Übertragungseinrichtung in einem Gehäuse integriert sind. In einem Großrechenzentrum ist diese Bezeichnung jedoch ganz korrekt, weil die genannten Geräte in eigenen Gehäusen um die Zentraleinheit herum aufgestellt sind.

9.4.0 Externe Speicher

Die Speicherung ist neben der Verarbeitung von Informationen die wichtigste Funktion von Computern. Mit Ausnahme der elektronischen Speicherbauelemente, die in der Zentraleinheit als Hauptspeicher, als solid state devices und auf vorübergehend einsteckbaren Speichereinheiten, wie Memory Sticks, Verwendung finden, sind bei allen anderen Speichern die Geräte mit ihren Antrieben und Steuereinrichtungen als aktive Einheiten von den Datenträgern als passive Komponenten zu trennen. Alle diese Speicher bewegen die Datenträger in irgendeiner Form, um auf ihrer Oberfläche die Informationen aufzuzeichnen oder zu lesen.

Zwar können bei modernen Festplatteneinheiten die Platten, als eigentliche Datenträger, auch nur unter Laborbedingungen zu Reparaturzwecken von ihrem Antrieb getrennt werden, bei fast allen anderen peripheren Speichern sind die Datenträger aber leicht austauschbar und bieten damit besondere Vorteile bei der Archivierung und der Weitergabe.

Datenträger sind die Medien, auf denen Daten maschinenlesbar gespeichert werden. Man unterscheidet elektronische (Speicherchips), magnetisierbare (Platten und Bänder) und optisch lesbare (Belege, Barcodes, CD, DVD) Datenträger.

Auch die Differenzierung nach folgenden Klassen ist sinnvoll, weil sie eine unmittelbare Einschätzung der Weiterverarbeitung von einmal erfassten Daten bietet, was für die Idee der Integration und der Freiheit von Medienbrüchen zwischen Kommunikationspartnern immer von wesentlicher Bedeutung ist:

- maschinelle Datenträger sind alle elektronischen, magnetischen sowie optisch nur maschinell verarbeitbaren Datenträger (Halbleiterspeicher, Magnetplatte, Magnetband, Hologrammspeicher, Balkencodierung),
- visuell-maschinelle Datenträger sind alle sinnvoll vom Menschen und von einer Maschine lesbaren bzw. beschreibbaren Datenträger (Markierungsbelege, OCR-Schrift) und
- visuelle Datenträger sind alle nur vom Menschen benutzten, von Computern nicht verarbeitbare Datenträger (handschriftliche Aufzeichnungen).

Im Folgenden werden die externen Speichereinheiten mit ihren Datenträgern für kleine und große Rechnersystemen betrachtet.

Verständnisfrage zu 9.4.0:

- Könnte man die verschiedenen Speichertypen nicht durch einen (schnellsten) ersetzen?

Solid-State-Speicher

Halbleiterspeicher, die frei übersetzt auch als Speicher ohne bewegliche Teile charakterisiert werden können, bieten gegenüber allen anderen Speichersystemen Sicherheits- und insbesondere Geschwindigkeitsvorteile. Ihre Anwendung ist nicht auf Hauptspeicher beschränkt, da sie jede Speicherfunktion übernehmen können. Nur der vergleichsweise hohe Preis für diesen Speichertyp bremst noch die Anwendung im Bereich der Langzeitspeicherung.

Die technologische Entwicklung bietet Solid-State Speicher in Chipgröße mit beachtenswerten und vielseitig nutzbaren Kapazitäten. Die wesentlichen technischen Charakteristika dieser Speicher wurden schon im Rahmen der Beschreibung von elektronischen Bauelementen (Abschnitt 9.2) vorgestellt. Hier werden nur noch die funktionellen Konsequenzen der Benutzung dieses Speichertyps im Rahmen der Informationsverarbeitung aufgezeigt.

Die vielen verschiedenen Technologien von Halbleiterspeichern erlauben die unterschiedliche Ausgestaltung von Computersystemen. Dynamische, wahlfrei zugreifbare Speicher (DRAM) finden im wesentlichen als Hauptspeicherbauelemente Verwendung. Die verschiedenen Klassen von Nur-Lese-Speichern (ROM) ermöglichen einerseits die Bereitstellung von Betriebssystemfunktionen in den Zentraleinheiten, die sie dann in einer für den Anwender nicht löschbaren Form in sich tragen. Andererseits erlauben sie in einer wieder beschreibbaren Variante (EEPROM, Electrially Erasable Programmable Read-Only Memory) auch die langfristige Ablage von Daten und Programmen. Auch der verbreitete Datenaustausch zwischen Geräten mit Hilfe von sehr kleinen und schnellen Datenträgern (Speichersticks), die einfach in den universellen, seriellen Basisanschluss (USB) eingesteckt werden, nutzt Halbleiterspeicher, die hier als Flash-Speicher bezeichnet werden. Zum Austausch von Musik im MP3-Format, von Fotos in JPEG- oder Videos in MPEG-Darstellung sind die Nur-Lese-Speicher z. B. in Form von CD und DVD sehr nützlich.

Die vielfältigen Ausgestaltungsmöglichkeiten der Lese-Speicher wurden von den Computerherstellern auch für die Strukturierung ihrer Zentraleinheiten genutzt. So werden in neuen Rechnersystemen die Operationscodes für die Befehlsausführung nicht mehr durch die Hardwarestruktur der Prozessoren interpretiert, sondern über einen sogenannten Mikroprogrammspeicher, der in Form von ROMs aufgebaut ist. Damit kann der eigentliche Prozessor in Verbindung mit über die Zeit hin auswechselbaren Bauelementen weitere Befehle lernen, oder im Laufe der Zeit erkannte Mängel können behoben werden. Andererseits werden den kleinen Rechnern auf Betriebssystemebene Funktionsprogramme mitgegeben, die in dieser „Hardwareform" geschützt sind und damit nicht von Konkurrenzanbietern ohne weiteres nachgebaut werden dürfen.

Personalcomputer wurden in den vergangenen Jahren dahingehend weiter entwickelt, dass sie auch immer größere Hauptspeicher adressieren können, die heute typischerweise im Gigabyte-Bereich liegen, je nachdem welche Anwendungsprogramme darauf eingesetzt werden sollen. Große Rechnersysteme verfügen in der Regel über noch größere Hauptspeicher, deren obere Begrenzung weniger technisch als ökonomisch determiniert ist, weil eine Ausweitung dann keinen erkennbaren Geschwindigkeitszuwachs mehr liefert.

Umlaufspeicher

Alle Speichereinrichtungen, bei denen sich der Datenträger konzentrisch im Kreis dreht, werden als Umlaufspeicher bezeichnet. Als Ausführungs- bzw. Bauformen gibt es Plattenspeicher, CD- und DVD-Laufwerke. Alle Plattenspeicher erlauben den wahlfreien Zugriff auf die gespeicherten Datenblöcke und ermöglichen damit die gezielte Verarbeitung einzelner Informationen, die auf ihrer Oberfläche abgelegt sind, wenn über sie in irgendeiner Form ein Verzeichnis bezüglich ihrer Position auf dem Datenträger geführt wird. Sie sind heute die weit verbreitete Lösung für die langfristige Ablage bei schnellem und wahlfreiem Zugriff.

Die CD- und DVD-Laufwerke gestatten zwar auch einen wahlfreien Zugriff, sind dabei aber deutlich in der Funktionalität eingeschränkt und benötigen insbesondere mehr Zeit, um die gewünschte Stelle von ihrer Oberfläche auszulesen. Dies ist aus ihrer Herkunft erklärbar, weil Datenträger für Musik und Filme hauptsächlich konsekutiv (in Folge) abgespielt werden. Hier ist von vornherein konstruktiv davon ausgegangen worden, dass der Anwender nur Zugriffe auf den Anfang der gewünschten Lieder oder Videos und nicht in beliebiger Folge auf die einzelnen Akkorde wünscht. Genauso tritt auch die DVD als Speichermedium auf, das den wahlfreien Zugriff auf einzelne Filmabschnitte aber nicht auf alle einzelnen Szenen ermöglicht. Beide aus der Unterhaltungselektronik stammenden Datenträger sind auf Grund ihrer Eigenschaften für die Bereitstellung der sogenannten operativen Daten, die für den laufenden Arbeitsprozess benötigt werden, nicht geeignet. Gleichzeitig können sie hervorragend für den Versand von Programmen und Daten benutzt werden, wenn diese aus bestimmten Gründen nicht über das Netz weitergegeben werden sollen. Die WORM-Varianten von CD und DVD mit der „write once read many" Eigenschaft bieten einen besonderen Vorteil gegenüber den magnetischen Plattenspeichern, weil sie als Dokumente benutzt werden können, die sich im Nachhinein nicht mehr ändern lassen.

Alle Umlaufspeicher bergen die Gefahr der Berührung eines Lese-/Schreibkopfes mit der Speicheroberfläche auf Grund der hohen Umdrehungsgeschwindigkeit einerseits und des insbesondere bei magnetischen Platten sehr geringen Abstandes zwischen den Lese-/Schreibköpfen und der Plattenoberfläche. Eine solche Berührung (Head-Crash) führt zur Zerstörung des Kopfes und eines Teils der Speicheroberfläche. Die dort lokalisierten Daten sind dann für immer verloren. Falls bei einem derartigen Vorgang das Inhaltsverzeichnis des Datenträgers zerstört wird, kann unter Umständen der gesamte Speicherinhalt dieses Datenträgers verloren sein. Alle, auch die aus dem „vergesslichen" Hauptspeicher auf Umlaufspeichern aufgezeichneten, Daten sollten daher zumindest durch eine weitere Kopie gesichert sein, die jedoch auch auf jeweils anderen, preiswerteren Datenträgern abgelegt sein kann. Für diese Sicherungskopien empfiehlt sich ein Generationenprinzip, sodass jeweils die vorherige und vorvorherige Version aufbewahrt wird. Die letztere kann dann zyklisch mit der jeweils neuesten Kopie des aktuellen Datenbestandes überschrieben werden.

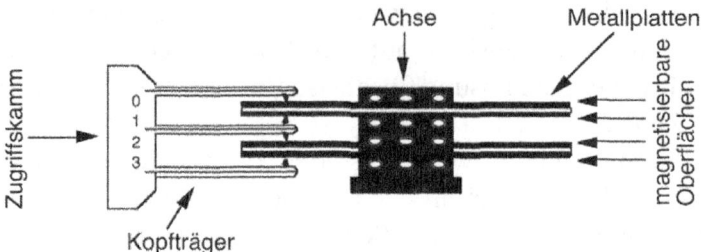

Abbildung 9-14: Schematischer Schnitt durch einen Plattenspeicher

Für den direkten Austausch bzw. das Kopieren von Daten werden oft die praktischen Memory-Sticks verwendet, die in einem breiten Spektrum und zu entsprechend unterschiedlichen Preisen bis zu 64 Gigabytes angeboten werden.

Festplatten tragen

in einem zum Schutz vor Staub hermetisch verschlossenen Gehäuse einen Plattenstapel mit mehreren beschreibbaren Plattenoberflächen (vgl. Abb. 9-14). Das Auswechseln des Datenträgers ist nicht möglich. Die gängigen Kapazitäten pro Laufwerk liegen heute im unteren Terabyte-Bereich und steigen stetig weiter.

Magnetplattenlaufwerke arbeiten mit Lese-/Schreibköpfen die in einer Spule ein Magnetfeld induzieren, das bei einem nur äußerst geringen Abstand von Kopf zu Plattenoberfläche auf die dort aufgebrachten magnetisierbaren Partikel übertragen wird. Durch die konstante Drehung der Platte beschreiben die Köpfe pro Position je eine kreisförmige Bahn. So entsteht eine durch den Wechsel der Magnetisierungsrichtung gekennzeichnete Bitfolge, die beim Lesevorgang in der Spule des Kopfes elektrische Felder induziert, die als Signalfolge interpretiert werden können.

Bei den magnetischen Plattenspeichern (nicht CD und DVD) werden die Oberflächen in eine bestimmte Anzahl konzentrischer Spuren unterteilt, die jeweils die gleiche Kapazität besitzen. Alle untereinander liegenden Spuren werden logisch zu je einem Zylinder zusammengefasst. Ein Zylinder besteht damit aus so vielen Spuren, wie ein Plattenstapel beschreibbare Oberflächen hat. Die Zahl der Zylinder multipliziert mit der Zahl der beschreibbaren Oberflächen ergibt die Gesamtzahl der Spuren. Zugegriffen wird mit den für jede Plattenseite auf einer Art Kamm (vgl. Abb. 9-14) montierten Lese-/Schreibköpfen. Alle Köpfe sind untereinander angebracht, so dass in einer Position des Kamms immer nur auf die Spuren eines Zylinders zugegriffen werden kann. Sind die Spuren eines Zylinders beim Laden eines Datenbestandes voll geschrieben, wird der Zugriffskamm auf den nächsten Zylinder positioniert, um dessen Spuren zu beschreiben.

Für einzelne Abrufe oder Änderungen von Datensätzen kann der Zugriffskamm in schneller Folge auf den jeweils benötigten Zylinder positioniert und der Lese-/Schreibkopf der benötigten Spur eingeschaltet werden, so dass zwar eine gewisse Wartezeit für die Positionierung des Kopfträgers und auf den Vorbeilauf des gewünschten Sektors der Spur vergeht, ansonsten aber völlig wahlfrei auf die gesamte Oberfläche des Plattenstapels zugegriffen werden kann. Die Umschaltzeit auf den gewünschten Kopf ist verschwindend gering und fällt nicht auf, weil sie in der Regel in den anderen Wartezeiten untergeht.

Der Plattenstapel rotiert im Laufwerk mit einer konstanten Drehzahl von je nach Modell bis über 10 000 U/min.

Charakteristische technische Betriebsdaten für Plattenspeicher sind neben der Kapazität die Umdrehungswartezeit als Folge der Drehzahl, die Positionierzeit des Lesekopfes auf einen Zylinder in Abhängigkeit von der Anzahl der zu überspringenden Zylinder, die Spurzahl pro Zylinder (identisch mit der Anzahl beschreibbarer Oberflächen des Stapels), die in Verbindung mit der Bytezahl pro Spur ausweist, welche Kapazität ohne Bewegung des Kopfträgers nur durch Umschalten zwischen den Köpfen erreicht wird und die Datenübertragungsrate als Konsequenz aus Kapazität pro Spur und Drehzahl.

Alle Angaben über Spurdichte, Flughöhe des Kopfes und Plattendurchmesser sind zwar technisch beeindruckend aber für den Einsatz von geringer Bedeutung.

Im Gegensatz zum Magnetband erfolgt die Aufzeichnung auf Plattenspeichern bitseriell, die Sicherung eines Blockes in Form einer Bitsequenz über alle Bytes wird mit einer nachgestellten Prüfziffer erreicht.

Die Daten auf einer Magnetplatte werden über Zylinder-, Spur- und teilweise Sektornummern adressiert. Jeder Zylinder ist definiert durch seinen Radius; er hat eine Adressnummer, die über alle Zylinder durchgezählt wird. Jede Spur ist einer bestimmten Plattenoberfläche und damit einem Lesekopf zugeordnet. Während des Lesevorgangs bleibt der Zugriffsmechanismus auf einen Zylinder positioniert und der Kopf über der gewünschten Spur eingeschaltet. Damit ist die Spurkapazität eindeutig fixiert und der Kopf muss zum Weiterlesen auf eine weitere Spur positioniert werden oder es muss eine Umschaltung innerhalb eines Zylinders von einem auf den nächsten Kopf erfolgen. Daraus ergibt sich für klassische Dateiverwaltungssysteme die Tendenz, kurze Datensätze schnell einzeln zuzugreifen und verwalten zu können – eine Konzeption, die der üblichen Verarbeitung von Daten im kommerziellen Bereich durchaus entspricht.

Optische Aufzeichnung auf Platten

Alle optischen Speichersysteme verwenden Laser zum Abtasten und, soweit sie beschreibbar sind, auch für die Aufzeichnung. Die optischen Speicher wurden primär für die Video- und Tonwiedergabe entwickelt und dann allmählich für die Informationsverarbeitung eingesetzt.

Die rein digitale Aufzeichnung der CD-ROM (Compact Disc – Read Only Memory) bietet etwa Platz für 700 Megabytes. Sie kann als Archiv für große, statische Datenvolumina verwendet werden. Eine DVD erlaubt ja nach Anzahl der beschreibbaren Seiten und Schichten zwischen 4,5 und 18 Gigabytes. Die Blu-ray Disc hat 25 bis 50 Gigabyte Kapazität.

Optische Datenträger werden nach dem Kriterium der Wiederbeschreibbarkeit folgendermaßen klassifiziert:

- nicht beschreibbar, nur im Herstellungsprozess prägbar, Read Only Memory (ROM), hierzu gehören die klassische CD und die DVD, wenn sie mit Programm-, Ton- bzw. Filminhalt gekauft werden.
- einmalig beschreibbar, beliebig oft lesbar, Write Once Read Many (WORM), dies sind die mit dem Zusatz „recordable" gekennzeichneten Versionen, wie CD-R.
- mehrfach überschreibbar, beliebig oft lesbar, Erasable optical Disk (EOD), die mit der Bezeichnung „rewritable" versehen sind, wie CD-RW.

CD-ROM – Compact Disk

Anders als viele neue Entwicklungen im Computerbereich, die technisch völlig unkoordiniert nur nach dem Wunsch eines Unternehmens realisiert wurden, entstand das Angebot für Speichereinheiten zur Nutzung der großen Kapazitäten von Audio-Compactdisks (CD-A) für die Datenverarbeitung im Rahmen frühzeitig gesetzter Standards (z. B. ISO 9660). Trotzdem bleiben noch viele Alternativen offen, die sich insbesondere auf die Art der Suchstrategien, das Indexieren und das damit verbundenen Auffinden (Retrieval) beziehen.

CD-ROMs können für verschiedene Anwendungsfelder genutzt werden. Als Träger kompletter Informationssysteme inklusive der notwendigen Indexierungen, als reine Datenträger, deren Inhalte nach Bedarf auf Magnetplatten geladen und dort mit dynamisch verwaltbaren und auch änderbaren Indizes zugegriffen werden oder als Auslieferungs- und Sicherungsmedium für Software. Hauptkostenfaktor bei der Entwicklung von CD-Angeboten ist die Erstellung der Datenbasis. Die unterschiedlichen Anwendungsmöglichkeiten verursachen vollkommen andere Entwicklungskosten (Beispiel: Übernahme eines vorhandenen Buchtextes oder Entwicklung eines kompletten Lernsystems mit Grafiken und Testfragen mit Antworten).

Speicherstrukturen

Während typische Magnetplattenverwaltungssysteme im PC-Bereich Sektoren mit bis zu 4096 Bytes beschreiben, sind die Sektoren von CD-ROMs 2 048 Bytes lang (+ 288 Bytes für Fehlerkorrektur). Die Sektoren bei Magnetplatten sind Ausschnitte von konzentrischen Spuren und werden üblicherweise mit konstanter Lesegeschwindigkeit verarbeitet, die etwa bei 50 MB/sec liegt. Alle untereinander liegenden Spuren (mit gleichem Radius) und gleicher Spurnummer werden logisch in einen Zylinder zusammengefasst (vgl. Abb. 9-15). Die in einem Zylinder auf alle zugehörigen Spuren verteilten Daten sind schneller zuzugreifen, als die Daten zweier nebeneinander liegenden Spuren. Die Sektoren auf CD-ROMs und DVDs sind Ausschnitte einer einzigen spiralförmigen Spur, wobei die unterschiedliche Relativgeschwindigkeit von äußeren und inneren Spiralteilen durch unterschiedliche Umdrehungsgeschwindigkeiten der Scheibe ausgeglichen werden (konstante lineare Geschwindigkeit); damit ergibt sich eine Lesetempo von etwa 10 bis 20 MB/sec, je nach Gerätetyp.

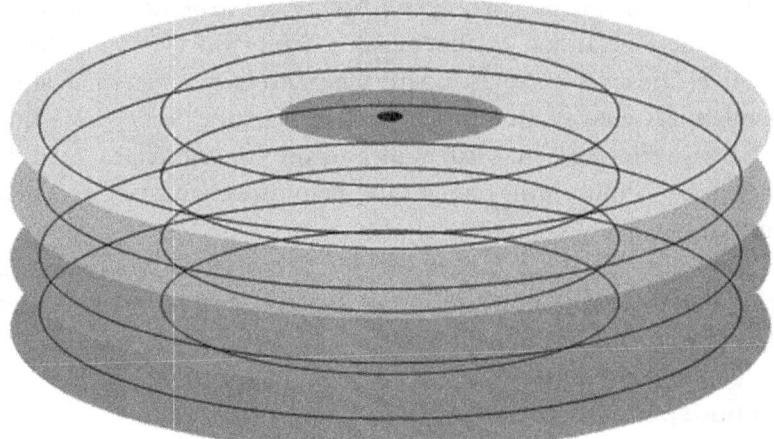

Abbildung 9-15: Anordnung der Aufzeichnungsspuren auf Umlaufspeichern als Schema für zwei Zylinder

▶ **CDs für kontinuierliches Lesen (Musik, Video), Platte für wahlfreien Zugriff**   Auf den CD-ROMs und DVDs sind die Daten ausschließlich über Sektornummern adressierbar. Um einen bestimmten Sektor aufzufinden, muss der Kopf zunächst die Platte radial überqueren, um in dem Bereich in dem der Sektor vermutet wird, die Drehzahl auf das dem Radius entsprechende Tempo einzustellen, damit wieder eine konstante Lineargeschwindigkeit erreicht wird. Nach der Geschwindigkeitsanpassung wird gesucht, bis der gewünschte Sektor auftritt. Dabei folgt der Kopf einer Spirale ähnlich der klassischen Schallplatte nur in umgekehrter Folge, da hier die Spur von innen nach außen gelesen wird. Wenn der Rechner die einlaufenden Daten immer entsprechend schnell verarbeiten könnte, wäre aus Sicht des Laufwerks eine kontinuierliche Abtastung des gesamten Platteninhaltes vom Anfang bis zum Ende ohne Unterbrechung möglich, da kein Spur- und Zylinderwechsel stattfindet. Folglich ergibt sich für eine geschickte Verarbeitung von auf CD-ROM und DVD gespeicherten Datenbeständen die Forderung, möglichst wenige Suchoperationen durchzuführen aber jeweils möglichst viele Daten pro Lesezugriff in den Rechner zu übernehmen. Dann können ohne Unterbrechung durch Kopfbewegungen, sehr viele Daten eingelesen werden. Die Datenübertragungsrate der gebräuchlichen CD/DVD Systeme ist jedoch niedriger als die von Magnetplatten.

CDs und DVDs sind folglich besser für die Verarbeitung von zusammenhängenden Datenbeständen geeignet als für den wahlfreien Zugriff auf einzelne Datensätze. Dieses gilt insbesondere, wenn konsekutiv mehr Daten gelesen werden sollen, als eine Plattenspur aufnehmen kann, da bei CDs und DVDs kontinuierlich weitergelesen wird, während die Magnetplatte am Ende jeder Spur (nach jeder Umdrehung) auch eine Kopfumschaltung oder -positionierung benötigt.

Alle heute angebotenen CD-ROM-Speicher haben aus Kostengründen Laufwerke, deren wesentliche Komponenten aus den in großen Stückzahlen gefertigten CD-Audio-Geräten stammen.

Magnetbandspeicher

Bandspeicher sind nur für die serielle Speicherung und Verarbeitung geeignet. Durch die Weiterentwicklung der Plattenspeicher und den Trend zu einer dialogorientierten Informationsverarbeitung, die nur in Verbindung mit wahlfreien Speichern funktioniert, hat die Bedeutung von Bandspeichern dramatisch abgenommen.

Magnetband ist vergleichbar mit dem früheren Tonband und besteht aus einer mit Eisenoxyd beschichteten Folie. Es wird heute nur noch für die Datensicherung und Archivierung verwendet. Aufzeichnung und Lesen finden immer blockweise statt, d. h. es kann kein einzelnes Byte gelesen oder geschrieben werden. Ein Block besteht immer aus einer lückenlosen Reihe von Zeichen und kann mehrere logische Sätze enthalten. Die Daten werden von den Plattenspeichern sequentiell gelesen, in entsprechende Blöcke gruppiert und hintereinander auf ein Magnetband aufgezeichnet. Im Fall eines Plattenfehlers kann der gesicherte Datenbestand wieder auf einen neuen Plattenspeicher zurückgeladen werden.

9.4.1 Ausgabegeräte

Um mit seinen Anwendern und Benutzern in Kontakt treten zu können, braucht jeder Computer Ein-/Ausgabemöglichkeiten. In den Anfängen der maschinellen Informationsverarbeitung war dies ein massives Problem. Die Ausgabe erfolgte durch Ausdruck auf große Papierbögen. Heute gibt es sehr komfortable Möglichkeiten, um mit dem Computer beziehungsweise mit den darauf ablaufenden Programmen in Kontakt zu treten. Bildschirme, Drucker, Beamer und Lautsprecher sind weit verbreitet.

Verständnisfrage zu 9.4.1:

* Welche Form der Informationsausgabe wäre Ihnen am liebsten?

Bildschirme

▶ **6 Farben und schwarz beziehungsweise weiß sind 8 Zustände, die in 3 Bits codiert werden können** Zur Darstellung von Informationen auf einem Bildschirm wird ein sogenannter Bildwiederholspeicher (VRAM) benötigt. Für jeden einzelnen Bildpunkt (Pixel) auf dem Schirm muss vorgegeben werden, was er anzeigen soll. Ein schwarz/weiß Schirm benötigt für jeden Punkt nur ein Bit mit 1 für schwarz oder 0 für weiß. Bei einer üblichen Bildschirmgröße von 1 024 x 768 Punkten werden folglich 786 432 Bits bzw. 98 304 Bytes benötigt.

Für eine Darstellung mit 6 Farben und s/w benötigt man bei der gleichen Auflösung schon 2 359 296 Bits. Für die häufig übliche Anwendung von 65 536 Farben werden pro Bildpunkt 2 Bytes und für die sogenannte „true color" Darstellung mit 16,7 Mio. Farben 3 Bytes pro Pixel belegt. Damit braucht ein Bildspeicher bei gleicher Bildschirmgröße fast 2,4 Mio. Bytes bzw 19 Mio. Bits.

Heute werden fast ausschließlich digitale Flachbildschirme aus Glasscheiben mit Beschichtungen aus Flüssigkristallen (Liquid Crystal Display, LCD) verwendet. Deren Auflösungsqualität wird angegeben mit der Zahl der horizontal und vertikal darstellbaren Bildpunkte.

Flüssigkristallbildschirme

Bildschirme sollen möglichst wenig Strom verbrauchen, dabei aber hell und wenig empfindlich sein. Die unter den Bezeichnungen LCD (Liquid-Crystal-Display) oder LED (Light-Emitting-Diode) bekannten Bildschirme haben die größte Verbreitung. Transportable Computer sind durch sie erst wirklich möglich geworden. Sie benötigen wenig Platz, daher auch der Name Flachbildschirm, und relativ wenig Energie. Sie arbeiten immer auf der Basis einer Punktdarstellung. Neben der Größenangabe (in Zoll oder Zentimeter für die Bildschirmdiagonale) ist daher die Zahl der Bildpunkte von entscheidender Bedeutung für die Qualität (Schärfe) eines LCD. Sie bestehen aus einer aktiven Darstellungsfläche, die das Durchleuchten der einzelnen Bildpunkte steuert. Möglichst gleichmäßig abgestrahltes und verteiltes weißes Licht einer hinter dem Bildschirm platzierten Leuchtfläche wird an den Positionen der einzelnen Bildpunkte entweder durchgelassen oder nicht. Damit werden gezielt nur die gewünschten Bildpunkte sichtbar. Dies von der Leuchtfläche erzeugte Licht wird durch dünne Polarisationsfilter auf die Darstellungsfäche aus Flüssigkristallen geleitet. Dadurch treffen dort nur Lichtstrahlen auf, die in einer Richtung schwingen. Der Schalteffekt wird durch die sogenannten Flüssigkristalle erreicht, die das polarisierte Licht je nach anliegender Spannung in der Schwingungsrichtung um 90 Grad drehen oder eben nicht. Nur die gedrehten Lichtstrahlen können einen zweiten Polarisierungsfilter passieren, da dieser auch um 90 Grad zum ersten gedreht ist. Damit ist es möglich, an jedem Bildpunkt das von hinten kommende Licht durchzulassen oder eben nicht. Dazu werden hauchdünne sehr kleine Transistoren auf der Bildfläche benötigt. Daraus hat sich TFT für Thin Film Transistor als weitere Bezeichnung für solche Displays entwickelt. Das Prinzip funktioniert sehr gut, die Lichtausbeute auf dem Bildschirm ist jedoch vergleichsweise gering. Nur das in der Durchlassrichtung des hinteren Polarisationsfilters schwingende Licht der Leuchtfläche kann auf die Schicht der Flüssigkristalle durchdringen. Ein farbiger Bildpunkt lässt davon nur den Anteil seiner Farbe hindurch; ein blauer eben nur das blaue Licht. Damit wird der größte Anteil des Lichtes gar nicht verwendet. Auch die Abstrahlungsrichtung der Lichtstrahlen aus den Bildpunkten nach vorne ist etwas problematisch. Der Winkel ist schmal, was einen direkt davor platzierten Betrachter zwar nicht stört, einem schräg davor Sitzenden aber nur ein schlechtes Bild zeigt.

LCD Bildschirme beherrschen heute den Markt für Flachbildschirme. Viele der konstruktionsbedingten Nachteile konnten abgemildert werden. Wenn die Leuchtfläche zur Erzeugung des weißen

Lichts aus Licht emittierenden Dioden (LED) aufgebaut ist, werden die Displays auch als LED-Bildschirme bezeichnet.

Ideal wären Bildschirme, deren Bildpunkte selbst leuchten können. Damit würde deutlich weniger Energie verbraucht, und die Ablesbarkeit würde verbessert. Mit verschiedenen Techniken und entsprechenden Bezeichnungen entwickeln sich und konkurrieren untereinander Lösungen mit aus organischem Material aufgebauten, Licht emittierenden Dioden (OLED), Gasentladungs-Rasterschirmen (GER) und Display-Panels (PDP). Sie werden mit dazu beitragen, die Anzeige zu verbessern und gleichzeitig den Stromverbrauch zu reduzieren; sie werden aber keinen wesentlichen Durchbruch bezüglich der Interaktion von Mensch und Maschine mehr erzielen. Der kann aus heutiger Sicht erwartet werden mit Bildschirmen riesenhafter Größe, die dann als Wandverkleidung neue Möglichkeiten der Informationsdarstellung bieten, und mit flexiblen Bildschirmen, die neue Bauformen von Geräten erlauben, weil sie gerollt oder eventuell sogar gefaltet mitgenommen werden können. Die bestechende Idee, die Bildpunkte mit farbigen Laserstrahlen auf einer Projektionsfläche anzuzeigen (Laser-Beamer) hat sich wegen verschiedener technischer Schwierigkeiten (gleiche Helligkeit verschiedenfarbiger Laser und exakte Ablenkung der Lichtstrahlen) noch nicht wirklich durchgesetzt.

Physiologische Aspekte der Bildschirmbenutzung

Immer wieder wird in verschiedenen publikumswirksamen Berichten auf die gesundheitlichen Gefährdungen durch die kontinuierliche Benutzung von Bildschirmen am Arbeitsplatz hingewiesen. Die unauffällige Akzeptanz von Fernsehgeräten, die technisch auf dem gleichen Prinzip beruhen, wird in diesen Berichten in der Regel mit dem größeren Benutzungsabstand von Fernsehgeräten als unvergleichbar dargestellt. Die rasante technische Entwicklung macht es für den Bildschirmarbeitsplatzbenutzer fast unmöglich zu erkennen, ob Berichte, die sich zum Teil auf frühere Standards von Bildschirmarbeitsplätzen beziehen, auch Gefährdungen mit heute gebräuchlichen Geräten einschließen.

Faktum ist, dass durch zu hohe Tastaturen und harte, glänzende Tastaturoberflächen einerseits Haltungsschäden bei lang dauernder Benutzung von derartigen Geräten auftraten und andererseits durch die Spiegelungen der glänzenden Tastaturoberflächen auf den Bildschirmgläsern auch Überanstrengungen der Augen festgestellt werden mussten. Zum Teil waren diese Erscheinungen so deutlich auf die Bildschirmarbeit zurückzuführen, dass sie als Berufskrankheiten anerkannt wurden.

Bereits im Jahr 1980 wurde daher von der Verwaltungs-Berufsgenossenschaft ein Standard gesetzt durch die Veröffentlichung von „Sicherheitsregeln für Bildschirmarbeitsplätze im Bürobereich" [VERW1980]. Die dort ausgesprochenen Empfehlungen und Richtlinien für ergonomisch gestaltete Bildschirmarbeitsplätze wurden zum integralen Bestandteil der Prüfungen für das Zeichen „Geprüfte Sicherheit" (GS). Dieses Zertifikat, das von vielen heute angebotenen Geräten getragen und von Prüfstellen des Technischen Überwachungsvereines (TÜV) verliehen wird, stellt sicher, dass durch die entsprechenden Geräte nach heutigem Stand der Kenntnis weder Haltungs- noch Augenschäden in messbarer Größe entstehen können.

Die richtige Tastatur und ihre Positionierung sind wichtig. Durch flexible Anbindung der Tastaturen an die Bildschirme, durch Verstellbarkeit der Tastaturneigung und Drehbarkeit der Bildschirme sowie durch die Entspiegelung der Bildschirmoberflächen und die matte Ausführung der Tastaturen sind die früher festgestellten Probleme in vielen Fällen eliminiert.

Die bei dauernder Betrachtung störende Unstetigkeit des Bildes (Flimmern) ist heute durch eine erhöhte Bildwiederholfrequenz- (bis 90 Hertz) ausgeschlossen. Die Schriftbilder sind durch verbesserten Kontrast und höhere Auflösung der Zeichen klarer und damit leichter zu erkennen. Auch die sogenannte Positivdarstellung in Form von schwarzen Zeichen auf hellem Hintergrund hat im Gegensatz zur früheren Negativdarstellung erheblich zur qualitativen Verbesserung der Bildschirmlayouts beigetragen.

Bildschirmarbeitsplätze emittieren niederfrequente elektromagnetische Felder, wie viele andere elektrische Geräte auch. Eine Schädigung durch derartige Strahlungen ist jedoch bisher nicht nachweisbar. Gleichzeitig muss auch betont werden, dass motorische Elektrogeräte, wie sie z. B. auch in Haushaltungen Verwendung finden, viel stärkere elektrische Felder emittieren und damit, wenn überhaupt eine Gefährdung entstehen kann, sicher kritischer wären als Bildschirmarbeitsplätze.

Drucker

Organisatorische und gesetzliche Rahmenbedingungen verlangen oft noch immer einen Ausdruck. Obwohl mit integrierten Computersystemen die Ausgabe von Informationen auf Papier im Prinzip reduziert werden kann und soll, hat doch die Informationsbereitstellung durch Computersysteme zu einem enormen Bedarf an gedruckten Ergebnissen auf Papier geführt. Im Lauf der Zeit wurden dafür vielfältige Drucksysteme entwickelt, die sich nach ihrem Prinzip (vom Typenhebel bis Tintenstrahl) in fünf Gruppen (vgl. Abb. 5-16) einteilen lassen. In jeder der fünf Gruppen wurden verschiedene Ausführungsformen entwickelt, die jedoch in ihren wesentlichen Eigenschaften sehr verwandt sind.

	Impact		Non-Impact		
	Typen	Nadeln	Belichtung	Erwärmung	Sprühen
Durchschläge	ja	ja	nein	nein	nein
Geräusch	hoch	hoch	gering	gering	gering
Papier	normal	normal	normal	spezial	normal
Schriftarten	wenige	mehrere	beliebig	mehrere	mehrere
Grafik	nein	rudimentär	sehr gut	ja	nein
Leistung	hoch	mittel	sehr hoch	gering	mittel

Abbildung 9-16: Eigenschaften nach Druckprinzipien

Impact-(Anschlag-)Drucker arbeiten nach dem Prinzip, dass eine fest vorgegebene Schrifttype oder ein aus Nadeln bedarfsgerecht zusammengestelltes Zeichen mit einem Farbband auf das Papier gedrückt wird. Die Nonimpact-Drucker erzeugen durch Lichtablenkung, Farbstrahl oder Erwärmung ein Bild der Zeichen auf dem Papier. Diese grundsätzlichen Unterschiede bieten auch völlig verschiedene Möglichkeiten. So lassen Impact-Drucker die Erstellung von Durchschlägen zu, was bei Nonimpact-Druckern grundsätzlich nicht möglich ist. Andererseits arbeiten alle Impact-Drucker mit erheblicher Lautstärke, was ihren Einsatz in Büroumgebungen praktisch unmöglich macht, während Nonimpact-Drucker teilweise fast geräuschlos laufen. Mit Ausnahme der Matrixdrucker sind bei den Impact-Druckern die Zeichen fest vorgegeben, und es können somit auch nur die auf den Druckwerken befindlichen Zeichenvorräte ausgegeben werden. Nur durch einen umständlichen Wechsel der Druckwerkzeuge sind andere Zeichensätze bereitzustellen. Da beim Matrix-Prinzip die Zeichen durch Punkte dargestellt werden und die Nadeln sich grundsätzlich auf jede mögliche Kombination einstellen lassen, sind hier genau wie bei den Nonimpact-Druckern verschiedene Schriftarten und nicht typografische Darstellungen in Form von Zeichnungen möglich.

▶ **Matrixdrucker** Diese auch Nadeldrucker genannten Geräte nehmen eine Sonderrolle ein, da sie zwar einerseits wie alle anderen Impact-Drucker ein Farbband auf das Papier schlagen, andererseits jedoch wie die Nonimpact-Drucker die Zeichen erst während des Druckvorganges bilden und nicht mit vorbestimmten Typenstempeln arbeiten. Damit können sie sowohl Durchschläge erzeugen als auch verschiedene Schriftarten darstellen. Je nach gewünschter Druckqualität müssen 9 bis 24 Nadeln eingesetzt werden, die eine entsprechend hohe Auflösung bieten. Der Nadelkopf wird quer zur Papierlaufrichtung gezogen und dabei so angesteuert, dass die metallischen Nadeln durch Elektromagnete jeweils nach vorne gestoßen werden, so dass sie die Zeichen aus Punkten zusammenstellen. Wegen ihrer enormen Geräuschentwicklung sind sie jedoch nur noch bei solchen Anwendungen im Einsatz, bei denen man auf Durchschläge nicht verzichten kann.

▶ **Tintenstrahldrucker** Durch sehr günstige Kaufpreise für die Geräte konnten diese Systeme einen hohen Marktanteil erringen. Sie liefern qualitativ hervorragende Ausdrucke und sind recht leise. Allerdings werden die dazu notwendigen Tintenpatronen von den jeweiligen Drucker-Herstellern nur zu hohen bis extremen Preisen verkauft, was die Druckkosten bei größeren Stückzahlen enorm hochtreibt. Sinnvoll ist ihr Einsatz nur bei definitiv ganz geringen Seitenzahlen.

▶ **Laserdrucker** Laserdrucksysteme wurden zuerst ausschließlich als Hochgeschwindigkeits-/Hochqualitätsdrucker angeboten, die in Großrechenzentren mit enormem Papieroutput eingesetzt werden konnten. Ihr systemimmanenter Nachteil ist, keine Durchschläge erzeugen zu können, er wird, wenn nötig durch Mehrfachdruck ausgeglichen, was bei der hohen Druckgeschwindigkeit von über 200 000 Zeilen pro Stunde in den meisten Fällen noch akzeptabel ist.

Wesentliche Probleme verursachen bei diesen Hochgeschwindigkeitsdruckern die Papiervorgabe und Papierabnahme. Günstig ist die Verwendung von Rollenware, die nach dem Druckdurchlauf automatisch geschnitten und weiterverarbeitet wird. Für den Einzelblatt- oder Wenigblattdruck sind diese Systeme kaum geeignet, da die Beschleunigung des Papiers auf die entsprechende Druckgeschwindigkeit und das Abbremsen hohe Belastungen und unnötigen Papierverbrauch mit sich bringen.

Heute sind kleine Laser-Drucksysteme für Büroanwendungen in Verbindung mit Personalcomputern typisch. Sie sind je nach Druckgeschwindigkeit und Druckqualität bereits für wenige hundert Euro zu kaufen. Für Büroanwendungen sind derartige Drucker sehr gut geeignet, weil sie den Ausdruck dort ermöglichen, wo er benötigt wird und dies mit fast jeder gewünschten Qualität bei geringster Geräuschentwicklung. Gleichzeitig sind die Gesamtkosten pro Seite wesentlich günstiger als bei Tintenstrahldruckern. Aber auch diese kleinen Laserdrucker können keine Durchschlagsformularsätze bedrucken.

Funktionsweise Laserdrucker

Sie sind artverwandt mit Fotokopierern. Auf einer positiv geladenen Drucktrommel mit dem Umfang einer Seitenlänge wird durch Belichtung an ausgewählten Stellen eine Entladung erreicht, so dass ein latentes Negativbild der Vorlage entsteht. Beim Fotokopierer wird dieses Bild durch Belichtung der Vorlage und Umlenkung der reflektierten Lichtstrahlen durch ein optisches System auf die Fototrommel projiziert. Beim Laserdrucker erfolgt die Belichtung durch einen prozessgesteuerten und durch Spiegel abgelenkten Laserstrahl.

Der Laser ist fest montiert und kann nur in seiner Lichtstrahlintensität reguliert werden. Der Lichtstrahl wird mit einem rotierenden Spiegel über die Druckbreite geführt. Je nach Gerät kann der Lichtstrahl dabei vorher in mehrere Teillichtstrahlen (ähnlich der Punkteeinteilung der untereinander liegenden Nadeln beim Nadeldrucker) separiert werden. Durch einen Piezo-Kristall, der durch elektrische Ansteuerung seine Kristallstruktur so ändert, dass das Licht anders abgelenkt wird, können die einzelnen Lichtpunkte gesteuert werden.

Durch den rotierenden Spiegel einerseits, der die Lichtstrahlen quer zur Drehrichtung der Trommel ablenkt und die Trommeldrehung andererseits, wird die gesamte Oberfläche der Fototrommel für den Lichtstrahl zugänglich. An den Stellen, an denen eine Belichtung erfolgt, entsteht das Negativbild. Bei der weiteren Rotation läuft die Trommel an einer Tonerstation vorbei, die ein positiv geladenes Farbpulver gegenüber der Trommel exponiert. Nur an den negativ geladenen Flächen bleibt das Farbpulver haften. An der nächsten Position der Rotationsbewegung wird negativ geladenes Papier auf die Trommel angelegt und übernimmt die Farbpartikel. Das Papier läuft durch eine Druck- und Wärmefixierstation, die Trommeloberfläche dreht sich, bevor sie wieder in den Belichtungsbereich kommt, an einer Reinigungsstation vorbei, die eventuell noch haftendes Farbpulver entfernt. Um Farbbilder zu drucken, muss das Papier durch vier solcher Stationen laufen, wobei dann jeweils eine Farbe der Typen Cyan, Magenta, Yellow und Black (CMYK) aufgedruckt wird. Die hohe Präzision erlaubt es, die Druckpunkte so exakt zu setzen, dass die Kombination unterschiedlich vieler Punkte der genannten vier Farben für das Auge eine beliebige Farbnuancierung bietet.

Die Fototrommel hat nur eine bestimmte Lebensdauer, die zusammen mit dem Preis für die spezielle Druckfarbe (Toner) den Seitendruckpreis bestimmt. Die Druckkosten von Laserdruckern sind mit einigen Cent pro Blatt sehr günstig.

Funktionsweise Tintenstrahldrucker

Auch diese Drucker setzen Bilder aus einzelnen Punkten zusammen. Sie sprühen winzige Farbtröpfchen aus einer Düse auf das Papier. Entscheidende Konstruktionsmerkmale sind hier das Farbfördersystem, das einerseits immer ausreichend Farbstoff an der Düse vorbeiführen muss, andererseits aber ein überflüssiges Herausquellen der Farbe aus der Düse sicher zu verhindern hat. Die Farbe selbst darf in der Düse nicht eintrocknen, muss aber andererseits auf dem Papier schnell abtrocknen. Der Druckkopf läuft, ähnlich dem von Matrixdruckern bzw. Kugelkopfsystemen, quer zur Papierbewegung. Da die Farbtröpfchen außerordentlich klein gehalten werden können, bietet dieses Drucksystem eine sehr hohe Druckqualität. Durch die Kombination mehrerer Farbspritzdüsen kann auch farbig gedruckt werden. Das Bild setzt sich analog dem Raster bei klassischen Farbdrucken aus winzig kleinen Farbpunkten zusammen. Die Preise von sehr guten Farbtintenstrahldruckern sind heute erstaunlich niedrig. Ihr Verkauf ist kaum kostendeckend. Interessant ist für die Hersteller aber das nachfolgende Geschäft mit den Druckpatronen. Dieses sollte beim Kauf beachtet und der Seitenpreis durchkalkuliert werden.

Die Seitenpreise sind auch davon beeinflusst, ob es sich um einen schwarz/weiß- oder Farbdruck handelt.

▶ **3D-Drucker** Wie die Bezeichnung bereits andeutet, sollen diese Ausgabegeräte dreidimensionale Objekte erzeugen. Die Assoziation mit einem Drucker entsteht dadurch, dass auch hier Punkte, gegebenenfalls auch in verschiedenen Farben, auf die Oberfläche des Objektes aufgebracht werden. Allerdings werden hier nicht nur Pigmente benutzt, sondern es wird Material aufgetragen. Das kann durch Aufschmelzen, Sintern oder Sprühen geschehen.

Das Ziel ist die Herstellung von Erzeugnissen, die aus einer virtuellen Beschreibung im Rechner direkt in die Realität übertragen werden. Damit werden Produkte in Losgröße 1 ohne Zwischenschritte hergestellt. Das Volumen der erzeugte Körper und ihr Einsatzbereich ist sehr unterschiedlich und reicht von kleinsten Teilen, wie Zahnfüllungen, über Formteile, die zerbrochene Komponenten von Geräten ersetzen, bis hin zu Rohbauten, bei denen der „3D-Drucker" in Gestalt einer Betonpumpe auftritt, die schichtweise einen Rohbau aufträgt.

9.4.2 Eingabegeräte

Optische Eingabe

Optische Belegleser sind Peripheriegeräte, die Informationen von einem manuell oder mit Schreibmaschine beschrifteten Datenträger in einen für Computer verarbeitbaren Code umsetzen. Sie bieten damit die Möglichkeit, auch Informationen, die ohne EDV-spezifische Geräte erfasst wurden, direkt zu verarbeiten. Das personalintensive Eingeben über Bildschirme und Tastaturen kann entfallen.

Datenerfassung ist der Ausgangspunkt der Informationsverarbeitung. Da jeder Mensch eine andere Handschrift hat, musste eine Möglichkeit gefunden werden, eine „genormte handschriftliche Dateneingabe" zu realisieren. Dazu wurden zunächst Markierungsbögen entwickelt, die von Markierungsbeleglesern verarbeitet werden.

▶ **Markierungsbelegleser** Ein Markierungsbogen entspricht im Aufbau einem Fragebogen, dem die Antworten schon vorgegeben sind. Zu jeder Antwortmöglichkeit gehört ein kleines Feld, in das mit einem weichen Bleistift ein Strich (Markierung) eingetragen werden kann. Der Strich sollte möglichst genau in diesem Feld eingezeichnet werden und dieses vollständig ausfüllen.

Bei der Verarbeitung werden die Markierungsbögen von einem Belegleser einzeln eingezogen und optisch auf Striche abgetastet. Dabei gilt nur das Ja-/Nein-Prinzip, d. h. der eingelesene Markierungsbogen wird mit einer Maske im Auswertungsprogramm verglichen, die allen möglichen Markierungsfeldern entspricht. Damit passt zu jedem dieser Felder genau ein Feld des eingelesenen Markierungsbogens. Es wird überprüft, an welchen Stellen entsprechend der Maske eine Kennzeichnung eingetragen ist. Die gewonnene Information wird dann entweder auf einem Zwischenträger abgespeichert oder direkt verarbeitet.

▶ **Klarschriftleser** Während bei Markierungsbeleglesern nur das Problem besteht zu erkennen, ob eine Antwort angestrichen ist oder nicht, so muss beim Klarschriftleser jedes Zeichen erkannt und gelesen werden. Dieses Verfahren ist natürlich wesentlich schwieriger und aufwendiger, erlaubt allerdings die maschinelle Digitalisierung von Text. Man sollte sich jedoch an bestimmte vorgegebene Zeichenmuster beim Ausfüllen des Klarschriftbeleges halten, da die Zeichen ansonsten nicht oder zu unsicher erkannt werden. Hier sind in den kommenden Jahren mit mehr Rechnerleistung noch erhebliche Verbesserungen zu erwarten.

Der Klarschriftbeleg wird mit Hilfe eines Lichtstrahls (z. B. Laser) gelesen, indem seine Reflektion gemessen wird, während er den zu lesenden Bereich zeilenweise ableuchtet. Es gibt verschiedene Verfahren, von denen eines hier kurz erläutert werden soll. Das zu lesende Feld wird in ein Raster zerlegt, das dann entsprechend von einem Lichtstrahl abgetastet wird. Dabei wird für jeden Rasterpunkt erkannt, ob er für das zu lesende Zeichen benutzt wurde oder nicht. Ist die ganze Rastermatrix abgearbeitet, wird das erhaltene Muster mit vorgegebenen Rastermatrizen verglichen und festgestellt, ob ein zulässiges Zeichen vorliegt und welchem es entspricht. Die Toleranzen der einzelnen Zeichen sind verhältnismäßig gering, um eine eindeutige Identifikation sicherzustellen.

Trotz vieler Fortschritte ist die Fehlerquote noch zu hoch, als dass die Verfahren problemlos eingesetzt werden könnten. Eine Überschlagsrechnung kann dies verdeutlichen. Ein zu lesender Text auf einem DIN A 4 Blatt, hat mit Schreibmaschine bzw. einem Computerdrucker beschrieben etwas über 2 000 Zeichen. Bei einer Fehlerrate von nur 1 % treten dann pro Seite etwa 20 Schreibfehler auf. Dies ist nach allgemeinem Verständnis nicht akzeptabel.

Große Klarschriftleser haben automatische Zuführungseinrichtungen und sind als selbständige Systeme mit Interpretationseinrichtung ausgestattet. Die schnellsten Lesegeräte werden für die Abtastung von Belegen im Zahlungsverkehr eingesetzt. Die Stückpreise erreichen hier mehrere 100 000 €.

▶ **Balkencodeleser bzw. Barcodeleser** Balkencodes werden nicht nur an den Kassen gelesen, sondern an vielen Punkten der Versorgungs- und Produktionsketten. Für die sichere Erfassung der Balkencodierungen der Europäischen Artikelnummer gibt es verschiedene technische Verfahre

Balkencodes können nur bei direktem Sichtkontakt zum Lesegerät identifiziert werden. Lesestifte werden eingesetzt, wenn eine möglichst preisgünstige Erfassungseinrichtung zur optischen Erkennung von Balkencodes (Abschnitt 4.1.1) gefordert ist. Sie dienen an Registrierkassen, bei der Inventuraufnahme und der Verwaltung von Unterlagen wie Fototüten, Akten, Briefen etc. zur Identifizierung der Objekte. Sie werden von Hand senkrecht oder geneigt bis zu einem Winkel von ca. 45° über den Balkencode geführt. Der Ansatzpunkt für den Stift sollte deutlich vor der Codierung, der Endpunkt deutlich hinter der Codierung liegen, damit für den zu lesenden Bereich eine gleichmäßige Geschwindigkeit erreicht wird. Die Lesestifte, die in Form von dicken Kugelschreibern gefertigt werden, enthalten eine kleine Lichtquelle, deren Strahlung nach vorne aus dem Stift herausgelenkt wird und eine Photodiode, die alle von der abgetasteten Oberfläche reflektierten Strahlen durch ein optisches System zurückgespiegelt bekommt. Die Länge und Anzahl der Impulse dient der Interpretationseinheit zur Decodierung der verschlüsselten Zahlen- oder Buchstabenfolge. Ein- und Ausgang der Lichtstrahlen ist folglich die Spitze des Lesestiftes. Am anderen Ende ist die Kabelverbindung zum Signalinterpreter herausgeführt. Die Lesestifte sind von der Umgebungshelligkeit relativ unabhängig, weil sie direkt (höchstens im Abstand von einem Millimeter) über die Balkencodierung geführt werden. Die Farbe des verwendeten Lichts und die Reflektionsfähigkeit der für den Balkencode-Druck verwendeten Farben bzw. des Hintergrunds sind für die Lesesicherheit entscheidend.

Distanzleser dienen der Erkennung von Balkencodierungen auf Produkten, Belegen und Ausweisen. Es gibt berührungslose Abstandsleser (Lesepistolen), die auch bei Entfernungen von bis zu 20 Zentimetern zwischen Leseeinheit und Codierung die Balken noch eindeutig erkennen können. Während die Balkencodierung diffus beleuchtet wird, entspricht die Rückführung des reflektierten Lichtstrahls über ein optisches System dem beschriebenen Prinzip des Lesestifts. Abstandsleser haben in der Regel einen Lesekopf, dessen Breite der Länge des Barcodes entspricht. Sie werden – ohne Bewegung in Leserichtung – nur statisch vor den abzutastenden Barcode gehalten.

Fensterleser dienen der einfachen Erfassung von Barcodes an Kassen. Sie haben punktförmige Lichtquellen (Laser). Besonders bedienungsfreundlich sind dabei Tischgeräte, die unterhalb eines Fensters sowohl die Lichtquelle, als auch das optische Erkennungssystem eingebaut haben. Durch Führen, Schieben oder Rollen der Ware über das Fenster wird der den Fensterausschnitt abtastende Laserstrahl auch über die Barcodierung geführt und seine Reflexion vom optischen System erkannt. Dabei muss sichergestellt sein, dass die Codierung auf einer Ware bzw. einem Ausweis nicht durch mehrfaches Abtasten auch eine Mehrfacherkennung (und damit Mehrfachverrechnung) des einen Barcode-Etikettes auslöst.

▶ **Bilderfassung** Die Übernahme grafischer bzw. optischer Vorlagen kann mit Hilfe von drei technisch verschiedenen Verfahren erfolgen. Entweder werden die Aufnahmen digitaler Foto- oder Videocameras als Ausgangsbasis genutzt, oder flache Bildvorlagen werden von einem als Scanner bezeichneten, den Fotokopieren ähnlichen Gerät Punkt für Punkt erfasst, oder sogenannte Laserscanner tasten die Oberfläche und Farbe eines Objekts aus verschiedenen Sichten (Winkeln) so ab, dass eine räumliche Bechreibung entsteht.

In Verbindung mit den im vorigen Abschnitt 9.4.1 vorgestellten 3D-Druckern können mit der hier entstehenden Technologie völlig neue Fertigungsstrukturen entstehen. Beispielsweise können räumliche Vorlagen durch die digitale Erfassung dann wiederum durch den 3D-Druck reproduziert werden. Erste Anwendungen liegen im medizinischen Bereich, in der Ersatzteilversorgung und der Gestaltung von Skulpturen nach der Realität.

Akustische Eingabe

Die direkte Erfassung akustischer Eingaben wird seit langem angestrebt. Die Stimmerkennung und die Differenzierung der einzelnen Laute bereiten jedoch insbesondere auch durch die verschiedenen Sprechweisen noch größere Schwierigkeiten als die Schrifterkennung. Es sind daher nur Geräte für spezifische Aufgaben am Markt. Im Sinne einer Informationserkennung werden z. B. Stimmanalysatoren angeboten, die in Verbindung mit Türöffnungseinrichtungen in Sicherheitsbereichen arbeiten. Mit einigem Erfolg werden auch Geräte eingesetzt, die ein bestimmtes Spektrum von Worten eines oder weniger Sprecher erkennen können. Derartige Systeme werden für Aufgaben verwendet, die den Mitarbeitern eine Tastatureingabe erschwert, weil sie die Hände für den Arbeitsablauf benötigen. Besonders verbreitet ist der Einsatz dieser Geräte bei der Verteilung von Postpaketen. Der Sortierer nimmt die Pakete, liest die Adresse und spricht den Postleitzahlcode in das Erfassungsgerät ein. Dieses löst entweder den Aufdruck einer später wiederholt maschinell lesbaren Markierung aus oder steuert nur die Sortiereinrichtung zur Weitergabe des Pakets in die gewünschte Transportrichtung.

Eine ähnliche Anwendung gibt es im Bereich der Qualitätsprüfung von Bauteilen. Wenn die Mitarbeiter mit der Handhabung der Messinstrumente und der Teile beschäftigt sind, können sie die Messdaten in das Erfassungssystem einsprechen, woraufhin eine automatische Zuordnung der Teile zu den Messergebnissen erfolgt.

Angelehnt an die Idee des „Navigierens durch eine Wissensbasis" sollen neue Lösungen dem Benutzer die Steuerung seines Rechners durch Programme und Datenbestände ermöglichen. Die bisher praktizierte Tastatur- und Mauseingabe kann dann künftig weitgehend entfallen. Ein entsprechendes Gerät besteht aus Umhängemikrophon, Spracherkennungssystem und Verbindung zum Rechner sowie der speziellen Interpretationssoftware. Diese Software ermöglicht die Eingabe von Sprachgruppen, die nachher als Befehle zu interpretieren sind. Über eine derartige Rechnersteuerung sind letztlich auch die oben skizzierten Lösungen im Bereich des Paketversandes und der Qualitätskontrolle bearbeitbar. Neu ist hier die unmittelbare Nutzung in Verbindung mit dem eigenen Rechner, was z. B. im Rahmen der Bürokommunikation den Umgang mit Electronic Mail vereinfacht, weil durch bloßes Aufrufen die in der Mailbox abgelegten Briefe angezeigt, weitergeblättert, gelöscht oder gespeichert werden können. Auch im Bereich des Desktop Publishing, der Grafikerstellung und der Konstruktion können Schriftwechsel, Strichstärkenwechsel oder der Aufruf bestimmter Symbole durch die Spracheingabe erheblich erleichtert werden. Die Spracheingabe wird auch für körperlich eingeschränkte Personen wesentliche Möglichkeiten für den Rechnereinsatz bieten. Insbesondere für Smartphones wurde in den vergangenen Jahren die Erfassung und Interpretation von gesprochener Eingabe vorangetrieben. Da die Rechner in den

Telefonen nicht die notwendige Verarbeitungsleistung haben, werden Großrechner benutzt, was praktisch verzögerungsfrei geschieht. Doch immer wieder auftretende Verständigungsfehler haben einen flächendeckenden Einsatz
bisher verhindert.

Automatische Eingabe

Signale sollen auf einen Zustand oder auch eine aktuelle Änderung eines Zu-
standes hinweisen. Sie liefern somit den Empfängern meist Informationen, die
eine Aktion oder Reaktion auslösen sollen. Damit sind ihr zeitnaher Empfang,
die notwendige Interpretation und die passende Reaktion von erheblicher Bedeutung. Anders als bei der üblichen Datenerfassung, wo hohes Tempo zwar
auch vorteilhaft ist, ist hier das Einhalten einer bestimmten Zykluszeit zwingend, damit es nicht zu dramatischen Entwicklungen kommt. Dieser Zusammenhang war bisher meist nur für technische Systeme und deren Regelkreise
von Bedeutung. So muss auf die Temperatur-, Druck-, Konzentrations- bzw.
Zeitsignale einer maschinellen Anlage (z. B. Kraftwerk) adäquat reagiert werden.

Allein schon der übliche Erfassungsablauf für ökonomische Daten führt
zu einer Entkopplung von Informationsentstehung, ihrer Erfassung, Verarbeitung, Präsentation und letztlich Entscheidungsauslösung. Spätestens mit der
Erfassung von Barcodes an Supermarktkassen ist die extreme Zeitabhängig-
keit zwischen der Informationsentstehung (Kunde will offenbar ein bestimmtes Produkt jetzt erwerben) und ihrer ökonomischen Verarbeitung (er muss
soundsoviel dafür bezahlen und der Artikel wird nachbestellt) aber auch in die
wirtschaftliche Informationsverarbeitung eingekehrt.

Damit wird deutlich, dass eine zeitnahe – oder besser sofortige Verarbeitung – auch im Umfeld wirtschaftlicher Prozesse vorteilhaft ist. Je früher ein
Bedarf erkannt, eine Störung identifiziert, eine Verzögerung deutlich wird,
umso geplanter und kostengünstiger kann darauf reagiert werden. Die Idee der
earliest possible information propagation (ePIP) führt dazu, dass die Beteiligten unmittelbar über alle wesentlichen Daten bzw. Entwicklungen informiert
werden (BLAC2009, S. 79). Die Technologie der Transponder wird künftig auch
für viele Bereiche der wirtschaftlichen Informationsverarbeitung die Möglichkeiten einer schnellen Signalerfassung bieten. Diese Sender übermitteln ihre
Informationen, losgelöst von personellen Aktivitäten, auch über Distanzen
hinweg an die Empfangseinrichtungen des Informationsverarbeitungssystems,
das dann die adäquate Reaktion identifiziert und auslöst.

Verständnisfrage zu 9.4.2

- Wo liegen die Vorteile der optischen gegenüber der akustischen Erfassung?

Was Sie in diesem Kapitel gelernt haben:

Computer sind im Vergleich zu Desoxyribonukleinsäuren, den Informationsbausteinen des Lebens, im Grunde ganz einfache Geräte. Ihre prinzipielle Funktionsweise lässt sich leicht verstehen. Ihre staunenswerten Leistungen erreichen sie nur durch milliardenfache Wiederholung und schnelle repetitive Benutzung. In Form der verschiedenen Halbleiterchips als Speicher konnten ihre Komponenten an ganz spezielle Anforderungen angepasst werden und dienen dort als Gedächtnis für die Funktionen bei verschiedenen Umständen und zur Erklärung ihres Gebrauchs. In Gestalt der Plattenspeicher bieten sie uns seit der Erfindung des Buchdrucks erstmals wieder eine ganz neue Technik, Wissen zu dokumentieren, auszuwerten und zu verbreiten. In verschiedenen Zusatzgeräten, die der Ein- und Ausgabe von Daten dienen, erlauben sie mittlerweile einen sehr vielfältigen Einsatz, vom Bildschirm zur Anzeige mathematischer Resultate und zur Darstellung eines Krimis, über den Sensor zum Entdecken eines Diebstahls und zur Abrechnung in der Warenwirtschaft, bis zum Mikrofon zur Schwingungsanalyse von Bauteilen bezüglich ihrer Festigkeit und zur Aufnahme von Konzerten.

Literatur

ABRA2011   The Invention oft he Moving Assembly Line: a Revolution in Manufacturing. New York 2011.

BLAC2009   Blackburn, R.: Supply Networks Implementation. Würzburg 2009.

VERW1980   Verwaltungs-Berufsgenossenschaft (Hrsg.): Sicherheitsregeln für Bildschirmarbeitsplätze im Bürobereich (ZH 1/618)

10 Entwicklung von betriebswirtschaftlichen Softwaresystemen

Weshalb ist Software falsch?

Die meisten Leser dieser Zeilen sind in der Lage, Schuhe mit Schnürsenkeln richtig zu binden, ja sogar im Dunkeln. Die meisten männlichen Leser können sicher auch so etwas Unnötiges, wie eine Krawatte binden. Aber kaum eine dieser in der Tat erfolgreichen Personen ist im Stande, unmittelbar zu beschreiben, was sie da tut. Nur die sukzessive Abwicklung eines Vorganges – vielleicht auch nur im Geist – lässt uns schrittweise beobachten, was wir machen oder machen würden, um es dann auch zu beschreiben.

Offenbar beherrschen Menschen viele Handfertigkeiten oder Aktivitäten ohne ein Bewusstsein für die dazu notwendigen Einzelschritte. Eine andere Person zu diesen Tätigkeiten anzuleiten fällt uns wesentlich leichter, wenn wir den Ablauf direkt vorführen können; der Lernende wird auch genau dann einen größeren Erfolg haben, wenn er uns beobachten darf, und nicht nur auf eine abstrakte verbale Beschreibung zurückgreifen muss.

Abstrakte Ablaufbeschreibungen, auch Algorithmen genannt, sind eigentlich des Menschen Sache nicht. Computer sind da ganz anders. Sie erwarten eine detaillierte, exakte, schrittweise Anleitung, die wir dann Programm nennen. Manche Leute bezeichnen sie auch als Algorithmus oder Befehlsabfolge; auch Prozessablauf ist eine mögliche Benennung. Wenn nur ein Schritt ausgelassen oder falsch beschrieben wird, dann ist natürlich auch das vom Computer ermittelte Resultat fehlerhaft. Da dieser Zusammenhang um so mehr gilt, je komplizierter die Aufgaben sind, ist die Frage, warum Software falsch ist, auch schon beantwortet. Wir Menschen haben eine Maschine entwickelt, der man in abstrakter Form mitteilen muss, was sie tun soll; aber wir können es ihr nicht erklären, sondern eigentlich nur vormachen. Das genau kann aber die Maschine nicht verstehen. Richtige Fehler, z. B. aus Nachlässigkeit, sind folglich gar nicht nötig, um falsche Software zu entwickeln. Dazu kommt, dass die Computer mit Hilfe der Software für uns Aufgaben lösen sollen, die wir oft genug selbst nicht ganz beherrschen, weil wir sie nur in Gemeinschaft und Arbeitsteilung mit anderen Menschen bearbeiten können. Die zu beschreiben ist noch viel schwieriger.

Software wird also falsch, weil wir Menschen nicht in der Lage sind, sie richtig zu programmieren. Viele große Softwarehäuser, das sind Firmen, die mit den von ihnen geschriebenen Programmen – trotz mancher Fehler – Geld verdienen wollen, sind ehrlich genug, in ihre Lizenzverträge hineinzuschreiben, dass sie Fehler in der Software nicht ausschließen können.

▶ **Strategische Informationsverarbeitung** Welch eine verrückte Situation. Die von den Menschen konstruierten Helfer können das nicht wirklich richtig tun, was wir von ihnen wollen, und wir übertragen ihnen doch immer mehr und immer schwierigere Aufgaben, weil wir sie selbst wahrscheinlich noch schlechter lösen würden. Aber die Experten sind seit den Anfängen der Computertechnik bemüht, laufend neue Methoden zu entwickeln, um uns und unsere künstlichen Zöglinge aus dem Dilemma zu führen. Das ist absolut nicht einfach, denn während diese Experten neue Lösungen suchen, weiterentwickeln und testen, ändern sich sowohl die Leistungsfähigkeit der Maschinen als auch die Aufgabenbereiche, für die sie eingesetzt werden sollen, ständig. Kaum ist jedoch eine neue Leistungsgrenze für die Rechner überwunden, sollen sie ihre neuen Fähigkeiten auch für noch kompliziertere Aufgaben nutzen.

Die Situation ist aber noch schlimmer, denn selbst wenn eine gute Lösung für das Problem „Wie sage ich es meinem Computer?" gefunden wird, sind wir Menschen noch lange nicht geübt, mit dieser neuen Sprache umzugehen. Hinzu kommt, dass auch die meisten alten Computer genauso wenig in der Lage sind, eine solche neue Sprache zu verstehen. Sie sitzen aber schon an den Schaltstellen der Macht, in den öffentlichen Verwaltungen, Firmenzentralen und Autonavigationsgeräten. Es dauert Jahre, bis eine neue Art der Programmierung gelehrt, gelernt und sicher angewandt werden kann.

Ein besonderes Problem verbindet sich auch noch mit der Bezeichnung Software für alles, was wir Programme nennen. Es ist zwar nur ein Wort, ein Terminus Technicus, den wir zu verstehen glauben, und doch ist er Auslöser vieler unnötiger, kostenträchtiger Projekte, weil sie unter falschen Voraussetzungen gestartet werden. Gemeint ist hier nicht die Entwicklung von Programmen zur automatisierten Verarbeitung digital dargestellter Informationen als solche, sondern die unrealistische Assoziation, die dieser Begriff auf Grund der Bedeutung seiner Bestandteile in unserem Gehirn

Kernkompetenz (Coimbatore Prahalad und Gary Hamel 1990)

Was eine Firma ausmacht, ihre speziellen Fähigkeiten, die gebündelten Kenntnisse der Mitarbeiter bilden die Kernkompetenz. Ihr gezielter Einsatz bietet eine Differenzierungsmöglichkeit gegenüber anderen und damit das Potenzial für eine Marktnische. Die konsequente Verfolgung dieser Idee brachte eine andere Methode zur Blüte in Form des Outsourcing (Abschnitt 10.3). Alles, was nicht zu den firmenspezifischen Eigenheiten gehört, kann demnach ausgelagert werden. Darunter fällt oftmals auch die Informationsverarbeitung. Während man bis zu dieser neuen Erkenntnis in voluminöse Individualentwicklungen von Programmen investiert hat, sollen jetzt plötzlich nicht nur die Computer, sondern auch alle mit ihrem Betrieb befassten Mitarbeiter das Unternehmen verlassen.

Vorsicht ist jedoch angebracht, wenn in den Softwarelösungen firmenspezifische Eigenheiten eingebaut wurden oder durch konsequente Sammlung aller Arbeiten und Pläne in digitaler Form eine Art Wissensmanagement entstand. Dann genau sind die firmenspezifischen Besonderheiten nicht mehr von der Informationsverarbeitung zu trennen. In der nächsten Zukunft wird dies durch Dokumentenmanagement und Vorgangssteuerung sowie durch Datensammlungen, die über die Unterstützung der täglichen Arbeit hinausgehen, fast normal und damit die Fähigkeit zum Umgang mit der Informationsverarbeitung zur wesentlichen Kompetenz eines Unternehmens. [PRAH1990]

und insbesondere in den Köpfen von Menschen auslöst, die eigentlich gar nichts davon verstehen – aber darüber entscheiden.

Software ist anpassbar, gar anpassungsfähig, wandlungsfähig und sicher ohne störende, Schmerzen verursachende Ecken und Kanten. Das sind die Assoziationen, die der Begriff in unserem Gehirn auslöst, obwohl er eigentlich für die in strengen algorithmischen Regeln abgebildete Anweisungen zur Bearbeitung schwierig zu durchschauender Abläufe steht.

▶ **Interdependenz von Software und Organisation** Software ist heute aber nicht mehr eine Sammlung von wenigen Programmen, die isoliert zum Einsatz kommen, sondern ein fast unüberschaubares Konglomerat verschiedener Lösungen, die in Gruppen zusammengefasst, durch gegenseitige Aufrufe dafür sorgen, dass die Aktion eines Mitarbeiters vielfache

Auswirkungen für andere Mitarbeiter, Kunden, Lieferanten, Geräte und Bilanzen hat. Daraus ergibt sich eine hohe Interdependenz zwischen Software und Organisation eines Betriebes, eine Abhängigkeit über die Zeit und letztendlich sogar einen gegenseitigen Ausschluss.

Da man natürlich mit der Bezeichnung, das heißt dem Namen einer Sache oder Person etwas verbindet und je nach Wort ein positives oder auch schlechtes Gefühl als Vorurteil aufbaut, gilt dies auch für den verführerischen Ausdruck Software. Wie beim wohlklingenden Sirenengesang wurde damit schon manches Projekt ins Unglück gestürzt. Denn so richtig die Bezeichnung für Programme im Vergleich zur frühen mechanischen Ansteuerung von Geräten auch ist, so illusorisch verleitet sie alle Beteiligten zu dem Glauben, dass der Umgang mit der „weichen Ware" unproblematisch und angenehm sei. Dies ist jedoch überhaupt nicht richtig, weil uns die Komplexität größerer Programme buchstäblich über den Kopf gewachsen ist. In den Gehirnen derjenigen, die nichts von Programmierung verstehen, und das ist naturgemäß die Mehrzahl, stellt sich folglich eine „kleine" Änderung der Software als unproblematisch dar. Sie wird daher von Chefs und Politikern, von Organisationsfachleuten sowie Gesetzesformulierern immer wieder gefordert und durchgesetzt.

▶ **Begriffe sind entscheidend für die damit verbundene Assoziation**   Die passendere Bezeichnung für große Softwaresysteme wäre Complexware. Kaum jemand würde dann leichtfertig vorschlagen, da und dort durch eine kleine Umprogrammierung oder Ergänzungsentwicklung „schnell" eine Anpassung zwischen Programm und Ablauf zu erreichen. Der mentale Respekt wäre zu groß, die Gefahren würden deutlicher. Erst nach sehr gründlicher Abwägung aller Alternativen würde man zu einer fundierten Entscheidung kommen, die auch die Folgekosten über Jahre berücksichtigt.

Wenn eine Software nicht in der Lage ist, die konkreten betrieblichen Aufgaben eines Unternehmens oder deren Ablauf abzubilden, kann sie nicht zum Einsatz kommen, es sei denn, der Betrieb wäre umgekehrt in der Lage, sich den Funktionen und Prozessen der Software anzupassen. Um die Entscheidung für oder gegen die Anwendung einer Software zu treffen, ist es daher entscheidend, deren Funktionsumfang, Entwicklungsstand und Strategie zu kennen. Darüber hinaus muss eine Antwort geliefert werden auf die Frage, inwieweit die Software an die bestehende Situation im Unternehmen angepasst werden soll. Dies ist bei der Dynamik der Entwicklung keine einfache Entscheidung. Richtig ist meistens der umgekehrte Weg, auf dem die organisatorischen Abläufe an die bereits existierenden Standardlösungen und Programme angepasst werden. Sie sind mit großer Mühe entwickelt worden und nach und nach zu gut funktionierenden Lösungen herangereift.

BEGRIFFE, die in diesem Kapitel erläutert werden: Systemsoftware, Anwendungssoftware, Individualsoftware, Standardsoftware, Programmentwicklung, Programmübersetzung, Outsourcing, Prozessverbesserung

10.0 Softwarekomplexität

▶ **Wer soll sich wem anpassen?**   Wird die Software für individuelle Anforderungen umprogrammiert, werden künftig immer wieder Anpassungskosten entstehen. Werden aber die Abläufe an den Programme ausgerichtet und wird die Software damit in gewisser Weise als unabänderlich fixiert akzeptiert, lassen sich Vorteile durch mehrfache Wiederverwendung erzielen. In ganz deutlicher Form macht sich dieser Massenfertigungseffekt bei den ständigen Verbesserungszyklen von Funktionalsoftware (wie Textverarbeitung, Tabellenkalkulation, Betriebssysteme etc.) bemerkbar. Diese Programme werden in fast gleich hoher Stückzahl verkauft wie die Computer, da sie für Grundfunktionalitäten zuständig sind, die viele Rechnerbenutzer einsetzen möchten. Ihre Reproduktion in großen Stückzahlen über das Internet ist fast unabhängig von der Programmkomplexität zu Stückkosten im Bereich weniger Cent möglich. Dies nutzen Firmen wie Microsoft, Adobe oder Apple; sie verbessern bzw. erweitern ihre Produkte ständig, vertreiben sie als Komplettlösungen und verdienen auf Grund der äußerst niedrigen Reproduktionskosten auch an neuen Versionen.

Die Anwender nutzen aus den im Lauf der Zeit entstehenden, vielfältigen Funktionen der Textverarbeitung, Tabellenkalkulation sowie der Präsentationslösungen nur etwa diejenigen 20 %, die für ihr individuelles Aufgabenspektrum sinnvoll sind. Trotzdem kommt richtigerweise niemand auf die Idee, sich eine spezielle Lösungen dafür programmieren zu lassen. Dieses wäre viel zu teuer, obwohl von der Funktionalität der Paketlösung von jedem Anwender nur ein schwaches Fünftel benötigt wird.

Ganz anders jedoch ist die Situation bei komplexen Informationsverarbeitungssystemen, die gesamte Betriebe und die darin praktizierten Abläufe unterstützen. Für derartige integrierte Anwendungen ist die Verwendung des Begriffs Software geradezu gefährlich geworden, weil dadurch völlig falsche Assoziationen ausgelöst werden. Diese Programme haben mittlerweile eine Komplexität erreicht, die jeden wirklichen Sachkenner abschreckt, für den einzelnen Anwendungsfall etwas daran zu ändern, wenn sie endlich einmal funktionieren. Ihre Einsatzdauer übersteigt die der Hardware bei weitem. Die Computer bilden nur noch die allgemeine Funktionsbasis für den Betrieb der Anwendungssoftware. Man kann die Hardware ohne größere Probleme auswechseln, wenn nur die bisherige Software darauf weiterläuft. Je individueller und damit vermeintlich besser an den betrieblichen Belangen orientiert die Software programmiert wird, um so schneller wird sie zum limitierenden Faktor für weitere Entwicklungen und Anpassungen an das sich schnell ändernde Marktgeschehen. Für den Vorteil einer auf die betrieblichen Bedürfnisse angepassten Lösung, was natürlich nur für den Zeitpunkt der Installation gilt, handelt man sich eine Methodik ein, die über Jahre fast nicht zu ändern oder weiter zu entwickeln ist.

▶ **Software als Bremsklotz der betrieblichen Entwicklung** Ein großer deutscher Automobilhersteller verwendet für seine verschiedenen Modelle und Baugruppen 40 % gleiche Teile. Angestrebt werden bis zu 50 %. Es gibt viele Komponenten, die nichts zur Differenzierung der Fahrzeuge beitragen. Neben Kleinteilen, wie Schrauben und Clips etc., sind dies auch ausgesprochen teure und technisch anspruchsvolle, wie Anlasser, Lichtmaschinen, Klimakompressoren, Stoßdämpfer, Federn, Querlenker und Steuergeräte [AUTO2004]. Mit der bei allen Automobilherstellern verfolgten Plattform-Strategie wird versucht, die Variantenvielfalt der Fahrzeuge zu erhalten oder zu steigern und trotzdem den Aufbau der Fahrzeuge, auch bei ganz unterschiedlichem Aussehen zu vereinheitlichen. Dies birgt eine Fülle von Vorteilen. Einerseits lassen sich die Herstellkosten direkt reduzieren durch Transportvereinheitlichung, Lagerhaltungsabbau, weniger verschiedene Einbauwerkzeuge und mehr Verarbeitungsroutine, andererseits kann aber auch der Aufwand für den späteren Service und die Ersatzteilversorgung drastisch gesenkt werden. So muss auch künftig beim Einsatz von Software vorgegangen werden. Die Devise lautet: weg von Individualentwicklungen, Anpassung der Organisation an Standardfunktionen, hin zu einer Enterprise Services Architecture (ESA), aus der nur die gewünschten Funktionen ausgewählt werden.

▶ **Enterprise Services Architecture** Unter dieser Bezeichnung werden Sammlungen kooperationsfähiger Module mit jeweils überschaubarer Komplexität zusammengefasst, aus der sich das Anwendungsunternehmen die benötigte Kombination auswählt. Die strikte Standardisierung gilt schon seit Jahren für die sogenannte Systemsoftware. Hierunter werden alle Programme zusammengefasst, die der Steuerung des Computersystems dienen, während die als Anwendungssoftware bezeichneten Programme in viele Bereiche gegliedert werden können.

		Individual-S	Sonderfälle
Software	System-software	Standard-system-software	Betriebssysteme Übersetzer Datenverwaltung
	Anwen-dungs-software	Individual-software	organisations- oder problemorientiert
		Standard-software	betriebswirt-schaftlich
			funktions-orientiert

Abbildung 10-1: Gliederung von Software nach Aufgabenbereichen

Das Schema der Abbildung 10-1 zeigt zwar die verschiedenen Typen von Software, nicht aber deren Bedeutung. Jeder Computer benötigt nur ein einziges Betriebssystem, das folglich bei den hohen Stückzahlen von verkauften Rechnern auch entsprechend häufig im Einsatz ist. Die Anwendungssoftware ist in viele verschiedene Aufgabenbereiche gegliedert, die auch meist von mehreren Softwarehäusern in Konkurrenz angeboten werden. Somit sind sicher mehr verschiedene Anwendungssoftware-Lösungen im Einsatz als Betriebssysteme, die einzelnen Anwendungsprogramme werden folglich jeweils viel seltener genutzt.

Ihre Existenz und laufende Neu- sowie Weiterentwicklung gründet sich auf dem Glauben, dass die Prozessabläufe in jedem Unternehmen individuell ausgestaltet sein müssen, um sich im Wettbewerb zu unterscheiden.

Verständnisfrage zu 10.0:

- Kann der Einsatz einer im Vergleich zur bisher betriebenen Form der betrieblichen Prozessabwicklung nicht ganz passenden Standardsoftware trotzdem für diese Prozesse Vorteile bringen?

10.1 Systemsoftware

▶ **Interpreter – Compiler**   Die Struktur, der Aufbau und die Ausgestaltung der Systemsoftware sind in aller Regel unabhängig vom einzelnen Anwender. Das wesentliche Element der Systemsoftware, das Betriebssystem, muss in jeder Konfiguration vorhanden sein; je nach Ausstattung mit Peripherie und/oder Anbindung an Datennetze werden zusätzliche Module der Systemsoftware benötigt. Um den Hauptspeicher nicht zu überladen, werden selten benötigte Softwareabschnitte erst bei Bedarf von einem großen Speicher geladen. Für die Übersetzung von neu entwickelten Anwendungsprogrammen gibt es je nach Programmiersprache Interpreter und/oder Compiler. Während die Interpreter Befehl für Befehl des Quellprogramms (Originalprogramm oder Sourceprogramm) in den ausführbaren Maschinencode übertragen und deshalb während der Programmabarbeitung auch im Hauptspeicher geladen sein müssen, übersetzen die Compiler ein Programm vor dessen Benutzung einmal vollständig in den Maschinencode. Dadurch entsteht ein ausführbares Objektprogramm, das danach immer wieder direkt vom Betriebssystem aufgerufen und zur Ausführung gebracht werden kann. Für die Arbeit während einer Softwareentwicklung ist der Umgang mit einem interpretierenden Übersetzer angenehmer, weil der Programmierer sofort die Wirkung von Änderungen in einzelnen Befehlen verfolgen kann. Für den wiederholten Einsatz eines fertiggestellten Programms ist die compilierte Version besser, weil sie schneller abgearbeitet wird und von unbefugten Anwendern auch kaum mehr geändert werden kann, weil denen eben nur der Maschinencode vorliegt. Die Anwendungssoftware war früher überwiegend individuell für den einzelnen Anwendungsfall programmiert. In den letzten Jahren setzt sich in allen Bereichen (Finanzbuchhaltung, Kostenrechnung, Lohn- und Gehaltsabrechnung, Fertigungsunterstützung, Kundenverwaltung etc.) Standardsoftware durch. Sie ist aber nicht unveränderlich fest gefügt sondern lässt dem Benutzer die Wahl zwischen verschiedenen Parametereinstellungen. Damit kann die standardisierte Software auf die Wünsche einer bestimmten Anwendung adaptiert werden. Seit etwa 2005 kommt die Service Oriented Architecture (SOA) als neue Strategie hinzu. Sie will die „freizügige" Verknüpfung genau derjenigen Anwendungsmodule erlauben, die für die Aufgabenunterstützung in einem Unternehmen passend sind. Aus der vielfältigen Kombinier- und Einstellbarkeit kann so aus einzelnen Standardsoftware Teillösungen insgesamt eine maßgeschneiderte Anwendung für jedes Unternehmen werden.

Die dazu notwendige „freizügige" Verknüpfung ist aber trotz vollmundiger Ankündigungen auch weltbekannter Unternehmen nicht ohne weiteres gegeben. Die möglicherweise aus verschiedenen Quellen stammenden Anwendungsmodule passen inhaltlich trotz der raffinierten SOA-Struktur mit mehreren Plattform-Schichten nicht wirklich zusammen. Die Anbieter, die mit der Plattform-Software Umsatz erzielen wollen, können die inhaltlich korrekte Zusammenarbeit der von verschiedenen Softwarehäusern erworbenen oder auch teilweise selbst erstellten Module nicht sicherstellen. Diesem sogenannten „open loop" Ansatz der SOA steht eine „closed loop" Variante gegenüber. Sie garantiert die semantische Integration der vom Anwender ausgewählten Module, solange diese Module vom gleichen Softwarehaus stammen das auch die Plattformsoftware entwickelt hat. Die Kombination und Parametrisierung der Module muss dazu nach vorgegebenen Regeln ausgeführt werden.

▶ **Betriebssysteme – Operating Systems**   Die Betriebssysteme sind heute im Rahmen der Rechnerfamilien, für die sie entwickelt wurden, fast gleich. Für die großen Computer (Mainframes) gibt es noch immer herstellerspezifische Systeme. Für die kleineren Computer (insbesondere PC) ist Windows von Microsoft dominierend. Daneben bestehen nur wenige Alternativen. Für größere Lösungen (z. B. Server) sind mehrere Varianten von UNIX verfügbar. In den vergangenen Jahren hat sich daraus deutlich die preiswerte, von den Computer-Herstellern unabhängige Version LINUX hervorgetan. Das besonders einfach zu bedienende System OS-X der Firma Apple basiert auch auf UNIX.

Verständnisfrage zu 10.1:

• Welche Programme werden zur Systemsoftware gerechnet und wo liegt die logische Grenze zur Anwendungssoftware?

10.2 „Complex"ware

Die Entwicklungsschritte des betrieblichen Computereinsatzes werden häufig durch die beiden Ablaufkonzepte „Stapelverarbeitung " und „Dialogverarbeitung" beschrieben. Tatsächlich kennzeichnen die dahinter stehenden technischen Lösungen und organisatorischen Ablaufstrukturen den außerordentlichen Eingriff, den die digitale Informationsverarbeitung in den Arbeitsablauf von Unternehmen, Behörden und Haushalten ausgelöst hat. Die Abarbeitung des jeweils anliegenden Stapels von gleichen Aufgaben war anfangs die einzige Form, in der Computer die betrieblichen Tätigkeiten unterstützen konnten. Sie entsprach auch der manuellen Vorgehensweise, da anstehende Aufgaben sortiert und nach den benötigten Unterlagen geordnet abgearbeitet werden. Dies galt für die Bearbeitung von Aufträgen, die Abrechnung von Lohn und Gehalt, die Bestellung von Material usw. Oft waren die Aufgaben sogar auf einzelne Personen verteilt, die sich dann nur noch „ihrem" Problem widmeten. Programme für die Stapelverarbeitung beschäftigten sich folglich auch nur mit dem anstehenden Aufgabenumfeld und bearbeiteten sukzessive alle für einen Aufgabenbereich anstehenden Vorgänge beziehungsweise Daten ab. Stapelprogramme (Batch Software) sind einfach strukturiert und liefern ein Ergebnis, das allein von ihnen beeinflusst wird.

▶ **Neue Technik führt zu neuen organisatorischen Abläufen** Die gleichzeitige Speicherung aller operativ benötigten Daten auf wahlfrei zugreifbaren Speichern, in Verbindung mit über das Internet gekoppelten Bildschirmen (Handy, Pad etc.), die den Blick auf diese Daten immer erlauben, hat zu ganz neuen informationellen Möglichkeiten geführt. Der Wunsch, eine Aufgabe unmittelbar dann zu bearbeiten, wenn sie entsteht, und ihre Resultate sofort an diejenigen weiterzugeben, die sich mit den Konsequenzen zu beschäftigen haben, ist erfüllt. Dialogorientierte Informationsverarbeitung unterstützt den jederzeitigen Zugriff auf alle betrieblichen Informationen. Die Programme sind nicht mehr nur lineare Abläufe. Sie müssen, wenn ein Irrtum bei der Eingabe festgestellt wird, oder ein Kunde am Telefon eine Auftragsposition immer wieder ändert, weil ihm im Gespräch mit dem Vertriebsmitarbeiter etwas Neues einfällt, in der Lage sein, soeben ausgeführte Arbeitsschritte wieder rückgängig zu machen und sogar andere Aufgabenbereiche und deren Programme darüber zu informieren.

Daraus sind Gesamtsysteme entstanden, die alle diese betrieblichen Aufgaben beherrschen. Unter der Bezeichnung Enterprise Resource Planning (ERP) bilden ihre Programme heute das Rückgrat der betrieblichen Informationsverarbeitung. Sie sind jedoch so vernetzt in Bezug auf den Austausch von Daten und die gegenseitige Abstimmung über situative Bedingungen, dass ein Programmierer nur noch einen kleinen Teilausschnitt entwickeln und verstehen kann. Damit wird auch eine enge Abstimmung notwendig zwischen den an der Konzeption und Programmierung Beteiligten einerseits und den später für die Wartung und Pflege Zuständigen andererseits. Keine der Aufgaben kann nur im Hinblick auf isolierte, eigenen Probleme gelöst werden. Damit wird die Herausforderung bezüglich der Konzeption, Gestaltung, Entwicklung, Prüfung und Einführung eines betrieblichen Informationsverarbeitungssystems sehr komplex. Änderungen sind in keiner Weise mehr „soft" sondern eine äußerst harte Nuss.

▶ **Complexware zur Abschreckung von Änderungswünschen** Würde man die Programme nicht Soft- sondern Complexware nennen, würde wohl mancher Änderungsvorschlag gar nicht gemacht, viel Zeit würde gespart und viele Folgefehler würden vermieden. Die Bezeichnung Software ist zwar verbreitet, aber die Assoziation mit etwas Weichem, Angenehmen ist falsch denn die „Software" wird in der absehbaren Zukunft noch komplizierter. Die Vernetzung zwischen Unternehmen, ihren Kunden und Lieferanten sowie mit den Behörden macht die Abhängigkeiten noch mehrstufiger und in ihren Auswirkungen gravierender. Darüber hinaus wird der künftigen Informationsverarbeitung noch immer mehr zugetraut. Die Aufgaben der Computer bleiben nicht auf die simple Abarbeitung von klaren algorithmischen Vorgaben beschränkt. Sie sollen vielmehr die sie bedienenden Personen in deren Aufgabenbearbeitung auch beratend unterstützen und Hinweise auf Alternativen oder besondere Risiken liefern.

▶ **Consultative Informationsverarbeitung** Den Wunsch nach Beratung des Anwenders bei allen Entscheidungen versucht heute die „Consultative Informationsverarbeitung" (CIV) zu erfüllen. Sie liefert auch unaufgefordert Hinweise an die operativ und strategisch tätigen Sachbearbeiter in einer Prozessabwicklung bezüglich der weiteren Vorgehensweise in der jeweiligen Aufgabe und bietet eine unbestechliche Dokumentation des Entscheidungsablaufs. Das Spektrum reicht von einfachen Hinweisen auf die jeweils passenden Lösungen bis hin zu konkreten Vorschlägen für kostenwirksame oder rechtsverbindliche Entscheidungen. Dazwischen liegen Warnungen mit Erläuterung der Gefahren alternativer Vorgehensweisen und Anmerkungen zur Erklärung der Situation. Hier wird deutlich, dass die Informationsverarbeitung den Pfad des „beflissenen Helfers", der nur schnell, unbestechlich und nimmer müde auch größte Mengen von Daten nach den gewünschten Regeln abarbeitet, ganz unvermittelt verlässt. Sie geht den Weg zu einer neuen Qualität, die über möglicherweise sehr detaillierte Regelwerke die gesamte Handlungsweise des Unternehmens laufend prüft und überwacht. Das betriebswirtschaftliche Controlling, die Compliance, das Risikomanagement, die Steuerehrlichkeit, die Wirtschaftsprüfung, und die korrekte Einhaltung von gesellschaftlichen Rahmenbedingungen erreichen damit eine höhere Qualität.

Mittelfristig notwendig wird die CIV, weil sowohl der Aufgabenumfang wie auch die Detailtiefe von integrierten Softwarelösungen (z. B. ERP-Systeme) so groß geworden sind, dass die damit umgehenden Mitarbeiter insbesondere im Rahmen selten auftretender Situationen völlig überfordert werden.

▶ **Fall- statt Funktionsorientierung** Der zunehmende Aufgabenumfang und die Ausweitung der Unterstützung von Büroarbeit durch Software gehen einher mit dem Übergang von der Funktions- zur Fallorientierung. Bei der Funktionsorientierung leistet jeder Mitarbeiter nur einen kleinen funktionellen Beitrag bei der Prozessabwicklung. Dies entspricht zwar der Idee der Arbeitsteilung, hat sich letztlich für Büroaufgaben aber nicht bewährt. Insbesondere seit es möglich ist, die einzelnen Mitarbeiter durch den Computer zu unterstützen bis hin zur consultativen Informationsverarbeitung, kann die Aufgabentrennung in Funktionen wieder zurückgenommen werden. Da folglich der jeweils anstehende Fall als Aufgabe gesamthaft erledigt werden kann, wird der Ansatz Fallorientierung genannt.

Die Weiterentwicklung von Standardanwendungssoftware hat sich bisher auf die Einbeziehung möglichst vieler Prozessalternativen in möglichst allen betriebswirtschaftlich wichtigen Anwendungsbereichen konzentriert. Ein consultatives Informationssystem arbeitet regelgebunden und versucht fallbezogen und interaktiv mit dem Benutzer eine konkrete Anwendungsaufgabe zu gestalten. Dabei geht es vor allem darum, mangelnde Prozess- und Detailkenntnisse der Anwender durch Systemwissen zu kompensieren, ohne die Anwender bei der Aufgabenabarbeitung zu übersteuern. Vielmehr leitet das System den Benutzer durch geeignete Ratschläge zur passenden Zeit in die zugehörigen Systemmodule.

Verständnisfrage zu 10.2:

• Ist die Entwicklung von Complexware nicht der falsche Weg, wäre „Easyware" nicht besser?

10.3 Von der Individual- zur Standardsoftware

Am Anfang der Entwicklung betriebswirtschaftlicher Computerlösungen war jede Software individuell für den Auftraggeber programmiert. Aber schon mit der strikten Differenzierung in Programme zur Steuerung des Systems (Systemsoftware) und in Programme zur Unterstützung der Aufgaben des Computeranwenders (Anwendungssoftware), begann eine zweigleisige Entwicklung mit der Systemsoftware als Standardlösung einerseits und der Anwendungssoftware als Individuallösung. Darin schien genau der spezifische Vorteil programmgesteuerter Rechenautomaten zu liegen, dass sich eben jeder Anwender eine auf seine Belange maßgeschneiderte Lösung entwickeln lassen konnte. Um die speziellen Anforderungen des jeweiligen Unternehmens auch vollständig berücksichtigen zu können, wurden eigene Abteilungen zur Programmierung aufgebaut. Dies galt gleichermaßen für Handels-, Industrie- und Dienstleistungsbetriebe, sowohl in den Zentralen, als auch in den Tochtergesellschaften. Selbst die öffentliche Verwaltung hat für jeden Bereich in jedem Bundesland und in fast jeder Kommune eigene Programmierkapazitäten aufgebaut. Bis heute wird dieser Ansatz teilweise immer noch für einzig richtig und als Garantie für die Unabhängigkeit der Institution angesehen. Es kann jedoch nicht sinnvoll sein, die gleichen betriebswirtschaftlichen Aufgaben nebeneinander durch jeweils individuelle Programme zu bearbeiten. Die eigenständige Entwicklung einer Software sollte grundsätzlich vermieden werden, weil sie zu teuer und zum Einsatzzeitpunkt schon nicht mehr anforderungsgerecht ist, denn dann sind meist schon neue Technologien verfügbar und die betrieblichen Anforderungen verändert. Bei einer Befragung von 30 Herstellern von ERP-Systemen in Deutschland wurde festgestellt [WIKV07], dass bereits bei den eher als funktional „klein" einzuschätzenden Systemen 20 bis 50 Mannjahre Programmierarbeit in die Entwicklung der Software eingeflossen sind. Bei mittelgroßen Systemen ist der Aufwand bereits dreistellig und bei den größten in Deutschland vertriebenen Systemen muss von einer vier- bis fünfstelligen Zahl an Mannjahren ausgegangen werden.

▶ **Änderung der organisatorischen Rahmenbedingungen** Kaum ist nach Jahren der Ralisierung endlich die Einsatzphase eines großen Software-Entwicklungsprojektes erreicht, müsste der gesamte Ablauf eigentlich schon wieder von vorne begonnen werden. Es erscheint wie eine Sisyphusarbeit, die nie zu einem endgültigen Ergebnis führt, weil sich die organisatorischen, logistischen und technischen Rahmenbedingungen schneller ändern, als die individuelle Software nachgebessert werden kann.

Hat man sich aber anfangs trotz aller Schwierigkeiten bei einem größeren Vorhaben für eine individuelle Softwareentwicklung entschieden, besteht eigentlich keine andere Alternative mehr; es sei denn, man schreibt die bisherigen Bemühungen ab und stellt auf eine Standardlösung um.

Der Realisierungsaufwand, den die Programmierung verursacht, ist so hoch, dass unbedingt geplant vorgegangen werden muss. Und die Software als Ergebnis des Prozesses ist so schwer beziehungsweise aufwendig zu ändern, dass ein späterer Anpassungsprozess, an die dann erst deutlich werdenden Anwenderwünsche, häufig nicht mehr finanzierbar ist. Diese Wünsche entstehen jedoch quasi zwangsläufig, weil der Planungsprozess mittelfristig fehlerhaft ist, bedingt durch die Planungsteilnehmer und die Unmöglichkeit, Entwicklungssprünge der technischen Infrastruktur sowie Änderungen bei den organisatorischen Anforderungen vorherzusagen. Wo immer möglich, sollte daher auch für Anwendungsaufgaben Standardsoftware zum Einsatz kommen.

▶ **Einführung von Standardanwendungssoftware** Ein Anwendungsunternehmen weiß zum Zeitpunkt der Systementwicklung überhaupt noch nicht im Detail, wie es die später auszuliefernde Software tatsächlich einsetzen wird oder muss. Es kann das auch kaum wissen, weil es erst im Umgang mit dem System seine eigene Lernkurvenerfahrung durchläuft und weil seine Abläufe nicht statisch repetitiv, sondern dynamisch marktorientiert sein müssen.

Es bleibt festzuhalten, dass die meisten Vorgehensweisen zur Entwicklung und Einführung betriebswirtschaftlicher Anwendungssoftware grundsätzlich unbefriedigend sind. Dies gilt in ausgeprägter Form für Aufgabenstellungen, die neu programmiert werden, grundsätzlich aber auch für die Anpassung von bereits vorhandener betriebswirtschaftlicher Standard-Anwendungssoftware an die speziellen Anforderungen eines Unternehmens.

Die Realisierung einer Individualentwicklung bzw. die Einstellung und Anpassung einer Standardsoftware dauern zu lange. Danach bleibt es sehr aufwendig, die Programme bzw. Einstellungen laufend an die neu entstehenden Anforderungen anzupassen. Als Folge hat sich bei vielen Beteiligten und Entscheidern die falsche Vorstellung entwickelt, dass die betriebliche Organisation zuerst im Sinne eines idealen Ablaufs konzipiert werden sollte und dann die dazu nötige Software entwickelt oder die zu verwendende Standardsoftware angepasst werden muss (Business Process Reengineering, BPR). Nach deren Fertigstellung soll dann die Betriebsorganisation gleichzeitig mit der Softwareeinführung umgestellt werden [HAMM1996]. Nach den Erfahrungen und Ergebnissen der Würzburger Wirtschaftsinformatik-Forschung ist diese Vorgehensweise grundlegend falsch, auch wenn sie weit verbreitet ist.

Statt der amerikanischen Reengineering Strategie wird unter der Bezeichnung Continuous System Engineering (CSE) seit Jahren eine Methode vorgeschlagen, die durch den Einsatz intelligenter Software-Werkzeuge schneller zu Nutzung einer betriebswirtschaftlichen Standardanwendungssoftware führt (THOM1996). Auch die immer wieder anstehende Anpassung der Betriebsabläufe an neue Anforderungen und die entsprechende Adaption der Standardsoftware an die geänderte Aufgabenstellung kann mit Software-Werkzeugen wesentlich erleichtert und beschleunigt werden.

Outsourcing (Aristoteles 322 v. Chr.)

Der erste uns bekannte Ansatz zur Beschreibung der Ökonomie als System stammt aus dem Buch „Politeia" von Aristoteles [ARIS-322.]. Er liefert ein Regelwerk für das richtige (auch moralisch) ökonomische Handeln. Dazu gehört auch die Akzeptanz der Verteilung von wirtschaftlichen Aufgaben unter mehreren Wirtschaftssubjekten. Damit war die Idee des seit den 1960er-Jahren als Outsourcing bezeichneten Verteilens von ganzen Aufgaben an andere Wirtschaftseinheiten schon längst beschrieben. Im Grunde ist dies im Sinne der Arbeitsteilung auch ein schon seit der Menschwerdung praktiziertes Vorgehen; nur so können Spezialisierungsvorteile bestimmter Personen, Gruppen, Unternehmen oder Länder wirksam genutzt werden. Mit dem neuen Begriff wurde jedoch insbesondere der Vorgang fokussiert, dass Aufgaben, die bisher selbst abgearbeitet wurden, bewusst an andere Personen bzw. Institutionen abgegeben werden. Damit wird die eigene Wertschöpfung verkürzt und nur, wenn die eigene Produktivität in anderen Bereichen größer als im abzugebenden ist, wird durch diese Konzentration auf die eigenen Kernkompetenzen der vorherige Wertschöpfungsverlust überkompensiert.

Für die Informationsverarbeitung hat das Outsourcing jedoch eine ganz besondere Bedeutung, weil die Übergabe der Datenverarbeitungsaufgaben an große Rechenzentren von vornherein speziell mit diesem Begriff verbunden war. Dies geschah jedoch oft genug nicht aus tiefgründigen Überlegungen zu Spezialisierungsvorteilen sondern oftmals, weil das Management eine fest-sitzende Aversion gegen diese komplizierte Technik hatte und hat. Die Idee der Integration der Informationsverarbeitung in alle wirtschaftlichen Abläufe verlangt jedoch eine intensive Auseinandersetzung des Managements mit den strategischen Facetten der Prozesse und mit der Gestaltung ihrer Informationsabläufe. Dies geht, auch wenn der reine Rechenzentrumsbetrieb ausgegliedert wird.

Zu diesem Thema muss auch die neueste Entwicklung zum sogenannten Off-shore-Outsourcing einbezogen werden, bei dem spezifische Lohnkostenvorteile anderer Länder berücksichtigt werden, um z. B. Software entwickeln zu lassen. Die Möglichkeiten scheinen hier fast unbegrenzt, weil sich sowohl die Aufgabenbeschreibung als auch das Resultat digital versenden lässt. Auch alle zwischenzeitlichen Abstimmungsprozesse benötigen keine Baumuster, die aufwendig über große Distanzen zu versenden wären. Aber die Erfahrungen zeigen auch, dass Anwendungssoftware, die eng mit betriebswirtschaftlichen Funktionen verbunden ist, nur von in diesen Geschäftsregeln erfahrenen Entwicklern in Abstimmung mit den künftigen Nutzern produktiv programmiert werden kann. Insbesondere müssen die Organisations- mit den Informations-Managern auf „Augenhöhe" über die alternativen Vorgehensweisen diskutieren können. Wenn die IT irgendwohin ausgelagert wurde, wird das nur schwerlich funktionieren.

▶ **Standardsoftware** Man muss festhalten, dass die Entwicklung von Standardsoftware früher fast immer in der Form ablief, dass ein erster Auftraggeber seine Probleme beschrieb und ein Softwarehaus, durch diesen Auftrag finanziert, ein zunächst auf diesen ersten Kunden passendes Softwareprodukt entwickelt hat. Nach der Installation und einer Testphase beim Auftraggeber boten die im betreffenden Anwendungsbereich jetzt durchaus kundigen Softwareentwickler auch anderen Unternehmen, mit ähnlichen Aufgabenstellungen, das Produkt in einer weiter entwickelten Version an. Diese potentiellen Folgekunden ließen sich durch die offensichtliche Fachkenntnis der Entwickler beeindrucken und erteilten, in Erwartung einer raschen Umstellung auf die bereits vorgeführte „Standardsoftware", einen Auftrag. Weder die Entwickler noch deren neue Kunden machten sich dabei jeweils richtig bewusst, wie aufwendig der Umstellungs- und Anpassungsprozess für beide Seiten immer wieder wird, selbst wenn die Software bereits bei mehreren Unternehmen im Einsatz ist.

Natürlich musste insbesondere der jeweilige Erstanwender einen langen Leidensweg durchlaufen. Er wird als „Pilot" bezeichnet, obwohl er eher ein Versuchskaninchen ist, das für einen geringen Nachlass an den Softwareentwicklungs- respektive Vertriebskosten ein Mehrfaches an Umstellungs- und Fehlerbehebungsaufwand in Kauf nehmen muss. Er tröstet sich damit, dass die Programmgestaltung natürlich insbesondere seinen Vorgaben folgt, weil sie das Ergebnis der bisherigen Vorgehensweise in seinem Unternehmen ist. Er lässt dabei völlig außer Acht, dass eben diese bisherige Organisation vergleichsweise schlecht sein kann. Als einziges Positivum für die Bereitschaft, als Erstanwender aufzutreten, bleibt die Vertrautheit der Mitarbeiter mit den neuen Programmfunktionen, da diese dem bisherigen Arbeitsablauf angeglichen sind.

Auf Unternehmen eines speziellen Wirtschaftszweigs ausgerichtete Software vereint in sich die Entwicklungserfahrung mehrerer Kundenfälle, sie ist aber weder Fisch noch Fleisch. Die Anpassung des zunächst im Wesentlichen nach den Anforderungen eines Pilotkunden entwickelten Systems an die Bedürfnisse der Folgekunden gelingt in den meisten Fällen nur unter Inkaufnahme erheblicher Modifikationen und damit zu Lasten des Kunden. Die entstehende Erfahrung der Softwareentwicklergruppe in einem Anwendungsumfeld (Branche) kann damit aus deren Sicht aber gewinnbringend mehrfach genutzt und verkauft werden. Erst nach einiger Einsatzzeit der verschiedenen Programmversionen wird deutlich, dass der Vorteil des mehrfachen Ausnutzens der Entwicklererfahrung erheblich durch den Aufwand geschmälert wird, der bei der Verwaltung der verschiedenen Programmversionen entsteht. Diese unterscheiden sich zum Teil nur in Nuancen und müssen trotzdem speziell für die einzelnen Unternehmen fortgeschrieben und beispielsweise an neue Gesetzesänderungen angepasst werden. Diese mehrfach zur Anwendung kommenden Programme werden als Standardanwendungssoftware oder Branchenlösung bezeichnet, sie sollten aber eher mehrfach eingesetzte Individualsoftwarevariationen genannt werden.

Die betriebswirtschaftlichen Funktionalabläufe sind zu 80 % unabhängig von der Branche, und es gibt meistens nur ein Verständigungsproblem, das in der Verwendung unterschiedlicher Begriffe in den einzelnen Branchenbereichen seinen Ursprung hat. Trotzdem gilt die Branchenstandardsoftware heute noch für viele Beteiligte, sowohl auf Anbieter- als auch auf Anwenderseite, als die fortschrittlichste Form des Softwareeinsatzes. Dies ist eine Fehleinschätzung.

▶ **Individualsoftware** Die Manager, die den Einsatz von Computersystemen planen, beziehungsweise ihre Auswahl und die Vorgehensweise zur Entwicklung eines betriebsorientierten Informationssystems maßgeblich beeinflussen, hatten ihre prägenden Lehrjahre im Umgang mit Computern genau zu jener Zeit, als es zum Beispiel noch kaum oder keine Personalcomputer gab und die Dominanz der Hardwarekosten noch sehr ausgeprägt war. Durch eine aus der gleichen Generation stammende Schar von Beratern, Standardanwendungsentwicklern, Journalisten und Wissenschaftlern überzeugend beraten, denken sie in den wesentlichen Zügen immer noch irrtümlich in Rahmenbedingungen, wie Hardwarepriorität und Branchenschemata.

Durch eine Individualentwicklung von Anwendungssoftware wird ein Unternehmen oder eine öffentliche Institution für einen Zeitraum von deutlich über zehn Jahren auf die damit verbundene organisatorische Lösung festgelegt. Diese fatale Situation wird zur Blockade für den Anpassungsprozess, den Unternehmen wie Behörden auf Grund der Marktentwicklung und auch ihrer eigenen strukturellen Änderungen gehen müssten. Trotzdem wird auch heute noch für die Entwicklung von betriebswirtschaftlicher Individualsoftware plädiert. Auslöser für diese falsche Beurteilung sind hauptsächlich die bereits aufgeführten vier Irrtümer.

- Software (weiche, anpassungsfähige Ware) ist auch in betrieblichen Informationsverarbeitungsanwendungen leicht änder- und anpassbar. Die Bezeichung Complexware würde dem entgegen wirken.
- Betriebliche Informationssysteme können nur in Gesamtprojekten konzipiert, entwickelt und eingeführt werden. Die Gesamtumstellung eines Unternehmens auf einen Schlag „Big Bang" ist kaum beherrschbar, daher sind kontinuierliche Strategien besser.
- Hardware- und Systemkosten dominieren die Gesamtkosten der maschinellen Informationsverarbeitung. Tatsächlich sind die Einführungs-, Schulungs- Umstellungs- und Fehlerbehebungskosten aber höher. Dazu kommen die Kosten durch verzögerte Anpassung an neue Herausforderungen.
- Standardsoftware muss zwingend nach Anwendungsbereichen, wie z. B. Branchen, systematisiert und aufgebaut sein. Wichtiger ist die integrierte Funktionsweise aller Anwendungen und deren vielfache Verwendung in unterschiedlichen Bereichen sowie die Bereitstellung von Software-Werkzeugen zur Unterstützung der Einführung sowie späteren Fortentwicklung.

Wenn man die von aktuellen Standardanwendungssoftwarelösungen unterstützten betrieblichen Funktionen beschreibt und aufzählt, entspricht die Liste schon einer kompletten Zusammenstellung der betriebswirtschaftlich wichtigen Aufgabenbereiche und ähnelt bereits sehr der Gliederungsübersicht eines Lehrbuchs zur allgemeinen Betriebswirtschaftslehre. Damit wird folglich von modernen Standardsoftware-Lösungen bereits das wesentliche Funktionsspektrum abgedeckt.

Eine Sammlung von betriebswirtschaftlichen Programmen wird aber nicht allein durch ihren Umfang zu einer Softwarebibliothek. Der klassische Bibliotheksbegriff bedeutet zwar in einer Art wörtlichen Übersetzung: Aufbewahrungsort für Bücher. Im eigentlichen Sinne ist darunter aber immer eine funktionale Aufstellung von Büchern verstanden worden. Dabei spielt die systematische oder akzessorische Ordnung eine entscheidende Rolle; über sie wird mit Hilfe von Katalogen der Zugriff auf die Wissensgebiete oder Sachbereiche ermöglicht.

Unter diesem Aspekt wächst eine Sammlung von betriebswirtschaftlichen Programmen weit über die ihr zunächst zugedachte Aufgabe hinaus. Sie ist nicht nur Reservoir für den schnellen Zugriff auf eine gerade benötigte Lösung, sondern sie ist Bestandteil der Genese betriebswirtschaftlicher Ideen und damit auch ein Ausdrucksmittel zur Beschreibung neuer betriebswirtschaftlicher Verfahren. Die Software selbst wird zum harten Kern der betriebswirtschaftlichen Beschreibungen und damit zur Basis der Weiterentwicklung von Unternehmen.

▶ **Softwarefunktion bestimmend für Prozessorganisation**   Da der Leistungsumfang einer Software heute bereits zur absolut notwendigen Voraussetzung für die später möglichen Abläufe geworden ist, muss der Ist-Ablauf in einem Unternehmen nicht mehr detailliert analysiert werden, um daraus eine Soll-Vorgabe für die Entwicklung einer Software oder die Auswahl und Einstellung von Parametern in einem Standardanwendungspaket abzuleiten. Es sollte umgekehrt bei der Festlegung der organisatorischen Prozessabläufe die Funktionsweise der Standardsoftware berücksichtigt werden.

▶ **Softwarenutzung vom Kopf auf die Füße stellen**   Die Vorgehensweise muss vielmehr in genau entgegengesetzter Richtung angelegt werden. Nicht die zufällige Ausgestaltung betriebswirtschaftlicher Abläufe durch die Eigenwilligkeiten des Patrons und/oder der Bereichsverantwortlichen darf Gegenstand der Analyse und Grundlage für die Soll-Konzeption sein. Vielmehr muss die betriebswirtschaftliche Aufgabenstellung in ihrer konzeptionellen Funktion identifiziert und dann eine darauf passende Kombination parametrisierter Programm-Module aus dem Reservoir der Standardsoftware adaptiert werden. Dies geschieht über ein Strukturschema, das dem Ordnen der Natur durch Klassifikation und Typologisierung (vgl. Carl von Linné: 1735 Systema Naturae [LINN1735]) entspricht und hier in Form einer betriebswirtschaftlichen Systematisierung erfolgt. Schließlich kann aus jeder solchen Funktionalbeschreibung betriebswirtschaftlich konsequent abgeleitet werden, welche Organisationsstrukturen und welche betriebswirtschaftlichen Funktionalmethoden in den verschiedenen Aufgabenbereichen adäquat einzusetzen sind. Für hunderte andere Organisationsmittel vom Klebestreifen bis zum Aktenlocher ist es selbstverständlich, dass der Ablauf an deren Fähigkeiten angepasst wird und nicht umgekehrt. Warum sollte man es bei der Complexware (vgl. Abschnitt 10.2) anders machen?

Verständnisfrage zu 10.3:

* Was sollte man sich unter Bananenprogrammierung vorstellen?

10.4 Entwicklung von Programmen

Beim Reflektieren des Entwicklungswegs von der Idee zur Gestaltung eines Ablaufs bis zum funktionsfähigen Programm, lassen sich die Schwierigkeiten nachvollziehen, die bei der Softwareentwicklung, ihrer Einführung in eine betriebliche Anwendungsumgebung und ihrem Einsatz über einen mehrjährigen Zeitraum entstehen. Die falsche Einschätzung der Situation beginnt oft schon gleich bei Projektbeginn. Als Ziel wird meist nur die Entwicklung und Einführung der Software in das betriebliche Geschehen betrachtet. Bei einer guten Planung müssten aber auch die Konsequenzen für einen vieljährigen Betrieb bedacht werden. Die können sehr wohl die Entscheidung bei der Softwarewahl und für den Weg ihrer Einführung massiv beeinflussen, denn betriebliche Softwarelösungen sind in der Regel über zwanzig Jahre im Einsatz, bis sie durch eine konzeptionell neue Lösung ersetzt werden.

Der Beitrag der Forschung zur Problembewältigung lag viele Jahre nur in der Bereitstellung neuer struktureller Konzepte für Programmiersprachen. Es entstanden mehrere Ansätze, die heute in Generationen von Sprachen eingeteilt werden. Die wesentlichsten sind die problemorientierten, nicht prozeduralen und objektorientierten Sprachen.

Die Abbildung 10-2 zeigt die Ausgangslage der Platzverteilung im Hauptspeicher eines Computers, der ein kleines Programm (nur vier Befehle) aus einer problemorientierten höheren Programmiersprache in den Maschinencode übersetzen soll. Die Beispielfolge demonstriert die Übersetzungsschritte beim Übergang von den Befehlen einer problemorientierten Programmiersprache zum Maschinencode. Unter das Betriebssystem wurde in den Hauptspeicher der Abbildung 10-2 bereits der Compiler für die Übersetzung der Befehle geladen. Er nimmt als Anwendungsprogramm Befehl für Befehl des für ihn quasi als Daten geladenen Quellprogramms und wandelt die Anweisungen unter gleichzeitiger Planung des Speicherplatzbedarfs in Maschinencode um. Die Befehlsfolge beinhaltet (zwei) Speicher- sowie (je eine) Rechen- und Ausgabeanweisungen.

Die folgende Befehlsdarstellung macht deutlich, wie aus den Variablendefinitionen (ERGEBNIS REAL und DIVISOR INTEGER) eine Speicherplatzreservierung abgeleitet wird.

ERGEBNIS REAL (6.2)
DIVISOR INTEGER (2)

Übersetzungsresultat: 6200000000

Die beiden rechts stehenden Nullen repräsentieren den Platz für den zweistelligen Divisor, die acht links stehenden Ziffern beschreiben die Gesamtlänge der Zahl und ihre Nachkommastellen (6 und 2), die Nullen stehen auch hier für den zunächst noch leeren Inhalt des Feldes.

Mit dem nächsten Übersetzungs-schritt wird der eigentliche Bearbeitungs-befehl aufgelöst. Er kann in einer prob-lemorientierten Programmiersprache mehrere mathematische Operationen umfassen, muss aber für die spätere Be-arbeitung in einzelne Rechenschritte auf-gelöst werden.

ERGEBNIS=(316+22*4)/DIVISOR

Übersetzungsresultat: 013C1604
0Bxxyy000Azz00ww0Cwwvvww

Der Compiler ersetzt die mathemati-schen Operatoren durch die Operations-codes der Maschinensprache und sucht die Adressen der bei der Bearbeitung benötigten Speicherpositionen. An die bereits bekannten Stellen für die Variab-len werden die Hexadezimalzahlen 013C (deren dezimales Äquivalent ist 316), 16 (wertgleich mit der dezimalen 22) und 04 (gleich der dezimalen 4) angehängt. Daraufhin wird der Operationscode für die Multiplikation (0B) mit den Adressen der Multiplikanden (xxyy) eingesetzt, wobei xx die Bytezahl repräsentiert, an der die 16 gespeichert wurde und yy die Adresse der 04 enthält. Als Feld für die Aufnahme des Zwischenresultats wird ein spezieller Speicherplatz (Register) festgelegt mit der Adresse 00. Es folgt auch der Operationscode für das Ad-dieren (0A) mit den Adressen zz für den Summanden 316 und 00 für das Register, das vorher zur Aufnahme des Multipli-kationsresultats festgelegt worden war; das Ergebnis der Addition soll dann in den Hauptspeicher an die Adresse ww zurückgeschrieben werden. Schließlich folgt die Division (0C) des gerade erhal-tenen Ergebnisses an der Adresse ww

durch den Divisor an der Stelle vv, deren Ergebnis wiederum an die Adresse ww zurückgeschrieben werden soll. Zur bes-seren Nachvollziehbarkeit werden die Be-fehle hier nochmals in einer Form wie-dergegeben, die ihren Inhalt erklärt. Um ihre Position schnell zu finden, sind die jeweils ersten Bytes eines jeden Eintrags nummeriert (vgl. Abb. 10-3).

Im nächsten Schritt werden in den Abarbeitungsbefehlen die allgemeinen Adressangaben identifiziert und durch die tatsächliche Bytezahl der jeweiligen Adresse ersetzt. Schließlich folgt noch die formatgerechte Umsetzung des Be-fehls für die Druckausgabe durch die Angabe des Operationscodes und die Adresse des Speicherplatzes, der das zu druckende Ergebnis enthält.

6200000000013C16040Bxxyy00
0Azz00ww0Cwwvvww0Dww

Die Abbildung 10-4 zeigt den Zustand im Hauptspeicher nach der Übersetzung. Compiler und Quellprogramm sind ge-löscht und nur der Maschinencode war-tet auf seine vom Betriebssystem gesteu-erte Ausführung.

Die hier gezeigte und erläuterte Dar-stellung eines vom Rechner verarbeit-baren Programms entspricht noch nicht der Realität, die leider für den mensch-lichen Betrachter noch viel weniger an-schaulich ist. So sind im Programm im Hauptspeicher nur die Ziffern 0 und 1 abbildbar. Das heißt, alle Ziffern und Zeichen müssen in einer Kombinati-on von jeweils acht Nullen und Einsen als Bytes abgebildet werden. Außerdem müssen die Adressen, die hier immer in Form zweier Buchstaben umschrieben wurden, durch die tatsächlichen Adressen ersetzt werden. Das ausführbare Programm hätte folglich etwa das Aussehen wie in Abbildung 10-5.

Wir können daraus mehrere Erkenntnisse ableiten.

- Die frühere Programmierung im Maschinencode war sehr aufwendig, intransparent und damit fehleranfällig.
- Die Entwicklung höherer (problemorientierter) Programmiersprachen hat den Entwicklungs- und Pflegeaufwand von Software drastisch reduziert.
- Mit Werkzeugen (Compiler, Interpreter etc.) zur Programmentwicklung lässt sich die Arbeitsproduktivität erheblich steigern.

Mit den Möglichkeiten sind aber auch die Anforderungen gewachsen. Das Lösen simpler Rechenaufgaben mit dem Computer ist heute eine Selbstverständlichkeit. Dazu haben insbesondere die Standardverfahren der Tabellenkalkulation beigetragen. Die Verknüpfung mehrerer Prozesse bisher unabhängiger betrieblicher Aufgaben steht an. Dazu müssen organisatorische Kenntnisse mit einer klaren Strategie zur Softwareentwicklung verbunden und gleichzeitig die Rahmenbedingungen der beteiligten Organisationen berücksichtigt werden. Bei der Programmierung ist es notwendig, dem Computer jeden Schritt im Detail eindeutig und richtig zu beschreiben; Selbstverständlichkeiten gibt es nicht.

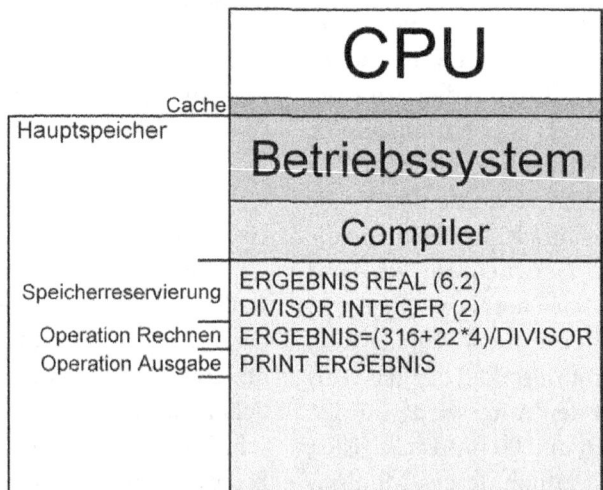

Abbildung 10-2: Belegung des Hauptspeichers vor der Übersetzung eines Programms

```
1          2 3    4 5 6
6200000000013C16040Bxxyy00
7          8
0Azz00ww0Cwwxxww
```

POS. INHALT

1	62000000:	Ergebnisvariable, 6 Stellen, 2 Nachkomma, Adresse: ww
2	00:	Variable für 2stelligen Divisor, Adresse: yy
3	013C:	Speicherplatz für den Wert 316, Adresse xx
4	16:	Speicherplatz für den Multiplikanden 22, Adresse xx
5	04:	Speicherplatz für den Multiplikanden 4, Adresse yy
6	0B:	Operation Multipliziere Inhalt xx mit yy, speichere in Register 00
7	0A:	Operation Addiere Inhalt zz mit dem von 00 und speichere an ww
8	0C:	Operation Dividiere Inhalt von ww durch Inhalt vv, speichere zurück an ww

Abbildung 10-3: Pseudocode zur Erklärung der Befehlsfolge

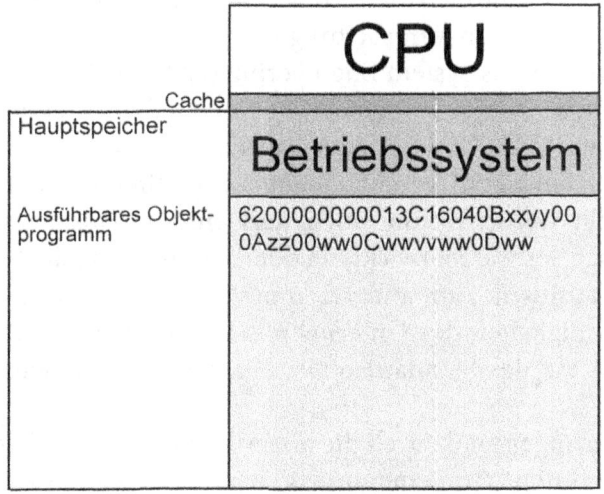

Abbildung 10-4: Zustand des Hauptspeichers nach der Übersetzung mit dem Programm in einer noch nachvollziehbaren Form

Neben der Entwicklung von Software im Sinne der Programmierung muss zusätzlich aber auch eine Weiterentwicklung der Anwendung, Einführung und Bewertung von Software erfolgen, um daraus neue Strategien für das Zusammenspiel von Informationsverarbeitung und Organisation abzuleiten. Schließlich werden zunehmend mehr Mitarbeiter mit weiteren verschiedenen Funktionen, Aufgaben und Entscheidungskompetenzen aus allen Organisationsstufen der Unternehmen und Verwaltungen in die maschinell unterstützen Abläufe eingebunden.

00000110000000100000000000000000000000000000000000000000000
00000000000000000000000000001000000111100001100000010000011
0000000000000010000000000011000010001100110001110000011100100
00000000000001100000

Abbildung 10-5: Programmdarstellung im Hauptspeicher nach der Übersetzung

10.5 Entwicklung von Prozessen

Nicht die langfristige Planung von Organisationsformen und -abläufen hin zu einer idealen Reife, die dann für einen dauerhaften Einsatz propagiert werden kann, sondern die kontinuierliche Anpassung des organisatorischen Geschehens in Verbindung mit der Adaption des Informationssystems bietet eine flexible Lösung für die Anforderungen des Unternehmensumfelds und die Möglichkeiten der Informationsverarbeitung.

Diese als Continuous System Engineering (CSE) [THOM1996] vorgestellte und als Continuous Business Engineering von der Softwareindustrie vermarktete Verfahrensweise ist jedoch nur realistisch umsetzbar, wenn zur Überwindung der bisher berechtigt vorgetragenen Ressentiments zwei Grundvoraussetzungen erfüllt werden. Zum einen darf eine organisatorische Änderung keine aufwendige Softwareentwicklung oder Modifikation der Standardanwendungssoftware auslösen, zum anderen muss die Beschreibung der organisatorischen Notwendigkeiten des Unternehmens in einer schnellen und für den Einstellungsprozess der Standardsoftware gezielt verwendbaren Form erfolgen.

Beide Forderungen sind durch die neuesten Entwicklungen der letzten Jahre erfüllbar geworden. Zum einen muss eine Standardsoftware (entsprechend der Idee einer Softwarebibliothek) bereits weitgehend alle für betriebliche Organisationsänderungen notwendigen Softwarelösungen parat halten. Diese müssen dann nur noch richtig ausgewählt und in die bereits aktiv benutzten Ausschnitte des Gesamtsystems eingebunden werden, beziehungsweise diese ersetzen. Zum anderen muss ein auf betriebswirtschaftlichen Grunderkenntnissen beruhendes System zur Analyse der Anforderungen die Ziele der betrieblichen Funktionen aufnehmen können und in die dafür notwendigen Einstellungsvorgaben (Parameter) für die Softwarebibliothek übertragen. Nach dem ersten Einsatz dieser sogenannten Anforderungsanalyse im Unternehmen und dem damit verbundenen Aufspüren der bisherigen organisatorischen und informationellen Schwachpunkte wird die Weiterentwicklung zu einem inkrementellen Verbesserungsprozess, da sowohl die informationstechnologischen

Prozessverbesserung (Michael Hammer 1990)

Mit dem Schlachtruf: „Don´t Automate Obliterate" wurde anfangs der 90er-Jahre eine Wende bei der Einführung von Informationssystemen in Unternehmen eingeleitet. Sinngemäß übersetzt wird damit aufgefordert, nicht die vorhandenen Abläufe zu automatisieren, sondern sie gründlich auf ihren Sinn zu überprüfen, wenn möglich auszumerzen und nur die wichtigsten in einer neuen, passenden Form weiterzuführen.

Aus diesem Ansatz von [HAMM1996], der durch einige beispielhafte Analysen (z. B. bei Ford und McDonald´s) große Popularität bekam, wurde in Deutschland in Verbindung mit der neuen Generation von ERP-Systemen (z. B. SAP R/3) die Idee der „Geschäftsprozessoptimierung" aufgegriffen. Das wesentliche Ziel dabei war es (und ist es leider heute noch), zuerst den jeweils besten Ablauf für alle Funktionsbereiche eines Unternehmens auszuarbeiten und zu beschreiben, um diese „optimierten Prozesse" dann im Rahmen der Anpassung von Standardsoftware durch Customizing und eben auch durch individuelle Zusatzentwicklungen sowie Veränderungen zu verwirklichen. Die Faszination vermeintlich optimaler Abläufe brachte einen durchschlagenden Erfolg, bis Jahre später erkannt werden musste, dass alle Eingriffe in die Standardsoftware und Individualprogramme auf Dauer sehr teuer werden. Dazu kommt, dass auch Abläufe, die bei ihrer Einführung als sehr gut bezeichnet werden konnten, nach einiger Zeit auf Grund neuer Vorschriften und technischer Entwicklungen vergleichsweise schlecht geworden sind.

Die laufende Änderung der inner- und außerbetrieblichen Rahmenbedingungen macht auch laufend Änderungen an den ursprünglich „optimalen" Prozessen notwendig.

Fortschritte, als auch die anstehenden organisatorischen Bedürfnisse laufend in die Gesamtlösung des Informationssystems eingepflegt werden.

Mit der Umstellung auf eine neue Software will man oft auch eine verbesserte Organisationslösung einführen. Hier kann entweder mit dem Business Process Reengineering (BPR) die Beschreibung für eine längerfristig einsetzbare neue Organisationsstruktur angestrebt, oder mit dem Continuous System Engineering (CSE) die kurzfristige und gleichzeitig andauernde Anpassung verfolgt werden.

Beim CSE sind die Programme schon von Anfang an bewusst da. Die Softwarebibliothek liefert alle Bausteine, die für die maschinelle Unterstützung der meisten betriebswirtschaftlichen Funktionalitäten benötigt werden. Das Problem besteht folglich nicht mehr darin, die unterstützungsfähigen Aufgaben des Betriebsablaufs minutiös zu beschreiben, sie bezüglich der Einsatzmöglichkeit von Informationsverarbeitungssystemen zu modifizieren und dann dafür die entsprechenden Programme zu entwickeln oder als Standardprogramm zu finden (das wäre BPR). Der Ablauf besteht vielmehr in der Identifikation und Klassifikation der im Betrieb vorherrschenden Aufgabenbereiche, um dafür die geeigneten Bibliotheksbestandteile aufzufinden und zuzuweisen (das entspricht CSE).

▶ **Standardsoftwareprozesse als Vorbilder für betriebliche Abläufe**   Die vorschnelle Vermutung, dass auf diese Weise beim CSE das betriebliche Vorgehen nur „elektrifiziert" und keine dem BPR entsprechende organisatorische Verbesserungsphase durchlaufen würde, ist falsch. Die Klassifikation betriebswirtschaftlicher Ablaufprozesse führt nicht zum Festhalten an vielleicht überkommenen betrieblichen Tätigkeitsschritten. Sie entspricht vielmehr der Herausarbeitung der im Rahmen des Betriebszwecks wirklich notwendigen Hauptfunktionen. Diese für das Betriebsgeschehen charakteristischen Abläufe sind betriebswirtschaftlich beschreib- und eindeutig bestimmbar. Damit existiert für sie auch eine grundsätzlich richtige Vorgehensweise. Wie automatisiert ein derartiges Vorgehen in einem konkreten Unternehmen ablaufen kann, hängt vom Stand der Informationstechnologie ab und wird durch die Programmgestaltung der Softwarebibliothek bestimmt.

Nicht der zufällige Kenntnisstand eines Unternehmensberaters, nicht die mehr oder minder ausgeprägte Phantasie des betrieblichen Organisators, sondern die nach strengen betriebswirtschaftlichen und organisatorischen Regeln beschriebenen Prozessabläufe der Software bestimmen hier die Form der betrieblichen Informationsverarbeitung und damit auch die Betriebsorganisation.

Verständnisfrage zu 10.4:

• Was ist gut am Business Process Reengineering und was nicht?

Was Sie in diesem Kapitel gelernt haben:

Die erste Euphorie über die Möglichkeiten, einem Apparat den eigenen Willen nur durch Vorgabe von Anweisungen aufzuzwingen und dann sehen zu können, dass er genau das tut, was man von ihm wollte, hat zum weit verbreiteten Glauben geführt, man könnte sich auf diesem Weg selbst für jeden noch so komplizierten Ablauf ein Programm schreiben. Viele

Banken, Produktionsbetriebe, Handelshäuser und Verwaltungseinrichtungen haben angefangen, ihre eigenen Abläufe in Software zu gießen und sich im Glauben an eine vorteilhafte Eigenständigkeit von ihren Programmen abhängig gemacht. Erst seit Anfang dieses Jahrhunderts hat sich dieser Trend wieder aufgelöst zu Gunsten einer Adaption der am Markt verfügbaren Standardsoftware an das eigene Unternehmen und der Umstellung der eigenen Prozesse auf die von eben dieser Standardsoftware unterstützen Möglichkeiten. Heute ist entscheidend, dass man diese wechselseitige Anpassung beherrscht und nicht auf einem Entwicklungsstand verharrt, sondern sich kontinuierlich mit der Verbesserung der eigenen Prozesse und deren Unterstützung durch die Informationsverarbeitung beschäftigt.

Literatur

ARIS-322   Aristoteles: Athenaion Politeia. 322 v. Chr.

AUTO2004   ohne Verfasser: Gleichteileentwicklung. Automobil Industrie Zeitschrift. Würzburg 5/2004.

HAMM1996   Hammer, M.; Champy, J.: Business Reengineering. Die Radikalkur für das Unternehmen. Frankfurt/New York 1996.

LINN1735   Linné, C. v.: Systema Naturae, Stockholm 1735.

PRAH1990   Prahalad, C., K.; Hamel, G.: The Core Competence of the Corporation. Harvard 1990.

SCHI2004   Schinzer, H.; Thome, R.: Consultative Informationsverarbeitung im Public eProcurement. Würzburg 2004.

THOM1996   Thome, R.; Hofgard, A.: Continuous System Engineering. Entdeckung der Standardsoftware als Organisator. Würzburg 1996.

WIKV2007   Winkelmann, A.; Knackstedt, R.; Vering. O.: Anpassung und Entwicklung von Warenwirtschaftssystemen – eine explorative Untersuchung. Hrsg. J. Becker. Münster 2007

11 Vernetzung

Womit macht der Rechner ein Date?

Computer waren ursprünglich sehr „einsam". Jede neue Variante hatte ziemlich veränderte Strukturen, speicherte ihre Daten auf ihre eigene Weise mit neuen Codierungstechniken, und hatte sogar jeweils extra neu konzipierte Kabelanschlüsse. Was anfänglich noch akzeptiert wurde, als Tribut an neue Erkenntnisse und weiter entwickelte technische Möglichkeiten, geriet bald zum Ärgernis. Die Anwender der Computertechnik wurden von ihren Lieferanten total abhängig. Sie konnten keine Komponenten von anderen Anbietern kaufen, sondern waren auf die Produkte und die Preisgestaltung ihres Systemlieferanten angewiesen. Oft genug konnten sie nicht einmal bei ihrem Hersteller eine Anlage erwerben, die den steigenden Ansprüchen an mehr Leistung entsprach und gleichzeitig in der Lage war, die für das vorherige System entwickelten Programme zu übernehmen und problemlos weiter zu bearbeiten. Die IBM brachte als erster Computerhersteller ein klares Produktkonzept heraus, indem sie Anfang der 1960er Jahre eine Systemfamilie von Rechnern (Serie 360) angekündigt und dann auch schrittweise realisiert hat, die durchgängig in der Lage war, sowohl Hardwarekomponenten aus der Familie auszutauschen, als auch die Software auf den unterschiedlich leistungsfähigen Rechnern laufen zu lassen. Der Erfolg war überwältigend, IBM avancierte zum unangefochten größten Computerhersteller der Welt.

Erst der Firma Microsoft gelang etwa 20 Jahre später ein ähnlicher Durchbruch. Ihr Angebot eines Standard-Betriebssystems für Personalcomputer zwang alle Hersteller entsprechender Geräte, ihre Eigenwilligkeiten und Individualisierungsversuche im Interesse der Kompatibilität zu opfern. Nur so hatten sie eine Marktchance.

Heute sind wir noch einen Schritt weiter, weil man nicht nur ab und an einen neuen Rechner kaufen möchte, der die bisher eingesetzten Programme auch bearbeiten kann, sondern täglich auf Daten zurückgreifen muss, die von anderen Systemen zur Verfügung gestellt werden. Die Anforderung an die Austauschfähigkeit von Informationen und die Fähigkeit der Computer, sie wechselweise zu bearbeiten, ist laufend gestiegen, weil ein ganz anderes Verständnis bezüglich der Möglichkeiten der maschinellen Kommunikation entstanden ist. Das schließt nicht nur ein, dass sich die Rechner von Firmen gegenseitig „verabreden", wann sie wem, was, zu welchem Preis liefern; nein die allgemeine Erwartung geht so weit, dass junge Leute ihr ganz persönliches Schicksal nicht mehr dem Zufall überlassen und am Samstag auf dem Tanzboden warten, bis der oder die Richtige vorbeiläuft. Sie lassen sich vielmehr durch das weit verzweigte Internet mit viel mehr potentiellen Partnern zusammenbringen, als ihnen im wirklichen Leben überhaupt je begegnen würden. Es sind auch keine wirklichen „blind dates", denn die beteiligten Personen können auch gleich ein Bild von sich sehen. Die Auswahlkriterien der Partnersuche können helfen, Unverträglichkeiten von vornherein auszuschalten. Als Smartphone-App können die Kontaktbörsen aber auch zu seichten „wisch und weg" Personality-Shows verkommen.

Hier soll bewusst gemacht werden, welch ungeheures Potenzial in der Kommunikation über ein Computernetz, wie das Internet, steckt. Als offenes Netz kann es jede Station mit jeder anderen verbinden und alle möglichen Informationen in allen medialen Darstellungsformen austauschen. Diese Eigenschaft des Internets ist auch für Computernetze erstmalig. Dank Standardisierung und Integration hat es sich geradezu explosionsartig entwickelt.

So kann man nicht nur Lebenspartner finden, sondern auch seine gebrauchten Sachen gut verkaufen, Reiseschnäppchen auftun und den niedrigsten Preis für einen neuen Fernseher ermitteln. Das Internet bringt uns alle dem Ideal der Volkswirtschaftslehre, dem vollkommen transparenten Markt, ein gutes Stück näher und dient damit auch der Verbesserung unserer Lebensumstände.

BEGRIFFE, die in diesem Kapitel erläutert werden: Datenübertragung, Netze, ökologische Wirkung der Informationsverarbeitung, Data Warehouse, Internet

11.0 Ubiquitous Computing

Die wesentliche Idee des Internet war, allen Daten, die man über das Netz sendet bzw. zur Verfügung stellt, eine einheitliche Struktur zu geben. Diese Einheitlichkeit ist der Schlüssel zur wirklich rasanten Verbreitung und allgemeinen Akzeptanz dieser Form der Kommunikation. Das verwendete Transport Control Protocol/Internet Protocol (TCP/IP) ist weder besonders kompliziert noch erfüllt es alle Wünsche. Ein Defizit beispielsweise ist das Fehlen einer Rückwärtsverkettung, die alle Verknüpfungen (Links) wieder auflösen könnte, sobald die Zieladresse gelöscht wurde.

Die davor und auch heute noch in vielen Bereichen mit unterschiedlichen Technologien arbeitenden Kommunikationspartner haben diese Idee als Durchbruch verstanden und gerne übernommen. Es gibt für die verschiedenen Aufgaben jeweils passende Lösungen, wie Electronic Mail (eMail), File Transfer Protocol (FTP) oder das World Wide Web (WWW).

Dieses umfasst neben dem einheitlichen Protokoll auch die Darstellung der Inhalte mit der Beschreibung der Form durch den Standard: Hypertext Markup Language (HTML). Damit kann auf jedem Personalcomputer die Nachricht in der gewünschten Form, Farbe und Struktur reproduziert werden. Die Inhalte werden immer gleich wiedergegeben, eine dynamische Anpassung setzt zusätzlich voraus, dass die Angaben in einer Datenbank vorgehalten und mit Hilfe eingebundener Kurzprogramme (PHP oder ASP) ausgelesen werden. Eine inhaltliche Interpretation und damit Weiterverarbeitung ist jedoch mit HTML nicht möglich und bleibt weiterführenden Techniken, wie der Extensible Markup Language (XML) vorbehalten.

Die neuen Potenziale und auch Herausforderungen sind aber nicht allein in der weltweiten Verästelung und gleichzeitigen Standardisierungskraft des Internet begründet. Die Entwicklung ist gerade dabei, ganz anders als im Sinn der Redensart, den Boden unter den Füßen zu verlieren; sie legt vielmehr ihre Fesseln ab. Informationen sind immer und an jedem Ort (ubiquitous) verfügbar. Was uns vor zwei Jahrzehnten noch als Utopie vorkam und heute noch fasziniert, wenn sich Mr. Spock aus dem Raumschiff Enterprise an einen anderen Ort beamen lässt, ist jetzt irgendwie alltäglich. Wir können uns zwar nicht dematerialisieren und verschicken lassen, aber wir können unser Bild jederzeit und von fast überall an jede andere Stelle übertragen. Genauso können unsere Rechner, Laptops, Handhelds, Personal Digital Assistants und Notebooks jederzeit Informationen abrufen und diese auch insbesondere danach auswählen, wo wir uns gerade befinden. Es geht also nicht mehr darum, irgendjemand tatsächlich an eine andere Position zu versetzen, sondern nur um die wechselweise Übertragung der digitalen Abbilder und Kommunikation der betroffenen Personen (vgl. Kapitel 5). Das ist aber fast genauso gut. Damit wird das persönliche Zusammentreffen von Menschen nicht ausgeschlossen, aber es ist nicht mehr so notwendig.

Der physische Personentransport ist viel seltener nötig als früher. Bezüglich des Austauschs von Geschäftsdaten bietet auch die mobile Weitergabe von Informationen wesentliche Zeitvorteile und ermöglicht damit eine bessere Abstimmung der Abläufe. Dies kann beispielhaft an der Situation eines Verkaufsfahrers verdeutlicht werden, der bei der Ablieferung von Waren auch gleich neue Bestellungen entgegennimmt; dieses ist z. B. typisch bei Bäckereibelieferungen. Hat der Fahrer eine mobile Verbindung zu seiner Zentrale, dann kann er ihr den neuen Bedarf sofort weitermelden, sogar während er in Bewegung ist. Für die Toureneinplanung und die Lagerbewirtschaftung wird es damit früher möglich, die nächste Auslieferung vorzubereiten.

▶ **Reduktion von Logistikkosten**   Zu den neuen mobilen Anwendungsbereichen gehören die LKW-Maut und die vom Standort abhängige Zuladung, bei der ein LKW, je nach seinem Beladungszustand und seiner Position, Hinweise auf weitere Transportaufgaben bekommt. Auch verschiedene Formen der Identifikation oder Bezahlungsabwicklung über Handy gehören zum Mobile Computing.

Verständnisfrage zu 11.0:

•   Ist ubiquitous wirklich überall?

11.1 Technik der Datenübertragung

Kommunikation ist der Austausch von Nachrichten. Das sind technisch Signale und Zeichenfolgen, sowie inhaltlich Informationen in Form von Nachrichten mit für den Empfänger neuem Inhalt. Ob also eine übermittelte Nachricht aus Zeichen (z. B. ein Text) auch eine Information ist, hängt somit vom Kenntnisstand des Empfängers ab. Nur wenn Inhalte mit einem Neuigkeitswert übermittelt werden, handelt es sich auch um Informationen. Die Basis der Kommunikation ist immer die Verständigung zwischen den beteiligten Personen oder Systemen. Dazu werden sowohl Interpretationsvereinbarungen (Sprache, Code, Norm) als auch einheitliche, zumindest aber kompatible Dienste benötigt für die Form und das Tempo der Übertragung. Schließlich muss ein Netz für die Übermittlung von Nachrichten vorhanden sein.

Die Kommunikationsnetze waren schon immer auf ganz unterschiedliche Weise gewebt. Von der Buschtrommel über Marathonläufer, reitende Boten, Rauchsignale und Leuchtfeuer reicht ihr Spektrum bis zu elektrischen Kabeln, Lichtwellenleitern und Funknetzen. Übertragen werden entweder analoge Signalfolgen (Schwingungen), wie beim verbreiteten Radio, oder mehr und mehr digitale Folgen von 0 und 1 Kombinationen. Selbst das Telefon, das ja nur der Übertragung der aus analogen Signalen bestehenden menschlichen Sprache dient, ist heute Bestandteil eines digitalen Kommunikationsnetzes. Neben der Netzinfrastruktur mit Kabeln zur Übertragung elektrischer Ströme oder auch Glasfasern zur Weiterleitung von Licht entstehen mehr und mehr kabellose Netze, die ihre Signale in Form elektromagnetischer Funkwellen ausstrahlen.

Um mit einem elektrischen Strom eine Nachricht zu übertragen, muss dieser Strom in irgendeiner Form die Signalfolge der Information übernehmen. Dies kann zum Beispiel auf eine der in Abbildung 11-1 gezeigten Arten geschehen. Der Strom wird so in Schwingung versetzt, dass die Änderungen im Schwingungsverhalten die gewünschte Nachricht repräsentieren. Damit können, wie in der Grafik angedeutet, auch Kombinationen von 0 und 1 abgebildet und übertragen werden.

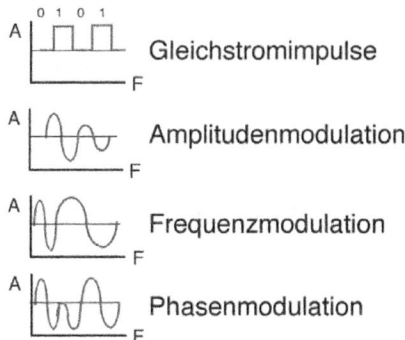

Abbildung 11-1: Darstellung von Nachrichten durch Schwingungen

Für Musikliebhaber ist jedoch auch die andere Reihenfolge interessant; wie eine analoge Tonschwingung auf einem digitalen Medium abgebildet werden kann. Dies zeigt die Abbildung 11-2 mit den Abtastwerten, wie sie für eine CD gelten. Es ist jedoch auch problemlos möglich, ganz andere analoge Werte, wie z. B. Farben, auf diese Weise zu digitalisieren und dann zu übertragen. Vorteilhaft ist die digitale Form der Kommunikation fast immer trotz des mehrfachen analog-digital Wandels.

Auch Farben und Töne lassen sich digitalisieren. Ein wesentlicher Vorteil der Digitalisierung liegt in den Möglichkeiten zur Korrektur von Fehlern, die bei der Übertragung entstehen. Ein Zusatznutzen ergibt sich durch die Möglichkeiten der besseren Auslastung des Netzes. So können relativ leicht auch völlig verschiedene digitale Datenströme auf einem einzigen Kanal parallel übertragen und danach automatisch voneinander getrennt den jeweiligen Adressaten zugestellt werden. Ohne diese gemeinsame Nutzung wäre das Telefonieren über das Handy unbezahlbar und das Internet unerschwinglich.

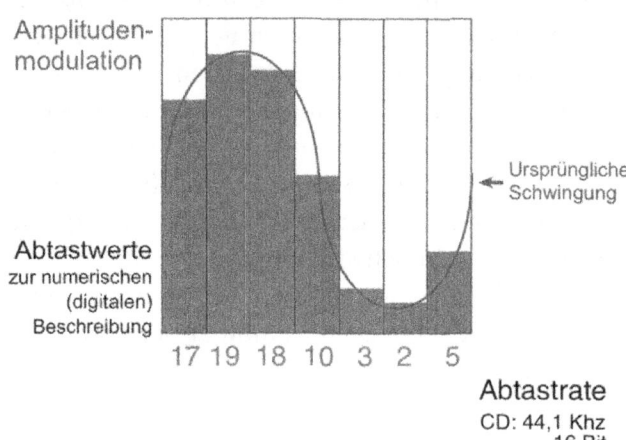

Abbildung 11-2: Digitalisierung von Tonschwingungen

Verständnisfrage zu 11.1:

* Gibt es noch technische Potenziale zur Beschleunigung und/oder Verbilligung der Datenübertragung?

Die folgenden Begriffe spielen bei der Datenübertragungstechnik eine wesentliche Rolle:

Übertragungsrichtung

- simplex (sx) – nur in eine Richtung (wie Radio),
- halbduplex (hx) – abwechselnd mal in eine, dann in die andere Richtung (wie Walkie Talkie),
- duplex (dx) – frei in beide Richtungen (wie Telefon).

Verbindungsart

- durchgeschaltet – es existiert eine Verbindung im Sinne einer Leitungsvermittlung (auch point to point genannt),
- virtuell – es werden einzelne Datensätze transportiert im Sinne einer Paketvermittlung (auch store and fo-

reward genannt), die beim Empfänger wieder zusammengesetzt werden.

Leitungsart

- verdrillte Kupferkabel – ganz gewöhnliche Verbindung mit zwei Drähten,
- Koaxialkabel – ein Leiter in der Mitte und isoliert ein Drahtnetz außen herum,
- Glasfaser – hauchdünne Fasern, die Licht auch um Kurven lenken.

Insbesondere die Glasfaserkabel können in der Zukunft noch sehr große Kapazitätserweiterungen liefern, weil in ihnen völlig unabhängig voneinander parallel Informationen übertragen werden können, wenn unterschiedliche Lichtwellenlängen (Farben) verwendet werden.

11.2 Struktur der Netze

Bis vor wenigen Jahren war der Aufbau von Kommunikationsnetzen noch gut zu verstehen und zu beschreiben. Jede Art der Kommunikationsleistung hatte ihr eigenes Netz mit speziellen Anschlüssen, Leistungen und Preisen. Es gab ein Telefon-, ein Fernschreib-, ein Daten- und ein Fernsehnetz. Dies ist heute nicht mehr so; dafür sind die Übertragungspreise deutlich niedriger, und es ist schwieriger, die Zusammenhänge zu verstehen.

Früher lief die Datenübertragung auf dem Telefonnetz – heute ist es umgekehrt. Die ursprünglichen Topologiekonzepte für Kommunikationsnetze existieren zwar immer noch, sind aber nicht mehr von großer Bedeutung, weil heute verschiedene Netzstrukturen miteinander kombiniert und durch die drahtlosen Netze (wireless local area networks, WLAN) teilweise ersetzt werden.

Neben dem Aufzeigen, wie die Verbindungswege strukturiert sind, haben die Netzkonzepte, die immer eng mit der Topologie (räumliche Anordnung der Komponenten) verbunden sind, auch die Aufgabe, den Kommunikationsablauf zu organisieren. Es muss nicht nur gesichert sein, dass jede Nachricht genau ihren Empfänger erreicht, sondern dass auch kein anderer Netzteilnehmer unberechtigt in eine Nachricht Einsicht nehmen kann. Außerdem muss das Netz den Teilnehmern Regeln zur Verfügung stellen, mit denen die Zugangsreihenfolge im Netz geklärt wird. Wenn in einem Netzabschnitt mehrere Teilnehmer gleichzeitig senden, kann sonst der Nachrichteninhalt nicht mehr zugeordnet und nicht richtig interpretiert werden. Jede in der Abbildung 11-3 gezeigte Netzform hat eine eigene Zugangsregelung.

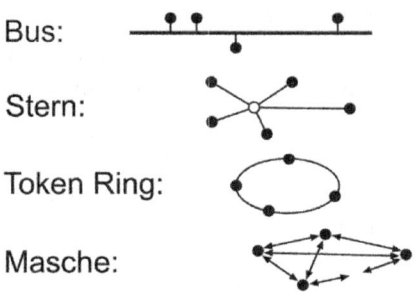

Abbildung 11-3: Strukturen lokaler Netze

Der Bus (Binary Unit System) ist sehr verbreitet und häufig unter dem Namen Ethernet im Einsatz. Wie an einer Strom- oder Wasserhauptleitung partizipieren die Teilnehmer alle an der gemeinsamen Verbindung. Der Zugang wird hier über ein Zufallsverfahren geregelt, in dem die Stationen einfach versuchen zu senden und dann prüfen, ob der Bus gerade frei war. Es setzt in der Regel auf einem Koaxialkabel auf, an das sich die Teilnehmer anklemmen.

Die Struktur bestimmt die Technik und die Leistung. Das Sternnetz hat eine Zentrale, die in der Lage ist, viele Kommunikationsprozesse gleichzeitig abzuarbeiten. Abgesehen vom Verkabelungsaufwand, bietet diese Form neben dem Maschennetz, das aber sehr aufwendig ist, die simpelste, sicherste und zugleich leistungsfähigste Form, wenn die einzelnen Verbindungen der Rechner zur Zentrale entsprechend ausgelegt sind. Nur bei besonderen Sicherheitsanforderungen werden alle Stationen mit allen anderen in Form des Maschennetzes verbunden.

Der Token Ring trägt seinen Namen wegen der kreisförmigen Netzstruktur und der Zugangsregel, nach der ein Datensatz (Token) im Netz kreist, der von jeder Station empfangen und dann weitergegeben wird. Trägt er ein „frei"-Kennzeichen, kann die empfangende Station dieses in „belegt" umwandeln und die zu übertragenden Daten gleich anhängen. Die richtige Empfangsstation sendet das Token dann wieder als „frei", nachdem sie die Nutzdaten übernommen hat.

Verständnisfrage zu 11.2:

*   Welchen Unterschied gibt es in der Übertragungskapazität zwischen Stern- und Maschennetz einerseits und Bus sowie Token Ring andererseits?

11.3 Das Netz

Der Anspruch der Einmaligkeit dieser Überschrift bezieht sich nicht auf den heutigen technischen Stand oder die Verbreitung des Internets. Deutlich werden soll aber, dass es im Grunde nur ein einzigens Kommunikationsnetz geben darf, weil es allein allen interessierten Beteiligten den gegenseitigen Informationsaustausch ermöglicht.

Für die langfristige und auch künftig erfolgreiche Struktur des Internet war massgeblich, dass es von vornherein nicht nach den Interessen einzelner Gruppen konzipiert wurde, sondern konsequent auf den offenen Zugang. Dazu wurde es in 7 Schichten strukturiert.

Verständlich wird der Zusammenhang aber wahrscheinlich leichter, wenn man eine achte Schicht als Basis dazu interpretiert. Dieses unterste, technisch orientierte Fundament setzt Dienste (Form, Tempo, Service) auf ein irgendwie (z. B. WAN, LAN, WLAN) installiertes Kommunikationsnetz, die definierte Darstellungsformen umfassen.

Darauf liegen die genannten 7 Schichten mit von unten nach oben folgenden Aufgaben: Bitübertragung, Datensicherung, Vermittlung, Transport, Kommunikationssteuerung, Darstellung und Anwendung. Schnell wird deutlich, dass die dazugehörigen Vereinbarungen somit von kleinteiligen, technischen zu eher konzeptionellen, aufgabenorientierten reichen. Dies wird mit einer graphischen Übersicht noch deutlicher (Abb. 11-4).

Abbildung 11-4: ISO 7-Schichten Modell

Der beispielhafte Ablauf einer Kommunikationsverbindung wäre von oben links aus einer Anwendung heraus Daten nach unten bis in die Bitübertragungsschicht so umzusetzen und zu ergänzen, dass die Übertragung erfolgen kann. Möglicherweise läuft diese über eine (oder auch mehrere) Vermittlungsstellen, deren Funktion von den zwei darüber liegenden Schichten repräsentiert werden. Letztendlich werden auf der rechten Empfängerseite die empfangenen Daten zurück in eine Anwendungsschicht zurückgeliefert, wofür technisch andere Anforderungen erfüllt werden müssen, als auf der Seite des Senders (links). Der Schichtenaufbau erlaubt aber genau eine solche spezielle Umwandlung, sodass jeder Kommunikationsteilnehmer mit einer auf seine Anwendung zugeschnittenen Lösung die Daten richtig empfangen und verarbeiten, sowie auch Antworten zurücksenden kann. Würde das Schichtengebilde irgenwie gestört, könnten die Teilnehmer nicht mehr miteinander kommunizieren.

Genau dies ist übrigens der Hintergrund der biblischen Geschichte des Turmbaus zu Babel. Weil die Menschen sich auf Basis ihrer einzigen Sprache gut verstanden und organisieren konnten wurden sie übermütig und fassten den Plan, einen Turm in den Himmel zu bauen, um hinaufzusteigen. Das konnte nicht gut gehen und ihr Turm wurde zerstört. Die eigentliche Strafe aber war laut Bibel: „lasset sie verwirren, dass nicht Einer die Sprache des Anderen verstehe" (Genesis 11, 7).

So ist das bis heute, aber die enorme Leistungsfähigkeit der künftigen Rechnertechnologie wird es wahrscheinlich ermöglichen, dass auch eine Transformationsschicht eingezogen werden kann, die dann Text aus einer Weltsprache in eine andere übersetzt.

Was Sie in diesem Kapitel gelernt haben:

Der Produktionsfaktor Information hat den Verbrauch anderer, knapper Produktionsfaktoren deutlich reduziert. Informationen sind nicht dazu da, in den Räumen eines Unternehmens festgehalten zu werden; sie sollten vielmehr gezielt digital mit den Kunden und Lieferanten, den Mitarbeitern und Behörden ausgetauscht werden. Das spart viel unnötige Arbeit und schafft Wettbewerbsvorteile. Je einfacher dies möglich wird, umso besser für alle Beteiligten und übrigens auch für unsere Umwelt. Jeder Brief, der nicht verschickt wird, und jede Reise, die nicht angetreten wird, trägt ein bischen zur Ressourcenschonung bei. Am größten ist jedoch der Effekt, der aus der Vermeidung von Fehlern resultiert, weil man früher und genauer Bescheid weiss.

Sicherheits- und Rechtsaspekte der integrierten Informationsverarbeitung

12 Sicherheits- und Rechtsaspekte der integrierten Informationsverarbeitung

Was schützt wen?

„Jeder hat das Recht auf Leben und körperliche Unversehrtheit. Die Freiheit der Person ist unverletzlich." Damit garantiert das Grundgesetz in Artikel 2, Abs. 2 dem Individuum eine Abschottung vor der Gesellschaft, es wird ihm ein Grundrecht vor staatlicher und privater Sammlung und Weitergabe persönlicher Informationen gewährt. Andererseits sind bestimmte Angaben zur Person im sozialen Umfeld und zur Ausführung von Rechtsgeschäften notwendig. Das damit entstehende Dilemma beschäftigt Datenschützer, Datensammler, Vertragspartner, Patienten und Juristen seit vielen Jahren. Während man im normalen Sprachgebrauch unter „Datenschutz" den Schutz der Daten vor unzulässiger Veränderung verstehen würde und den Begriff „Datensicherung" als Sicherung von Personen vor den Daten interpretieren könnte, ist es tatsächlich genau umgekehrt.

BEGRIFFE, die in diesem Kapitel erläutert werden: Datenschutz, Datensicherheit, BDSG, Identifizierung

12.0 Datenschutz

▶ **Schutz natürlicher Personen**   Unter diesem Begriff wird nicht der Schutz von Daten verstanden, sondern vielmehr der Schutz natürlicher Personen vor der missbräuchlichen Verwendung der Daten, die sie näher beschreiben. Die Verarbeitung und Nutzung solcher „personenbezogener" Daten in manueller Form oder in IT-Systemen ist prinzipiell verboten, kann aber über eine gesetzliche Erlaubnisregelung oder durch die Zustimmung der Betroffenen auch erlaubt werden. Dies wird detailliert im Bundesdatenschutzgesetz (BDSG (erste Fassung 1977)) geregelt, das sich sowohl auf die öffentliche Verwaltung (soweit sie Bundesrecht ausübt) als auch auf die private Wirtschaft erstreckt.

▶ **Bundesdatenschutzgesetz** Das Gesetz unterscheidet die Datenverarbeitung öffentlicher Stellen von der in der privaten Wirtschaft, wobei dieser Bereich nochmals unterschiedlich behandelt wird, je nachdem, ob die Daten für eigene Zwecke (z. B. Adress-, Rechnungs- und Vertragsdaten) verarbeitet werden, oder ob der Umgang mit den personenbezogenen Daten geschäftsmäßig betrieben wird (Auskunftei, Adresshandel etc.).

Das Bundesdatenschutzgesetz (BDSG 2004) soll seine wesentlichen Aufgaben auf der Basis von drei Prinzipien erreichen:

- *Benachrichtigungsprinzip*: „Werden erstmals personenbezogene Daten ... ohne Kenntnis des Betroffenen gespeichert/erhoben, so ist er von der Speicherung, der Identität der verantwortlichen Stelle sowie über die Zweckbestimmung ... zu unterrichten." alle Einrichtungen, die personenbezogene Daten speichern, müssen dies der zuständigen Aufsichtsbehörde melden. (§§ 19a bei öffentlichen Stellen, § 33 bei nicht-öffentlichen Stellen).
- *Auskunftsprinzip*: „Dem Betroffenen ist auf Antrag Auskunft zu erteilen über die zu seiner Person gespeicherten Daten," deren Herkunft, Empfänger und den Zweck der Speicherung. (§§ 19 bei öffentlichen Stellen, § 34 bei nicht-öffentlichen Stellen).
- *Sicherungsprinzip*: alle Einrichtungen, die personenbezogene Daten speichern, müssen die auf sie zutreffenden Anforderungen der Anlage zu § 9 BDSG erfüllen.

Diese Anlage verlangt je nach Situation die Anwendung von acht Kontrollmechanismen: Zutritt, Zugang, Zugriff, Weitergabe, Eingabe, Auftrag, Verfügbarkeit und Zweckbezug. Mit deren Hilfe soll die ordnungsgemäße Verarbeitung personenbezogener Daten sichergestellt werden.

In mehreren Paragraphen regelt das Gesetz die Stellung und die Aufgaben von Datenschutzbeauftragten. Einerseits werden neben dem Bundesdatenschutzbeauftragten auch entsprechende Stellen auf Länderebene eingerichtet und andererseits wird geregelt, welche Unternehmen einen betrieblichen Datenschutzbeauftragten zu benennen haben, der die Einhaltung des Gesetzes überwacht.

Verständnisfrage zu 12.0

- Kann Datenschutz überhaupt national geregelt werden?

12.1 Datensicherheit

Unter dem Begriff Datensicherheit werden alle Maßnahmen, insbesondere technischer Art, zusammengefasst, die Daten vor Verlust und Veränderung sichern sollen. Dabei spielt es keine Rolle, welche Art von Informationen die Daten beinhalten. Im Gegensatz zum Datenschutz werden hier alle Daten einbezogen, sowohl die personenbezogenen als auch die Daten über Geschäftsabläufe, Konstruktionen, Patente usw. Dafür gibt es kein direkt zuständiges Gesetz.

Abgeleitet aus dem Datenschutzrecht und insbesondere dessen Anlage zu § 9 ergibt sich auch die zwingende Verpflichtung, die personenbezogenen Daten zu schützen, damit z. B. die durch sie beschriebenen Rechte der Bürger auf Lohn, Rente, Versicherungsleistungen etc. nicht verloren gehen. Darüberhinaus hat in den vergangenen Jahren die sogenannte Compliance (vgl. Absatz 12.4) für die Wirtschaftsunternehmen eine zunehmende Bedeutung gewonnen. Ausgehend von spektakulären Betrugsfällen wurden zum Schutz der Geldgeber (Aktionäre) weitgehende Regeln formuliert, für deren Einhaltung die Geschäftsführung (Vorstand) haftet. Mit spürbaren Strafen will man so die Unternehmen zur Einhaltung des Verhaltenskodex zwingen.

Für jeden, der Datenverarbeitung betreibt, auch wenn er nur seine Mails speichert oder eine Übersicht der Geburtstage im Bekanntenkreis führt, gilt aus pragmatischen Gründen die Selbstverpflichtung zur Datensicherung durch Kopie der Daten auf zumindest einen weiteren Datenträger. Es ist zu ärgerlich, wenn das fast fertig formulierte Referat, die Thesis oder ein anderes wichtiges Dokument plötzlich unwiederbringlich verschwinden.

Verständnisfrage zu 12.1

• Was ist der Unterschied von Datenschutz und Datensicherheit?

12.2 Identitätsnachweis

12.2.1 Identifizierung durch den neuen Personalausweis

Seit dem 01.11.2010 gibt es einen neuen Personalausweis (nPA). Er dient als Lichtbildausweis dem Identitätsnachweis eines Bürgers. Um den Sicherheitsanforderungen und den neuen Möglichkeiten der Kommunikation gerecht zu werden, wurde er mit zusätzlichen Funktionen ausgestattet. Er hat das Format einer Scheckkarte und beinhaltet einen kontaktlosen Chip für die sogenannte elektronische Identifizierung (eID-Funktion). Sie identifiziert den Ausweisin-haber in einer elektronischen Kommunikation zweifelsfrei. Damit ist sie das elektronische Pendant zum Vorzeigen des Personalausweises im klassischen Anwendungsumfeld. Dazu können für die Online-Kommunikation oder den elektronischen Geschäftsverkehr Name, Vorname, Anschrift, Geburtstag, Ge-burtsort usw. ausgelesen sowie mit Hilfe der Sonderfunktion der Alters- und Wohnortverifikation geprüft werden, ob der Ausweisinhaber ein bestimmtes Mindestalter hat bzw. ob er in einem bestimmten Ort wohnt.

Die Kommunikationspartner können damit prüfen, ob die Person auch wirklich die ist, die sie zu sein vorgibt. Mit dieser Identifikation können Rechts-geschäfte getätigt werden, auch wenn sie nicht der elektronischer Unterschrift entspricht. Ist für ein Rechtsgeschäft die Schriftform notwendig, so muss im elektronischen Verbund zwingend die qualifizierte elektronische Signatur (vgl. Kapitel 12.2.1) verwendet werden.

12.2.2 Identifizierung durch elektronische Signatur

Es gibt drei Typen elektronischer Signaturen, die sich durch die Komplexität der Erzeugung, in ihrer Handhabung und in den Verwendungsmöglichkeiten unterscheiden.

▶ **(Einfache) Elektronische Signaturen (ES)**   Die einfache elektronische Si-gnatur (§ 2 Nr. 1 SigG) ist nicht klar definiert. Sie kann eine Namenszeile am Ende einer E-Mail oder auch eine eingescannte Unterschrift auf einem elek-tronischen Dokument sein. Da grundsätzlich auch Unbefugte diese Signatur fälschen können, hat sie nur geringe Beweiskraft.

▶ **Fortgeschrittene elektronische Signaturen (FES)**   Die fortgeschrittene elektronische Signatur (§ 2 Nr. 2 SigG) ist technisch aufwändiger und sicherer als die einfache elektronische Signatur. Mit der FES lässt sich feststellen, ob ein mit ihr unterschriebenes Dokument (z. B. eine E-Mail-Nachricht) während des Versands verändert wurde. Jede Signatur besteht aus einem Signaturschlüs-sel und einem Zertifikat, das den Namen des Signaturinhabers, die Gültig-keitsdauer und noch weitere Informationen enthält. Da Signaturschlüssel (und Zertifikate) für fortgeschrittene elektronische Signaturen in der Regel aber nur als Softwaredatei gespeichert werden, können sie auch leicht kopiert und miss-bräuchlich verwendet werden. Die FES hat deshalb nur geringe Beweiskraft und ist kein Ersatz für die eigenhändige Unterschrift.

Die eFES hat eine Gültigkeit von drei Jahren; danach muss die Signatur erneuert werden, indem ein aktueller Signaturschlüssel und ein neues Zertifikat auf dieselbe Karte geschrieben werden.

Im Unterschied zu den DOI/X-Safe-Karten, auf die ebenfalls eine FES aufgebracht ist, darf die eFES nur für Personen und nicht für Gruppen oder Abteilungen ausgestellt werden.

▶ **Qualifizierte elektronische Signaturen (QES)**   Ist die Schriftform erforderlich, kann allein die QES die eigenhändige Unterschrift ersetzen. Vorschriften zur QES finden sich in § 2 Nr. 3 Signaturgesetz. Die QES muss immer mit einer sicheren Signaturerstellungseinheit (z. B. Chipkarte) aufgebaut werden. Neben dem Signaturschlüssel (§ 2 Nr. 4) ist auch ein Zertifikat aufgebracht. Qualifizierte elektronische Signaturen dürfen in Deutschland nur von Trustcentern ausgestellt werden, die bestimmte Voraussetzungen erfüllen.

Je nach Aussteller hat die QES eine Gültigkeit von einem bis zu fünf Jahren. Nach Ablauf der Gültigkeit muss eine neue Karte mit Signaturschlüssel und Zertifikat beschafft werden. Für eFES und QES gilt, dass die Signatur und damit die Sicherung nur dann geprüft werden können, wenn auf Seiten der Empfänger die entsprechende Software vorhanden ist. Der signierte Inhalt selbst ist jedoch auch ohne diese Software lesbar.

Verständnisfrage zu 12.2.0

• Warum ist eine digitale Identifizierung der eigenen Identität wichtig?

12.3 Compliance

Der auch im Deutschen benutzte Begriff weist darauf hin, dass im wirtschaftlichen Umfeld Rahmenbedingungen, Gebote, Gesetze und Usancen eingehalten werden müssen, um den Beteiligten (Geldgebern, Mitarbeitern Kunden, Lieferanten und öffentlichen Institutionen) die erwartete Sicherheit und Korrektheit zu garantieren. Zahlreiche Wirtschaftsskandale (Enron, Lehmann, Herstatt, Flowtex) haben das Vertrauen der Geschäftspartner (Stakeholder) immer wieder schwer erschüttert. Um die Entwicklung einzudämmen und Vertrauen zu schaffen, wurden neue rechtliche Anforderungen aufgestellt, die insbesondere mehr Transparenz garantieren sollen. Dies ist nur in und durch die Informationsverarbeitung zu leisten.

Der wesentliche Schritt ist der Einsatz geprüfter Software, die eingegebene Daten auf Plausibilität kontrolliert und eine Verarbeitung nur nach korrekten

Verfahren zulässt. Dies treibt die Entwicklung von Programmen für betriebs-wirtschaftliche Anwendungen weiter in Richtung Standardsoftware, weil fast nur hier die laufende systematische Prüfung der Algorithmen mit akzeptablem Aufwand durchführbar ist. Gleichzeitig entwickeln sich damit Lösungen, die klassischen Aufgaben für Wirtschaftsprüfer künftig zu automatisieren, damit zu vereinfachen und zu beschleunigen sowie sie besser nachvollziehbar aus-zuführen.

Die maschinelle Informationsverarbeitung wird damit über die operativen Aufgaben hinaus auch zum Instrumentarium der betriebswirtschaftlich strate-gischen Entscheidungen und deren laufender Überprüfung in Bezug auf Kor-rektheit, Klarheit und Vermeidung unnötiger Risiken.

Verständnisfrage zu 12.3

• Nennen Sie Beispiele für Compliance-Fragen und -Regelungen.

Literatur

BDSG1977   Bundesdatenschutzgesetz – BDSG, Fassung vom 14.1.2003, geändert am 14.8.2009

SIGN2001   Signaturgesetz – SigG, Fassung vom 16.5.200, geändert am 7.8.2013

13 Macht der Gewohnheit

Was Hänschen nicht lernt, lernt Hans nimmermehr

Eine der wesentlichen Fähigkeiten von Lebewesen ist es, etwas lernen zu können. Das heißt, zunächst durch Nachahmung, dann eventuell auch durch Verständnis eine Aufgabe zu bewältigen und schließlich den Ablauf durch mehrfache Wiederholung und damit Einübung bis hin zur Perfektion zu beherrschen.

Der Nachahmungstrieb ist so fest in uns verankert, dass wir auch grundlos mit anderen lachen, weinen und gähnen. Im Kleinkindalter lernen wir auf diese Weise das Sprechen und viele andere komplizierte Fähigkeiten. Dies beschleunigt die Entwicklung unserer Spezies, weil nicht nur durch genetische Mutation, sondern auch viel schneller durch die Nachahmung beziehungsweise durch das Lernen eine Anpassung an die jeweiligen Gegebenheiten stattfindet. Diese Aufnahmebereitschaft des Gehirns geht jedoch bei den meisten Menschen früh zurück, so dass wir schon als junge Erwachsene nur noch wenige Beobachtungen so verinnerlichen, dass wir unser Verhalten umstellen. Dies geschieht zum Beispiel in Bezug auf das Benehmen bewunderter Personen. Diese als Trend, Mode, Stil oder Sitte umschriebenen Verhaltensweisen werden vom Individuum vermeintlich freiwillig übernommen. Insbesondere was wir uns im Rahmen von Arbeitsabläufen antrainiert haben, wird kaum geändert. Möglicherweise liegt dies an der Erwartungshaltung, dass nur eine koordinierte Vorgehensweise zum Erfolg führen kann, das Verhalten der anderen beteiligten Personen sich aber wahrscheinlich nicht ändern wird. Das Change Management im Sinne einer koordinierten Umstellung der Arbeit einer Gruppe von Personen von einem bisherigen auf einen künftigen Ablauf hat folglich eine große Bedeutung für den Erfolg einer durch eine neue Informationsverarbeitung ermöglichten Verbesserung der Produktivität.

BEGRIFFE, die in diesem Kapitel erläutert werden: Change Management, Reorganisation, Lernende Organisation

13.0 Fähigkeiten helfen und beschränken

Das Berufsleben ist fast vollständig von gelerntem Wissen bestimmt. Arbeits-möglichkeiten bestehen meist nur in dem Bereich, für den Kenntnisse (Zeug-nisse und/oder Erfahrungen) nachgewiesen werden können. Ohne den eiser-nen Willen, in andere Aufgabenfelder vorzudringen, bleiben Schmiede, Bäcker, Sekretärinnen, Monteure oder Steueranwälte etc. dauerhaft in ihrem Beruf. So helfen die angeeigneten Fähigkeiten, das tägliche Brot zu verdienen, sie schränken aber gleichzeitig auch auf diejenigen Aufgaben ein, die beherrscht werden. Die Furcht vor einer Änderung der Rahmenbedingungen, die einen erfahrenen Berufstätigen aus seinem Umfeld verdrängt, ist latent immer gegen-wärtig.

13.1 Informationsverarbeitung erzwingt Veränderung

▶ **Reorganisation**   Die Anthropologie hat eine Stufe der Entwicklung zum Menschen mit „Homo Faber" (Werkzeug nutzender Künstler) bezeichnet. Ge-meint ist damit die Fähigkeit, Gerätschaften zu entwickeln, die bei bestimmten handwerklichen Aufgaben helfen. Solange diese Geräte nur manuelle Tätigkei-ten unterstützten, war ihr Image durchweg positiv; jedes Werkzeug brauchte einen erfahrenen, geübten Nutzer. Die digitale Informationstechnik ist jedoch ein Werkzeug, das ganz andere Möglichkeiten bietet als die Geräte in der Werk-zeugtasche. Sie ist in der Lage, Arbeitsabläufe selbstständig auszuführen und sie konkurriert direkt mit den Fähigkeiten, die uns als „Homines Sapientes" auszeichnen. Damit greift sie unsere erreichte Position an zwei Stellen gleich-zeitig an. Sie kann das angestammte Aufgabenfeld streitig machen (Kassie-rer-Bezahlautomat, Schreiner-Kopierfräse) und sie kann hervorragend mit ihresgleichen kommunizieren (z. B. Bedarfsanforderung oder Fertigmeldung). Die Konsequenz ist jedoch noch schlimmer, denn sie verlangt für ihren sinn-vollen Einsatz die Veränderung der bisherigen Abläufe, damit ihre Fähigkeiten voll zur Geltung kommen. Was dies für die beteiligten Personen bedeutet, ist an der resultierenden Zwickmühle zu erkennen: entweder es wird chancenlos versucht, mit den Automaten zu konkurrieren, oder es wird angestrebt, durch Aneignung neuer Fähigkeiten über das bisherige Dasein hinauszuwachsen, in-dem die bisherige Tätigkeit aufgegeben und eine neue begonnen wird.

Lernende Organisation (Chris Argyris und Donald Schön 1978)

Diese Idee und die daraus abzuleitenden Management-Methoden haben mehrere Anläufe gebraucht, um bekannt und akzeptiert zu werden. Wirklich verstanden und praktiziert wird sie bis heute nur von wenigen Unternehmen, da sie im Widerspruch zu der Bequemlichkeit des menschlichen Geistes steht, der die funktionierenden Dinge gerne so lässt, wie sie sind. Aber die Herausforderungen ändern sich und nur diejenigen, die sich am schnellsten anpassen, können überleben. Lernen ist hier nicht nur ein Sammeln weiterer Erfahrungen und Erkenntnisse, wie es auch vom Wissensmanagement betrieben wird, sondern die Fähigkeit, aus Beobachtungen Schlüsse zu ziehen, daraus Konsequenzen abzuleiten und diese schließlich aufzugreifen und sich entsprechend anzupassen.

Nur ein Unternehmen, das auch seine Organisationsstruktur aktiv betreibt und anpasst, kann lernen. Dazu gehört, dass es die Zügel für die wesentlichen Aufgaben der Informationsverarbeitung und deren Management selbst in der Hand behält und nicht im Outsourcing (vgl. Abschnitt 10.3) abgibt. Das kann sonst zu fundamentalen Änderungen der Rahmenbedingungen führen, wie die Entwicklung von Automobilen durch IT-Unternehmen in Abstimmung mit den Zulieferanten der Fahrzeugindustrie aufzeigt. Umgekehrt kann aber aus der laufenden, inhaltsbezogenen Beobachtung des Informationssystems eines Unternehmens auch frühzeitig erkannt werden, welche äußeren Einflüsse wirken und wie man darauf reagieren sollte. [ARGY1978]

13.2 Sieg der Intuition

Die Hauptaufgabe der betrieblichen Informationsverarbeitung (allgemein unschön verkürzt auf: Wirtschaftsinformatik) liegt in der integrativen Zusammenführung möglichst vieler Aufgaben zu einem sich gegenseitig informierenden und abstimmenden Konglomerat. Eine derartige Umorientierung der Arbeitsabläufe von der bisherigen, eher isolierten Ausrichtung auf eine Tätigkeit (Arbeitsteilung) geschieht aber nicht von selbst, nicht durch Automaten und nicht durch Programme, sondern nur durch die Erkenntnis, wie Abläufe besser gestaltet werden können; diese sind dann neu kreiert und somit durch Intuition entstanden, im besten Sinn der Fähigkeiten des menschlichen Geistes.

13.3　Change Management zur Lösung des Dilemmas

Die weit verbreitete Bezeichnung „Change Management" sollte auf keinen Fall als „Änderung des Managements" interpretiert werden, sondern ist als die organisatorische Fähigkeit zu verstehen, die in der Lage ist, Änderungen zu organisieren. Wie schon mehrfach angesprochen, sind Umstellungen und Anpassungen an neue Situationen für lebendige Betriebe normal. Soll eine integrierte Informationsverarbeitung aufgebaut, weiter entwickelt oder auf neue Herausforderungen eingestellt werden, dann sind auch organisatorische Änderungen zwingend notwendig. Da diese in das soziale Gefüge und das persönliche Befinden der Mitarbeiter eingreifen, müssen sie mit äußerster Vorsicht behandelt werden. Dafür sind aber leider weder Betriebswirte, noch Organisatoren noch Wirtschaftsinformatiker ausgebildet. Selbst ein Studium der Psychologie behandelt die Probleme, die sich im Zug der Umgestaltung von Geschäftsprozessen in Unternehmen ergeben, nur am Rand.

Simple Ratschläge, die dazu gegeben werden können, beschränken sich auf:

- Organisatorische Änderungen sind nur mit Unterstützung der Geschäftsleitung durchsetzbar.
- Alle Beteiligten sollten möglichst frühzeitig informiert und um ihre Meinung gefragt werden.
- Die erarbeiteten Ablaufänderungen müssen kommuniziert und in ihren Auswirkungen mit den Betroffenen abgesprochen werden.
- Denjenigen, die neue Aufgaben übernehmen müssen, sollten Schulungen angeboten werden. Diese können vor der Umstellung ablaufen; besser ist jedoch eine begleitende Schulung, die dafür sorgt, dass alle betroffenen Mitarbeiter durch Begleitpersonen in die neue Aufgabenabwicklung eingewiesen werden. Dies bietet in den ersten Tagen die Sicherheit, auf die Begleiter zurückgreifen zu können, wenn man nicht weiter weiß. Das dient ganz wesentlich dazu bei, die Ängste abzubauen.
- Hilfesysteme in Papier- oder Dateiform müssen detailliert dokumentieren, wie im einzelnen zu verfahren ist.

Verständnisfrage zu 13.3

- Warum können Menschen nur schwer mit Veränderung umgehen und wie hilft Change Management bei diesem Informationsverarbeitungsdilemma?

Was Sie in diesem Kapitel gelernt haben:

Als „Gewohnheitstiere" haben wir Menschen uns auch in beruflichem Alltag auf bestimmte Dinge spezialisiert. Digitale Informations-verarbeitung erzwingt jedoch vielfach Veränderungen durch neue Prozesse und Geschäftsmodelle, die ein Umdenken – häufig auch nicht mit dem vollen Willen der Betroffenen – erfordern. Es ist daher sehr sinnvoll, Lernen und Veränderung als Kultur des Unternehmens zu verankern.

14 Schlussplädoyer

Wie lange hat die Entwicklung integrierter Informationsverarbeitung gedauert und geht sie noch weiter?

Die Geschichte der maschinellen Informationsverarbeitung für den betriebswirtschaftlichen Einsatz ist sehr kurz im Vergleich zur Entwicklung der Industrialisierung, dem Aufbau von Infrastrukturen für den Transport oder gar der Anwendung des betrieblichen Rechnungswesens. Trotzdem hat sie sich in der kurzen Zeitspanne von etwa 50 Jahren in jeder Hinsicht enorm entwickelt. Sie ist aus praktisch keinem Unternehmen mehr wegzudenken. Der provokative Aufsatz „Why IT Doesn't Matter Anymore" von Nicholas G. Carr [CARR2003] macht das besonders deutlich. Denn selbst wenn man sich der recht fragwürdigen Behauptung anschließen würde, zeigt man damit nur, dass die Informationstechnik nicht mehr als Wettbewerbsvorteil gegenüber anderen Unternehmen genutzt werden kann; aber dies gilt ja genau nur dann, wenn alle Unternehmen eben bereits eine Informationsverarbeitung für ihre Aufgaben im Einsatz haben. Ohne geht es gar nicht mehr!

▶ **Integrierte Informationsverarbeitung bietet Wettbewerbsvorteile** Es wird aber mit dramatischen Schritten weitergehen, weil die größere Leistungsfähigkeit der in schneller Folge entwickelten und angebotenen Hardwarekomponenten zu neuen Anwendungen einlädt, die davor noch nicht realisierbar waren. Diese Hardware-Entwicklungssprünge halten seit den Anfängen der Computertechnologie bis heute an. Sie sind einerseits auf die enorme Steigerung der Verarbeitungsleistung von integrierten Schaltkreisen (Prozessorchips) aber genauso auch auf die unglaubliche Erhöhung der Kapazitäten der verschiedenen Speichertypen (Solid State Devices und Plattenlaufwerke) sowie die rasende Ausweitung der Übertragungsleistung öffentlicher Netze zurückzuführen. Es ist folglich nicht nur das Potenzial einer Technologie, das ausgenutzt wird, sondern es sind mehrere, zum Teil nur lose gekoppelte Komponenten, die zum Erfolg beitragen. Dies macht es aber um so wahrscheinlicher, dass die Steigerung der Leistungsfähigkeit auch in der absehbaren Zukunft weitergeht und damit die folgenden Rahmenbedingungen weiter gültig bleiben:

- Immer neue Aufgabengebiete werden für die maschinelle Informationsverarbeitung erschlossen.
- Die Gesamtintegration wird zunehmend schwieriger.
- Die Anpassung der Systeme an neue Anforderungen wird aufwendiger.
- Es werden mehr Menschen benötigt, um diese komplexen Aufgaben zu lösen.

Die Funktionalität der Software wird deutlich erweitert in Richtung beratende Unterstützung der Anwender (Consultative Informationsverarbeitung), und die Sicherung der korrekten betriebswirtschaftlichen Bearbeitung aller Datenströme (Automated Auditing) wird zunehmend von der Software übernommen.

Neben diesen Faktoren der Informationsverarbeitung selbst gilt es jedoch noch ein Phänomen zu berücksichtigen, das alle diese Tendenzen massiv verstärkt. Es ist die zunehmende Digitalisierung der Unterhaltungs-, Haushalts-, Fahrzeug- und Maschinenelektronik die künftig verstärkt dazu führt, dass die Märkte für Musik, Foto und Video einerseits und die der Informationsverarbeitung andererseits zusammenwachsen, was Speicher- und Übertragungslösungen betrifft. Damit werden die Stückzahlen deutlich erhöht und die Preise weiter gedrückt. Gleichzeitig steigert das private Bedürfnis zur Weiterbearbeitung und Archivierung von eigenen Fotos und Videos auch die Nachfrage nach Computern.

BEGRIFFE, die in diesem Kapitel erläutert werden: Algorithmus, Datenträger, Personalcomputer, Befehlszeilen, grafische Oberfläche, Network Computer

14.0 Übersicht der dynamischen Entwicklung der IT

▶ **Die Weiterentwicklung läuft auf sehr hohem Niveau** Bis heute ist der Trend bei der Entwicklung integrierter Schaltkreise ungebrochen, der von Gordon Moore (Mitbegründer der Firma Intel, weltweit größter IC-Hersteller) im Jahr 1965 angekündigt wurde, in Form einer Verdoppelung der Zahl von Transistoren auf den IC-Chips alle 18 Monate. Diese Aussage, damals staunend und ungläubig zur Kenntnis genommen, hat sich über Jahrzehnte als richtig erwiesen und wurde damit quasi zu einer Gesetzmäßigkeit (Moores Law) hochstilisiert, die es natürlich so nicht gibt. Eigentlich stimmt nicht einmal genau die Aussage bezüglich der Transistorenzahl. Die tatsächlich erreichte Steigerung der Leistungsfähigkeit der Bauelemente auf das jeweils Doppelte in einem 18-Monate Rhythmus kann aber heute rückblickend als faszinierend genau festgestellt werden. Seit der Entwicklung von integrierten Schaltkreisen 1958, wurde deren Leistung durch Verkleinerung der einzelnen aktiven Elemente und Leiterbahnen, Erhöhung der Taktfrequenz und Vergrößerung der Chipfläche bis heute tatsächlich dramatisch erhöht. Von einem niedrigen Niveau ausgehend sind aber auch spektakuläre Zuwächse absolut gesehen nicht besonders hoch. Insofern war die Entwicklung der Leistungsfähigkeit integrierter Schaltkreise in den ersten zehn Jahren mit einer Steigerung auf das 60fache zwar sehr erfreulich aber noch nicht von einer alle bisherigen Entwicklungsregeln des industriellen Zeitalters umstürzenden Konsequenz. Mittlerweile ist jedoch eine vieltausendfache Leistungserhöhung gegenüber den nur einige Jahrzehnte zurückliegenden Schaltkreisen gegeben. Noch dramatischer sollte allerdings ins Bewusstsein rücken, dass die geometrische Entwicklung im 18-Monate-Zyklus zu weiter enorm zunehmenden Leistungssteigerungen führt! Damit entstehen phantastische, wunderbare, möglicherweise aber auch furchtbare Dimensionen.

▶ **Entwicklungschancen durch den Leistungszuwachs der Hardware**
Seit einigen Jahren kann man erstmals davon ausgehen, dass die Computer, insbesondere für den individuellen Gebrauch (Personalcomputer), bereits das können, was die Menschen sich früher von ihnen erhofft haben. Dazu gehören eben nicht nur hohe Rechenleistungen für mathematische Aufgaben und Tabellenkalkulationen, große Speichervolumina für die Buchhaltung und Korrespondenz und preiswerte Zweitspeicher zur Sicherung der Daten, sondern auch die Verwaltung der digitalen Fotos und Filme, die eigene Musiksammlung und die Bearbeitung all dieser Medien. Jetzt kommt die Speicherung der Lieblings-Spielfilme dazu und der Aufbau einer persönlichen, digitalen Literaturbi-

bliothek mit individuellen Annotationen und benutzerorientierten Recherche-
funktionen. Dies alles ist heute zu vernünftigen Preisen und sehr schnell
möglich. In 18 Monaten wird es aber bei gleichem Preis doppelt so schnell und
noch eleganter funktionieren und schon Ende des übernächsten Jahres gibt es
eine Vervierfachung. In den kommenden zehn Jahren, das ist der Zeitraum für
den die verantwortlichen Entwicklungsleiter heute das Fortschreiten der Dynamik versprechen, werden die Rechner 128 Mal! so leistungsstark sein wie heute – bei gleichem Preisniveau. Was lässt sich mit diesem Potenzial erreichen?

Bereits die Abbildung 0-4 im Eingangskapitel hat diesen Entwick-
lungszusammenhang aufgezeigt. Um dort die Leistungssteigerung überhaupt
darstellen zu können, hat die Ordinate einen logarithmischen Maßstab. Die
Vergleiche mit der Verarbeitungsleistung der Gehirne von Insekten und Mäu-
sen zeigt, wo Menschen etwa stehen. Der Zeitpunkt, bis das Potenzial eines
1.000 Dollar Rechners diese Fähigkeiten erreichen kann, ist nicht mehr allzu
fern. Heute schon spielen die Computer ihren Kommunikationsvorteil aus,
denn sie können Daten viel schneller austauschen als Menschen, und sie merken sich alles richtig bis auf das letzte Bit. Werden sie die Menschen also über-
flügeln?

▶ **Wo hat der Mensch, wo der Computer die Nase vorn?**   Sicher werden
Informationssysteme die Menschen in vielen Bereichen übertreffen, in einigen sind sie heute schon besser. In Ausdauer, Präzision und Weitergabege-
schwindigkeit sind die Menschen den Computern deutlich unterlegen. Aber
bei Kreativität, Assoziationsfähigkeit, Phantasie und Gefühl sind und bleiben
Menschen auf absehbare Zeit die Meister. Selbst bei der in wenigen Jahren laut
Abbildung 1-5 erreichten Durchsatzleistung haben Menschen mit ihrem Kopf
noch immer Vorteile in den genannten Gebieten, wie auch in der bildbezoge-
nen Orientierung. Trotzdem sollte die Gesellschaft ganz schnell anfangen zu
überlegen, wie die Aufgaben zwischen Mensch und Maschine künftig verteilt
werden sollen und was ein Mensch denn lernen müsste, um die dann für ihn
vorgesehenen oder besser verbleibenden Aufgaben gut zu meistern.

Dabei sollte keine Zeit verloren werden, denn die Kinder, die heute anfangen zu lernen, werden nach ihrem Abitur genau auf diese Computer treffen.
Sie sollten diejenigen menschlichen Fähigkeiten besonders trainiert haben, bei
denen die maschinellen Systeme nicht mithalten können. Insgesamt werden
die besser Ausgebildeten deutlich größere Chancen für eine interessante Beschäftigung haben, weil die einfachen Tätigkeiten mit ausgeprägtem Wieder-
holcharakter leicht von den Apparaten ausgeführt werden können.

Verständnisfrage zu 14.0:

- Bei welchen Tätigkeiten haben die Menschen auch in ein bis zwei Jahrzehnten noch Berufschancen?
- Was bewirkt die schnelle Leistungssteigerung von Computern? Überlegen Sie Beispiele aus Ihrem eigenen Umfeld?

14.1 Bis heute

▶ **Rechenmaschinen sind Maschinen zum Rechnen geblieben** Computer sind aber vielseitige Informationsverarbeiter geworden, die auch rechnen können. Die erste Rechenhilfe (etwa 2400 v. Chr.) war der Abakus. Zunächst nur in Form von Rillen im Sand wird er heute als Gerät noch in einigen Ländern genutzt. Er unterstützt den Menschen nur bei reinen Operationen mit Zahlen. Trotzdem konnten die Babylonier damit Pi (mit 3 1/8) schon recht genau ermitteln.

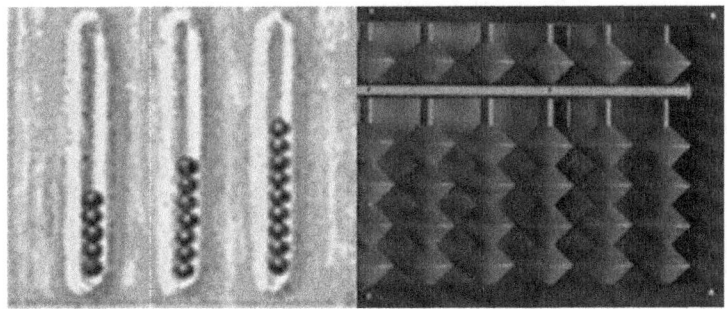

Abbildung 14-1: Zwei Varianten des Abakus

Etwa um 800 n. Chr. beschrieb der arabische Gelehrte Al´Khwarizmi den Ablauf mehrerer Rechenschritte in Folge und definierte damit den nach seinem Namen benannten „Algorithmus". Etwa um das Jahr 1000 wurde in China das Rechnen mit nur zwei verschiedenen Ziffern (Dualarithmetik) entwickelt. Dieses Prinzip wurde 1673 von Leibniz für eine Rechenmaschine verwendet, die alle vier Grundrechenarten beherrschte.(OBER1987)

Mit den Musikautomaten und Spieluhren kamen Systeme auf, in denen erstmals „Datenträger" verwendet wurden, die nach ihrem Wechsel auch andere Melodien spielen konnten (vgl. Abb. 14-2). Nach Wechsel der Musikwalze wurden die links sichtbaren Stahlbänder in anderer Form und Reihenfolge angezupft.

Abbildung 14-2: Musikwalze

▶ **Wechselbare Datenträger machten die Maschine vielseitiger** Das Prinzip der wechselbaren Datenträger wurde von Jacquard 1803 auf den Webstuhl übertragen, womit er eine technische Revolution mit erheblichen sozialen Verwerfungen auslöste. Die verwendeten Karten konnten auf speziellen Lochern für die Mustersteuerung gestanzt und zu fast beliebig lange Folgen zusammengebunden werden (vgl. Abb. 14-3).

Abbildung 14-3: Jacquard Webstuhl

Die Abbildung 14-4 zeigt, welch feine Strukturen automatisch gewebt werden konnten, die bis dahin nur sehr aufwendig von erfahrenen Webern herzustellen waren.

Abbildung 14-4: Jacquard Stoff, Vorderseite links, Rückseite rechts mit den hinteren Fäden.

Bereits 1830 beschrieb Charles Babbage eine Maschine aus Rechen-, Steuer- und Speicherwerk (Abbildung 14-5), die jedoch wegen der damals eingeschränkten Exaktheit feinmechanischer Strukturen eine zu hohe innere Reibung hatte, so dass sie nie einsatzfähig wurde. Ihre prinzipielle Funktionsfähigkeit kann heute durch Nachbauten aus Spielzeugbausteinen nachgewiesen werden. Konzeptionell war damit aber der Aufbau moderner Computer schon vorweggenommen. In Verbindung mit der als Laws of Thought 1854 von George Boole vorgestellten logischen Algebra war auch der strukturelle Aufbau der Rechenwerke vorgegeben.

Abbildung 14-5: Analytical Engine von Charles Babbage

Die 1945 von John v. Neumann vorgestellte und nach ihm benannte Rechner-Architektur folgt noch heute diesem Prinzip und definiert darüber hinaus einen Computer als ein frei programmierbares System, bei dem sich Daten und Befehle den Speicher teilen. Davor waren im Krieg insbesondere durch die Arbeiten zur Dechiffrierung verschlüsselter Nachrichten (Alan Turing) und für die Berechnung von Artillerietabellen andere Rechenmaschinen entwickelt worden. Aber alle hier aufgelisteten weiteren Entwicklungen haben mit einer Ausnahme den Ansatz der v. Neumann Architektur beibehalten. Der einzige völlig davon abweichende Rechnertyp, der über Labormuster hinauskam ist der sogenannte Neurocomputer, der die synaptischen Verbindungen eines menschlichen Gehirns nachahmt.

Die IBM hat in den 60er-Jahren die Serie 360/ entwickelt und mit sehr großem Erfolg vermarktet. Hier wird das Modell 30 mit 32 Kilobytes Hauptspeicher und 16 Megabytes Plattenkapazität gezeigt (vgl. Abb. 14-6). Dies war etwa ein zehntausendstel der Speicher- und Rechnerleistung eines heutigen Personalcomputers bei tausendfachem Preis.

Abbildung 14-6: Rechenzentrum mit IBM 360/30, links die CPU, rechts zwei Plattenspeicher, hinten vier Magnetbandlaufwerke, vorne die Konsole für Eingaben des Operateurs und Meldungen des Systems

Die zuerst als Spielzeug für Freaks angesehenen Heimcomputer haben durch die enorme Konkurrenz mehrerer Hersteller am Markt ihre schnelle Entwicklung vorangetrieben. Die Geräte Apple II (vgl. Abb. 14-7) und Radio Shack TRS-80 brachten es im Jahr 1977 schon zu respektablen Umsätzen.

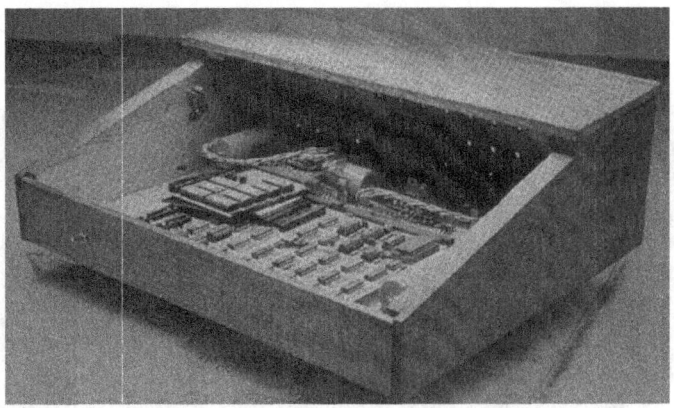

Abbildung 14-7: Einer der ersten Personalcomputer (Apple) als Bausatz

Erst der Markteintritt der IBM, die den Namen „Personalcomputer" erfunden hat (vgl. Abb. 14-8), diese Geräte aber eher als Terminalsysteme für ihre Großrechner verstand, ermöglichte den Übergang in die Geschäftsanwendung.

Der Einstieg der IBM brachte den psychologischen Durchbruch.

Abbildung 14-8: Erster Personalcomputer (PC) von IBM im Jahr 1981

Die Geräte waren mit Bildschirmen ausgestattet, die auf dunklem Hintergrund die Buchstaben des Alphabets, die Ziffern und einige Sonderzeichen in heller

Schrift darstellen konnten. Die Interaktion war rein orientiert an Befehlszeilen des Nutzers und Textmeldungen des Systems (vgl. Abb. 14-9).

```
MS-DOS Version 6.21
Zum Starten des Windows-Programms WIN eingeben und RETURN drücken.
C:\>dir /P
 Datenträger in Laufwerk C hat keine Datenträgerbezeichnung
 Datenträgernummer: 1F67-A765
 Verzeichnis von C:\
COMMAND  COM         57.351 07.11.95   20:59
AUTOEXEC BAT            433 07.11.95   20:59
CONFIG   SYS            274 07.11.95   20:59
DOS          <DIR>         07.11.95   20:59
NOVELL       <DIR>         07.11.95   20:59
INSIGNIA     <DIR>         07.11.95   20:59
WNPST        <DIR>         07.11.95   20:59
WINDOWS      <DIR>         07.11.95   20:59
         8 Datei(en)          58.058 Byte
                         37.550.080 Byte frei
C:\>_
```

Abbildung 14-9: Oberfläche des Betriebssystems MS-DOS

▶ **Der Weg zur allgemeinen Anwendung** Der Apple Macintosh brachte im Jahr 1986 die grafische Oberfläche und die Maus als Interaktionshilfe (vgl. Abb. 14-10 und 14-11). Damit entstand eine völlig neue Form der Computeranwendung. Dies wird am deutlichsten, wenn man sich vorstellt, dass die bis zu diesem Zeitpunkt ausschließlich mögliche Befehlseingabe die Kenntnis exakter Anweisungen und die Fähigkeit voraussetzte, diese auf der Tastatur zu schreiben (Abb 18-9); mit der Maus konnte auch ein kleines Kind spielerisch den Kontakt mit dem Rechner aufnehmen und ihn zu den gewünschten Aktionen veranlassen.

Abbildung 14-10: Erster Personalcomputer mit grafischem Bildschirm und Maussteuerung (Apple Macintosh) im Jahr 1986

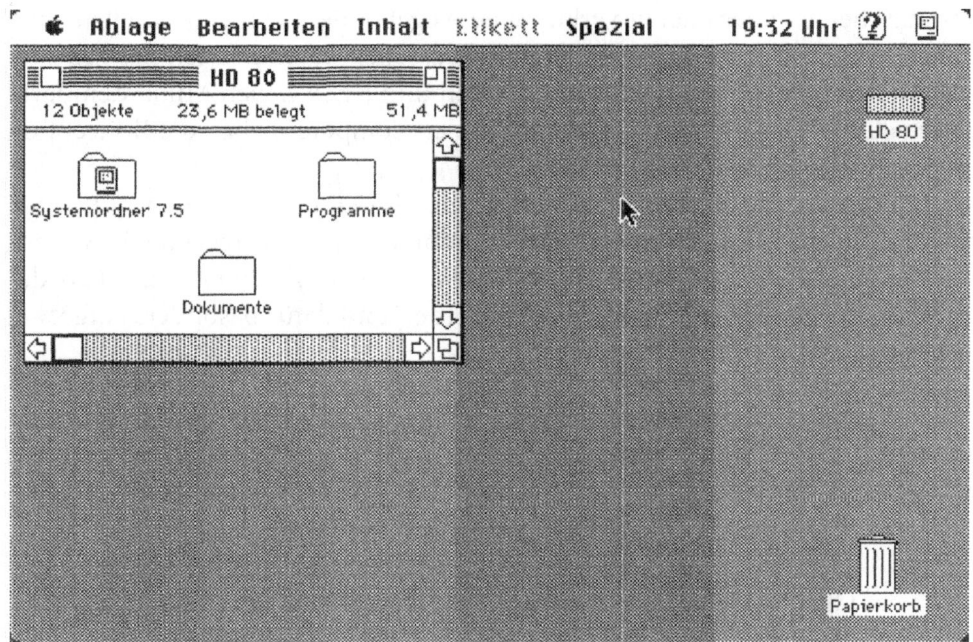

Abbildung 14-11: Grafische Oberfläche des Macintosh Betriebssystems aus dem Jahr 1986

▶ **Jederzeitige Anwendung überall und für alles** Es ist noch offen, wie die Entwicklung weiter verläuft. Bleiben die PC-artigen Systeme als ernsthafte Arbeitsgeräte bestehen und werden nur durch Spezialsysteme für einzelne Einsatzbereiche (Pads zum Lesen, Smartphone für die Kommunikation) ergänzt oder löst sich die Rechnerstruktur, wie vom zentralen Großrechnersystem zu verteilten Client-Server Lösungen, noch weiter auf und dem „Persönlichen Rechner" bleibt nur die Koordination der über ein Funknetz verbundenen Spezialrechner?

Die im Jahr 1993 von Apple gestartete Entwicklung zu Personal Digital Assistants hat bereits aufgezeigt, wie solche Kleinstrechner aussehen können, das Internet und die drahtlose Kommunikation haben dann die Realisierung von netzabhängigen Rechnern bzw. Anzeigegeräten wirklich möglich gemacht.

Vielleicht geht die Entwicklung bald über in Wearable Computer, deren Namen schon häufig gebraucht wird, deren Abkürzung (WC) allerdings in keinem Text auftaucht (vgl. Abb. 14-12). Der Durchbruch am Markt für Smartphones im Jahr 2007 hat mehrere revolutionäre Entwicklungen ausgelöst. Aus Sicht der betrieblichen Informationsverarbeitung war die damit verbundene Öffnung der Geräte für die Ideen aller phantasiereichen Programmentwickler entscheidend. Das damit verbundene Angebot der zentralen Bereitstellung und Ladbarkeit geprüfter und damit zugelassener Applikationen hat das Vertrauen der Smartphone Benutzer gefunden und einen neuen Milliardenmarkt geschaffen. Die in Folge entstandenen Tablet-Computer haben die Konzeption nur auf größere Geräte übertragen.

Sie müssen nicht unbedingt fest mit der Kleidung verbunden sein, auch wenn es solche Lösungen schon mit Funktion (Temperaturregelung bzw. Stromerzeugung durch Körperbewegung) gibt, aber sie zeichnen sich eben dadurch aus, dass sie immer mitgetragen werden und dafür besonders aufgebaut sein müssen.

 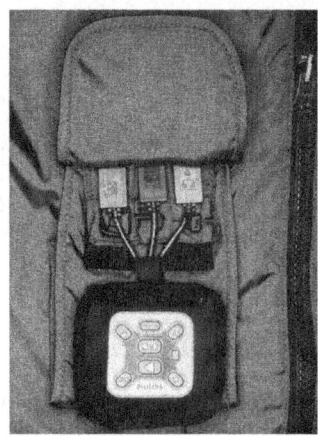

Abbildung 14-12: Wearable Computer in Spezialkleidung eingebaut (Levi und Philips), Quelle: http://www2.philips. de/medienservice/produkt/levis/index.html

Verständnisfrage zu 14.1:

* Warum war die Idee der Trennung von Hard- und Software entscheidend für die gesamte Weiterentwicklung von Computern?

14.2 In der Zukunft

Die Bedeutung der Kommunikation bei persönlichen Computeranwendungen ist sehr groß. Es wäre möglich, dass die Funktionen von Personal-Computern und Smart-Phones zusammenwachsen, in die Kleidung bzw. an den Körper schlüpfen und in Form von speziellen Uhren, Brillen und Hörgeräten dann kontinuierlich für Spracheingabe und Bild- sowie Tonausgabe zur Verfügung stehen.

Niemand weiß, wie es weiter geht. Ziemlich sicher ist jedoch, dass die schiere Leistungsfähigkeit der Prozessoren und Speicher auch künftig mit enormem Tempo wächst. Genauso wird sich die Anbindung über öffentliche Funknetze in der Übertragungsgeschwindigkeit nach oben und im Preis nach unten bewegen. Viele Versprechungen sind andererseits schon seit Jahren im Bereich der Ein- und Ausgabe von Informationen gebrochen worden. Dazu zählen die Spracheingabe mit korrekter Textgenerierung und der Laserbeamer für alle Projektionsflächen.

▶ **Viele offene Wünsche**   Der Laser-Projektor könnte sehr gut für die Dauerpräsentation von Informationen auf großen Wänden eingesetzt werden. Die Technologie von Bildschirmen kommt zwar voran, es fehlt aber der Durchbruch bei selbst leuchtenden, farbigen Pixeln mit geringem Stromverbrauch. Dies könnte den Wechsel zum elektronischen Buch beschleunigen, das in Form von Anzeigegeräten mit Digital-Ink-Technik bei geringstem Stromverbrauch gegen Ausführungen mit leuchtenden LED-Bildschirmen am Markt noch mit sich selbst kämpft. Eine andere Alternative liegt in Brillen, die virtuelle Bilder zeigen. Sie werden als Head Mounted Devices (HMD) auf den Kopf gesetzt und suggerieren vor den Augen einen Bildschirm.

Auch neue Druckausgabegeräte sind in Vorbereitung, die auf Grund ihrer geringen Baugröße und ihres niedrigen Stromverbrauchs für den mobilen Einsatz prädestiniert erscheinen und im Gegensatz zu vielen Handschriften kann man deren Ausdrucke auch gut lesen.

▶ **Bessere Informationsverteilung – große Einsparungspotentiale**   Wahrscheinlich werden die Entwicklungsschritte mit den größten Auswirkungen im Bereich der Software von Anwendungssystemen liegen. Die erheblich größeren Rechner-, Übertragungs- und Speicherleistungen der nächsten Jahre werden Lösungen, die heute zwar angedacht, aber noch nicht wirklich realisiert sind, wahr werden lassen. Dazu gehören die enge Verknüpfung der Zulieferantenketten und der Spediteure mit ihren Abnehmern (eSupply Network Management), die laufende Analyse der betriebswirtschaftlichen Daten aus dem Rechnungswesen in Verbindung mit vielen anderen auch nicht-numerischen Informationen aus dem Unternehmen und von Informationsbrokern (Business Intelligence, Infosphere), die intensivere Einbindung der Kunden und Lieferanten in die Planung und den Produktentwicklungsprozess (Customer Relationship Management bzw. Supplier Relationship Management) sowie die Standardisierung von Produktbeschreibungen und Identifikatoren, damit künftig leichter Alternativen aufgefunden und als Ersatz für die ursprünglichen Teile eingebunden werden können. Die consultative Informationsverarbeitung wird ihren Anwendern helfen, Fehler zu vermeiden.

Verständnisfrage zu 14.2:

- Welche Vor- und Nachteile hätte ein Wearable Computer, wenn er künftig den Personal Computer ersetzt?

Was Sie in diesem Kapitel gelernt haben:

Die Entwicklung der Verarbeitungsgeschwindigkeit, des Speichervolumens und des Übertragungstempos hat sich jeweils atemberaubend schnell und in Form einer geometrischen Reihe entwickelt. In kurzen Zeitspannen wurde die Leistung immer wieder verdoppelt und der Preis blieb gleich. Dies ist am Anfang einer solchen Dynamik nur vorteilhaft, weil man dringend auf mehr Potenzial wartet. Sobald aber die Leistung bereits respektable Werte erreicht hat, muss man intensiv darüber nachdenken, was für Möglichkeiten die nächsten, schon bald bevorstehenden Leistungssprünge bieten und welche bisherigen Vorgehensweisen sie einfach obsolet machen.

Literatur

ARGY1978   Argyris, D., Schön, D., A.: Learning Organization. 1978
CARR2003   Carr, N. G.: Why IT Doesn't Matter Anymore. In: Harvard Business Review, 81 (2003) 5.
OBER1987   Oberliesen, R.: Information, Daten und Signale. Geschichte technischer Informationsverarbeitung. Hamburg 1987.

Printed by Books on Demand, Germany